VOYAGE
DE
HENRI SWINBURNE
DANS
LES DEUX SICILES.

VOYAGE
DE
HENRI SWINBURNE
DANS
LES DEUX SICILES,
en 1777, 1778, 1779 et 1780,

TRADUIT DE L'ANGLOIS
PAR UN VOYAGEUR FRANÇOIS.

TOME QUATRIEME.

A PARIS,
DE L'IMPRIMERIE DE DIDOT L'AÎNÉ.
M. DCC. LXXXVI.

RETOUR DE SICILE

A NAPLES

PAR TROPÉA.

SECTION LVIII.

Le 7 février, à trois heures après midi, je me rendis à bord de ma felouque avec deux domestiques. Nous n'avions pour tout équipage que quelques chemises et nos manteaux ; et pour vivres, qu'un sac de pommes de terre, et une petite barrique de *porter*, dont le capitaine d'un bâtiment anglois, qui alloit dans le Levant, m'avoit fait présent. Nous avions pour toutes armes une paire de pistolets de poche que je portois toujours sur moi, sans autres munitions que la charge qui étoit dedans ; et un sabre si rouillé, qu'il étoit impossible de le tirer du fourreau. Avec ce léger équipage nous partîmes de Messine en suivant la côte de *la Grutta*, fameux pèlerinage. Nous saluâmes en passant notre capitaine françois, et nous arrivâmes au cap de *Pelore*, et à la *Torre del Faro* (51). C'est une pointe de sable qui s'avance à un mille et demi de la côte de la Calabre, qui, dans ce lieu, est très haute et très escarpée. Cet isthme semble fermer le détroit, de sorte que la tour et le phare paroissent être situés sur la côte de l'Italie. La navigation du détroit est si difficile, qu'il y a toujours des pilotes prêts à mettre à la mer dès le moment où un vaisseau se présente pour y entrer. Si, lorsque le pilote est à bord, le capitaine du bâtiment refuse de lui remettre le gouvernail, il devient responsable du malheur qui pourroit arriver à son vaisseau. La traversée est si étroite, que l'histoire offre plusieurs exemples de personnes qui l'ont passé d'une maniere très hasardeuse. Timoléon, à la tête de ses Corinthiens, trouvant que Denys le tyran et ses alliés gardoient la mer trop exactement pour qu'il lui fût possible de descendre à force ouverte dans l'isle, eut recours, pour l'exécution de son projet, à l'expédient que voici. Il embarqua ses troupes à *Reggio* dans des bateaux pêcheurs, et conduisit leurs chevaux par la bride à la nage ; ils franchirent ainsi ce passage, que le tyran avoit regardé comme une barriere insurmontable.

Lorsque la conquête entiere de la Pouille et de la Calabre permit aux Normands de songer à celle de la Sicile, Roger y passa avec un petit corps de troupes, plutôt dans la vue de prendre connoissance du pays, ainsi que de la force et de la situation de ses ennemis, que dans l'espoir de remporter aucun avantage solide dans cette première expédition. Il eut quelques escarmouches avec eux, d'après lesquelles il put se former une idée de la résistance qu'il devoit rencontrer ; et craignant d'être accablé, n'étant accompagné que de peu de monde, il jugea à propos de repasser à *Reggio* dans de petits esquifs, et sur des radeaux.

Mais la vie de saint François de Paule nous fournit l'anecdote la plus curieuse en ce genre. Les historiens affirment hardiment que, ne pouvant obtenir une place dans le bateau de passage, n'ayant rien pour la payer, il étendit son manteau sur les eaux de la mer ; qu'il en éleva un coin pour servir de voile, et sauta hardiment dessus ; que le vent étant favorable, il passa heureusement le détroit. Je m'arrêtai pendant quelques moments pour jouir encore une fois de la vue de Messine, qui, de cet endroit, est magnifique ; après quoi nous doublâmes le cap de *Pelore*. Ce pays forme le promontoire nord du triangle qui fit donner à la Sicile le nom de *Trinacria*.

Nous passâmes ensuite, sans aucune crainte, près des rochers tant redoutés de Scylla ; car la surface des eaux étoit à peine troublée; la vague ne se brisoit pas contre la côte, et on n'entendoit aucun mugissement dans cette profonde caverne. Dans les moments de tempête le fracas et le bruit de la mer qui vient se briser dans cet abyme, sont vraiment effrayants, et capables d'inspirer de la terreur au marin le plus intrépide, si son vaisseau se trouve à portée de ce lieu si redouté. Le sommet de ce rocher fameux est occupé par un grand château, et des deux côtés beaucoup de maisons s'étendent en s'inclinant vers le rivage, qui, à cet endroit, forme un demi-cercle planté d'arbres, et abrité par d'énormes rochers de pierres calcaires posées sur une masse de granit. Les habitants de Scylla sont tous pêcheurs et marins renommés. Ils ont la réputation d'être doux, honnêtes, et courageux, sur-tout lorsqu'on cherche à les opprimer.

Ils ont donné depuis peu une grande preuve de leur courage et de leur constance dans un procès qu'ils ont soutenu contre leur seigneur. Le prince de Scylla, de la maison de Rufo (a),

---

(a) La maison de Rufo passe pour descendre d'un parent des princes normands, ducs de la Pouille, et a toujours été comptée parmi les maisons les plus opulentes et les plus considérables du royaume.

fut accusé d'exercer la tyrannie la plus odieuse contre ses vassaux, et d'employer une troupe de bandits pour attaquer non seulement les biens mais aussi les personnes de ce malheureux peuple. Une suite de traitements si barbares les excita à prendre un parti assez rare dans un pays où la tyrannie des grands n'est que trop bien soutenue. Ils députerent plusieurs d'entre eux pour aller porter leurs plaintes aux pieds du trône, et implorer la protection du roi, de qui seul ils pouvoient espérer leur sûreté. Ces citoyens patriotes ne furent pas intimidés du grand crédit des seigneurs, qu'ils s'attendoient bien à voir faire cause commune avec le prince de Scylla pour rendre sans effet la plainte portée contre lui, ni par la dépense et la certitude d'éprouver de plus grands maux encore s'ils avoient le malheur de succomber; ils n'écouterent que le sentiment de leur injure et le desir de la venger, et poursuivirent leur projet avec toute la vigueur nécessaire. Ils trouverent un avocat zélé dans un de leurs concitoyens, le P. *Antonio Minasi*; et il est vraisemblable qu'ils lui doivent la victoire qu'ils remporterent sur leur ennemi. Quoiqu'elle n'ait pas été aussi complete que le méritoit la bonté de leur cause, c'étoit toujours beaucoup gagner dans un combat aussi inégal; et ce jugement fait infiniment d'honneur au roi, qui a sans doute rencontré des difficultés sans nombre avant de parvenir à une connoissance exacte de la cause, de maniere à pouvoir prononcer son jugement, qui fut très humiliant pour le prince. Cette malheureuse contestation n'a été entièrement terminée que par l'affreux tremblement de terre qui, le 5 février 1783, détruisit cette ville de fond en comble, et par la terrible irruption de la mer, qui, dans un instant, fit périr 2,743 habitants, du nombre desquels fut le prince. Cette terrible catastrophe changea tellement la face de ce pays, que je crois devoir en donner une idée pour faire connoître à mes lecteurs l'état actuel de la malheureuse province de Calabre. A cet effet je commencerai par rapporter une lettre écrite de Scylla, quelques jours après, par quelqu'un qui avoit été présent à ce triste événement.

Scylla, 10 février.

« Comment vous décrire les horreurs dont
« j'ai été sans cesse environné depuis le moment
« fatal où je vis périr ma malheureuse patrie ?
« Comment trouver des expressions capables de
« rendre tout l'excès de ma sensibilité, ou de
« peindre la millieme partie des désastres qui
« nous sont arrivés ? Dieu ! quelle journée ! et de
« quelle nuit n'a-t-elle pas été suivie !

« Le 5 février, à dix-neuf heures trois quarts,
« nous sentîmes une secousse qui commença par
« une espece de soulevement de la terre ; ce qui
« donna l'alarme et le temps à presque tous les
« habitants de sortir de leurs maisons. Quelques
« uns coururent aux fenêtres et sur les balcons,
« d'autres chercherent un asyle sous les voûtes
« de leurs portes. Ce soulevement fut suivi par
« un ébranlement et un balancement, pendant
« lequel nous vîmes nos maisons s'écrouler de
« toutes parts ; les murs et les tours du château
« se fendirent, et se renverserent sur la ville ;
« les maisons situées au-dessous furent écrasées
« et réduites en poussiere, et il périt cent cin-
« quante personnes de cette chûte. A la nuit un
« nombre assez considérable des habitants, dont
« la plupart étoient matelots, gagna la plage,
« à l'exemple de leur seigneur ; ils y tendirent
« des tentes, ou se coucherent dans leurs ba-
« teaux, espérant passer ainsi la nuit dans une
« parfaite sûreté, éloignés comme ils étoient de
« tous bâtiments. Le ciel étoit clair et serein, la
« mer dans un calme parfait, et tous ces malheu-
« reux cherchoient dans un doux repos l'oubli
« de leurs maux. Dans cet état, un peu après mi-
« nuit, tout le promontoire de *Campalla* tomba
« à la fois dans la mer, sans qu'aucun tremble-

« ment eût annoncé cette chûte. Cette masse re-
« poussa la mer vers le *Golilla del Faro*, où elle
« entraîna vingt-huit personnes avec leurs ba-
« teaux et leurs maisons ; et, revenant ensuite
« avec une violence redoublée dans son lit ordi-
« naire, elle s'éleva sur la plage de Scylla, et sur
« une étendue de trois milles, le long de la côte,
« de trente palmes au-dessus de son niveau or-
« dinaire. En se retirant elle emporta deux mille
« quatre cents soixante et quinze personnes qui
« étoient couchées sur le rivage ou dans les ba-
« teaux. Les cris des habitants qui se trouverent
« assez éloignés pour échapper à ce malheur, et
« de ceux qui s'étoient réfugiés sur les monta-
« gnes voisines, furent vraiment déchirants. Le
« jour offrit un spectacle non moins affreux : huit
« cents cadavres furent jettés sur la côte, la plu-
« part si horriblement défigurés par les coups
« qu'ils avoient reçus des pieces de bois empor-
« tées en même temps qu'eux, qu'à peine il étoit
« possible de distinguer un seul trait de leur fi-
« gure. En versant des torrents de larmes nous
« travaillâmes à ramasser leurs tristes restes et à
« les brûler pour prévenir l'infection que la pour-
« riture de ces corps auroit pu occasionner. On
« en retira quelques uns qui donnoient encore
« des signes de vie, mais tellement meurtris et

« estropiés, qu'on ne pouvoit guere espérer de
« les sauver. Espérer! Hélas! il falloit plutôt crain-
« dre : car que leur restoit-il qui pût leur faire
« souhaiter de vivre? leurs biens étoient perdus,
« leurs amis et leurs parents ruinés. La famine,
« la peine et les maladies, c'étoit tout ce qu'ils
« avoient à attendre. »

Le même instant fut fatal à toute la province, et la dévastation fut bien plus terrible en beaucoup d'autres endroits qu'à Scylla. Elle s'étendoit depuis le cap *Spartivento* jusqu'à *Amantea*, au-dessus du golfe de sainte Euphémie, et se fit aussi vivement sentir dans cette partie de la Sicile qui fait face à l'Italie. Les secousses des 5 et 7 février, et du 28 mars, furent les plus violentes, et acheverent de renverser tous les édifices quelconques dans l'étendue de pays dont nous avons parlé : il ne resta pas pierre sur pierre dans la partie qui est au midi de l'isthme de Squillace. Mais ce qui fut plus désastreux encore, c'est qu'une grande partie des habitants périt par la chûte des maisons : il y en eut près de quarante mille d'écrasés. On déterra quelques personnes encore vivantes, quoiqu'elles fussent restées longtemps ensevelies sous les décombres. Messine devint un seul monceau de ruines: ses superbes *Palazzata* furent entièrement renversés ; et ses quais, fendus en plusieurs endroits, laissoient pénétrer les eaux. *Reggio* fut presque totalement détruite, *Tropea* fut fort endommagée, et tous les autres endroits de la province que je vis furent rasés au niveau du sol. Avant et pendant le tremblement, les nuages s'étoient rassemblés, condensés, et étoient immobiles; ils sembloient peser sur la terre. A *Palmi* l'atmosphere paroissoit si embrasée, que plusieurs personnes crurent que le feu étoit dans la ville : on se rappella depuis, qu'un moment avant la secousse plusieurs personnes avoient senti à la peau une chaleur extraordinaire. Les eaux des rivieres prirent une couleur de cendre et de limon, et l'odeur du soufre fut générale. Une frégate qui passoit entre la Calabre et Lipari, éprouva une si forte commotion, que le timonnier fut jetté de sa barre, et les canons soulevés sur leurs affuts, tandis que la mer exhaloit tout à l'entour une forte odeur de soufre.

Toute la face du pays fut changée d'une maniere inconcevable. Des rivieres furent bouchées par la chûte des montagnes, et devinrent des lacs dont les vapeurs infectes qu'ils répandront dans la suite ne manqueront pas de détruire les tristes restes de sa population, si quelque nouvelle commotion, ou des travaux absolument nécessaires, ne leur ouvrent pas un nouveau cours : des morceaux de terres de plusieurs acres, ainsi que les maisons et les arbres qui les couvroient, furent détachés des plaines, et entraînés fort loin dans le fond des vallées profondes que les eaux avoient creusées, où, au grand étonnement et à la grande frayeur de tous ceux qui en furent témoins, elles se poserent les unes de niveau, et les autres dans un plan incliné. En un mot, toutes les especes de phénomenes qui accompagnent les tremblements de terre se firent voir alors, dans toute leur étendue, sous les diverses formes qui les caractérisent. Chaque naturaliste peut trouver de quoi augmenter ses lumieres, et sur-tout matiere à discuter, en attribuant ces affreuses convulsions du globe au systême qu'il préfere : mais il ne doit pas se flatter de trouver jamais un remede au mal ; le dernier effort auquel il est possible qu'il atteigne, c'est de déterminer avec certitude quelque indice préliminaire qui puisse du moins servir à donner aux habitants le temps de se sauver. C'est dans cette vue, et pour satisfaire la curiosité générale de toute l'Europe, fortement excitée par cette horrible catastrophe, que leurs Majestés siciliennes envoyerent bientôt après dans la Calabre d'habiles académiciens pourvus de tous les moyens de faire des observations, et d'acquérir là-dessus les connoissances les plus approfondies. Mais l'intérêt des sciences ne fut que leur second objet : animés des plus vifs sentiments d'humanité, et d'une affection vraiment paternelle pour leurs malheureux sujets, ils firent partir des bâtiments chargés de tout ce qui pouvoit alléger la misere des infortunés Calabrois. On envoya en même temps de Naples un officier général, avec des troupes et des ingénieurs, pour diriger les opérations de ceux qui étoient employés à enlever les décombres et à rebâtir les maisons, et aussi pour protéger les biens de ces malheureux contre les brigands qui n'avoient pas honte de les dépouiller de ce que la nature avoit oublié de leur enlever. Le roi ordonna à cet officier de prendre tous les deniers royaux qu'il trouveroit dans les caisses, et ceux qu'il pourroit emprunter, et il avoit pris la résolution de vendre sa vaisselle et les meubles de son palais pour trouver des fonds dans un moment aussi critique. Dieu sait à quel point ces secours généreux étoient nécessaires ! car la famine, et les maladies qui l'accompagnent toujours, se faisoient déja sentir, avec toutes leurs horreurs, dans toute la province. Un messager, qu'on avoit fait partir le 8 février d'une ville auprès de *Reggio*, voyagea pendant quatre jours sans trouver un abri ni un morceau de pain ; il ne vécut que de fromage qu'il avoit dans sa poche, et de quelques racines qu'il eut le bonheur de trouver près du chemin. Enfin pour mettre le comble à la misere des Calabrois, ils virent leurs personnes et les malheureux débris de leur fortune exposés aux déprédations des brigands et des pirates ; des bandes de coquins vinrent débarquer sur la côte, et pillerent plusieurs endroits ; d'autres voleurs partoient de Naples pour en faire autant. Pour inspirer plus d'effroi, ils se travestirent en Algériens ; mais ils furent découverts et chassés. Tant de maux accumulés furent suivis par une très mauvaise année, et qui rendit inutiles presque tous les efforts qu'on avoit faits pour les adoucir. Des secousses journalieres tenoient les habitants dans des alarmes continuelles, non de périr sous leurs maisons, car il ne leur en restoit pas, mais de voir à chaque instant la terre s'entr'ouvrir et les engloutir, ou de périr dans quelque inondation subite. Les secousses durent encore aujourd'hui avec des intervalles plus ou moins longs, quoiqu'il y ait deux ans depuis le grand tremblement.

En comparant les époques des grands tremblements de terre qui, depuis le onzieme siecle, ont désolé la Calabre, je trouve qu'il y en a eu sept dans les quatre premiers mois de l'année, une en août, et quatre en novembre et décembre. La premiere semaine de février a été deux fois fatale, et le 27 mars avoit été trois fois marqué d'une pareille calamité avant celle de 1783.

Je crois devoir faire observer ici qu'en février 1783 une personne qui connoissoit bien Naples, se trouvant chez moi dans le comté de *Durham*, conjectura, par la variation extraordinaire du barometre, que vraisemblablement nous apprendrions dans peu la nouvelle de quelque grand tremblement de terre dans le midi de l'Europe.

Comme les académiciens napolitains se sont proposé de rassembler tous les matériaux nécessaires pour décrire bien exactement les effets de ce tremblement de terre, la nature des phénomenes dont il a été accompagné ou précédé, et le coup-d'œil effrayant du pays, il faut espérer qu'ils donneront bientôt au public le fruit de leurs travaux; mais en attendant j'ai cru faire plaisir à ceux qui desirent être plus particulièrement instruits, en rapportant ici la lettre du chevalier Hamilton insérée dans les transactions philosophiques de l'année 1783 (*a*). Pour adoucir un tableau aussi sombre par quelques traits de consolation, je ne dois pas négliger de dire que

---

(*a*) On trouvera cette lettre à la fin du volume.

les officiers et les lazzarons de la douane de Naples, qui avoient été employés à porter à bord des vaisseaux les denrées envoyées en Calabre, ont refusé de recevoir le salaire de leurs peines.

SECTION LIX.

Arrivés à la pointe de *Bagnara*, nous y trouvâmes des courants si forts, qu'il nous fut impossible d'avancer ; de sorte que nous fûmes obligés de nous laisser aller auprès du rivage de la Sicile, et d'y mouiller jusqu'à la marée descendante. L'après-midi fut extrêmement agréable, et la vue enchanteresse de tous les côtés. Nous étions environnés de montagnes, excepté du côté des isles de Lipari. *Stromboli,* qui est un peu à la droite de ces isles, jetta beaucoup de flammes pendant la nuit. Nous nous trouvions entourés de bateaux pêcheurs. Ceux de la côte de Calabre prennent le plus gros poisson avec un filet qui a environ deux cents aunes angloises de long, et douze de large ; le fil en est fort mince. Ce filet si foible enveloppe les poissons par tant de plis, que les efforts qu'ils font pour se débarrasser ne servent qu'à les affoiblir, sans qu'ils puissent rompre les mailles. Les pêcheurs jugent avec une grande précision de la grosseur du poisson par la force plus ou moins grande avec laquelle il frappe l'eau avec sa queue lorsqu'il se sent pris.

Toute cette côte abonde en coquillages de diverses especes.

Il y a des saisons marquées où les bandes de poissons se présentent à l'entrée du détroit, et l'on en prend des quantités prodigieuses.

Vers l'équinoxe du printemps les baies en sont remplies : c'est alors que des bancs de *thons*, de *spada* et de *pélamides*, arrivent dans la Méditerranée, et passent devant Messine, depuis la fin d'avril jusqu'au commencement de juillet, pour se rendre dans le golfe adriatique, dans l'Archipel, et dans la mer noire. Ils reviennent ensuite dans les mers de Sicile, où leurs femelles jettent leur frai dans les eaux tranquilles des baies de la Méditerranée. Vers octobre on pêche ce même frai sur les côtes d'Amalfi et de Pouzzol, et les jeunes poissons pesent alors environ douze livres. C'est à la même époque que les vieux s'en vont et emmenent avec eux dans l'océan les jeunes qui ont échappé aux pêcheurs. Ces bancs suivent la direction des marées et des courants qui vont de l'est à l'ouest, et, en se rendant sur les côtes de la Grece, suivent celles de la Calabre, et traversent le phare de Messine, où le peu d'espace et l'activité des courants accélerent le passage. A leur retour ils suivent le reflux, et se dirigent vers le sud de la Sicile, où la pente de la côte rend ce reflux plus sensible. Les thons marchent dans un ordre pyramidal, en présentant la base aux courants, au moyen de quoi ils sont poussés avec plus de rapidité. Quand le temps est orageux, et pendant que la marée est contraire, ils entrent dans les baies et y cherchent leur nourriture ; mais très souvent ils s'y font prendre et y trouvent la mort. Les *spada* (52), dont les pointes longues et effilées sont très dangereuses à approcher, se tiennent loin l'une de l'autre, et sans ordre. Les dauphins forment une colonne ; mais lorsqu'ils veulent chasser d'autres poissons, ils forment un demi-cercle, et forcent leurs pauvres victimes effrayées à se sauver dans les endroits les moins profonds, et souvent même à sauter sur le rivage pour échapper à leurs poursuites. Alors ils sont pris par des pêcheurs qui, ayant remarqué l'attaque des dauphins, se rendent au rivage pour s'emparer des fuyards.

Les *pélamides* (53) y abondent dans certaines saisons de l'année. *Linnaeus* regarde ce poisson comme le frai du thon ; mais *Minasi*, qui s'est occupé particulièrement de cette branche de l'histoire naturelle, et qui a eu des occasions d'examiner tout ce qui y avoit rapport, est persuadé que c'est une autre espece, attendu qu'elles sont sans écailles, et que les thons en sont couverts. Pendant l'hiver, qui est fort court dans ces latitudes, les *pélamides* se cachent dans la vase à l'embouchure des rivieres.

Rien n'est plus simple que les filets dont les pêcheurs se servent pendant la nuit : ce sont des paniers faits de branches de myrte, mais assez forts pour prendre une grande quantité de poisson. Les chiens marins, qui ne sont pas rares sur cette côte, percent ces paniers, en les rongeant avec leurs dents, pour aller dévorer le poisson qui s'y trouve pris ; et on m'a même assuré que souvent ils se coulent à terre pour aller manger le raisin qui est auprès du rivage (54).

Aussitôt que la marée commença à nous être favorable, nous appareillâmes et profitâmes de la brise qui venoit de la Sicile : nous traversâmes très promptement la baie de *Gioia;* mais cette brise favorable tomba avant le jour, et nous força à courir plusieurs bordées pour doubler le cap *Vaticano :* il est vrai que l'équipage ne se soucioit pas trop d'employer des rames pendant le temps que les voiles pouvoient servir.

Ce cap, célebre par la victoire navale que Sextus Pompée remporta sur la flotte d'Auguste, est peu élevé, et composé de rochers qui ressemblent plus à de la terre dure qu'à des pierres. Je me consolai de la lenteur de notre marche par le plaisir d'admirer les effets du volcan de *Stromboli*, éloigné de nous de seize lieues à l'ouest : c'est un cône obtus qui vomit des flammes par son énorme cratere situé à l'un de ses flancs. Les matieres qu'il vomit sans cesse lui ont formé un second sommet, et ont tellement ravagé les terres, que les habitants n'y trouvent plus de quoi subsister : cette raison en engage plusieurs à ne point se marier; ce qui fait diminuer tous les ans la population. C'est une race d'hommes doux et paisibles, et point barbares, ainsi qu'il a plu à quelques navigateurs de les qualifier; et même ils n'ont pas craint d'assurer qu'ils n'avoient osé mettre le pied sur le rivage de peur d'être assassinés. Lorsque le *siroco* du Levant souffle, le volume entier des flammes et de la fumée se rassemble, en sortant du cratere, sous la forme d'un cylindre étroit, et est ainsi emporté par le vent, sur la surface de la mer, pendant plusieurs lieues. Les explosions arrivent par intervalles, et les habitants sont très habiles à les saisir pour aller le long de la plage ; s'ils avoient le malheur de les manquer, ils seroient ensevelis sous une pluie de pierres enflammées.

Ce fut avec beaucoup de peine que nous doublâmes la pointe de *Tropea* pour entrer dans le superbe golfe de sainte Euphémie, qui a près de quarante milles quarrés de surface. Le vent s'étant fort élevé, quoiqu'il ne fût point favorable, nous gouvernâmes hardiment vers le nord pour traverser la baie ; mais le vent, sautant bientôt au nord-ouest, rendit inutiles tous les efforts que nous fîmes pour gagner le cap *Suvero*. Notre pilote s'étant apperçu que le vent se renforçoit, et que la difficulté d'avancer devenoit de plus en plus insurmontable, vira de bord, et porta droit vers la *piaggia* de *Tropea*, où nous mouillâmes à l'abri d'un rocher. Une heure après le temps étant très clair, et le lieu où nous mouillions étant parfaitement à l'abri du vent, je crus que nous pouvions continuer notre voyage en suivant la côte, au lieu de couper au large ; mais à peine fûmes-nous sortis de notre asyle, qu'un vent contraire nous ballotta si impétueusement, qu'il nous fut impossible d'y résister : ainsi il nous fallut retourner à *Tropea*. Nous tirâmes notre barque à terre, et j'allai loger à un couvent de minimes assez solitaire, situé sur une montagne au-dessus du chemin, et à quelque distance de la ville.

SECTION LX.

(*a*) T*ROPEA* est le siege d'un évêque, et contient quatre mille ames : les habitants aisés, et les gens de métier, habitent en dedans des murailles ; ceux qui font valoir, ou travaillent à la terre, habitent le fauxbourg et la campagne. Sa situation au sommet d'un rocher élevé et suspendu au-dessus de la mer est admirable : elle communique à la terre par un isthme presque coupé en travers devant la porte, et qui ne laisse qu'un passage fort étroit pour y entrer ; un peu au nord est une isle assez grande, qui nourrit quelques moutons, et une autre fort petite dans

---

(*a*) *Tropea* prend son nom des trophées qui y furent élevés par Scipion à son retour de Carthage, ou par Sextus Pompée, après la victoire navale qu'il remporta près du cap qui en est voisin. Cependant quelques auteurs veulent que le nom de *Tropea* vienne du verbe grec τρέπω, qui signifie *retourner en arriere*, parceque ce promontoire repousse les marées vers le détroit, et ne leur permet pas de s'étendre plus loin.

Cette ville fut pendant long-temps un domaine de la famille des *Rufo*. Antoine Centella, qui avoit épousé l'héritiere de cette maison, le perdit par confiscation, et Alphonse I*er* le réunit au domaine de la couronne.

(Note de l'auteur.)

laquelle est un hermitage dans une position romantique. Les rues de la ville sont étroites, les maisons élevées et construites en pierres avec beaucoup de solidité ; elle a deux portes, dont l'une du côté de la baie, et l'autre regarde la plaine, où il y a une fort belle promenade de près de deux milles de long. Cette plaine a un demi-mille de large : elle est bornée d'un côté par la mer, de l'autre par une chaîne de montagnes si escarpées et si hérissées, qu'elles semblent lui ôter toute communication par terre avec le reste de la province. Elle produit, ainsi que les pentes de ces montagnes, des raisins, des mûres, des olives, des feves, des légumes, et des fruits potagers en abondance. Plusieurs ruisseaux tombent des montagnes, et, après avoir arrosé les vergers, viennent se réunir et faire tourner plusieurs moulins. La disposition de ces usines est assez extraordinaire : l'eau arrive par un canal au bord d'un précipice, au-dessous duquel est placée la roue, et y est reçue dans un bassin de pierre de taille, d'où elle tombe de très haut pour faire tourner cette premiere roue, et coule ensuite par un second canal, pour se rendre de même dans un bassin disposé comme le premier, et ainsi de suite, jusqu'à ce qu'elle arrive au rivage, après avoir fait tourner plusieurs roues. Quelques unes de ces chûtes d'eau sont fort belles, en ce qu'elles sont placées entre des berceaux de vignes et des bosquets d'orangers.

A environ deux milles à l'est de cette ville est un village nommé *Pazalia*, qui est habité par des matelots et des manufacturiers. Ils fabriquent des couvertures de laine, et les exportent sur leurs propres barques pour Marseille et Gênes.

Le 10 février, ne voyant aucune apparence de changement de vent, attendu que dans cette saison il souffle pendant plusieurs semaines de suite du même point, je fis décharger mon bateau, et me décidai à me rendre à Naples par terre.

J'en avois eu l'idée avant de quitter Messine; mais les personnes que je consultai m'en dissuaderent. Elles firent une peinture si effrayante du pays barbare que je devois traverser, que cela fit impression à mes gens. Mais j'avois déja trop vu de la Calabre pour prendre l'alarme aussi facilement; ainsi cette considération ne m'auroit pas arrêté, si mon muletier et mon fidele guide n'étoient pas retournés à Palerme, lorsqu'ils m'avoient vu arrangé avec le capitaine du bâtiment françois. Je ne m'étois pas soucié de me confier à des hommes et à des chevaux dont je n'avois pas éprouvé la bonté, d'autant plus que les Siciliens, très bons guides dans leur pays, ne conviennent pas de même en Calabre, où généralement ils sont vus de mauvais œil.

Le bas peuple de la Sicile a l'idée la plus avantageuse de lui-même; je n'aurois osé l'assurer sur mes propres observations, si cela ne m'avoit été confirmé par des gens qui l'avoient long-temps fréquenté. La plus basse classe semble être persuadée que tous les étrangers la regardent comme composée d'imbécilles et de frippons. Dans plusieurs occasions les Siciliens ont commencé, avec moi, par se justifier de ces imputations auxquelles je n'avois pas songé. Je suis persuadé qu'il est très facile de les duper d'abord; mais lorsqu'une fois ils ont acquis de l'expérience à leurs dépens, ils deviennent bien vite des professeurs dans cet art, et sont en état de le rendre avec usure à ceux qui les ont d'abord attrapés. Une troupe considérable de bandits se voyant serrée de très près par les alguazils, et se trouvant un peu au nord du phare, passa en Sicile pour se mettre en sûreté. Ces malheureux se réunirent à une bande de voleurs siciliens qu'ils voulurent tyranniser comme des gens foibles et lâches. Ce traitement excita l'indignation des Siciliens. Plusieurs des Calabrois, qui étoient devenus confiants et sans précaution, furent assassinés séparément; et ceux qui resterent se trouverent en si petit nombre, qu'ils n'eurent d'autre parti à prendre que de vendre leur vie le plus chèrement qu'ils purent. Cet événement débarrassa le pays, dans l'espace d'un an, de plus de malfaiteurs que la justice n'en eût arrêté en dix. Lorsqu'une fois les Calabrois ont formé une entreprise, ils sont plus dangereux que les Siciliens; mais ils ne sont pas toujours aussi enclins à faire du mal. Les Siciliens, au contraire, lorsqu'ils se sont une fois livrés au crime, n'ont jamais de retour vers l'humanité.

Les maîtres de poste, n'étant obligés d'avoir chez eux que trois chevaux, n'auroient pu m'en fournir le nombre qui m'auroit été nécessaire, puisqu'il m'auroit fallu prendre un postillon à chaque poste; ainsi je pris le parti d'en louer à *Tropea*, qui s'engagerent à me conduire en trois jours à *Cosenza*, où l'on m'assura que j'en trouverois tant que je voudrois. Les maîtres de ces chevaux m'accompagnerent à pied; nous partîmes à midi, et gravîmes la montagne par un chemin bourbeux et glissant. Nous trouvâmes au sommet une grande plaine où le chemin est uni et sec, quoique le sol soit d'argille, sans aucun mélange de pierre. Le pays a l'air d'un parc rempli d'allées irrégulieres et de bosquets d'oliviers assez gros pour servir de bois de construction. En quatre heures de temps j'arrivai à *Monte Leone,* ville considérable sur la cime d'une montagne, du côté qui fait face au midi, et dans le plus beau site du monde. Je jouissois déja depuis long-temps de la vue de cette ville, qui s'apperçoit de très loin. Le château occupe la partie la plus élevée. Il est ombragé par de beaux bosquets d'arbres verds, de la plus belle espece. La ville couvre le reste du penchant, d'une maniere très pittoresque. Rien ne peut surpasser la beauté de la vue du côté du golfe de sainte Euphémie, et elle n'est pas moins belle du côté de l'Apennin. De ce côté est un charmant vallon, dans lequel coule un ruisseau qui part des montagnes qui sont couvertes d'immenses forêts. A leur pied sont de petits monticules séparés par des gorges étroites, au fond desquelles sont plusieurs villages isolés. On ne voit nulle part un paysage plus gai ni plus riche. Les superbes promenades qu'il seroit facile de se procurer dans cette belle plaine, la grande variété qu'offre le paysage, et la beauté du climat, feroient de *Monte Leone* un magnifique séjour, si les nobles napolitains adoptoient la mode de passer une partie de l'année dans leurs terres, et d'employer une portion de leurs revenus à les embellir.

Pignatelli, duc de *Monte Leone*, le seigneur le plus riche du royaume de Naples, ne possede que peu de terres de ce côté, quoique la seigneurie, les droits régaliens, et la jurisdiction, lui appartiennent. Ses vassaux ont souvent tenté de secouer le joug, en cherchant des défauts de forme dans l'acte de vente, ou de concession, qui a donné à ses ancêtres la propriété de ce fief; mais ils ont toujours été évincés. Telle est cependant leur opiniâtreté, qu'ils viennent de faire de nouveaux efforts pour se faire affranchir de la féodalité, et être réunis de nouveau au domaine de la couronne. Un gentilhomme attaché au duc m'apprit que ce procès duroit depuis sept ou huit ans, et que les bourgeois de *Monte Leone* n'étoient probablement pas plus avancés que le premier jour. La maniere dont il me parloit fortifia l'opinion où j'étois déja sur les effets pernicieux du système féodal. Il se mocquoit des habitants de *Monte Leone*, non qu'il trouvât leurs prétentions mal fondées, mais pour avoir eu la sottise de vouloir s'opposer à un seigneur si riche et si puissant. Cela lui paroissoit aussi déplacé que si un petit *cutter* eût osé attaquer un vaisseau de guerre du premier rang : car dans ce pays, comme par-tout ailleurs, l'argent est un moyen indispensable pour soutenir des procès;

et tout procès intenté *in forma pauperis* est rarement heureux.

Monte Leone fut fondée par Frédéric de Suabe, et fut aliénée, sous les princes de la maison d'Aragon, en faveur d'un *Pignatelli*. On m'a assuré qu'elle contenoit treize mille habitants; mais ce nombre me paroît exagéré, vu l'étendue de la ville. Elle contient trois paroisses et douze maisons religieuses, sans les confréries.

Je fus reçu chez les minimes avec beaucoup d'honnêteté, sans autre titre que le besoin que j'avois d'un logement. J'eus d'autant plus lieu de leur en savoir gré, que leur maison étoit alors remplie de moines des couvents voisins, qui s'étoient réunis pour une assemblée annuelle de l'ordre. Il n'y avoit pas une seule cellule de vuide; mais le prieur, moine vénérable de quatre-vingts ans, me céda la sienne, et fit mettre son lit par terre dans celle d'un autre religieux.

Je m'étois proposé de consacrer un jour à visiter les ruines d'*Hipponium*, ou *Valentia*, située à un endroit appellé *Castello di Bovina*, à environ six milles de *Monte Leone* : mais les moines m'assurerent que je n'y trouverois rien qui pût me dédommager de mes peines, et que quelques voûtes souterraines étoient les seuls restes d'antiquité qui existassent dans ce lieu;

car le comte Roger avoit fait enlever toutes les colonnes du temple de Proserpine pour orner sa grande église *della Trinita* à *Mileto*. Ils se souvenoient bien, au reste, qu'on y avoit déterré quelques colonnes de beau marbre; mais ils ignoroient où elles avoient été transportées. *Hipponium* fut fondée par les Locriens, et devint ensuite une colonie romaine sous le nom de *Vibo Valentia*. Il est probable qu'elle avoit un temple consacré à Proserpine ; car la tradition, et plusieurs passages des anciens poëtes, rapportent que cette aimable fille de Cérès avoit coutume de venir de la Sicile dans les belles plaines d'*Hipponium* pour y cueillir les fleurs qui croissoient dans ce lieu, bien plus propre à leur donner naissance que les rochers arides d'*Enna*. Agathocles fut pendant quelque temps maître d'*Hipponium*, et y établit un port pour renfermer sa flotte. Il est très probable que ce prince, ou ses amiraux, y érigerent un temple en l'honneur de la déesse favorite de leur pays. Ce fut dans cette ville que Cicéron se réfugia lorsqu'il fit la sottise de quitter Rome pour éviter la poursuite de Clodius, au lieu d'y rester pour défendre son administration et confondre ses ennemis.

SECTION LXI.

Ce que je venois d'apprendre de son état actuel étoit si peu encourageant, que je renonçai au projet de l'aller visiter. Le lendemain je me levai avec l'aurore pour continuer mon voyage. Le chemin, qui étoit par-tout uni et sec, traversoit une chaîne de belles montagnes qui commandoient la riche vallée de *S. Onofrio*, ainsi que le village qui porte le même nom, et est à moitié caché par les bois. Je découvris sur la côte la ville et le fort de *lo Pizzo*, appartenant au duc *dell'Infantado*, et construit pour en imposer aux pirates qui infestoient le golfe. Mais d'après ce qu'on m'en a dit, les habitants sont plus pirates que les pirates eux-mêmes, et c'est la race la plus féroce et la plus indocile de toute la province. Une madrague très considérable dépend de cette seigneurie.

En quittant les montagnes, nous traversâmes la riviere à *Angitola*, qui conserve encore le nom qu'elle a dans l'itinéraire d'Antonin. La riviere étoit alors peu profonde ; mais sa largeur, et les amas de pierres qu'on y trouve, prouvent combien elle est considérable dans les saisons pluvieuses. C'est dans cette plaine qu'Alphonse II, étant duc de Calabre, fit construire des moulins à sucre, et fit planter en cannes tous les bords de cette riviere. Quoique ce prince protégeât peu les belles-lettres, il encouragea de tout son pouvoir les arts, les manufactures et l'agriculture; et c'est lui faire injustice de ne le juger que comme politique, puisque, sous ce rapport, on trouve bien plus en lui un destructeur sanguinaire qu'un protecteur de son peuple. L'indifférence qu'il avoit pour les savants n'a pas peu contribué au portrait désavantageux que les historiens nous ont laissé de lui. Lorsqu'il abdiqua, tous ses établissements tomberent en ruines. Les troubles dont cette province fut long-temps le théâtre étoufferent toutes les semences de l'industrie et du commerce; ainsi on ne doit pas s'étonner si tous ces établissements ont été abandonnés.

Pendant quelques milles nous voyageâmes au bord de la mer, dans un canton marécageux, peuplé de troupeaux de porcs, dont plusieurs n'étoient gardés que par des enfants. Ils les conduisent au son d'une énorme musette, en jouant d'idée tout ce qui leur passe par la tête. Leur air sauvage, insouciant et fainéant, leurs vêtements simples, et leurs cheveux longs et pendants, m'offrirent l'idée d'êtres aussi rapprochés de l'état de nature, qu'aucun sauvage des déserts les plus reculés de l'univers. Je suis persuadé que ces Calabrois modernes dévoués à cet état sont des copies exactes des gardeurs de porcs de l'antiquité, et que leur maniere d'élever ces animaux leur a été transmise par tradition. Polybe, qui étoit un observateur exact, dit que les peuples de l'Italie ne renfermoient point ces animaux dans des étables, mais qu'ils les menoient paître dans les bois et dans les landes. Leurs gardiens ne les conduisent pas, comme dans la Grece, à coups de fouet, en se mettant à la queue de la troupe, mais la précedent et se font suivre, en jouant de temps en temps de leur instrument. Ces animaux les suivent de très près, et les distinguent si bien, que si, par hasard, différents troupeaux viennent à se mêler, ils se séparent au moindre son formé par leurs conducteurs, et vont en courant se rallier sous leurs étendards. J'en fus témoin en arrivant à (*a*) *Fondaco del Fico*,

---

(*a*) Ce lieu me paroît être le *Fundus Sicae*, d'où, pendant son exil, Cicéron date quelques unes de ses lettres à Atticus. Sa situation correspond avec la route qu'il avoit suivie, et son nom moderne ressemble beaucoup plus à l'ancien, que plusieurs autres endroits que les géographes nous ont donnés comme l'emplacement de villes anciennes, par une simple ressemblance de noms. Il est possible que par erreur les copistes aient écrit *Sicae* pour *Ficae*.

(Note de l'auteur.)

où nous rafraîchîmes. Je dînai à la porte de cette auberge solitaire, sous l'ombre d'un vieux liege; et, de la place où j'étois, ma vue s'étendoit sur tout le golfe. Entre l'auberge et la route est un étang marécageux couvert d'oiseaux aquatiques, et qui termine une forêt de chênes et de lieges, dont une grande partie de la plaine et de l'Apennin est couverte, et qui environnent un canton riche en bleds parsemé d'oliviers.

Après dîner je suivis la lisiere de cette forêt, où je vis une grande quantité de beaux bois jusqu'au bord de l'*Amato* (l'ancienne *Lametus*), riviere qui couvre une grande étendue de pays plat, et qui forme cinquante canaux. Elle inonderoit encore une plus grande étendue de pays, si ses dévastations n'étoient arrêtées par de grands précipices qui la bordent de chaque côté. Ce passage a la réputation d'être très dangereux dans le mauvais temps; car le fond est rempli de trous qu'il n'y a que les gens du pays qui connoissent. Les eaux étoient blanches lorsque je les passai, quoique depuis plusieurs semaines il ne fût pas tombé de pluie, et qu'il ne parût pas de neige sur les montagnes où elle prend sa source; ainsi j'imagine que c'est leur couleur ordinaire. Nos guides monterent en croupe derriere nous, et nous indiquerent avec beaucoup de crainte la direction qu'il falloit suivre. Au moyen de leurs instructions j'arrivai sans accident à l'autre bord avec un de mes gens ; l'autre, par sa mal-adresse, ou parceque son cheval n'obéissoit pas, s'écarta du passage, et tomba dans un trou profond et étroit, d'où pourtant il se tira sans mal, mais percé jusqu'aux os.

A cet endroit la chaîne de l'Apennin, qui, depuis *Punta dell'Armi,* partage l'Italie dans toute sa longueur, est interrompue tout-à-coup, et se termine par des monticules peu élevés qui ouvrent une communication d'une mer à l'autre. Au nord de ces monticules, dans l'endroit où la province de Calabre s'élargit davantage, est une autre masse de montagnes dont la direction est de l'est à l'ouest.

Deux chaînes encore plus élevées viennent s'y rendre perpendiculairement, et, se dirigeant ensuite au nord, couvrent presque toute la partie septentrionale du royaume de Naples. Elles se prolongent ensuite, partagent en deux les états de l'église, séparent la Toscane de l'Ombrie, et, allant après cela vers l'ouest, se joignent dans l'Apennin, près des frontieres de la France. Ainsi, après avoir passé l'*Amato,* j'aurois pu voyager jusqu'aux extrémités de la Suisse, dans les montagnes, sans autre interruption que celle de quelques vallées peu considérables sur une si grande échelle.

C'est ici la partie de l'Italie la plus étroite, et le chemin de Naples par la Pouille et Catanzaro y passe en allant de la mer ionienne à la méditerranée. Au passage de l'*Amato* nous trouvâmes une troupe de Grecs des deux sexes, habitant le village voisin : leur parure étoit extrêmement bigarrée par des bandes rouges et jaunes : les femmes me parurent infiniment plus belles que ne le sont ordinairement celles de la Calabre. Après une route qu'on estime être de vingt-quatre milles, nous arrivâmes à *Nicastro*, où j'allai loger chez les dominicains. Le voisinage de cette ville est rempli des plus beaux paysages : de hautes montagnes, garnies de bois, semblent interrompre toute communication avec le nord ; mais le pays s'ouvre vers le golfe de *Squillace :* la plaine qui va vers le midi est variée de la maniere la plus riche en champs de bled, en plantations d'arbres fruitiers, et en bosquets d'arbres verds. Les montagnes qui sont plus rapprochées, agréablement colorées de verdure de diverses teintes, sont couronnées d'édifices blancs qui ne servent pas peu à rendre cette vue plus animée. La ville est en partie dans une gorge, et partie dans une plaine coupée par les sinuosités d'un torrent rapide qui descend de la montagne. Ces paysages, et ceux des environs de *Monte Leone*, ne le cedent en beauté à rien de tout ce que j'ai vu dans la Sicile ; et en tout il m'a semblé que l'aspect de la Calabre l'emporte beaucoup sur celui de cette isle. Presque tous les endroits que j'y ai visités m'ont paru manquer de bois et d'habitants : il n'y a au contraire aucun pays au monde où il y ait plus de villes et de villages, de plus belles forêts, et une culture plus variée, que dans la Calabre méridionale.

Tous les paysans et tous les voyageurs que j'y rencontrai sur la route, depuis *Tropea*, étoient sans armes ; et cependant, si j'en croyois tous les contes dont on m'a étourdi, elles seroient plus nécessaires ici que dans la Sicile, où tout le monde en porte en voyage.

L'accent calabrois est absolument différent du sicilien, en ce qu'il est plus rempli d'aspirations, et se prononce davantage du gosier.

Le château de *Nicastro* est une ruine très pittoresque, située au-dessus du lit d'un torrent bruyant qui roule dans un sombre vallon couvert de bois. Ce fut dans son enceinte que Henri, fils rebelle de l'empereur Frédéric II, fut long-temps emprisonné : les diverses tentatives qu'il fit pour détrôner son pere, et ses intelligences avec les ennemis de l'état, lui avoient attiré avec raison ce châtiment. Il fut d'abord enfermé, avec sa femme et ses enfants, à *Rocca Felice* dans la Pouille ; mais, pour plus de sûreté, il fut ensuite transféré à *Nicastro*, et puis dans la ville de *Martorano*, qui n'en est pas éloignée ; ce fut là que le désespoir mit fin à sa vie. Bocace dit que, dans un accès de frénésie, il força son cheval à sauter par-dessus un pont, et qu'il se noya dans la riviere de *Savuto*. De la hauteur qui est au-dessus de la ville la vue embrasse tout le pays. Le rivage est magnifique ; car précisément au niveau de l'eau commence une douce montée qui s'éleve par des sinuosités agréables jusqu'à l'Apennin, où elle se termine. Le long de la pente on découvre plusieurs villes et hameaux. Près de *San Biaggio* sont des bains chauds souverains pour plusieurs maladies : leurs qualités manifestent la composition volcanique de ces montagnes et la proximité des feux souterrains qui ont plus d'une fois contribué à faire de ce lieu délicieux un théâtre de désolation. Auprès de cette ville étoit celle de *Sainte Euphémie*, qui a donné son nom au golfe, et qui étoit une des villes les plus considérables de cette province, jusqu'en 1638. Cette année lui fut fatale, ainsi qu'on le voit par une lettre du P. Kircher, témoin oculaire : on la trouve dans la préface de son ouvrage intitulé *le Monde souterrain*. Je traduirai ici une partie de son récit, parcequ'il rapporte presque toutes les circonstances qui précedent ou accompagnent ordinairement les tremblements de terre.

« Le 27 mars 1638, au point du jour, nous
« quittâmes la côte de la Sicile : la mer étoit ex-
« traordinairement agitée et rouloit en tourbil-
« lons horribles, sur-tout près des rochers de
« *Scylla*, fameux par tant de naufrages. Nous fû-
« mes saisis d'effroi ; mais les plus hardis de nos
« matelots ne l'étoient pas moins que nous. Lors-
« que nous fûmes arrivés entre *Lipari* et le cap
« *Vaticano*, j'observai avec beaucoup d'atten-
« tion l'aspect de l'Etna et du *Stromboli*. Ils vo-
« missoient d'énormes masses de fumée, qui,
« bientôt s'étendant sur l'horizon du côté du mi-
« di, y déroberent à nos yeux non seulement les
« isles de *Lipari*, mais toute la Sicile. L'horreur
« de cet aspect étoit encore augmentée par des
« craquements souterrains, accompagnés d'une
« forte odeur de soufre. Ce bruit effrayant sem-
« bloit pronostiquer la catastrophe qui se prépa-
« roit pour Naples et la Sicile. Saisis d'épouvante,
« nous gouvernâmes droit au cap *Vaticano*, et
« passâmes près de *Stromboli* sans pouvoir la
« distinguer, parcequ'elle étoit enveloppée de

« nuages impénétrables ; mais nos oreilles furent
« frappées par de fortes explosions, et notre res-
« piration fut coupée par l'odeur du soufre. Quoi-
« que l'air fût parfaitement serein et tranquille,
« la mer étoit violemment agitée et bouillonnoit :
« elle paroissoit entièrement différente de son
« état naturel. Si l'on veut se faire une juste idée
« de ce bouillonnement de la mer, il faut se re-
« présenter l'effet d'une forte ondée de pluie sur
« un étang, et les bulles qu'elle y forme. A me-
« sure que nous approchions du cap, ces symp-
« tômes effrayants augmentoient et me causoient
« un abattement singulier. J'eus une sorte de
« pressentiment du malheur qui alloit arriver.
« Dans cette appréhension je fis entendre avec
« force à mes compagnons que nous étions in-
« cessamment menacés d'une violente secousse
« de tremblement de terre, et qu'il me sembloit
« prudent de ne pas s'approcher du cap pour
« n'être pas ensevelis sous les débris des rochers
« que je prévoyois devoir se détacher du conti-
« nent, et être précipités dans la mer. L'événe-
« ment justifia mon pressentiment : car environ
« deux heures après, ainsi que nous l'apprîmes
« depuis, un énorme fragment de ce promon-
« toire se sépara de la terre et s'écroula dans les
« flots avec toutes les maisons qui étoient bâties

« dessus. Nous poursuivîmes toujours notre rou-
« te, et nous arrivâmes en bonne santé à *Tropea*,
« n'imaginant pas que les dangers auxquels nous
« venions d'échapper sur la mer n'étoient rien
« en comparaison de ceux qui nous attendoient
« à terre. Nous fûmes trompés par l'aspect calme
« de l'atmosphere. J'avois à peine passé la porte
« du college, lorsqu'un bruit souterrain épou-
« vantable, qui ressembloit à celui de plusieurs
« voitures roulant très vîte, fut suivi d'une se-
« cousse si terrible, que le college, la ville, et le
« rocher même sur lequel elle est bâtie, se ba-
« lancerent fortement. La terre se souleva telle-
« ment, que, ne pouvant me soutenir debout, je
« tombai par terre. Aussitôt que je pus me rele-
« ver, je courus gagner mon bateau et je mis au
« large. Le lendemain nous gagnâmes *la Rochet-*
« *ta,* quoique la mer fût très grosse ; mais lorsque
« nous descendîmes, les secousses recommence-
« rent avec une nouvelle furie, et nous obligerent
« de remettre en mer. Nous continuâmes tou-
« jours notre voyage pour chercher quelque lieu
« de sûreté. A peine avions-nous quitté ce vil-
« lage, qu'il fut bouleversé de fond en comble,
« et tous les habitants ensevelis sous les ruines.
« Nous descendîmes encore au-delà de *lo Pizzo ;*
« mais alors notre situation sembloit pire que

« jamais. D'un côté la mer rouloit aussi grosse
« que des montagnes, de l'autre on ne voyoit et
« on n'entendoit que la destruction des villes et
« villages. Je jettai alors un coup-d'œil inquiet
« vers *Stromboli*, et je vis que le volcan brûloit
« avec une violence extraordinaire ; une nappe
« continuelle de feu le couvroit tout entier : on
« ne pouvoit rien voir de plus horrible. Ensuite
« un bruit sourd, semblable à celui du tonnerre
« dans l'éloignement, se propageoit par les en-
« trailles de la terre, en se renforçant continuel-
« lement jusques sous nos pieds. Alors ses ébran-
« lements étoient terribles au-delà de toute ima-
« gination ; de sorte que chacun de nous ne pou-
« vant plus se soutenir, s'accrochoit aux branches
« des arbres.

« Lorsqu'enfin cette affreuse convulsion cessa,
« et que nous pûmes nous relever de la tombe
« pour regarder encore une fois la lumiere des
« cieux, nous jettâmes les yeux vers la ville de
« *sainte Euphémie* où nous voulions nous ren-
« dre : mais nous ne vîmes à sa place qu'un som-
« bre nuage ; et à mesure qu'il se dissipoit, nous
« distinguâmes, au lieu de maisons et d'églises,
« un lac fétide. Quoique presque hors de nous
« par l'étonnement que cela nous causoit, nous
« cherchâmes avec empressement quelqu'un qui

« pût nous donner des détails sur ce terrible évé-
« nement, et, après bien des recherches, nous
« ne trouvâmes qu'un jeune homme assis sur le
« rivage et accablé de frayeur. Nous le question-
« nâmes sur le sort de *sainte Euphémie*: mais
« nous ne pûmes en tirer aucune réponse; car la
« crainte, la douleur, et le désespoir, lui avoient
« ôté la parole et glacé l'ame. Ni caresses ni pro-
« messes ne furent capables de lui arracher un
« mot. Anéanti par la douleur, il rejetta avec
« dégoût les vivres que nous lui présentâmes, et
« il n'eut que le courage de nous montrer du
« doigt la place où avoit été située *sainte Eu-*
« *phémie*. Inaccessible à la consolation, les yeux
« baissés, et avec l'air d'un homme pétrifié par
« la douleur, il nous quitta, et s'enfonça dans le
« bois voisin. Nous continuâmes notre route par
« plusieurs endroits qui n'offroient qu'un vaste
« spectacle de désolation, et ne trouvâmes, pen-
« dant un espace de deux cents milles, que des
« villes ruinées, et des habitants errants au mi-
« lieu de la campagne, ou privés de sentiment
« par la crainte et l'effroi.

SECTION LXII.

Le chemin par l'Apennin passoit pour être si
dangereux, à cause des voleurs et des bandits,

que je jugeai plus prudent de céder aux avis de ceux que j'avois consultés, que de m'exposer à courir des risques par mon imprudence. En conséquence je priai le commandant du régiment de *Campanie* de me donner deux soldats pour m'escorter jusqu'à *Cosence*. Ce régiment est un corps d'infanterie légere, habillé et armé comme les miquelets de Catalogne. Leur uniforme est jaune, leur accoutrement léger, et tel qu'il convient à des troupes légeres. Les hommes sont bien choisis, et d'une tournure très propre à ce genre de service. Ils m'entretinrent, pendant le voyage, de leurs hauts faits, et de ceux de leurs camarades, m'assurant que je serois parfaitement en sûreté : car les bandits, me dirent-ils, n'oseroient se présenter devant eux; ou bien s'ils avoient cette témérité, ils ne leur échapperoient sûrement pas. Je ne fus pas dupe de ces bravades ; car j'étois bien convaincu que les bandits, si je les avois consultés, auroient pu m'en dire autant sur le compte de ces soldats. Dans le vrai, s'ils sont de quelque utilité aux voyageurs, c'est à cause de la crainte que le nom de soldat inspire, et de celle que l'homme éprouve souvent lorsqu'il se voit exposé à la vengeance des loix qu'il a violées. On ne sauroit l'attribuer ni à leur vigilance, ni au bon ordre qu'ils observent dans la marche. Quelquefois ils restoient derriere, d'autres fois ils donnoient leurs fusils à porter à mes guides, et montoient en croupe derriere mes gens; et cependant à tout instant nous pouvions être attaqués, s'il y eût eu des voleurs cachés près du chemin, et qu'ils nous eussent jugés une capture digne d'eux.

Je partis de *Nicastro* avant le jour à cause de la longueur de la route jusqu'à *Cosence,* et des mauvais chemins que nous avions à suivre. Nous gravîmes la montagne qui est au nord de la ville, et nous entrâmes dans un bois fourré. Les arbres qui bordent la plaine sont des chênes, et plus haut il y a des châtaigniers. Le jour commençoit à poindre précisément lorsque j'arrivai au haut de la montagne. J'y fis halte pour laisser respirer les chevaux, et pour jouir de la belle vue. Lorsqu'il fit assez de jour pour me permettre de distinguer le paysage, elle m'offrit un tableau de la plus grande beauté. Les montagnes forment des deux côtés une ceinture qui environne une plaine fertile et enrichie des plus belles productions de la nature. Une chaîne de montagnes moins hautes court perpendiculairement au midi, s'élevant insensiblement jusqu'à ce qu'elles viennent joindre les sommets glacés d'*Aspra Monte.* Entre les montagnes on découvroit la mer ionienne, qui réfléchissoit les rayons du soleil levant, tandis que la méditerranée étoit encore rembrunie par le crépuscule qui se dissipoit sensiblement à l'approche de l'aurore. Il n'y eut que la nécessité indispensable d'arriver à *Cosence* avant la nuit qui put m'arracher d'un lieu qui m'offroit un spectacle si sublime. Pendant un espace de quinze milles nous ne fîmes que monter et descendre dans une forêt dont l'œil n'appercevoit pas les bornes. Les arbres sont de la plus grande espece. On trouve de temps en temps quelques parties défrichées et labourées ; mais je ne vis aucune habitation : ainsi je présume que les cultivateurs habitent quelques villages voisins. Le sol qui couvre la surface de cette montagne est un mélange de terre grasse sablonneuse et de végétaux décomposés ; la couche de pierres qui est au-dessous est une ardoise fragile de la nature du *mica* : en plusieurs endroits le voyageur le moins attentif distingue aisément de fortes traces de volcans. Les parties les plus hautes de ces montagnes sauvages étoient légèrement couvertes de neige : mais il y en avoit davantage vers le nord-est, où commencent les montagnes nommées *Sila*, connues des anciens sous le nom de la forêt *Brutium*. Au milieu des masses de neige il me fut aisé de distinguer de grands bois de pins, que leur forme et leur teinte sombre me fit juger être de l'espece qu'on appelle *argentée*. Cette forêt couvre une surface de deux cents milles de tour. C'est de là qu'Hiéron, roi de Syracuse, et ensuite les Romains, tiroient les bois de construction dont ils avoient besoin pour leurs flottes, et ces forêts fourniroient encore de grandes ressources dans le même genre : mais, à l'exception de la térébenthine et du bois de chauffage, on n'en tire presque point de profit.

Vers midi nous arrivâmes au point le plus élevé de toute notre route ; après quoi nous descendîmes pendant fort long-temps par de grands bois d'énormes châtaigniers : leurs branches, qui s'entrelaçoient, formoient une ombre épaisse au-dessus de nos têtes, et leurs tiges hautes et sans feuilles nous permettoient de promener nos regards de tous côtés, sans que nous puissions appercevoir les limites du bois. Quelquefois nous arrivions à des percées qui offroient à nos regards de grandes montagnes, de jolis vallons, des villes, des villages, et la vue de la mer : ces aspects variés nous procuroient sans cesse des plaisirs nouveaux.

Nous arrivâmes enfin à une gorge profonde et resserrée, où la riviere *Savuto* se précipite avec fureur parmi des rochers et des abymes : la difficulté du passage a déterminé à y construire un pont, chose très rare dans la Calabre. Je m'apperçus alors avec peine qu'un de mes gens, qui avoit pris les devants, s'étoit égaré. Nous ne le voyions plus, quoique le pays fût devenu ouvert. Nous nous séparâmes, et nous nous mîmes tous à crier, dans l'espoir qu'il nous entendroit. Je descendis de cheval et grimpai au haut d'un rocher voisin pour tâcher de le découvrir ; mais ce fut en vain. Enfin, n'en pouvant plus de soif, je descendis au bord de la riviere, et me disposois à boire, lorsque j'entendis une voix rauque qui m'appelloit avec force. En me retournant j'apperçus très près de moi une demi-douzaine d'hommes de très mauvaise mine, et deux femmes assises sous un rocher, ayant auprès d'elles une marmite. Cette apparition m'inquiéta d'abord ; mais bientôt je fis réflexion que, s'il y avoit du danger, il n'étoit plus temps de l'éviter : ainsi je fis la meilleure contenance qu'il me fut possible, et je m'avançai de leur côté pour leur demander ce qu'ils me vouloient. Un d'eux, se levant, vint vers moi avec une outre remplie de vin, en me proposant d'en boire, ajoutant que, dans cette saison, les eaux du *Savuto*, n'étant que de la neige fondue, étoient très mal-saines. J'acceptai son offre ; et, après lui avoir fait quelques questions sur sa compagnie, et m'être informé s'il n'auroit pas vu le domestique que je cherchois, je voulus lui donner de l'argent : mais il refusa de l'accepter; et, m'amenant mon cheval, il me souhaita un bon voyage. Je sus que c'étoient des chauderonniers ambulants, probablement bohémiens de nation : mais il faut avouer que leur air et leur accoutrement n'étoient pas faits pour rendre leur rencontre agréable dans un lieu si solitaire.

Toute ma troupe s'étant enfin rassemblée sans avoir pu découvrir celui que nous cherchions, je continuai ma route vers *Rogliano*, où je me proposois de dîner et de m'arrêter jusqu'à ce que j'en eusse des nouvelles; mais il arriva dans le plus triste état, au moment que mes soldats, accompagnés de quelques gens du pays, partoient pour aller à sa recherche. Il avoit suivi un sentier qui le conduisit à un gué qui n'est praticable que dans l'été; et, n'étant pas habitué aux torrents, il avoit eu l'imprudence de tenter le passage dans un endroit très rapide et beaucoup plus profond qu'il n'avoit imaginé. Son cheval étoit tombé dans un trou, et ce n'avoit pas été sans peine qu'il étoit parvenu à le faire relever et à gagner à la nage la rive opposée. Le froid et la peur lui avoient fait perdre pendant long-temps l'usage de ses sens ; ce qui l'empêcha d'entendre nos cris : mais enfin son cheval, après avoir long-temps erré d'un côté et d'autre, rencontra le grand chemin, et l'amena demi-mort à la ville où nous étions.

Nous trouvâmes peu de ressources à *Rogliano* pour les vivres et les fourrages : cela se borna à un sac de châtaignes pour nos chevaux, et à un peu de mauvais fromage et de pain aigre pour nous. Les châtaignes de ce canton sont d'une qualité parfaite. Elles viennent sur des arbres greffés.

Après dîner nous allâmes jusqu'à *Cosence*. La distance est de huit milles qui valent bien autant de lieues à cause du mauvais chemin ; il est impossible d'en trouver de plus exécrable : il m'empêcha de jouir du plaisir que j'aurois eu à parcourir un des plus délicieux paysages de l'Europe. Comme les gros arbres ont étouffé les broussailles, les bois sont clairs, et le pays ressemble à un superbe parc entouré de montagnes et de monticules couverts de forêts. Sur chaque hauteur est un village dépendant de *Cosence*, et jouissant des mêmes privileges. Mes guides s'empresserent à me montrer un de ces villages nommé *Celico*, qui, à ce qu'ils m'apprirent, eut le bonheur de donner le jour au P. *Joachim*, grand saint et célebre sage. Je ne pouvois pas imaginer quel étoit le personnage dont ils me parloient ; mais j'appris le lendemain d'un moine que c'étoit l'abbé *Joachim* (55), si connu dans le douzieme siecle par ses prophéties, et par la part qu'il avoit eue en plus d'une occasion aux affaires politiques de son temps. Il prétendoit avoir acquis la connoissance des saintes écritures par des inspirations et des visions miraculeuses, et être en état d'interpréter tout ce qu'elles renferment de plus obscur. Le livre des révélations étoit son étude favorite, et celui où il puisoit toutes ses connoissances.

Richard surnommé Cœur-de-Lion, roi d'Angleterre, le fit venir à Messine pour l'interroger sur l'événement de la croisade qu'il alloit faire en Palestine. Ce prince, qui avoit autant d'adresse que de jugement, qui étoit disciple des troubadours et versé dans leurs sciences, lui fit tant de questions captieuses, que l'abbé perdit la tête et se contredit plusieurs fois. Les évêques et les courtisans, à l'exemple de leur maître, tournerent en ridicule le prétendu prophete, et il fut renvoyé avec honte dans son couvent de Calabre, où il mourut en 1202. Il faudroit sans doute regarder comme un miracle s'il n'eût pas trouvé des admirateurs dans un siecle aussi superstitieux; et, malgré le peu de déférence avec lequel il avoit été traité à la cour du roi Richard, ses compatriotes n'en eurent pas moins la plus entiere confiance dans ses oracles, et le regardent encore aujourd'hui comme un modele de sainteté et de vérité. On le regarde aussi comme auteur d'un ouvrage qui contient la liste des papes qui doivent se succéder depuis son temps jusqu'au jour du jugement; et ils sont distingués par les épithetes qui doivent les caractériser.

Les mauvais chemins, et plusieurs autres choses qui retarderent notre marche, furent cause que nous n'arrivâmes que fort tard à *Cosence*, capitale de la Calabre ultérieure. J'allai loger chez les dominicains, dont le couvent est situé dans un des fauxbourgs; et ils me comblerent de politesses et d'attentions. Une forte pluie qui tomba pendant toute la nuit et tout le lendemain, fut cause que les personnes avec lesquelles, dès en arrivant, j'avois fait marché pour des chevaux, se rétracterent, de crainte que les retards qu'ils éprouveroient par les mauvais chemins et les inondations n'absorbassent tout ce qu'ils auroient gagné. La pluie fut si continue, qu'à peine je pus saisir un moment pour me promener dans la ville : mais ces bons peres me tinrent fidele compagnie; et comme il y avoit parmi eux plusieurs hommes instruits et aimables, je passai mon temps fort agréablement avec eux.

SECTION LXIII.

Incertain si je trouverois de long-temps une occasion pour Naples par la route ordinaire, je me décidai à profiter du premier beau jour pour aller à *Paula*, accompagné de deux moines. Ils espéroient y trouver une felouque pour Naples, où ils comptoient être rendus bientôt, dès que le vent seroit devenu favorable. Ils me procurerent un cheval, et je devois faire venir mes gens au cas que nous trouvassions le bateau que nous espérions.

Le 14 la pluie ayant cessé, nous hasardâmes de nous mettre en route. Nous n'avions que quinze milles à faire ; mais le pays étant fort montueux, nous y mîmes beaucoup de temps. Aussitôt que nous découvrîmes la mer, la belle vue qui s'offroit de tous côtés à nos regards fit que je m'applaudis d'avoir fait cette course. Arrivés à *Paula*, nous n'y eûmes aucune nouvelle de la felouque ; d'ailleurs le temps me parut si peu propre à un voyage par mer, que j'y renonçai sur le champ, et résolus de retourner le lenmain matin à *Cosence*. J'employai le reste de la journée à voir les curiosités de la ville de *Paula*, célebre pour avoir donné naissance à S. François, fondateur de l'ordre des minimes.

Il étoit fils d'un paysan, et fut d'abord traité avec beaucoup de mépris dans son pays ; mais, comme il menoit une vie austere, et qu'il étoit d'un caractere doux, modeste et sensible, il inspira bientôt du respect et de la vénération, et sa réputation se répandit par toute l'Italie et dans plusieurs pays étrangers. Louis XI, roi de France, qui cherchoit à suppléer par la ruse et la superstition à son peu de courage et de vertu, se persuada qu'il obtiendroit, par l'intercession de l'hermite calabrois, la grace de prolonger sa criminelle existence. Par l'ordre du pape, l'hermite, déja vieux et cassé, se rendit malgré lui à la cour de France, où ses mœurs simples furent un sujet de ridicule pour les courtisans. On l'appelloit *le bon homme ;* mais ce bon homme ne fut ni assez simple ni assez fou pour faire espérer au roi sa guérison, et il lui déclara naturellement qu'il n'étoit pas en son pouvoir de le soulager. Enfin le monarque, accablé de terreurs et du poids de tant de crimes, se vit forcé de renoncer à l'espoir de vivre, et employa les secours du saint homme à faire sa paix avec le juge terrible auquel il devoit bientôt rendre compte de sa vie. François mourut à Tours (56) en 1507, et fut canonisé douze ans après. Il devint bientôt le saint favori et le patron de son pays natal. Les Calabrois ont toujours une confiance sans bornes dans sa médiation, et rien n'est plus singulier que la maniere dont ils l'invoquent. Ils s'approchent avec une crainte respectueuse de sa statue, tenant dans leurs mains un licou d'âne; ils passent ce licou sur sa tête, en serrant promptement le nœud coulant, renouvellent ensuite leur priere, et laissent le licou. Je suis persuadé qu'il y avoit deux quintaux de cordes sur les épaules du saint lorsque je le vis. Ce saint, qui interdit rigoureusement à son ordre l'usage de la viande, qu'il ne permit même qu'avec beaucoup de réserve aux malades, acheta quelques paires de pigeons pour l'infirmerie; et comme on n'en emploie que peu à cet usage, et qu'ils sont regardés dans tout le pays comme des oiseaux sacrés, ils se sont multipliés au point de devenir fort à charge dans tout le canton d'alentour. On les voit aller par bandes énormes, couvrant tout le monastere, et jouissant d'une paix profonde sous la protection du saint fondateur. Les gens du pays sont persuadés que quelques chasseurs imprudents et quelques cuisiniers qui ont osé porter des mains sacrileges sur ces animaux en ont été punis d'une maniere aussi terrible que miraculeuse. Il y a même des fermiers qui poussent cette morale jusqu'à cultiver et ensemencer des champs pour l'usage de ces pigeons, mais bien plus par intérêt que par dévotion ; car ils sont persuadés qu'ils ne touchent qu'aux grains qui leur sont destinés, à moins qu'on ne néglige d'avoir cette attention pour eux. Il n'en est pas de même dans le royaume de Naples, comme dans beaucoup d'autres pays, où le seigneur a seul le droit d'avoir un colombier. Ici chaque possesseur de terre en peut avoir un, si bon lui semble, en s'arrangeant avec ses voisins pour le dommage que cela peut leur causer. J'ai oui-dire que quelques seigneurs, soit par caprice, ou pour conserver la race des pigeons, prétendoient empêcher que personne n'en tuât, quoique tous ceux qui veulent avoir le droit de chasser par-tout puissent l'obtenir du roi en payant.

Paula appartient à la maison *Spinelli*. Cette ville est située dans un canton singulièrement pittoresque et varié par le mélange des bois et des terres cultivées. Il est borné, d'une part, par des précipices sauvages et des montagnes couvertes de forêts majestueuses, de l'autre par une vaste étendue de côtes et de mer. Le couvent des minimes est encore aujourd'hui précisément dans l'endroit où S. François avoit bâti sa premiere cellule solitaire, au milieu des cavernes et des rochers, et près de la source d'un ruisseau impétueux. La baie fournit beaucoup de coraux.

Mes compagnons, étant décidés à attendre l'arrivée de la felouque, me mirent sous la garde d'un frere lai qui alloit à *Cosence*. Nous n'avions à nous deux que mon cheval, et nous le montions tour à tour; mais lorsque nous eûmes fait environ 5 milles, un accident nous sépara dans un bois : par bonheur j'étois sur le cheval, sans quoi j'aurois été obligé de faire le reste du chemin à pied. Le moine avoit commencé, en partant, à me raconter des horreurs commises par quelques uns des plus fameux brigands de ce pays, et je l'écoutois avec attention, parceque j'avois beaucoup de peine à entendre son patois. Occupés de la sorte l'un et l'autre, dans un chemin creux, ombragé de vieux chênes qui formoient comme un berceau dans ce lieu, nous apperçûmes tout-à-coup, dans un retour que formoit le chemin, un homme armé d'un fusil et de pistolets. Mon compagnon, qui avoit l'imagination frappée de toutes les atrocités qu'il me racontoit, jetta un cri perçant et s'enfuit à toutes jambes dans le bois, où il disparut, me laissant à la merci du prétendu assassin. Mais je fus bientôt rassuré par cet homme, qui m'apprit qu'il étoit un des sbirres d'un seigneur du voisinage, et qu'il s'en retournoit à *Paula*. Nous appellâmes le frere lai; mais il ne revint pas, soit qu'il fût trop éloigné pour nous entendre, soit qu'il ne se crût pas en sûreté avec nous : de sorte qu'ayant perdu tout espoir de le rejoindre, je poursuivis ma route, accompagné du garde qui eut l'honnêteté de me conduire jusqu'auprès d'un hameau d'où je découvris *Cosence* ; alors il me quitta, parceque je ne risquois plus de m'égarer. En arrivant au couvent, je trouvai qu'on avoit eu la précaution de m'arrêter des chevaux qui devoient me conduire en quatre jours à *Evoli*.

SECTION LXIV.

Cosence, ville archiépiscopale, et résidence du gouverneur de la province, étoit jadis la capitale des *Brutiens,* et d'une certaine importance dans la seconde guerre punique : les Sarrasins la réduisirent en cendres dans le dixieme siecle ; mais elle fut rebâtie par les bienfaits de ses prélats. Louis III, de la maison d'Anjou, qui fut adopté par la reine Jeanne II, y mourut en 1434, et est enterré dans la cathédrale. C'étoit un prince d'un caractere doux et de peu d'ambition, quoiqu'il ne manquât ni de courage ni de talents militaires. Il supporta avec patience les caprices de cette vieille princesse, ainsi que les insultes de ses indignes favoris, et fut sincèrement et généralement regretté : la reine elle-même, quoique sa sensibilité fût presque effacée par l'habitude du vice et par son âge avancé, pleura sa mort prématurée; mais la douleur ne dura guere dans cette ame endurcie. Les Calabrois furent extrêmement affligés de la mort d'un prince si vertueux et si bon, sous lequel ils avoient joui d'une existence heureuse que le souvenir de leurs anciennes discordes et de leurs troubles domestiques, qu'il avoit appaisés, leur rendoit encore plus précieuse. La bonté de Louis ne fut pas oubliée de long-temps, et laissa une impression profonde dans le cœur de ce peuple, qui conserva toujours depuis un penchant marqué pour les princes de la maison d'Anjou et de France. Cet attachement excita la vengeance des partisans de la maison d'Aragon, et ils commirent des cruautés horribles à *Cosence* en 1457. Les tremblements de terre y ont aussi causé de grands ravages. Ainsi, quoique sa population soit portée à dix-huit mille ames dans quelques tableaux imprimés, j'ai lieu de croire, d'après ce que j'ai appris sur les lieux mêmes, qu'elle ne passe guere la moitié. *Cosence* est dans un site agréable, à environ douze milles de la Méditerranée, et à l'extrémité méridionale d'une plaine d'une largeur considérable, baignée sur une étendue de vingt milles par la riviere de *Crati*. La ville est située sur sept montagnes qui sont représentées dans ses armes. Au pied des hauteurs, le *Crati*, qui vient des vallées de la chaîne du *Sila* vers l'est, reçoit les eaux du *Basiento*. Ce torrent est célebre en ce qu'il renferme dans son lit les restes d'*Alaric,* ce redoutable chef des Visigoths. C'est dans ce lieu qu'en 422 la mort arrêta le cours de ses victoires, et délivra l'univers des nouveaux ravages qu'il méditoit. Ses fideles compagnons, ne voulant pas former d'établissement dans ce pays, et craignant qu'après leur départ on n'insultât aux cendres de leur héros, détournerent les eaux du *Basiento*, et creuserent au milieu de son lit une fosse profonde où ils déposerent son corps avec plusieurs trophées précieux, dépouilles des nations qu'il avoit vaincues ; après quoi ayant fait rentrer la riviere dans son ancien lit, ils firent mourir tous les ouvriers qui y avoient été employés, afin que le tombeau d'*Alaric* fût à jamais dérobé aux regards et aux outrages des hommes.

De l'ancien château, situé sur la cime de la plus haute de ces sept collines, la vue s'étend sur des montagnes de trois côtés, et de l'autre sur la plaine. Elle est singulièrement fertile; mais, par sa situation et les arrosements fréquents qu'elle exige, l'air y est mal-sain et fiévreux pendant l'été.

Les mœurs et le costume different infiniment dans la haute et la basse Calabre. Les peuples de la Calabre méridionale ressemblent aux Siciliens, et les hommes portent de même des bonnets; mais au nord de *Rogliano*, qui est sur les confins des deux provinces, on porte des chapeaux. Un Italien de mes amis, homme fort instruit, et qui a séjourné long-temps en différents endroits du royaume des deux Siciles, croit reconnoître dans le caractere des peuples actuels de la Sicile plusieurs traits qui rappellent encore leurs anciennes liaisons avec les peuples de l'Afrique; et dans les Calabrois du nord, beaucoup de la gravité et de la solidité des Allemands; ce qui vient peut-être des colonies de cette nation qui y furent établies par les princes de la maison de Souabe. Chez les Calabrois du sud, et surtout chez les Napolitains, il trouve beaucoup des mœurs et du caractere des Grecs. Enfin les peuples de l'Abruzze lui semblent conserver encore l'air et le caractere des anciens Samnites, leurs ancêtres, à peu de différence près, occasionnée par le mélange du sang lombard. Quoique la Calabre ait la réputation d'être peu sûre pour les voyageurs, il faut avouer que ces peuples semblent devoir être très honnêtes entre eux, car leurs portes n'ont ni barres ni verroux; et lorsque le maître est absent, sa maison reste à la merci de tous les passants.

Les dominicains ne vouloient pas me laisser partir sans une escorte; mais, comme je savois par expérience combien cela étoit peu utile, je n'en voulus pas absolument. Cependant, sur les instances que me firent ces bons moines, je leur empruntai deux fusils et deux sabres que mon guide devoit rapporter. Toutes les histoires de vols et d'assassinats qu'on m'avoit racontées me causerent quelque inquiétude, de sorte que je fis ma disposition, en cas d'attaque, du mieux qu'il me fut possible. Mon guide marchoit à la tête, armé d'un des deux fusils; mes deux domestiques, armés de sabres, marchoient au centre, et j'étois à l'arriere-garde avec le second fusil. Mais bientôt nos craintes s'évanouirent, et nous traversâmes la belle plaine qui étoit devant nous sans la moindre précaution. Nous marchâmes pendant six milles dans un pays couvert de moissons, de vignobles, et de mûriers, environné de tous côtés de superbes montagnes, et laissant derriere nous la ville de *Cosence* et les sommets du *Sila* couverts de neige, qui bornoient l'horizon de ce côté. Nous avions à notre droite le *Crati* qui couloit au pied d'une chaîne de montagnes; mais les arbres nous empêchoient de le voir. Ensuite nous arrivâmes à un bois, et passâmes la riviere à gué. L'eau étoit rapide et claire, malgré les dernieres pluies, et venoit jusqu'aux sangles des chevaux. Nous trouvâmes sur le bord huit hommes vigoureux : ils se déshabillerent; et, entrant dans la riviere, ils formerent une double haie au-dessus et au-dessous pour rompre l'action du courant et nous montrer le passage. A un mille plus bas nous repassâmes la riviere avec les mêmes précautions. Les hauteurs qui bordent la plaine des deux côtés sont bien boisées et bien habitées ; les villes sont perchées sur les points les plus élevés. Parmi les plus considérables que nous découvrions du côté de la Méditerranée, on remarque *Montalto*, célebre par une mine de sel gemme (*a*); *Regina*, ainsi nommée

---

(*a*) Ce sel se coupe dans la masse du roc solide, et se détache par l'action de l'eau, dont on fait un amas au-dessus, et que l'on laisse couler en bas avec violence. Cette méthode est en usage dans quelques mines de plomb en Angleterre, et fait beaucoup de tort aux terres qui sont situées au-dessous.

Une de ces villes me paroît être l'ancienne *Pandosie*,

pour avoir été la résidence de Marguerite, femme du roi Louis d'Anjou; et *S. Marc*, ville épiscopale.

Sur une des montagnes, à l'est, est située *Bisignano*, qui donne le titre de prince à la seule branche qui reste de l'ancienne maison de *San Severino*, qui a long-temps joué le premier rôle dans les troubles de ce royaume, et souvent disposé de la couronne. La tige de cette maison fut un certain *Trogisius*, normand, à qui Robert Guiscard donna, en 1080, la seigneurie de *San Severino* dans la principauté de Salerne. Ses descendants acquirent des richesses immenses; ils possédèrent en différents temps la moitié des fiefs du royaume, et furent décorés des honneurs et titres les plus distingués: mais, pour leur malheur, ils épousèrent la querelle des papes contre

---

où Alexandre, roi des Molosses, fut tué par quelques exilés de Lucanie, lorsqu'après la défaite de son armée il traversoit l'*Achéron*.

L'aspect du pays, et sa proximité des confins du *Brutium* et de la *Lucanie*, justifient cette conjecture. Je possede deux petites médailles d'or trouvées dans cette plaine, et qui paroissent avoir été frappées sous ce prince.

Il existe quelques médailles grecques frappées à *Pandosie*, mais que quelques médaillistes attribuent à une ville de ce nom en Épire. (Note de l'auteur.)

le roi Frédéric de Souabe, leur légitime souverain, et furent punis de cette infidélité par une vengeance implacable. Un seul enfant de cette race échappa au massacre de sa famille, et en devint le restaurateur. Après plusieurs années d'exil il revint avec l'armée du comte de Provence, et fit étaler devant lui, à la bataille de Bénévent, la chemise sanglante que portoit son pere lorsqu'il fut mis à mort : ce devoit être un signal de ralliement pour ses partisans. Charles I*er* lui rendit tous ses honneurs et tous ses biens, et les augmenta, quelque énormes qu'ils fussent déja. Les bienfaits attacherent les *San Severino* à la maison d'Anjou, et les rendirent ennemis mortels des princes de la maison d'Aragon, leurs rivaux. Sous le regne de Charles ils parvinrent aux premieres charges de l'état, et leur puissance ne le cédoit guere à celle de leurs maîtres. Sous Jeanne I*re* leurs querelles avec les *Marsani* exciterent une guerre civile qui finit par la ruine de ces derniers. Le roi Ladislas se déclara leur mortel ennemi, à cause de leur attachement au parti des Angevins; mais sous le regne de sa sœur ils rentrerent en faveur. Ils arracherent de Ferdinand I*er* la concession de la principauté de Salerne; mais, ne se croyant pas liés par ce don, ils conserverent dans le cœur une fidélité inébranlable aux princes françois, et parurent toujours supporter impatiemment le joug espagnol.

Ferrante, dernier prince de Salerne, se révolta contre l'empereur Charles-Quint, fut proscrit, et mourut en exil. La branche de *Bisignano* s'éteignit aussi en 1606, et cet événement fut suivi de grandes contestations. Enfin les biens furent partagés par arbitrage, et *Bisignano* passa à un parent éloigné du dernier prince de ce nom: le reste de cet immense héritage fut adjugé à des parentes.

Après avoir suivi la plaine pendant vingt-deux milles, sans avoir rencontré la plus petite inégalité, nous nous arrêtâmes pour dîner à une auberge solitaire et pauvre, peu éloignée de la ville de *Tarsia*. Cette ville appartient aux *Spinelli*, et est située sur une hauteur environnée de quelques montagnes très dépouillées qui sont au nord de la riviere. Ici le *Crati* tourne tout-à-coup à l'est, et, après s'être fait un passage entre les montagnes, traverse la grande plaine de Sybaris pour aller se décharger dans le golfe de Tarente.

Après dîner nous changeâmes la direction de notre marche, et tournâmes vers le golfe de *Policastro*, en passant sur plusieurs hauteurs qui nous offroient de magnifiques vues de la côte de *Corigliano*. Bientôt après nous entrâmes dans une forêt immense qui couvre un pays plat entouré de montagnes et rempli de villages. Le chêne est le bois le plus commun dans cette forêt ; mais ils sont si petits, qu'ils ressemblent à des bois taillis. De nombreux troupeaux de moutons paissent dans cette plaine ; mais les bergers n'y ont aucune habitation. Ils font venir de plusieurs milles, sur des mules, les vivres dont ils ont besoin. Ils conduisent leurs troupeaux au son d'une musette pareille à celle avec laquelle plusieurs d'entre eux se rendent à Naples dans le temps des fêtes de Noël.

En sortant de ce pays couvert de bois nous entrâmes dans les grandes montagnes, parmi lesquelles le *Monte Pillino* se faisoit remarquer par son sommet couvert de neige. Cette montagne est renommée par la bonté de ses pâturages, et de son fromage, connu sous le nom de *caggio cavallo* ; c'est le meilleur du royaume. On lui donne une forme oblongue qui ressemble à une tête de cheval : il file comme de la soie, et est fort recherché des naturels du pays ; mais son goût fort et aigre ne plaît pas aux étrangers. On ne trouve nulle part une plus grande variété de plantes curieuses et rares : la racine de champignon appellée *fungifer lapis* (57) y est en grande abondance. Ce n'est pas une pierre, mais un amas de pierres de plusieurs especes de bois et de marnes réunis par un amas encore plus grand d'un terreau noir et fertile. Cette masse, lorsqu'on la recouvre d'un peu de terre fraîche, et qu'on l'arrose avec de l'eau chaude, produit en peu de jours un champignon. J'en ai plusieurs échantillons. Dans le canton le plus élevé de ce pays montueux, nous passâmes à saint Basile, colonie d'Albanois, d'où l'on voit la belle vallée et le gros bourg de *Castrovillari*. Tout y porte une empreinte de volcan. Le chemin est un monceau de cendre. Tous les monticules sont de forme conique à deux pointes et brisés d'un côté. Un des plus grands a un caractere singulier : il est absolument isolé, régulièrement arrondi, déchiré au sommet, et couvert d'un bois épais depuis le pied jusqu'à la cime. On ne sauroit se faire l'idée d'une plus belle montagne. Le sol des environs de saint Basile ressemble à celui qu'on trouve dans l'intérieur de la solfatare de Pouzzol: chaque pierre est de lave.

Un sentier étroit et difficile conduit, en faisant le tour de la montagne, dans un vallon étendu, bien planté et cultivé, encadré de toutes parts par des montagnes pointues, excepté du côté du midi, où est situé le beau cône dont je viens de parler, qui n'intercepte pas la vue du pays situé au-delà. Du côté du nord le *Pollino*, couvert de neige, s'éleve au-dessus des autres montagnes. Notre journée se termina à *Murano*, grande ville dans un joli site, sur le penchant assez roide d'une haute montagne. Mon guide me procura un fort bon logement, chez un de ses amis, où tout étoit propre, commode et agréable.

SECTION LXV.

Le 17 février, après avoir monté pendant une heure par un chemin très pierreux nommé *la Rocca perrupata*, nous entrâmes dans le *Campo Temese*, vaste plaine circulaire environnée de montagnes qui sont couvertes de hêtres. Cette plaine étoit semée de seigle, que les Calabrois appellent *germano*, parcequ'il fut apporté dans ce pays par les Allemands. Charles-Quint, en passant par cette province après son expédition de Tunis, ayant remarqué que de grandes parties de terre étoient incultes, parceque leur situation trop élevée les rendoit trop froides pour qu'elles produisissent du froment, ordonna que l'on y apportât du nord de ses états une espece de grain plus vigoureux. C'est à ses soins paternels que la Calabre est redevable de cette acquisition.

Dans un coin de cette plaine est un couvent

de capucins qui logent et nourrissent les voyageurs surpris par la chûte des neiges, ou par la nuit, dans cette région élevée et solitaire. Cette plaine a reçu son nom de l'ancienne ville de *Tempsa;* mais on n'a pas une connoissance certaine du lieu où cette ville étoit située. Étoit-ce auprès de sainte Euphémie, comme le prétend Cluvier? ou à *Malvito,* près de saint Marc, où Barius la place avec plus de vraisemblance? Strabon dit que c'étoit la ville un peu considérable la plus voisine des limites de la Lucanie, et qu'il existoit dans son territoire un temple consacré à Polite, l'un des compagnons d'Ulysse, qui y avoit été assassiné par les barbares. Un village voisin, appellé *Policastriello,* semble conserver quelque chose de l'ancien nom.

Il est probable que *Campo Temese* étoit un domaine de la ville de *Tempsa;* et, à en juger par analogie, et par l'inspection rapide que j'ai faite du lieu, il doit avoir été, dans son origine, le cratere d'un volcan : la décomposition des montagnes qui l'environnent en a comblé le bassin dans la suite des temps. Le passage qui nous y conduisit étoit sans doute celui par lequel les laves et ensuite les eaux s'étoient écoulées; car lorsque les crateres cessent de brûler, ils deviennent ordinairement des lacs, jusqu'à ce que le bord qui contient les eaux s'écroule, et, leur permettant de s'échapper, laisse le fond à sec. Le houx croît en grande quantité sur les montagnes voisines. Je ne me rappelle pas d'en avoir rencontré dans aucun pays plus méridional. Au pied de la montagne, du côté du nord, nous traversâmes un torrent et entrâmes dans la province de *Basilicate*. Dans ce lieu les montagnes sont couvertes d'immenses forêts de chênes les plus beaux, qu'on laisse dépérir par vétusté, sans en tirer d'autre avantage que des glands qui servent à la nourriture de nombreux troupeaux de porcs. La mer n'est pas éloignée de plus de six milles ; ce qui est une bien petite distance, comparée au profit qu'on pourroit faire par la vente d'aussi beaux bois ; et les vallons sont assez larges pour permettre de pratiquer un chemin jusqu'à la plage, du moins pendant l'été. Sans doute la dépense seroit forte ; mais l'objet seroit assez important pour le mériter, car les forêts de cette péninsule seroient en état de fournir tous les chantiers de l'Europe, et il n'y a aucune raison de douter de la dureté et de la bonne qualité des bois. Le général *Acton*, secrétaire d'état ayant le département de la marine, a tourné ses vues de ce côté, et a fait couper des bois, pour l'usage de la marine royale, dans la partie méridionale de la Calabre. Mais les gens de ce pays ne se prêtent pas à son projet, parceque l'obligation d'abattre et de transporter ces bois devient très onéreuse pour eux, ne recevant pas un salaire proportionné à leurs peines, au temps qu'ils y emploient, et à la perte qu'ils font de leurs chevaux et bêtes de somme. Cette entreprise n'étant qu'un essai que le ministre a voulu faire jusqu'ici, il y a lieu de croire que, s'il réussit, il arrêtera un plan favorable aux intérêts des individus. S'il ne le fait pas, je suis persuadé que la dépense de l'exploitation fera tomber le projet. On fera naître mille obstacles, on gaspillera, on trompera journellement ; il faut encore ajouter à tout cela l'injustice et l'oppression qui auroient lieu si on chargeoit de cette entreprise une compagnie que l'on voudroit favoriser. Mais le général *Acton*, qui est de race angloise, a trop de respect pour la liberté et pour les droits des peuples pour se permettre d'en enrichir une partie aux dépens de l'autre.

Dans les montagnes les femmes portent des voiles rouges ; leurs bas et presque tout le reste de leurs vêtements sont de la même couleur : je crois qu'on les teint avec un bol que l'on rencontre en plusieurs endroits près du chemin. Cette couleur est terne et tire sur le brun.

Nous passâmes par *la Retonda*, ville qui appartient au prince de *Bisignano*, et est dans un site très singulier, au sommet d'un rocher. Il semble que les maisons y soient accrochées par grouppes. La vue, du côté du nord, est magnifique, et embrasse la vallée de *S. Martin*, arrosée par la riviere *Law*. Une longue chaîne de montagnes, qui part des deux mers, s'étend de ce lieu dans toutes les provinces de l'intérieur. Les bords de cette riviere sont bien habités et bien cultivés. Quelques observateurs qui ont suivi avec attention les altérations et les diverses formes que produisent les tremblements de terre, croient que ces vallées avoient formé anciennement un grand lac, devant lui-même son existence au bouleversement des montagnes, qui, des deux côtés, avoient fermé le passage du vallon et arrêté le cours de la riviere, mais qu'un autre tremblement postérieur avoit donné un écoulement à ces eaux, et n'avoit laissé que de foibles traces de l'espece de digue qui les avoit d'abord retenues. J'ai très souvent rencontré des traces sensibles d'événements semblables en parcourant les pays de montagnes.

De *la Retonda* la descente étoit mauvaise, glissante et étroite. Une file de mules chargées que nous rencontrâmes au milieu de la montagne, causa beaucoup de confusion, et nous mit en danger; car il n'est pas facile d'arrêter ces animaux têtus, ni de les détourner du chemin : de sorte que nous eûmes beaucoup de peine à nous en tirer.

Après avoir passé le *Law*, nous traversâmes *Castel Luccio*, qui forme presque deux villes : une partie est très agréablement située au haut et sur le penchant d'un rocher, de maniere que les maisons forment une espece d'amphithéâtre; l'autre partie de la ville est au pied de la montagne, entourée de champs délicieux, plantés de vignes et d'arbres fruitiers, et bordés de chênes immenses. Les haies brilloient alors des premieres fleurs du printemps, et les petits oiseaux annonçoient de tous côtés, par leurs chants, le retour de cette belle saison. Bientôt après, nous entrâmes dans une autre forêt spacieuse, où les arbres sont encore plus forts que ceux que je venois de voir. Le chemin qui traverse ces bois vénérables, où l'on est souvent obligé de monter et descendre, nous offroit des points de vue très variés. Vers le haut de la montagne, au pied d'une pointe de rochers, nous passâmes près d'un petit lac, alimenté par un ruisseau assez considérable; mais je n'y vis aucun écoulement pour les eaux; je présume qu'elles coulent sous terre, et ne ressortent qu'au haut d'une vallée, où elles donnent naissance à un autre ruisseau.

J'allai dîner à *Lauria*, qui forme aussi deux villes. La haute est située sur un précipice très élevé qui est immédiatement au-dessus de la ville basse. Cette situation les expose l'une et l'autre à des accidents fâcheux; l'une à voir écrouler ses fondements, et l'autre à être ensevelie sous les roches : de semblables événements ne sont pas sans exemples. Mais si l'on compte pour rien ce danger, il est difficile de se faire l'idée d'un site plus délicieux. Les points de vue sont magnifiques : ils embrassent un nombre prodigieux de montagnes couvertes de bois, des vallons fertiles, mais étroits, et une grande partie du golfe de *Policastro*. Le pays que nous parcourûmes l'après-midi est extrêmement désagréable. Nous traversâmes des bois et des fonds, et nous suivîmes ensuite le lit d'un torrent rempli de grosses pierres et de trous qui nous mirent en danger de nous casser le cou à chaque pas. Mais nos chevaux étoient bons et habitués à ces sortes de chemins; de sorte que nous arrivâmes sans accident à *Lagonero*, quoique nous eussions marché depuis deux heures dans une obscurité profonde.

Lagonero prend son nom d'un grand marais

desséché depuis long-temps, dont les vapeurs étoient presque pestilentielles. Le pays est pauvre et mauvais; mais la ville est vivante, parceque c'est un grand passage. Elle est habitée par environ huit mille personnes qui trouvent dans toutes sortes de métiers de quoi gagner agréablement leur vie. J'allai loger dans une fort bonne auberge, où mon appartement étoit meublé avec autant de magnificence qu'un palais. Le lit et les fauteuils étoient de damas cramoisi galonné d'or, qui avoient été achetés, depuis plusieurs années, à la vente d'un cardinal qui habitoit dans ce canton. Un grand brasier rembli de charbon qu'on avoit mis dans le milieu de ma chambre, un bon souper, et un lit excellent, me dédommagerent du voyage ennuyeux et froid que je venois de faire dans l'obscurité. J'étois dans une région très élevée, de sorte que je ressentis un froid que je n'avois pas encore éprouvé dans toute ma tournée. Le lendemain matin j'eus un chemin exécrable, par des montagnes couvertes de forêts et de neige à leurs sommets. Le hêtre y est très abondant, et croît vers le haut des montagnes. Dans les parties moins élevées on trouve des chênes et des arbres verds en plus grande quantité. Les chênes y sont très beaux; mais presque tous les arbres y sont gâtés par la maniere dont on les élague. La terre est jonchée de troncs pourris, d'arbres tombés par vétusté.

En quittant les bois, nous suivîmes le cours de la riviere de *Casal nuovo* par une gorge très resserrée qui nous conduisit dans la vallée de *Diano*, qui a près de vingt milles de long. Elle a la forme d'une navette pointue aux deux bouts, et large dans le milieu. Les montagnes qui la renferment des deux côtés s'élargissent en partant des extrémités, et la riviere *Negro* (l'ancien *Tanager*) la parcourt dans sa longueur. La fertilité de cette vallée est vantée dans tout le royaume ; mais cet avantage est bien diminué par l'insalubrité de l'air pendant l'été. Les parties qui sont au-dessus du niveau ordinaire des inondations sont semées en bled et en lin. Plus bas on cultive du riz : le sol riche et fertile, et les eaux qui tombent de tous les côtés des montagnes, ou qu'on tire de la riviere, ont déterminé les fermiers à cultiver ce grain préférablement à tout autre. Toutes les hauteurs qui environnent la plaine sont couvertes de villes ou de bourgs qui donnent une nouvelle vie à ce superbe paysage. *La Padulo* est un des plus beaux endroits de ce tableau. Un vieux château placé sur un pain de sucre isolé, de grands cyprès qui s'élevent entre des maisons bâties sur la pente, et un immense couvent de chartreux bâti au pied, forment une masse d'objets très imposants. Cet endroit faisoit jadis partie du domaine des *San Severino;* mais, en 1308, un des seigneurs de cette maison fonda le couvent, et le dota de cette seigneurie, ainsi que de quelques autres. Les moines ont, depuis ce temps, fort augmenté leurs richesses, tant par leurs économies que par de nouvelles donations qui leur furent faites. Le prieur est traité en prince, et exerce sur ses vassaux le double empire de l'autorité féodale et de l'influence religieuse. Ce monastere est un des plus grands et des plus beaux de l'ordre de saint Bruno.

J'allai dîner à la *Sala,* grande ville située à la lisiere de la plaine. La profusion de marbre blanc que j'y vis me surprit. Les fontaines, les auges, les portes, et jusqu'aux marches des maisons, sont de ce beau marbre qui me parut antique. Je présume que ce sont des débris d'édifices d'une ancienne ville épiscopale appellée *Marcelliana,* qui doit avoir été située aux environs de *la Sala.*

La vallée commence à se rétrécir, et semble se fermer entièrement à la *Polla,* où je couchai. C'est une ville d'environ trois mille habitants, qui appartient aux *Capeci,* et fut presque entièrement détruite dans le seizieme siecle par un tremblement de terre. L'auberge est de l'autre côté de la riviere; et la douane, où l'on perçoit les droits d'entrée d'une province à l'autre, y est établie. On voit dans la muraille une inscription qui, par son style, paroît remonter au temps de la république romaine. Gruter et plusieurs autres l'ont rapportée. Tous different entre eux, ainsi que de l'original. La voici copiée exactement :

VIAM FECEI A REGIO AD CAPVAM ET
IN EA VIA PONTEIS OMNEIS MILLIARIOS
TABELLARIOSQVE POSEIVEI HINCE SVNT
NOVCERIAM MEILIALI CAPVAM XXCIII
MVRANVM LXXIIII COSENTIAM CXXIII
VALENTIAM CLXXX AD FRETVM AD
STATVAM CCXXXI REGIVM CCXXXVI
SVMA AF CAPVA : REGIVM MEILIA CCCXXIIII
ET EIDEM PRÆTOR IN
SICILIA FVGITEIVOS ITALICORVM
CONQVAESEIVEI REDIDEIQVE
HOMINES DCCCCXVI EIDEMQVE
PRIMVS FECEI VT DE AGRO POPLICO
ARATORIBVS CEDERENT PASTORES
FORVM ÆDISQVE POPLICAS HEIC FECEI.

Elle avoit été destinée à rappeller l'administration d'un préteur qui n'est point nommé, mais qui étoit vraisemblablement *Manius Aquilius*, qui construisit ou répara la voie consulaire de Capoue à *Reggio*, c'est-à-dire l'espace de trois cents vingt-quatre milles, éleva des ponts, plaça des pierres milliaires, celles aussi qui aidoient les voyageurs à remonter à cheval et leur tenoient lieu d'étriers, et fut le premier à inviter le peuple à partager les pâturages nommés *communes*. Quel dommage que Naples ne possede pas un semblable ministre ! il feroit ouvrir des communications commodes entre les diverses provinces du royaume. Quoiqu'un magistrat romain, ayant à sa disposition le trésor d'une république aussi puissante, et des légions de soldats aussi laborieux, fût en état de tout entreprendre, et que les ressources du royaume de Naples soient bien foibles en comparaison, il en a cependant assez pour entreprendre des travaux d'une utilité aussi reconnue, et la profonde paix dont jouit ce royaume permet d'y employer utilement une partie des troupes. La grande difficulté consiste à former un bon plan pour entamer cet ouvrage, et à trouver ensuite des hommes integres capables de le diriger.

Depuis *Evoli* jusqu'à *Reggio*, il faudroit au moins 27 ponts de plusieurs arches.

Le lendemain nous arrivâmes au fond de la

vallée qui est environnée de montagnes peu élevées. La riviere se perd par plusieurs ouvertures, et filtre à travers le sable. Il y a dans un endroit de la montagne un souterrain par lequel le torrent s'écoule dans le temps des grandes eaux, lorsque les canaux ordinaires ne suffisent pas. Nous traversâmes ensuite une montagne très escarpée, par un sentier étroit, raboteux, et tellement glissant, que nous étions près de tomber à chaque pas. Au nord de cette montagne la descente est plus du double plus longue que celle qui est au midi, et la gorge est bien au-dessous du niveau de celle de *Diano*. A cet endroit la riviere *Negro* sort une seconde fois d'une spacieuse caverne appellée *la Pertosa*, consacrée à saint Michel, qui est le patron spécial de toutes les grottes du royaume. On croit que cette caverne est un ouvrage des hommes, ou du moins de la nature, perfectionné par eux. Les Romains, voulant saigner l'immense lac de *Diano* (a), ainsi qu'ils avoient fait celui de *Rieti*, percerent un passage souterrain pour la riviere.

___

(a) M. Swinburne a sans doute voulu parler de *Laco Negro*. Je ne connois point de *Laco Diano*, et suis certain qu'il n'y a point de lac dans tous les environs du bourg de *Diano*. (Note du traducteur.)

peut-être le canal ne coula pas d'abord sous terre; mais dans la suite il fut couvert par l'éboulement des terres. Il est impossible de les suivre dans leurs opérations, car la face des choses doit être changée par la grande révolution des siecles qui se sont écoulés depuis la dissolution de l'empire (a).

Au moment où cette riviere sort de dessous terre, elle ressemble si peu à ce clair ruisseau qui se répand dans un lit large et peu profond, entre les prés émaillés de la vallée de *Diano*, que j'avois peine à croire que ce fût la même; car elle sort avec un bruit horrible, poussant devant elle de grosses pierres et des troncs d'arbres : sa couleur devient blanchâtre; teinte qu'elle prend par le mélange des neiges fondues, ou en

---

(a) L'an 483 de Rome, *Curius Dentatus*, alors censeur, fit creuser un canal pour conduire dans *la Nera* les eaux du lac *Velino*, à l'endroit où cette riviere forme une cascade, qu'on appelle aujourd'hui *Marmore di Terni*. Par cette opération il dessécha une grande vallée qui devint bientôt un des cantons les plus fertiles et les plus agréables de l'Italie. Ces travaux ayant été détruits dans le moyen âge, et le passage s'étant fermé, cette vallée fut inondée de nouveau pendant plusieurs siecles. Mais après diverses tentatives le lac fut ouvert de nouveau, en 1601, par ordre de Clément VIII, sous l'inspection de *Fontana*.

(Note de l'auteur.)

passant sur des couches de craie et de marne qu'elle rencontre dans le cours de deux milles qu'elle fait sous terre.

Le chemin suit la vallée, qui est fort bien boisée. Elle présente plusieurs points de vue champêtres qui ressemblent assez à ce qu'on voit dans nos jardins anglois, où la nature se montre avec son aspect naturel et sauvage, quoiqu'elle soit dirigée par l'art et le bon goût. Les eaux de la riviere serpentent agréablement entre les arbres, et vont se perdre dans des bois fourrés, d'où elles ressortent ensuite pour serpenter dans des prairies où elles font tourner des moulins qui sont situés aux pieds de gros rochers couverts de chênes. La vallée se prolonge, ainsi que la riviere, jusqu'au golfe de *Paestum*, par une grande ouverture dans le *Monte Alburno*, qui est une chaîne de montagnes très hautes. Nous poursuivîmes notre route par ces montagnes, d'où je découvris un nombre prodigieux de villes et de villages situés dans des points élevés pour n'être pas exposés au mauvais air.

Nous passâmes d'abord auprès d'*Auletta* : c'est exactement le même paysage que *Salvator* et *le Poussin* ont peint si souvent. *Sicignano* est une autre grande ville dans une situation singuliere. Elle est placée sur une pointe qui se détache de *Monte Alburno*, et au-dessous de cette ville s'éleve une chaîne effroyable de rochers escarpés et lisses.

Nous fîmes 14 milles par un chemin de terres molles, aussi mauvais que les chemins de ce genre que j'avois trouvés en Sicile. Un peu de pluie qui étoit tombée pendant la nuit les avoit rendus presque impraticables. Je me sentis plus fatigué que je n'avois été dans tout le reste de ma route, et nos chevaux eurent peine à s'en tirer. Mais enfin nous arrivâmes au bout, à un endroit appellé *la Duchessa*, rendez-vous de chasse qui dépend de *Persano* : il commande la baie de Salerne, les bois qui s'étendent sur les bords du *Silari*, et jusqu'au cœur de l'Apennin. Je voyois devant moi toute la plaine, les temples de *Paestum*, et la côte d'*Amalfi*, jusqu'à l'isle de *Caprée*. Nous descendîmes à travers les bois, et nous passâmes *le Silarus* (maintenant *la Sele*) sur un superbe pont construit par ordre du roi d'Espagne. Cette belle riviere servoit anciennement de limites à la Campanie, et fut célebre par la vertu qu'elle avoit de pétrifier, ou, pour mieux dire, d'incruster les bois qu'on plongeoit dans ses eaux. Là finissent les mauvais chemins, et il n'est pas possible d'en rencontrer de plus beaux que ceux qui menent à Salerne. A *Evoli*, ancienne et grande ville, située à la lisiere de la plaine, je louai une voiture et pris des chevaux de poste pour Naples, après avoir fait, tant par terre que par mer, une tournée de 914 milles (a).

(a) De Naples à Palerme . . . . 200 milles environ.
       à Favoratta 24
       à Alcamo 21
       à Calatafimi 10
       à Castel Vetrano 18
       à Menfrici 15
       à Sciacca 12
       à Rivera 10
       à S. uliana 15
       à Girgenti 12
       à Palma 12
       à Alicata 12
       à Terra Nova 18
       à Calata Gerone 20
       à Palagonia 18
       à Lentini 15
       à Syracuse 22
       à Augusta 18
       à Catane 24
       à Giarri 25
       à Nisi 24
       à Messine 18
       à Tropéa 60
       à Monte Leone 18
       à Nicastro 24
       à Cosence et Paula 68
       à Murano 40
       à Lagonero 36
       à Polla 33
       à Evoli 24
       à Naples 48
                                  914

VOYAGE
DE NAPLES A ROME.
SECTION LXVI.

Tout au commencement de mai 1778, je quittai Naples pour aller à *Averse*. On passe par un pays riche mais resserré. Cette ville, qui paroît opulente et vivante, fut bâtie en 1030 par *Ranulphe*, l'un des premiers chefs normands qui vinrent chercher fortune au service des princes d'Italie. Ce chef apprit par expérience qu'il étoit impossible de se mettre à couvert de la mauvaise foi des Lombards, qui se servoient de ses troupes en temps de guerre, mais les voyoient de mauvais œil dès que la paix étoit faite. Il sentoit bien qu'aussi long-temps que les Normands seroient obligés de vivre au hasard, sans rien posséder en propre, ils ne deviendroient jamais assez puissants pour former un établissement dans ce pays; ce qui étoit pourtant le grand objet de leur ambition. Il choisit en conséquence un endroit près des ruines d'*Atella* (*a*), à la croisiere de deux

---

(*a*) *Averse* ne fut pas bâtie sur les ruines d'*Atella*, ancienne ville des *Osques*. On voit les ruines de cette derniere à deux milles plus au sud, dans un lieu appellé *Sant'-Arpino di Atella*. (Note de l'auteur.)

grandes routes par lesquelles il pouvoit communiquer avec tout le pays. Il y construisit une petite forteresse qu'il nomma *Averse*, comme étant opposée à Capoue, et à cause de l'aversion qu'il avoit pour *Pandolfe* qui en étoit souverain. C'est ainsi qu'un nouvel essaim venu du nord s'établit dans l'Italie et augmenta le nombre de ceux qui ont soumis les diverses portions de ce beau pays. *Averse* fut totalement brûlée par le roi Roger, et subit, plusieurs années après, le même sort par ordre de Charles d'Anjou. Son ancien palais, sur les fondements duquel on a depuis bâti un couvent, devint souvent la résidence des souverains, jusqu'au meurtre d'André de Hongrie, époux de Jeanne Ire. Ce prince imbécille se laissa gouverner entièrement par les Hongrois de sa suite, et sur-tout par un moine brutal nommé *Robert*. Ils s'arrogeoient une autorité absolue dans toutes les affaires les plus importantes, à l'exclusion des princes du sang et de tous les grands. Cette conduite excita des mécontentements, et donna lieu, en 1345, à une conspiration contre la personne du roi. Sa mort fut hâtée par l'approche du moment de son couronnement, qui auroit affermi sa puissance, et laissé tout à craindre à ceux qui s'étoient déclarés contre ses favoris. Le 8 septembre, le roi étant à *Averse* avec toute sa cour, les conspirateurs eurent l'adresse de l'attirer sur une galerie découverte, sous prétexte qu'ils avoient quelque chose de fort pressant à lui dire de la part du moine Robert ; ils lui passerent une corde au cou, l'étranglerent, et jetterent ensuite son corps dans la rue. *Louis,* roi de Hongrie, son frere, vengea d'une maniere éclatante ce meurtre horrible ; mais les historiens ne sont pas d'accord si la reine Jeanne fut ou non dans le secret de cette conspiration. Les plus modérés pensent qu'elle ferma les yeux sur ce forfait, et cherchent à l'excuser sur sa jeunesse : mais il me semble que c'est aggraver son crime ; car si, dans un âge avancé, l'habitude du vice et l'exemple des méchants ont endurci le cœur au point de se laisser entraîner aux plus grands crimes, il semble qu'une jeune femme de dix-huit ans auroit dû frémir de l'idée de répandre, d'une maniere aussi horrible, le sang de qui que ce fût, et sur-tout celui de son époux.

A quelque distance d'*Averse,* je pris à droite pour aller visiter les restes de l'ancienne Capoue. Elle étoit située au milieu de la plaine, à la distance d'environ deux milles et demi de la moderne, et de la riviere de Vulturne. Une double arcade, qu'on peut supposer avoir été jadis une porte, fut le premier morceau d'antiquité que j'y vis. Elle est d'un style plus léger que la plupart des anciennes arcades qui servoient au même usage, étant bien plus élevée relativement à sa largeur.

L'amphithéâtre, quoique bien dépouillé de ses ornements de marbre, en a cependant beaucoup qui lui étoient particuliers. Il est infiniment plus petit que l'amphithéâtre flavien de Rome ; mais il tenoit le premier rang parmi les villes du second ordre de l'empire. Les monuments qu'on y trouve encore sont certainement très postérieurs à l'époque où cette ville a cessé de jouir de son indépendance, et même à celle de la république romaine. Le premier ordre d'architecture de cet édifice est le toscan, et le second le dorique; mais il est impossible de savoir de quelle espece étoient ceux de dessus. Sous la clef de chaque arcade étoit le buste d'une divinité de grandeur colossale, et d'une proportion beaucoup trop forte pour le reste : le travail en étoit grossier. En effet, le défaut de cet édifice est d'être lourd : mais peut-être jugeons-nous mal de son effet d'après l'état où il est actuellement; ces défauts étoient peut-être imperceptibles lorsqu'il étoit entier, ou du moins pouvoient-ils présenter une idée de grandeur et de majesté conforme à la destination d'un semblable édifice. Il avoit quatre entrées, étoit bâti en briques, et revêtu de pierre ou de marbre. Le peu de valeur de la brique a été cause qu'elle est restée, tandis qu'on a enlevé les matériaux plus précieux pour réparer des chemins ou bâtir des maisons. *Sainte Marie de Capoue*, et *saint Pierre del Corpo*, deux petits villages, occupent maintenant une partie de la vaste enceinte de cette ville, qui étoit le point central où les voies *appienne, domitienne, latine,* et plusieurs autres, se réunissoient et se dirigeoient ensuite vers les diverses parties de l'Italie. C'étoit sur le bord de ces chemins que les anciens élevoient de superbes monuments à leurs morts, dont quelques uns encore existants marquent la direction de ces routes. La *conocchia*, nom qu'on a donné au plus beau de ces monuments, consiste dans une coupole entourée de colonnes posées sur une tour quarrée, et il a été ainsi nommé à cause de sa ressemblance à une quenouille (*a*).

―――――――――――

(*a*) Il y a lieu de croire que M. Swinburne avoit appris cette étymologie du même *Cicerone* qui me dit que ce que je voyois dans ce même endroit étoit les restes du palais d'Annibal, *et que c'étoit là que ce grand prince filoit auprès de la reine Omphale.* Il y a quelquefois bien de

Capoue étoit une ville des *Osques,* bâtie avant la fondation de Rome. Comme la fertilité de son terroir et l'étendue de son commerce rendirent ses habitants fort opulents, elle devint une des plus grandes et des plus belles villes du monde. Le luxe s'y introduisit avec les richesses; les Capouans devinrent insolents. Mais leur courage s'étant énervé, ils n'eurent pas la force de repousser leurs voisins, que leurs insolences avoient irrités: ils furent obligés d'appeler à leur secours une puissance étrangere, et de risquer leur salut en offrant un appât à des alliés pauvres et avides. Les Romains, envoyés pour les défendre, furent sur le point de s'en rendre maîtres; et souvent de pauvres plébéiens demanderent avec instance de quitter les bords mal-sains et stériles du Tibre pour aller habiter les campagnes riches et fertiles des bords du Vulturne. Soit jalousie contre Rome, soit (comme disent *Tite-Live* et d'autres écrivains partiaux) par l'inconstance qui leur étoit naturelle, ceux de Capoue épouserent avec chaleur la querelle des Carthaginois. Annibal

---

l'inutilité à rapporter les contes de ces mercenaires ignorants. Je puis certifier, pour l'avoir très bien examiné, que ce tombeau ne ressemble pas plus à une quenouille qu'à la reine Omphale. (Note du traducteur.)

y établit ses quartiers d'hiver après la campagne de Cannes ; et, si l'on en croit les historiens, ce fut là que ses soldats, jusques-là grossiers et invincibles, devinrent mous et efféminés, et n'oserent plus ensuite se mesurer contre les Romains. Je ne me permettrai pas de nier une chose avérée par des auteurs aussi estimables ; mais il seroit étonnant, ce me semble, qu'avec de pareils soldats Annibal eût pu continuer encore la guerre pendant treize ans, et que de semblables épicuriens eussent été en état de faire tête aux plus braves légions de Rome, dans des combats sanglants et opiniâtres ; qu'après plusieurs mauvais succès leur général eût pu les ramener à de nouveaux combats et les empêcher de succomber sous une suite de malheurs, eût battu les armées romaines, pris des villes, et paru aux portes de Rome. Tant de raisons me font douter que l'influence des plaisirs de Capoue ait été aussi funeste à l'armée carthaginoise. Il y a beaucoup d'exagération dans ce que nous ont laissé les historiens romains, et je soupçonne que leur histoire est, par défaut de mémoires authentiques, pleine d'inexactitudes et de mensonges.

Lorsque le manque de secours eut obligé Annibal de se retirer dans le *Brutium* et d'abandonner Capoue à ses propres forces, cette ville, qui étoit investie depuis plusieurs mois, se rendit à discrétion aux consuls *Appius Claudius* et *Q. Fulvius Flaccus*; les sénateurs furent condamnés à mourir, les nobles renfermés pour la vie, et les citoyens vendus comme esclaves. *Vibius*, le plus fidele ami d'Annibal, sut se dérober à un sort aussi ignominieux et à la vengeance des Romains, en se donnant la mort. Lorsque la populace insista pour qu'on ouvrît les portes aux Romains, *Vibius* assembla ses amis, s'assit avec eux à un banquet splendide, après quoi chaque convive avala du poison et expira avant que de perdre sa liberté. Les vainqueurs épargnerent les édifices, et Capoue devint le séjour des laboureurs de la campagne, un entrepôt pour les marchandises, et un magasin pour les bleds. Mais une situation aussi avantageuse ne pouvoit rester long-temps négligée; on y envoya des colonies, et cette ville recouvra, avec le temps, une partie de son ancienne splendeur. *Genseric*, roi des Vandales, fut plus cruel que n'avoient été les Romains; il extermina les habitants, et réduisit la ville en cendres. Narsès la rétablit; mais en 841 elle fut saccagée de nouveau par une armée de Sarrasins, et les habitants furent forcés de chercher un asyle dans les montagnes. Quelque temps après que ces barbares se furent retirés, les

Lombards se hasarderent de pénétrer dans la Campanie; mais ne se croyant pas assez forts pour défendre une enceinte aussi considérable que celle de l'ancienne ville, ils en bâtirent une plus petite sur les bords de la riviere, et l'appellerent *Capua*. Ils choisirent le lieu où avoit été située l'ancienne *Casilinum*, si fameuse par la résistance qu'elle opposa à Annibal dans la seconde guerre punique. Depuis cette époque l'ancienne Capoue est restée en ruines.

En 856 *Landulphe* forma dans ce lieu un comté indépendant, qu'il détacha du duché de Bénévent, et dans l'espace de quelques années il devint une principauté. Dans le onzieme siecle les Normands d'*Averse* chasserent les princes lombards; et Richard, chef de ces aventuriers, devint prince de Capoue. Le petit-fils de Tancrede d'Hauteville chassa les descendants de ce Richard, et réunit ce petit état à ses autres possessions.

La nouvelle Capoue est une jolie petite ville fortifiée à la moderne, et on peut la regarder comme la clef du royaume de Naples. Quoique fort éloignée de la frontiere, c'est la seule place qui couvre réellement la capitale. Le *Vulturne*, riviere profonde et encaissée, peut bien opposer une barriere suffisante aux courses impétueuses des troupes légeres et à l'avant-garde d'une armée, et donner par-là le temps aux Napolitains d'assembler des forces pour attendre l'ennemi en rase campagne; mais à moins qu'on ne prenne ce parti, cette riviere ne sera jamais qu'une foible barriere et n'arrêtera pas long-temps un ennemi déterminé.

Les rues de la nouvelle Capoue sont généralement plus larges et plus ouvertes que celles des autres villes de ce royaume, et les maisons sont plus belles. On en a construit plusieurs avec des matériaux apportés de l'ancienne (58).

SECTION LXVII.

La partie de la plaine qui s'étend depuis le pont de *Capoue* jusqu'au pied des montagnes de Falerne, est encore plus fertile, s'il est possible, que celle de l'autre côté de la riviere; je n'ai jamais rien vu qu'on puisse lui comparer pour la beauté et la vigueur de ses productions. La poste de *Sparanesi* est située dans un paysage des plus ravissants. De riches moissons couvrent toute la plaine, excepté les parties où quelques arbres isolés ombragent de leur immense feuillage quelques morceaux de terre dont on a fait des pâturages; par-dessus les moissons on découvre la mer, et tout le reste du tableau est environné, à plus ou moins de distance, de montagnes qui lui servent de cadre.

Cet heureux canton a été chanté dans tous les temps par tous les auteurs qui ont eu occasion d'en parler. La fertilité inépuisable de son sol, la bonté et l'abondance de ses fruits, ses vins qui semblent couler en flots des montagnes d'alentour, ses parfums exquis, ses riches essences, objets du luxe des anciens, ont exercé les plumes des historiens, qui se sont plus à les décrire ; des quartiers tout entiers de l'ancienne Capoue étoient occupés par des parfumeurs, et cette ville avoit le privilege exclusif de faire les brodequins parfumés dont se servoient les empereurs.

En quittant cette plaine, je passai dans les montagnes par où Annibal fit sa retraite devant Fabius, qui se flatta en vain d'avoir fait tomber cet adversaire rusé dans les pieges qu'il lui avoit tendus. Annibal détacha la nuit quelque infanterie légere avec des troupeaux de bœufs, et fit attacher des flambeaux aux cornes de ces animaux. Les Romains, qui les apperçurent, crurent que l'armée ennemie marchoit de ce côté, et se mirent en marche pour la suivre ; mais pendant ce temps les Carthaginois filoient par leur droite et entrerent sans opposition dans la vallée de *Theano*.

Les montagnes de *Falerne* et de *Massique*, si célebres par leurs vins, font partie de la chaîne qui s'étend à l'ouést vers la mer, où étoit jadis l'ancienne ville de *Sinuesse*, plus bas que l'endroit où est maintenant *Mondragone*. La voie *appienne*, qui conduisoit à Capoue, y passoit. Il est assez singulier que toutes les routes modernes passent par les montagnes, et que celles des anciens, qui conduisoient aux mêmes endroits, suivissent la plaine et les bords de la mer autant qu'il étoit possible. On doit attribuer cette différence aux ravages que les pirates de toutes les nations ont exercés sur la côte pendant plusieurs siecles, lorsque les timides habitants cherchoient leur salut dans les lieux les plus inaccessibles et les plus écartés des montagnes. Les montagnes de Falerne sont composées de cendres et de substances volcaniques ; j'y ai vu plusieurs carrieres de lave qu'on exploitoit. Les flancs et les sommets de cette chaîne sont agréablement boisés, excepté du côté de la mer, où elles sont tout-à-fait noires et pelées. Je couchai à *sainte Agathe*, jolie auberge située dans les montagnes et entourée de jardins. Ses environs ressemblent plutôt aux agréables cantons de l'Angleterre qu'au reste de l'Italie.

Le lendemain matin, je fis une promenade

d'environ un mille, en traversant une profonde vallée, pour aller à *Sessa*, grande ville située sur une hauteur escarpée. Elle consiste principalement dans une longue rue bien pavée sur une pente assez roide : les églises sont d'un mauvais goût, et leurs ornements y répondent parfaitement : on trouve, dans les murs de plusieurs maisons, des autels romains et des pierres sépulcrales. Je copiai une inscription que je trouvai sur un autel consacré à *Matidia*, niece de Trajan, par les habitants de *Minturne* et de *Suessa*. Cette ville, vue de loin, offre un coup-d'œil singulièrement imposant, et la vue dont elle jouit est aussi belle qu'étendue. *Sessa* fut surnommée *Aurunca*, pour la distinguer de *Suessa Pometia* (a), ville située près des marais *Pontins*. Ce fut la patrie de *Lucilius* le satyrique, né 147 ans avant J. C. Il nous reste quelques fragments de ses ouvrages.

Toutes les femmes de ce canton séparent leurs cheveux sur le devant de la tête, les nattent, et les passent par-dessus leurs oreilles pour les joindre aux cheveux de derriere, où elles en forment une espece de calotte. Elles portent toutes des bas jaunes.

(a) Aujourd'hui *Sezza*.

En partant de Sainte Agathe, je descendis dans une plaine spacieuse ouverte du côté de la mer, et couverte de riches moissons ; le peu d'endroits qui n'étoient pas cultivés étoient remplis de *cistus* en pleines fleurs odoriférantes. Le *Garigliano* (l'ancien *Liris*), qui sort des montagnes, traverse tranquillement le vallon en coulant dans un lit profond et tortueux, et va se décharger dans la mer, un peu au-dessous des ruines de *Minturne,* situées sur ses bords, et qui forment un coup-d'œil majestueux. Ces ruines consistent dans une portion d'amphithéâtre, et d'un théâtre dont les traces sont encore visibles, dans une salle octogone, dans un grand nombre de voûtes et d'arcades, enfin dans un aqueduc qui traverse le grand chemin et continue jusqu'auprès des montagnes, d'où il conduisoit jadis les eaux jusques dans la ville. Le bourg moderne de *Trajetta* couronne la hauteur qui bornoit *Minturne,* et forme un de ces beaux points de vue qu'on ne rencontre qu'en Italie, ou dans les tableaux faits d'après les idées qu'on y a prises.

Tant qu'il restera quelque souvenir de l'histoire romaine, les marais de *Minturne* ne seront jamais oubliés ; c'est là que *Caius Marius* se cacha en voulant se mettre à l'abri du parti de

Sylla, qui triomphoit alors (*a*). *Minturne* étoit un endroit désert au commencement du septieme siecle, et a été sans doute abandonnée à cause du mauvais air qu'exhalent les marais voisins; mais cela n'empêcha pas les Sarrasins de s'y établir, parcequ'ils vouloient se procurer une retraite sûre où ils pussent déposer le butin qu'ils faisoient dans leurs expéditions, et se reposer de leurs travaux. Ils se fortifierent solidement auprès

---

(*a*) . . . . . . *Vox justi facunda Solonis*
Respicere ad longae jussit spatia ultima vitae.
Exilium, et carcer, Minturnarumque paludes,
Et mendicatus victá Carthagine panis,
Hinc causas habuere. Quid illo cive tulisset
Natura in terris, quid Roma beatius unquam,
Si, circumducto captivorum agmine, et omni
Bellorum pompá, animam exhalasset opimam
Cùm de teutonico vellet descendere curru?
Juv. sat. X.

« Le sage Solon l'avertit (Crésus) qu'un homme, tan-
« qu'il existe, peut cesser d'être heureux. L'exil de *Ma-*
« *rius*, sa prison, ses marais de *Minturne*, et le pain qu'il
« mendie sur les ruines de Carthage, furent les fruits de
« la vieillesse. Quel mortel plus fortuné que lui, si, comblé
« d'honneurs militaires, entouré d'une foule de captifs,
« il eût exhalé son ame, rassasiée de victoires, quand il
« descendit du char sur lequel il venoit de triompher des
« Teutons ?

de ces ruines, et se maintinrent pendant plusieurs années dans ce poste, malgré tous les efforts que l'on fit pour les en chasser. Ce ne fut qu'en 916 que les forces réunies de toutes les provinces voisines parvinrent à les déloger, et délivrerent le pays des ravages de ces impitoyables musulmans.

Les bords du *Garigliano* ont été le théâtre de plusieurs combats sanglants. Dans les guerres qui ont eu lieu pendant le quinzieme siecle, les François et les Espagnols s'en sont avec acharnement disputé le passage. Actuellement il n'y a point de pont, et on le passe dans un bac établi près d'une grande tour. Un peu plus haut sont les restes d'un pont. On ignore également lorsqu'il fut construit et ruiné.

En partant de la plaine du *Garigliano*, la route conduit, à l'extrémité des montagnes, dans une seconde plaine moins étendue, qui borde le rivage du golfe de *Gaëte*. Cette ville est située sur une péninsule; et le tombeau de *Munatius Plancus*, situé au-dessus de la ville, s'apperçoit distinctement de par-tout. Le vallon est étroit, étant resserré par de hautes montagnes de pierres calcaires. Je ne vis aucune trace de volcan pendant tout le reste de mon voyage dans le royaume de Naples. Au pied de l'isthme élevé qui joint le promontoire de *Gaëte* à l'Apennin, je m'arrêtai à *Mola*, petite ville sur le bord de la mer, près du lieu où étoit située l'ancienne *Formie*. C'est dans ce lieu que les employés de la douane visitent tous ceux qui vont à Naples ou en viennent. Le quai, qui est devant l'auberge, est un des plus charmants endroits qu'il soit possible d'imaginer. Les hautes montagnes qui renferment le golfe du côté de l'est, le garantissent de la violence des vents, et lui fournissent des ruisseaux d'une eau excellente. Le golfe, et la ville de *Gaëte* qui semble sortir de son sein, sont en face du quai, et des bois d'orangers jettent leur ombre par-dessus les eaux, et parfument tous les environs. Je ne mis qu'une heure à traverser le golfe; et, en mettant pied à terre à *Gaëte*, on me conduisit chez le lieutenant de roi, qui me permit de faire le tour des fortifications. Je pris un guide pour parcourir tout le promontoire, malgré l'ardeur du soleil et un *siroco* étouffant qui s'éleva un moment après que j'eus commencé ma promenade. Les batteries y sont en grand nombre, et toutes dirigées vers le continent; car, du côté de la mer, les rochers sont si hauts et tellement à pic, qu'il n'y a rien à craindre de ce côté. Au bout des ouvrages, qui sont poussés fort au-delà des portes, est l'église *della Trinita*, située au-dessus de la montagne *Spaccata*. C'est une fente formée dans le rocher, à ce que croient les habitants, par un tremblement de terre, au moment de la mort de J. C. On a bâti une chapelle sur cette fente, et la mer vient se briser dans une immense caverne qui est au-dessous. Je revins sur mes pas l'espace de deux milles pour visiter la cathédrale consacrée à *saint Érasme*. Frédéric de Souabe l'orna d'une fleche singulièrement mince et élevée; l'intérieur est soutenu par plusieurs colonnes antiques : les fonts de baptême sont un ancien vase trouvé dans les ruines de quelque ville antique des environs; le travail en est grec, et représente Mercure qui présente aux nymphes Bacchus enfant, et les corybantes forment une danse à l'entour. Ces figures sont du beau siecle de la sculpture.

La ville de *Gaëte* est en général bien bâtie, quoique située sur un terrain inégal. Les fortifications sont fort étendues et très multipliées. Je laisse aux militaires instruits à décider si, dans l'état actuel de l'art des sieges, elle mérite de passer pour une bonne place. Comme l'ennemi a souvent pénétré dans ce royaume sans s'approcher de *Gaëte,* elle est devenue bien moins importante comme barriere; et malgré cela il seroit dangereux, pour une armée qui auroit éprouvé un échec, d'avoir laissé sur ses derrieres une pareille forteresse, d'autant que les défilés de *Mola* sont étroits. Au surplus, *Gaëte* a toujours été regardée comme une place forte. Elle a été indépendante pendant fort long-temps, tantôt sous la protection des empereurs grecs, tantôt sous celle des papes, et elle eut ses ducs comme *Naples* et *Amalfi*. Les forces de cette petite république furent très utiles au pape *Léon IV* dans les guerres qu'il eut contre les Sarrasins. Dans les siecles suivants elle changea souvent de maître, et éprouva plusieurs fois les horreurs de la guerre. *Jacques,* roi de Sicile, campoit devant ses murs lorsqu'il se vit entouré si inopinément par l'armée de *Charles II,* roi de Naples, qu'il ne pouvoit manquer d'être accablé ou pris, si Charles n'avoit eu la foiblesse ou l'humanité de conclure une paix générale. La maison de *Duras* se réfugia dans *Gaëte* et en fit le chef-lieu de son parti pendant la minorité agitée de *Ladislas;* ce fut là que ce prince actif et toujours heureux fut couronné, et d'où il partit pour attaquer ses ennemis et les chasser du royaume.

Le corps du connétable de Bourbon, tué en escaladant les murs de Rome en 1527, fut apporté dans ce lieu, et pendant deux cents ans on le faisoit voir aux curieux; il étoit renfermé dans une caisse de verre: mais depuis le regne de *don Carlos*, ses restes, qui avoient été privés de sépulture parcequ'il étoit mort excommunié, furent inhumés par ordre du roi, qui a jugé qu'il étoit indécent que le cadavre d'un prince de la maison de Bourbon fût exposé comme un objet de curiosité dans un pays gouverné par un prince de cette maison.

SECTION LXVIII.

En retournant à *Mola*, je visitai une quantité de ruines de *Villa*, de tombeaux et de jardins répandus çà et là sur ce charmant isthme qui joint *Gaëte* à la grande terre. L'abbé Chaupy a prouvé avec beaucoup de sagacité, par des inscriptions et des arguments très solides, que les restes des terrasses, des bains, des réservoirs, et des salles qui entourent *la villa Marsana à Castiglione*, faisoient partie du *Formianum* de Cicéron, près duquel cet incomparable orateur fut joint par les satellites d'Antoine, et assassiné au moment où il alloit en litiere vers la mer pour s'y embarquer.

La mort de ce grand homme a rendu la mémoire d'Antoine plus odieuse que les proscriptions et les autres violences qu'il avoit commises ; mais il me semble que la postérité a été trop séduite par la réputation de Cicéron, et que de meilleurs citoyens, sacrifiés à la jalousie des triumvirs, auroient dû exciter au moins autant d'indignation. Si nous examinons d'un œil impartial sa conduite et ses principes avoués par lui-même dans ses épîtres, et que nous le suivions dans tous les labyrinthes des contradictions dont elles sont remplies, nous y trouverons plus à blâmer qu'à admirer, et nous verrons clairement que l'amour de la fortune et le desir de la gloire étoient ses seuls guides depuis son entrée dans le monde. L'amour de sa patrie et l'attrait d'une vertu sévere et inaltérable ne furent pas toujours, comme chez Brutus et chez Caton, le mobile de ses actions. Les malheurs qui lui arriverent après son consulat développerent son caractere, et le montrerent tel qu'il étoit. Depuis ce moment jusqu'à celui de sa mort, la foiblesse, l'irrésolution, et des regrets indignes de lui, altérerent son jugement et le rendirent inconséquent. Il flattoit Pompée, il s'abaissoit devant César, tandis que, dans les lettres qu'il écrivoit à ses amis, il insultoit tour-à-tour ces deux grands hommes. Dans une lettre à Atticus il confesse que, quoiqu'il fût pour lors résolu de soutenir la cause de Rome et de la liberté, et de supporter ses malheurs en philosophe, il y avoit cependant un moyen par lequel les triumvirs pouvoient le gagner; c'étoit de lui procurer la place d'augure qui vaquoit alors : tel étoit l'indigne prix qu'il mettoit à son honneur, à ses sentiments, et au bien de sa patrie, dont il hâta la ruine par son imprudence et sa conduite bizarre. Après avoir reproché aux assassins de César de ne lui avoir pas fait part de leurs secrets, et après les avoir accablés de compliments pour avoir délivré Rome de la tyrannie, il appella *Casca* assassin pour faire sa cour au jeune Octave, qui, tout jeune qu'il étoit, le dupa complètement. Les éloges qu'il donne à ce triumvir sont un panégyrique outré. *Marc Antoine* savoit bien que les injures que Cicéron ne cessoit de vomir contre lui n'étoient pas excitées par un zele patriotique, ni par une vertueuse indignation, mais par une haine purement personnelle ; et il fit mourir Cicéron de la même maniere qu'un homme en colere écrase l'animal venimeux qui vient de le piquer. Le manteau qu'il jetta sur le corps de *Brutus*, et le discours qu'il prononça en le voyant mort, ne ressemblent guere au traitement qu'il fit à la tête de Cicéron, et démontrent clairement qu'il savoit distinguer un Romain qui n'étoit son ennemi que par des principes de patriotisme, de l'ennemi dont la haine ne venoit que d'une querelle personnelle.

La route depuis *Castiglione*, qui est un grand

couvent de bénédictins, est bordée de ruines d'anciens édifices. Il y en a un sur-tout, près du pont d'*Itri*, qui mérite d'être remarqué. Le premier étage est quarré ; au-dessus est une tour ronde qui est surmontée par une autre petite tour quarrée et percée comme un colombier. L'abbé Chaupy soutient avec vraisemblance que ce monument marque le lieu même où Cicéron fut tué. Sa situation répond parfaitement à la description que Plutarque et d'autres auteurs nous ont laissée de l'endroit où les assassins, ayant pris un chemin plus court pour aller vers le rivage, s'étoient cachés, et arrêterent la litiere, qui, pour plus de sûreté, avoit passé par un chemin écarté et sombre. Ce curieux observateur croit aussi qu'une inscription (*a*) qu'on trouve dans le mur d'une ruine placée à quelque distance de cet endroit, a été consacrée par les affranchis de Cicéron et de son fils, pour perpétuer le souvenir

---

(*a*) Q. GISVITIVS QL PHILOMVSVS
MAJOR.
Q. GISVITIVS QL PHILOMVS M.
M. VITRVVIVS ML DEMETRIVS
ET VITRVVIA
CHRESTE M VITRVVIVS ML
....TEMA
TTTQ.

de leur attachement à leurs anciens maîtres. Quoiqu'on ne trouve pas le nom de *Tullius* dans cette inscription, les prénoms des affranchis, qui sont les mêmes que ceux de leurs maîtres, forment une forte présomption en faveur de cette hypothese, et nous savons que *Marcus Cicéron* avoit un affranchi nommé *Démétrius* (a).

J'entrai ensuite dans un pays de montagnes, où la disette d'eau est vraiment effrayante. Les chaleurs, qui avoient commencé de bonne heure, avoient mis à sec les puits et les fontaines, et avoient laissé à peine assez d'eau pour les besoins indispensables des habitants, qui étoient obligés d'envoyer leurs bestiaux à plusieurs milles pour trouver de l'eau ; et, dans un endroit, je trouvai un troupeau de chevaux qui attendoient qu'on les conduisît l'un après l'autre à une vieille voûte remplie d'eau, située au cœur de la montagne. Je ne pus m'en procurer pour moi une seule goutte qui fût potable.

Après avoir passé les montagnes escarpées d'*Itri*, j'entrai dans la plaine de *Fondi*, qui seroit un paradis terrestre si l'air y étoit plus pur. Mais un grand lac situé près de la mer, et dont les

---

(a) *Litterae quas dederas Demetrio liberto.* Ad Att. 14, 19. — *Demetrium redde nostrum.* Ad fam. 16, 19.

bords sont couverts de bois, exhale des vapeurs infectes, et plusieurs torrents qui inondent la plaine rendent l'air trop humide pour un climat aussi chaud ; des montagnes qui environnent cette vallée empêchent aussi que le courant d'air ne soit assez fort pour purifier l'atmosphere.

Fondi est située dans un endroit découvert et agréable au pied de la montagne : elle forme un quarré parfait, coupé à angles droits par plusieurs rues ; celles qui vont de l'est à l'ouest étant les moins fréquentées, conservent encore en entier leur ancien pavé, le même que l'on voit dans cette partie de la voie appienne encore entiere auprès de Terracine. La partie de cette voie qui passoit dans le royaume de Naples fut dépavée, ou recouverte de terre, lorsqu'avant le passage de la reine maintenant régnante on répara le chemin qui alloit de la frontiere à la capitale : chose d'autant plus nécessaire, qu'il n'y avoit pas de plus mauvais chemin au monde, et qu'on ne pouvoit se flatter de le traverser sans verser plus d'une fois ; car les pierres de la voie appienne ayant été déplacées, et répandues çà et là dans une terre profonde et gluante, on trouvoit un bourbier à chaque pas. Mais aujourd'hui il n'y a pas de capitale en Europe où l'on arrive par une plus belle route que par celle qui conduit à Naples.

Les murs de *Fondi* méritent l'attention de ceux qui veulent s'instruire de la maniere de bâtir des Toscans et des autres nations qui ont précédé les Romains dans la possession de ce pays (*a*). Leurs fondations sont composées de grosses pierres plates de lave taillées en pentagones, et souvent polygones ; au-dessus de cette fondation solide, qui doit être d'une très haute antiquité, le mur est bâti de pierres plus petites, placées irrégulièrement, selon leur grandeur et leur forme ; c'est ce que Vitruve appelle *incertum*. Cette partie du mur est moins ancienne. Au-dessus encore les Romains ont ajouté des assises régulieres de pierres de même grandeur. La porte de l'est est entièrement leur ouvrage. Il y a au-dessus une inscription qui dénote que « *Numistorius* et *Runtius* étoient chargés de la « surintendance des portes et des rues, et qu'ils « avoient rendu au sénat un compte satisfaisant « de leur administration ».

Fondi, ancienne ville des *Osques*, conserva un rang distingué parmi les villes municipales sous le gouvernement romain, et devint ensuite

---

(*a*) A *Core*, près de *Veletri*, il y a de superbes restes de pareils murs, qui méritent l'attention des voyageurs. Piranese en a gravé plusieurs vues.

une colonie romaine. En 1222 elle fut brûlée par les Impériaux pour avoir pris parti pour le pape, quoique par ordre du comte son souverain. Ce seigneur étoit de la maison d'*Aquila*, dont l'héritiere épousa depuis *Jordan Gaëtano*, neveu du pape *Boniface VIII*.

C'est dans ce lieu qu'en 1382 les ennemis d'*Urbain VI* tinrent un concile, et qu'ils investirent de la tiare le cardinal de Geneve sous le nom de *Clément VII*. En 1534 deux mille Turcs de la flotte de Barberousse débarquerent pendant la nuit, et, sous la conduite de quelques renégats de ce pays, surprirent *Fondi*. Leur projet étoit d'enlever *dona Julia*, épouse de *Vespasien Colonna*, et la plus belle femme d'Italie, pour la conduire dans le serrail du grand seigneur; mais elle eut heureusement le temps de se jetter en chemise sur un cheval et de gagner les montagnes avant que les corsaires parvinssent à son appartement. La ville fut pillée, un grand nombre des habitants fut enlevé et réduit en esclavage, et les barbares se rembarquerent tranquillement, n'ayant été à terre que 4 heures.

Avant que d'arriver au bout de la plaine et aux montagnes de Terracine, je passai à *Portella*, où il y a une porte et une douane. Ce sont les limites du royaume de Naples. De là je poursuivis ma route vers Rome.

VOYAGE A AVEZZANO.

SECTION LXIX.

Le 6 mars 1779 je fis, avec sir *Thomas Gasgoing*, une petite tournée dans le royaume de Naples.

Nous partîmes de Rome à cheval, sur les cinq heures du matin, et allâmes coucher à *Carsoli*, petite ville mal bâtie sur la pente d'une montagne assez roide et à l'entrée d'un défilé. Elle est en dedans des limites du royaume de Naples ; car, précisément au-dessous, dans la plaine, une auberge appellée *il Cavaliere* forme le point de séparation des deux états. Cette ville porte le nom de l'ancienne *Carsoli*, quoique les ruines de cette derniere en soient éloignées d'un mille. Nous commençâmes à nous appercevoir, dans ce lieu, que la température de l'air de Rome nous avoit trompés : le vent y étoit extraordinairement froid. *Carsoli* fait partie de l'immense domaine du connétable *Colonna* : il possede dans les environs trente-sept seigneuries.

Le lendemain matin nous entrâmes dans le défilé étroit de *Colli*, et traversâmes une montagne qui forme de ce côté une barriere naturelle au royaume de Naples. Une armée auroit bien de la peine à forcer ce passage pour peu qu'elle y rencontrât de la résistance. La gorge est ombragée de bois de chêne, et une forêt de hêtres occupe la région supérieure de cette montagne. La montée, qui est de six milles, depuis *Carsoli* jusqu'au sommet, est très pierreuse, difficile, et même dangereuse. Les rochers sont d'une breche calcaire, et extrêmement glissants. Des troupeaux de bœufs que nous rencontrâmes rendirent notre route encore plus désagréable.

Arrivés à *Rocca di Cerro*, misérable hameau qui est au haut de cette gorge, nous apperçûmes une partie de l'*Abruzze* qui nous parut très montagneuse ; nous vîmes des montagnes couvertes de bois et remplies de villages, une grande étendue de plaine, une partie d'un grand lac; le tout entouré d'un énorme cercle de montagnes. La cime du *Vellino*, couverte de neige, s'éleve fort au-dessus des autres, et se découvre même de Rome, qui en est éloignée de 70 milles.

La descente est très rapide en partant de *Rocca di Cerro*; mais nous n'eûmes pas de peine à reconnoître que les plaines où nous allions entrer étoient bien plus hautes que celles de *Carsoli*, et infiniment plus que la Campagne de Rome. Le gros bourg de *Taglia Cozzo* fut le premier endroit que nous rencontrâmes en descendant.

Son château ruiné est placé sur un rocher escarpé; les maisons de la ville haute sont placées sur la pente : la rue qu'elle forme est la plus roide que j'aie jamais rencontrée, même dans les endroits les plus sauvages de la Savoie. La ville basse est plus spacieuse, et paroît être mieux habitée.

Parmi des rochers et des précipices affreux, la riviere de *Salto* sort du pied de la montagne en formant une très grande nappe d'eau, et fait tourner tout de suite plusieurs moulins. Ses eaux sont très froides et ont une qualité sulfureuse et pétrifiante extrêmement pernicieuse à toutes les herbes et autres végétaux qu'on en arrose. Cette riviere traverse un vallon agréable, et tourne ensuite au nord pour entrer dans les états de l'église. Nous traversâmes la plaine et montâmes par une pente assez douce pour arriver à *Scurcola*, grand village et vieux château au-dessus des plaines de *Palentin*, où Charles d'Anjou combattit Conradin de Souabe au mois d'août 1268. Ce jeune prince avoit pénétré dans le royaume par *Taglia Cozzo* pour reprendre par force le trône de ses ancêtres. Cette plaine est séparée du lac de *Celano* par une chaîne de montagnes peu élevées, et forme, vis-à-vis de *Scurcola*, un vallon qu'on ne voit pas de la plaine. Ce fut là que l'attaque commença; et l'armée de Conradin, par la supériorité de son nombre, remporta d'abord un avantage qui lui fit croire que la victoire s'étoit déclarée en sa faveur. La déroute des François fut générale, et les Allemands ne penserent plus qu'à dépouiller leurs ennemis. Ils quitterent leurs rangs et se mirent à les poursuivre. Dans ce moment critique, Charles, qui, par l'avis d'*Allard de Saint-Valleri*, vieux capitaine françois très expérimenté, avoit embusqué dans ce petit vallon un tiers de ses troupes, formant l'élite de son armée, se jetta à leur tête sur cette multitude en désordre; les Allemands, étant trop éparpillés pour pouvoir se rallier et lui faire tête, furent, pour la plupart, taillés en pieces par ces troupes fraîches, et la victoire fut complete du côté des François. *Conradin* et *le duc d'Autriche* se baignoient alors dans le *Salto*, croyant être vainqueurs, et eurent à peine le temps de se sauver. Leur fuite ne différa guere leur perte : car ayant été pris dans les états du pape au moment où, s'étant déguisés, ils alloient s'embarquer, on les ramena à *Charles*, qui leur fit faire leur procès et les fit mourir à Naples l'année suivante. En eux finirent les deux illustres maisons de Souabe et d'Autriche. *Charles* fit bâtir un couvent sur le champ de bataille en l'honneur de *santa Maria della Vittoria*, et lui fit de grands biens : mais les tremblements de terre, et les malheurs qui arriverent aux moines, par leur trop grande proximité de la frontiere, leur fit abandonner cette résidence, et l'ayant transportée à *Scureola,* le monastere est tombé en ruines. On voit encore, près de la voie valérienne, les ruines de cette maison, qui n'ont rien de remarquable. Les moines ne l'eurent pas plutôt abandonnée, que les papes s'arrogerent le droit d'y nommer un abbé commendataire; ce qu'ils ont continué pendant plusieurs années : mais, à la mort du dernier titulaire, l'abbé *Quercia* réclama pour le roi son droit de nomination, et obtint ce bénéfice pour lui-même. La cour de Rome cria un peu, mais on n'y eut aucun égard. Le possesseur actuel, en faisant revivre des droits oubliés, a fait monter les revenus de cette abbaye, de 700 ducats par an, à 8000.

La vue de *Magliano,* ville fermée de murs, sur une montagne en pain de sucre, et celle de la pointe du mont *Vellino,* qui est derriere, sont superbes. Nous tournâmes la pointe des montagnes où l'armée des François s'étoit mise en bataille, et nous traversâmes une seconde plaine qui s'ouvre par degrés jusqu'aux bords du lac. Sur une éminence à gauche nous découvrîmes la ville d'*Alba*, connue dans l'histoire romaine comme la prison où l'on enfermoit les princes captifs après qu'on les avoit traînés dans les rues de Rome au triomphe d'un consul victorieux. Ce fut dans cette prison que Persée, roi de Macédoine, termina sa triste carriere avec son fils, dernier rejetton d'une illustre race de rois. *Syphax*, roi des *Numides*, et *Bituinus*, roi des Avernes, furent aussi condamnés à cette prison par une clémence extraordinaire du sénat, qui quelquefois se livroit à sa férocité naturelle en faisant mourir les prisonniers.

Alba, par sa situation entre des montagnes d'un accès très difficile, au centre de l'Italie, où les moyens de s'évader ne le seroient pas moins, a été regardée comme un lieu très propre à s'assurer des prisonniers d'un certain rang ; on a ajouté des fortifications à sa force naturelle, et l'état où on les trouve même aujourd'hui prouve combien elles étoient solidement construites. On y avoit bâti un amphithéâtre pour l'amusement de la garnison, qui devoit être proportionnée à l'importance d'une pareille forteresse. Les ruines en sont encore visibles, aussi-bien que les fondements d'un temple et d'autres bâtiments du temps des Romains.

Lucius Vitellius, frere de l'empereur de ce

nom, avoit une maison de campagne auprès de ce lieu, fameuse pour la diversité et l'excellence des fruits dont il avoit apporté les arbres du fond de la Syrie. Ses jardins furent la pepiniere d'une grande partie des fruits à noyau dont l'usage est aujourd'hui devenu si commun en Europe. Ils y furent d'abord cultivés, et s'y multiplierent à l'infini. Sans doute il a fallu soigner extrêmement des arbres transplantés d'Asie à *Alba* pour les faire parvenir à une certaine perfection, vu la rigueur du climat de ce pays élevé. Pendant l'hiver le froid y dure long-temps et y est accompagné de grands vents et de beaucoup de neige. Le lac a été plusieurs fois entièrement pris; et, l'année même où j'y étois, sa surface étoit presque toute gelée. Nous éprouvâmes par nous-mêmes la rigueur de ce climat : car, avant d'arriver à *Avezzano*, nous essuyâmes une neige et un vent aussi forts que j'en aie jamais vu, même dans mon propre pays.

Nous y fûmes parfaitement reçus par *don Ladislas Mattei*, gentilhomme dont je ne saurois trop vanter la politesse, l'esprit naturel, et les connoissances. Le bon accueil qu'il nous fit, et les agréments de sa conversation, nous firent supporter gaiement le chagrin de nous voir privés, par le mauvais temps, du plaisir que nous attendions de l'examen des objets de curiosité qui avoient été l'objet de notre voyage. Sa mere, qui avoit vingt et un enfants, étoit alors dans sa quatre-vingt-septieme année. Elle étoit aussi saine, aussi gaie, aussi droite, et aussi bien portante qu'une femme de quarante ans : elle n'avoit encore connu aucune des infirmités de la vieillesse.

Avezzano fut fondée en 860. Elle contient aujourd'hui 2,700 habitants et deux communautés religieuses. Les murailles de la ville sont dans un état très délabré : les maisons sont en général peu de chose. Il y a quelques beaux édifices, et des familles riches de la seconde classe des nobles. La ville est bâtie sur une pente presque imperceptible, à un mille du lac de *Celano*. Une avenue de peupliers, qui commence au château, conduit jusqu'aux bords du lac. Ce château est à peu de distance de la ville, est quarré et flanqué de tours : il fut bâti par *Orsini*, dont la maison a possédé cette seigneurie et plusieurs autres ; mais elle les a perdues par les guerres civiles, et elles ont été transportées dans la maison Colonne.

SECTION LXX.

Aussitôt que le temps le permit, nous allâmes voir le lac de *Celano*, ainsi nommé par les modernes d'une ville située sur ses bords. Cette ville est le chef-lieu d'un comté qui comprenoit autrefois presque tout le pays des *Marses*. C'est sous ce nom qu'on distinguoit l'ancien peuple qui habitoit les environs de ce lac. Les Romains les reconnoissoient pour les plus braves soldats de leurs légions, et les regardoient comme les meilleurs alliés et les plus dangereux ennemis : il étoit passé en proverbe que les Romains ne pouvoient vaincre les Marses, ni vaincre sans eux.

L'an 662 de Rome ils se déclarerent chefs de la guerre sociale, ligue qui fut la plus dangereuse et la plus obstinée de toutes celles que l'on opposa à l'accroissement de la puissance romaine, et qui finit par leur faire obtenir les immunités qu'ils réclamoient. Leur ancien nom subsiste encore dans celui de l'évêché qui est appellé *de Marsi*. Anciennement ce lac se nommoit *Fucinus*, et étoit sous la protection d'un dieu du même nom, qui avoit un temple sur les bords du lac. Selon les auteurs anciens, ses eaux étoient sujettes à des crues extraordinaires, et s'abaissoient de même au-dessous de leur niveau. Son circuit actuel est de quarante-sept milles, sa plus grande largeur de dix, sa moindre de quatre, et sa profondeur moyenne de douze pieds. Mais toutes ces dimensions ont beaucoup varié ; car on a découvert, à deux milles dans la plaine, derriere *Avezzano*, des débris de bateaux, des coquillages, et d'autres marques qui prouvent qu'il s'étendoit autrefois jusques là ; et il existe des personnes qui se souviennent de l'avoir vu à deux milles en-deçà de cette ville. Toutes les fois que ce lac se déborde, il submerge et ruine une très grande étendue de très bonnes terres ; et, s'il étoit possible d'imaginer un moyen quelconque de le saigner, il n'est pas douteux que les avantages que l'on en retireroit compenseroient amplement les premieres avances.

Tout autour de cette superbe nappe d'eau s'éleve une ceinture de très hautes montagnes, dont quelques unes sont les plus élevées qu'il y ait en Italie après les Alpes. Celle appellée *Rocca di Camlio* passe pour être la plus haute. Ce pays doit être délicieux en été, car les environs du lac sont bien plantés, et les flancs des montagnes couverts de très beaux bois. Le lac abonde en poissons de diverses especes, et les oiseaux sauvages s'y rendent aussi en foule dans de certaines saisons. Les denrées sont bonnes et à bon compte, et on n'y trouve presque pas une ville qui ne soit citée pour quelque espece de bonne chere qui lui est particuliere.

Nous suivîmes le bord du lac; et comme le vent étoit très fort, il ressembloit à la mer fort agitée. A la distance d'un mille et demi de la ville, nous arrivâmes à l'embouchure du canal creusé par ordre de l'empereur Claude pour conduire les eaux du lac dans le fleuve *Liris*, qui coule dans une vallée profonde de l'autre côté des montagnes. Cette embouchure, qui est au pied de la montagne, et bien plus basse que le niveau actuel du lac, est maintenant bouchée. Six puisards perpendiculaires sont placés en ligne droite en montant. Il y a de plus deux coupures pour servir de versoirs au principal canal, qu'on avoit conduit tout droit au travers de la montagne afin qu'il arrivât à la vallée voisine, où il avoit son embouchure à *Capistrello*, à deux milles du lac. On dit que l'eau coule encore jusqu'au milieu de la montagne, où elle a vingt pieds de profondeur, et qu'elle y est arrêtée par l'éboulement des terres qui ont comblé le passage, ou par le défaut de pente. On avoit aussi pratiqué des galeries des deux côtés pour servir à déposer les fouilles à mesure que l'ouvrage avançoit.

Comme les débordements du lac occasionnoient des dommages considérables, les *Marses* s'étoient souvent adressés au sénat pour obtenir qu'il fût saigné. Jules César en eût certainement fait la tentative, s'il eût vécu plus long-temps. Ses premiers successeurs ne voulurent pas entreprendre cet ouvrage ; mais Claude, qui n'aimoit que les choses difficiles et dispendieuses, l'entreprit. Il employa pendant onze ans trente mille hommes à percer la montagne ; et, lorsque tout fut prêt pour l'écoulement des eaux, il donna sur le lac une superbe représentation d'un combat naval.

On força un grand nombre de criminels qui avoient été condamnés à mort, à jouer le rôle de Rhodiens et de Siciliens, à former deux flottes ennemies, et à se battre tout de bon pour amuser la cour et les nombreux spectateurs qui les regardoient de dessus les montagnes. On avoit formé une ligne de troupes sur des vaisseaux armés et sur des radeaux, pour empêcher ces malheureux de s'échapper ; mais ce ne fut qu'après bien des peines et des menaces qu'on les engagea à se livrer au combat. Lorsque ce barbare spectacle fut fini, on procéda à l'ouverture du canal ; et peu s'en fallut que l'empereur ne fût enlevé et noyé par la violence des eaux au moment où elles commençoient à s'écouler. Cependant, soit ignorance, soit négligence de la part des ingénieurs, cet ouvrage ne réussit pas comme on l'avoit espéré, et Claude ne vécut pas assez long-temps pour en corriger les défauts. Néron l'abandonna par jalousie. On dit qu'Adrien fit écouler les eaux depuis. Ce qu'il y a de certain, c'est qu'il ne s'en écoule plus, si ce n'est par des canaux souterrains creusés par la nature, qui, étant sans doute sujets à se boucher, produisent des débordements, jusqu'à ce que quelque nouvelle cause tout aussi inconnue vienne les déboucher et procure aux eaux une nouvelle issue.

Comme il y a trois ruisseaux assez considérables qui viennent se décharger dans le lac, le moindre obstacle qui viendroit à fermer ces passages souterrains ne pourroit manquer de le faire déborder.

Le nom d'*Abruzze*, qu'on donne aujourd'hui aux deux provinces les plus au nord du royaume de Naples, n'étoit donné par les Goths, les Lombards et les Normands, qu'à un petit pays qu'on nommoit *la comté d'Apruzzo*, ou d'*Aprutinus*. Ce fut sous la maison de Souabe que ce nom devint celui de tout le pays qui le porte encore aujourd'hui. La grandeur du fleuve *Pescara*, l'ancien *Aternus*, détermina ces princes d'en faire la limite de deux provinces, et de les diviser en supérieure et en inférieure par rapport à ce fleuve. Chacune étoit gouvernée par un justicier et par les commandants des villes ; mais ces tribunaux ne devinrent permanents que sous les princes de la maison d'*Aragon*, qui les établirent à *Aquila* et à *Chieti*. Dans le dernier siecle on trouva nécessaire de diviser la province d'*Aquila* en deux jurisdictions séparées, parceque la proximité des états du pape y attiroit une quantité de voleurs et de bandits ; ce qui obligea d'augmenter le nombre des magistrats pour réprimer les violences de ces scélérats. En conséquence on établit à *Teramo* un troisieme tribunal, dont le chef est décoré du titre de *commandant,* comme ceux des autres tribunaux supérieurs de chaque province du royaume ; et ce commandant est ordinairement un militaire revêtu du grade de brigadier ou de major-général.

Comme ces provinces sont les plus septentrionales, elles sont aussi les plus froides du royaume, d'autant qu'elles sont remplies de montagnes. La chaîne de l'Apennin se prolonge jusqu'au bord de l'Adriatique, sans autre interruption que quelques vallées étroites formées par les rivieres et les ruisseaux nombreux qui ont leur source dans ces montagnes. Malgré cela le froid n'est pas assez rigoureux pour empêcher que ce pays ne produise en abondance tout ce qui est nécessaire à la vie. Des bestiaux en grand nombre, des légumes, des fruits, et plusieurs autres denrées, ne fournissent pas seulement la subsistance nécessaire aux habitants, mais même de quoi en exporter pour l'étranger. On y récolte une si grande quantité de froment, qu'on en exporte annuellement plusieurs milliers de *tomoli*. On exporte aussi une grande quantité de bled de Turquie, et la province de *Teramo* vend beaucoup de riz qui ne le cede guere en qualité à celui de la Lombardie. Ce pays produit aussi beaucoup d'huile, et on fabrique en plusieurs endroits de la côte des vins que l'on vend à l'étranger. Mais la laine a toujours été et est encore aujourd'hui leur denrée principale. Les troupeaux, après avoir passé l'été dans les beaux pâturages des montagnes, vont hiverner dans les plaines de la Pouille où il fait plus chaud. Il y a aussi quelques endroits sur les côtes de l'*Abruzze* que la neige ne couvre pas, et qui, par cette raison, peuvent recevoir les troupeaux pendant l'hiver. Cette province n'a pas de manufactures de laine, si ce n'est une ou deux peu considérables où l'on fabrique du gros drap : la majeure partie de ses laines se vend à l'étranger. On n'y éleve pas de vers à soie, quoique les terres basses soient très propres à la culture des mûriers.

Le territoire d'*Aquila* fournissoit autrefois, presque exclusivement, du safran à toute l'Italie; mais depuis qu'on s'est livré dans la Lombardie à la culture de cette plante, elle est devenue à rien dans l'*Abruzze*. On s'est livré depuis quelques années à la culture de la réglisse le long de la côte ; mais les étrangers exportent les racines sans préparation. Dans la province de *Teramo* il y a une manufacture de faïance très recherchée en Allemagne à cause de sa dureté et de sa finesse; mais elle commence à tomber, parcequ'elle a été abandonnée à des ouvriers trop ignorants. Cette marchandise passoit en Allemagne par la voie de Trieste. On ne doit pas se flatter que les arts et les manufactures puissent se perfectionner par-tout où ils ne sont ni encouragés ni soignés, et où l'industrie n'est pas excitée par une attention exacte à procurer des débouchés aux marchandises. Les seuls avantages dont jouissent ces provinces sont purement un don de la nature, qui leur en réserve de bien plus précieux encore pour peu que le gouvernement veuille la seconder. Cette côte, qui a cent milles de long, est absolument dépourvue de ports, de sorte que les vaisseaux marchands qui y viennent ne peuvent mouiller que dans des rades peu sûres qui sont à l'embouchure des rivieres. Cet inconvénient, et la grande difficulté de porter les marchandises à bord, sont cause qu'il en pourrit une très grande quantité ; ce qui étouffe l'industrie et empêche les progrès de l'agriculture. Les laboureurs sont malheureux et découragés, et leur découragement les engage souvent à s'expatrier. L'âpreté du pays empêche d'y former de grosses habitations ; il y a peu de villes qui renferment dix mille ames, et la plupart auroient de la peine à en rassembler trois mille. On trouve beaucoup de villages, de châteaux et de fiefs ; mais les habitants s'y comptent par centaines et non par milliers. En un mot, l'état politique et civil de cette province ne répond en rien à ce que la nature a fait pour elle.

Les amateurs de l'antiquité et de l'histoire naturelle peuvent y voyager avec autant de plaisir que de profit. Les premiers y trouveront des trésors en inscriptions et en monuments des nations belliqueuses qui habiterent autrefois ce pays : les autres trouveront un vaste champ d'observations dans ces vastes montagnes qui s'élevent de tous côtés. Les plus intéressantes sont *Monte Corno* et *Majella*. La premiere ressemble à un antique monument de la nature, chauve, aride,

pelé, et horriblement déchiré de toutes parts.
Tout y annonce que l'on pourroit trouver dans
ses entrailles de riches mines d'or; mais la difficulté d'y arriver en rend la recherche presque
impossible. *Majella* a un autre genre de mérite
et d'une espece plus gaie : la nature l'a ornée
d'une variété infinie de plantes précieuses ; les
vulnéraires y croissent avec autant de succès
qu'en Suisse, et les gens du pays en font usage
avec autant d'avantages.

Le caractere des habitants varie un peu, suivant la situation du climat où ils se trouvent,
mais ne ressemble en rien au caractere des habitants des provinces méridionales. Cela vient de
la différence de leur origine. Les Lombards, qui
étoient des barbares mais point cruels, pauvres
mais hospitaliers, doués d'un bon sens naturel
quoiqu'ayant peu de finesse et de discernement,
resterent en paisible possession de ces pays montagneux, jusqu'à ce que les Normands, accoutumés à un semblable climat, les en délogerent.
Les Grecs, qui étoient les maîtres de presque
tout le reste du royaume, ne purent jamais en
soumettre cette partie. C'est pour cette raison
que les habitants de l'*Abruzze* conservent encore
beaucoup du caractere des peuples du nord leurs
ancêtres ou leurs maîtres. On retrouve chez eux

la même bonté de cœur, mais beaucoup d'indolence et d'aversion pour tout ce qui exige de l'activité, et point de penchant pour le vice. C'est pour cela que, malgré la proximité de la frontiere, ce qui pourroit les mettre aisément à l'abri des poursuites de la justice, il s'y commet moins de crimes atroces que par-tout ailleurs. Au commencement de ce siecle on y reconnoissoit encore quelques traces des mœurs des anciens peuples du nord, et aujourd'hui on peut encore y reconnoître très distinctement, parmi les habitants des montagnes, des restes des langues franque et teutone.

La neige et l'extrême froid nous empêcherent de pénétrer plus avant dans l'*Abruzze*. Ce ne fut pas sans regret que nous retournâmes vers le climat plus doux de Rome. Tout ce que nous pûmes faire, ce fut de suivre une autre route que celle que nous avions prise en venant à *Avezzano*.

Le lac étoit couvert de brouillards noirs qui n'étoient pas assez épais pour ne pas nous laisser voir de temps en temps les sommets des hautes montagnes qui sont au midi de ce lac. En passant près de la décharge des eaux, nous arrivâmes à *Luco*, petite ville qui a vraisemblablement pris son nom de quelque bois sacré qui étoit aux environs. On y a bâti une église sur les ruines d'un temple. Non loin de là un beau ruisseau vient se rendre dans le lac auprès de *Trasacco*, hameau rempli d'inscriptions mutilées et d'autres fragments d'antiquités. Là nous prîmes congé du lac, et à la vérité de toute espece de vue quelconque, car nous fûmes bientôt enveloppés de brouillards impénétrables. Dans cette obscurité nous traversâmes la montagne et passâmes auprès de la petite ville de *Sora* sans presque la distinguer. Cette ville appartient à la maison de *Buon Compagnon*, qui est souveraine de *Piombino*, et qui descend d'un neveu de Grégoire XIII.

Environ trois milles au-dessous de la ville, le ruisseau de *Fibreno*, qui n'est qu'un torrent, se divise en deux branches qui, se réunissant bientôt après, forment une petite isle oblongue. C'est sur le bord de cette riviere, et vis-à-vis de cet endroit, qu'étoit située la maison où naquit Cicéron. Son pere, pour se conformer au luxe de son siecle, bâtit une superbe *villa* au lieu de la demeure modeste dont ses ancêtres s'étoient contentés dans les temps de la simplicité des Samnites. Mais ce séjour favori du prince des orateurs dut son mérite à la nature bien plus qu'aux embellissements de l'art ; car on n'y voyoit ni pavés en mosaïque, ni plafonds dorés, ni eaux, ni terrasses, ni bassins, ni de ces allées sym-

métriques, ni de ces grouppes de statues qui attirent les regards et remplissent l'imagination de fausses idées de beauté : tous ces ornements si communs parurent méprisables, ainsi que l'observe Cicéron, aux yeux qui avoient une fois vu cet endroit, où les mains de la nature avoient si heureusement arrangé les bois et les cascades. Si on appella l'art à son secours, ce ne fut que comme un ouvrier docile qui obéissoit, mais ne faisoit pas la loi. Les eaux rapides du *Fibrenus* se précipiterent dans le vallon en une infinité de cascades sauvages, et répandoient tout autour une fraîcheur qui tempéroit les chaleurs de l'été et rendoit l'air salubre. L'isle étoit une retraite purement champêtre, et bien propre à l'étude et à la méditation, n'étant troublée par aucun autre bruit que par le murmure des eaux et le chant des oiseaux ; également cachée aux rayons brûlants du soleil et aux regards des importuns, par l'ombrage épais de bois vénérables. Dans un des dialogues de Cicéron, Atticus s'écrie : « Y
« a-t-il rien de plus délicieux que cette isle, qui,
« comme la proue d'un vaisseau, partage le *Fi-*
« *brenus* en deux branches ? Ses eaux glacées
« coulent rapidement des deux côtés, et, se réu-
« nissant bientôt après, vont joindre aussitôt celles
« du *Liris,* qu'elles rendent encore plus fraîches ».

Nous parcourûmes avec délices ce terrain si intéressant, qui, tout négligé qu'il est, ne laisse pas de conserver encore quelque chose de son ancienne beauté. La froidure des eaux du *Fibreno,* qui les rendoit si précieuses à Cicéron, n'eut pas le même attrait pour nous, qui nous trouvions au milieu des neiges et des frimas. Une communauté de moines, qui, en général, ne choisissent pas mal leurs sites, a établi son habitation sur les ruines de cette *villa.* Je ne pus découvrir aucune inscription qui eût quelque rapport à Cicéron, quoique dans la construction de l'église on ait employé beaucoup de fragments de l'ancien édifice. A un mille plus bas nous arrivâmes à *Isola,* grand bourg placé dans une isle que forme le *Garigliano,* au-dessous de sa jonction avec le *Fibreno.* La beauté de ce lieu ne peut se décrire. Au confluent les tours d'un vieux château, couvertes de mousse, s'élèvent sur la cime d'un rocher perpendiculaire qu'on découvre à travers les arbres d'un bocage; et des deux côtés la riviere forme une cascade magnifique. Ces deux cascades different dans leur caractere : l'une est rapide ; et le torrent y forme une grande masse et s'y précipite avec une impétuosité extrême, en écumant, et faisant un bruit épouvantable à mesure qu'elle se roule ; l'autre forme un arc uni où les eaux coulent rapidement, mais également, en formant une nappe. Le temps étoit si froid, que nous ne pûmes voir ces objets qu'en passant. Aussitôt que nos chevaux eurent rafraîchi, nous traversâmes les montagnes qui sont en face d'*Arpino*, qui n'est aujourd'hui qu'un hameau misérable, mais étoit jadis une colonie qui donna son nom à ce canton, et se vanta d'avoir donné naissance à deux des plus grands personnages de Rome, Marius et Cicéron. Bientôt après nous entrâmes dans les états de l'église et arrivâmes en deux jours à Rome (59).

FIN.

NOTES.

(1) M. Swinburne partant de Naples pour aller examiner les environs, M. de Non va le suivre par son journal. Mais, avant de commencer cette excursion, écoutons le récit de son voyage depuis Lyon jusqu'à Naples.

« Le 24 octobre nous partîmes de Lyon et passâmes
« sous le pont du Saint-Esprit, dont le danger n'existe
« plus que dans l'imagination de ceux qui se sont fait
« mettre à terre à quelque distance avant que d'y arriver,
« et se rembarquent ensuite. Toutes les côtes du Rhône
« sont admirables et présentent une foule de tableaux dé-
« licieux et sublimes. Je commençois à douter que nous
« trouvassions rien de plus pittoresque dans le pays que
« nous brûlions d'atteindre ; nous ne faisions que tra-
« verser des pays célébrés par l'histoire, où l'antiquité se
« manifeste à chaque instant de la maniere la plus impo-
« sante; nous foulions, en courant, des tombeaux romains,
« pour aller chercher les Romains dans une région où ils
« n'existent pas plus qu'à Lyon ; et nous devions même
« quitter Marseille avant que d'avoir tenté aucune recher-
« che sur cette ville florissante fondée par une colonie
« grecque, pour aller chercher d'autres villes grecques
« dont nous pouvions à peine reconnoître les traces. En
« commettant cette injustice envers ma patrie, je me pro-
« mis bien, en réparation, de revenir à petites journées
« dans tout le pays que je dédaignois alors, et peut-être
« dans ce temps-là plus digne de lui. Je me proposai d'en
« faire une collection de dessins intéressants et de notes

« curieuses, afin d'être en état de rendre un jour aux
« étrangers curieux les secours que j'allois leur demander.

« Nous séjournâmes cinq jours à Marseille ; ce qui me
« donna le temps de prendre sur cette ville quelques éclair-
« cissements que je vais rapporter ici.

« Marseille fut fondée par les Phocéens bien avant qu'il
« fût question de Rome. Elle trouva, autant par sagesse
« que par adresse, le moyen d'être toujours l'amie et
« l'alliée du peuple romain. C'est par ce même esprit et
« cette même adresse qu'elle conserve encore aujourd'hui
« une ombre de liberté, et qu'elle est presque une ville
« anséatique enclavée dans une monarchie : Louis XIV,
« qui ne voulut pas accepter la capitulation accordée par
« les rois ses prédécesseurs, fit bâtir une citadelle qui com-
« mande la ville, et lui laissa tous ses privileges. Exempte
« de toute imposition envers le roi, les particuliers s'im-
« posent eux-mêmes pour subvenir aux dépenses de la
« ville, qui montent à plus de 1,500,000 liv. somme im-
« posée sur les comestibles.

« La garnison qui occupe la forteresse n'a aucune fonc-
« tion militaire hors du port : la ville se garde elle-même ;
« et cette garde forme la police, si toutefois quatorze hom-
« mes dont elle est composée peuvent suffire à la sûreté
« d'une ville aussi grande et aussi peuplée par toutes sor-
« tes de nations : aussi peut-on dire qu'il n'y a pas de
« police à Marseille, et que ce n'est que par une espece
« de miracle qu'une populace aussi mêlée ne commet que
« très peu de crimes. On y est au moins aussi en sûreté
« que dans toute autre ville du royaume.

« Un tel effet peut être produit par deux causes absolu-
« ment contraires: l'extrême vigilance, et l'extrême liberté.

« Dans le premier cas, la bonne police qui fait aimer l'or-
« dre, ou fait craindre de le troubler, établit par-tout le
« repos; ici l'excès de liberté, la possibilité de satisfaire
« ses passions, et sur-tout la frayeur de perdre la dernière
« ressource que cette ville offre à ceux qui se sont fait
« chasser d'ailleurs, les arrête à la vue du danger de se
« voir livrés à la punition qu'ils ont méritée.

« Le port de Marseille étoit franc pour toute espece de
« marchandises : les Marseillois ayant voulu partager le
« commerce de nos colonies occidentales, on le leur per-
« mit, mais aux mêmes conditions d'impositions accor-
« dées aux fermes du roi. Les fermes y furent donc ainsi
« introduites; et soixante gardes font une petite guerre
« perpétuelle aux habitants, qui ont un goût si décidé
« pour la contrebande, que c'est un commerce ouvert,
« presque avoué, qui se fait dès que la nuit commence :
« on dit même que c'est pour le faciliter que les habitants
« n'ont jamais voulu que leurs rues fussent éclairées pen-
« dant la nuit.

« Malgré l'extrême antiquité de Marseille, il y reste
« très peu de monuments qui méritent d'être cités : les
« Phocéens, plus occupés du commerce que des beaux
« arts, ont laissé faire aux Romains le peu de choses qui
« nous restent. Les Marseillois n'ont conservé de leur ori-
« gine grecque qu'un assez grand nombre de mots qui
« sont d'usage dans le patois du peuple, et quelques cou-
« tumes telles que celle de fêter les morts : c'est pour
« Marseille un des plus beaux jours de l'année. La céré-
« monie consiste maintenant à se réjouir, boire et manger
« avec excès : le citoyen qui met 1200 livres par année à
« sa table, en dépensera 400 ce jour-là, si c'est lui qui

« régale. J'aime assez cette maniere d'honorer la mémoire
« des morts; elle prouve la bonne opinion qu'on a d'eux,
« en se réjouissant du sort dont on pense qu'ils jouissent
« dans l'autre vie.

« Marseille, alliée du peuple romain, qui la regardoit
« comme une compagnie de marchands, conserva sa li-
« berté par sa modération et son adroite neutralité dans
« toutes les guerres des Gaules : elle offroit aux Romains
« une école de belles lettres et de philosophie avant qu'ils
« en eussent chez eux, et même après ; comme il arrive
« de nos jours que des Anglois, même des François, en-
« voient leurs enfants chercher les sciences à Geneve, à
« Leyde, etc. Seroit-ce parceque l'on croit assez généra-
« lement que ce que l'on va chercher hors de chez soi est
« préférable, ou bien, par un motif plus raisonnable, afin
« de dépayser les jeunes gens, et de les isoler, pour leur
« faire sentir le besoin qu'ils ont de la bienveillance des
« autres hommes ?

« Enfin Marseille suivit le sort de l'Europe : elle éprouva
« les désastres de l'inondation des barbares, la destruc-
« tion, la persécution, l'oubli des belles connoissances,
« et la nuit de l'ignorance. Après que ce torrent fut passé,
« l'activité commerçante ramena toute seule l'opulence à
« Marseille, qui se trouva dans le huitieme siecle en état
« de résister aux premiers comtes de Provence alors foi-
« bles, et de capituler avec eux.

« La Provence étant échue par la branche d'Anjou dans
« la maison de France, au regne de S. Louis elle devint
« province de France par héritage. Sous Louis XI, malgré
« les troubles intérieurs du royaume, et les guerres exté-
« rieures qui troublerent cette grande monarchie, Marseille

« conserva ses prérogatives; et nos rois, pendant l'espace
« de plusieurs siècles, jurèrent les mêmes capitulaires ac-
« cordés par les comtes de Provence. Enfin Louis XIV, à
« qui il étoit réservé de tout conquérir, et de porter à son
« comble la gloire de la nation, n'épargna point Marseille,
« et voulut en triompher; il y entra par une breche pour
« éviter la formule du serment qui s'exigeoit hors de la
« porte, ainsi que l'avoient fait ses prédécesseurs. Il com-
« mença par y faire bâtir une citadelle, ensuite un arsenal
« et une amirauté, tout en conservant à la ville sa pré-
« tendue liberté, qui dans le fait, avec cette nouvelle for-
« me, devenoit plus utile au royaume que si elle en eût
« été réellement privée : l'affluence des nations étrangères
« qui y apportent les productions de tout le Levant, et en
« emportent les nôtres, avoit besoin d'un entrepôt libre
« en apparence et sans police, afin que les petits démêlés
« ne devinssent pas des affaires d'état.

« Marseille est sans impôt; mais les fermes du roi,
« dans cette ville, lui valent le produit d'une province.

« Le 4 novembre nous partîmes de Marseille sur une
« tartane, bâtiment plus solide que léger, monté par un
« capitaine plus prudent qu'habile, plus marchand que
« marin, et plus intéressé que tout autre chose. Nous
« sortîmes du port avec un vent sud-est fort bon pour
« dépasser des isles qui forment une assez mauvaise rade
« à Marseille; dans un quart d'heure nous étions déja
» au-dessus du château d'If, lorsqu'on fit appercevoir
« à notre capitaine qu'il lui manquoit un passager; il
« fut obligé de revirer et de retourner le prendre à l'en-
« trée du port. Ce fut à cette occasion que nous ap-
» prîmes de quelle importance est en mer une demi-

« heure ; car pendant celle que nous perdimes nous eûmes
« le chagrin de voir les vaisseaux qui étoient sortis du
« port avec nous nous devancer, et de les perdre de vue
« sans retour. A peine en effet notre étourdi de passager
« fut-il arrivé à bord que le vent baissa, et nous passâmes
« le reste de la journée à faire de petites bordées presque
« inutiles, et enfin de remorquer avec la chaloupe pour
« faire la même route que nous avions faite le matin en
« un instant.

« Nous restâmes assez bien à la mer toute cette pre-
« miere journée : sur le soir un vent d'est enfla les vagues
« et nous tourmenta par degrés. La maniere dont je m'é-
« tois porté jusques là m'avoit fait croire que je serois
« vainqueur de la mer ; mais le vent nous ayant donné
« une brise insupportable, nous fûmes bientôt en proie
« à un mal de cœur qui ne nous quitta pas pendant plus
« de quarante-huit heures. Le 6 nous apprimes avec une
« joie extrême que nous allions relâcher à la Ciotat, petit
« port à quatre lieues de Marseille : nous y arrivâmes aussi
« fatigués et aussi défaits que si nous eussions fait un
« voyage aux terres australes, et avec cette apathie des
« scorbutiques les plus décidés. Il y avoit effectivement
« deux jours et demi que nous n'avions mangé, et que
« nous avions presque toujours été sur le grabat : aussi ne
« vouloit-on pas nous laisser passer lorsque nous allâmes
« au bureau de santé, où nous fûmes arrêtés par deux
« vieillards couleur de bronze, qui avoient l'air plus pes-
« tiféré que tous les Levantins.

« La *Ciotat* est une petite ville assez agréablement si-
« tuée au fond d'une rade que le *bec de l'Aigle*, rocher
« très escarpé, met à l'abri du vent d'est. Deux môles ou

« jettées, du même côté, forment un petit port propre à
« recevoir tous les vaisseaux marchands du Levant, soit en
« sortant de Marseille, lorsqu'ils y vont attendre le vent,
« soit lorsqu'ils sont obligés d'attendre le moment favo-
« rable pour entrer dans Marseille.

« Il nous falloit le vent de nord, qui heureusement ar-
« riva la nuit du second jour de notre relâche. Le capi-
« taine vint nous dire que l'ancre étoit levée, et que la
« chaloupe nous attendoit. Je ne pus m'empêcher de fré-
« mir en songeant que toutes nos peines alloient recom-
« mencer. Il falloit toute l'envie que j'avois d'arriver à
« Naples, pour résister aux instances que me faisoient mes
« compagnons d'aller par terre. Enfin nous nous rembar-
« quâmes par un vent frais qui nous sortit gaiement de la
« rade. Le vent fraîchit encore à la hauteur de Toulon,
« et à midi nous avions déja passé les isles d'Hieres. Alors
« nous cinglâmes droit au *cap Corse;* nous perdions déja
« le *cap Rouge,* entre *Fréjus* et *Antibes,* et en même
« temps les terres de France, lorsque nous apperçûmes, à
« l'entrée de la nuit, les montagnes de la *Corse,* que l'on
« entrevoyoit dans les vapeurs qui restoient élevées de ce
« côté au coucher du soleil : la vague grossit, mon cœur
« se souleva, et tout disparut pour moi.

« A la vue de la Corse le vent baissa, devint nord-
« ouest, et nous fit dériver sur *Saint-Florent,* à la hau-
« teur duquel nous nous trouvâmes à la pointe du jour,
« c'est-à-dire du lendemain de notre débarquement. Nous
« remontâmes l'isle avec quelque résistance de la part du
« vent; mais à peine eûmes-nous doublé la pointe, que,
« le vent redoublant de force, nous fîmes jusqu'à cinq
« lieues par heure; et, ayant bientôt dépassé les isles de

« *Capraia* et d'*Elbe*, nous allâmes mouiller dans la baie
« de *Piombino*.

« Le premier plaisir que j'éprouvai fut l'espoir de descendre
« à terre, et je formai le projet de ne plus remonter à bord,
« puisqu'il étoit décidé que je n'étois ni ne serois jamais
« marin. Cet espoir fut de courte durée ; car le capitaine
« nous apprit que, le soleil étant couché, nous ne pou-
« vions plus aller à terre. Il fallut se résigner, et dormir sur
« nos grabats. Le matin du lendemain, le vent ayant frai-
« chi, nous levâmes l'ancre : le calme de la rade m'avoit
« un peu remis ; j'étois remonté sur le pont. Nous sor-
« tîmes de la rade de *Piombino*, nous passâmes devant
« *Castiglione* ; et nous cinglions vers la pointe de *Giglio*,
« lorsqu'un vent presque impétueux nous portant au large,
« et nous menaçant de nous ôter la liberté de notre navi-
« gation, nous obligea à tourner court et à entrer dans la
« rade de *Telamone*, où enfin je touchai pour la premiere
« fois cette chere Italie, que je desirois presque autant que
« l'avoit desirée Énée.

« *Telamone* est un triste fort de la Toscane, bâti au
« fond d'une plage sur une élévation appuyée contre une
« chaîne de montagnes arides et couvertes de broussailles,
« au bas desquelles un marais absolument abandonné
« rend le pays aussi mal-sain qu'inculte. Tout annonce la
« pauvreté à *Telamone*. C'est la pauvreté italienne, la
« mal-propreté espagnole, et la paresse des deux nations,
« réunies tout-à-la-fois dans le même lieu. Rien à manger,
« un grenier pour chambre à coucher, de tristes ruines,
« qui n'étoient pas seulement pittoresques, voilà ce que
« nous offrit ce triste lieu ; mais c'étoit la terre ferme, le
« continent de l'Italie, tout nous parut riant. Nous qui-

« tâmes gaiement notre bord, et tout ce que nous y lais-
« sions, pour nous rendre à pied à *Orbitello*, qui appar-
« tient, ainsi que *Telamone*, au roi de Naples, qui pos-
« sede aussi *Porto Ferayo* dans l'isle d'*Elbe*.

« Nous arrivâmes à *Orbitello*, après avoir suivi les
« bords des marais l'espace de douze milles, sans ren-
« contrer d'autre habitation qu'un petit fort appellé *les*
« *Salines*, où nous trouvâmes pour toute garnison douze
« poules, un coq assez fier, et un chat. Les besoins de
« premiere nécessité font tout entreprendre : il y avoit une
« citerne dans la forteresse, nous avions soif, nous atta-
« quâmes.

« Aux approches d'*Orbitello* le pays est cultivé, la côte
« est plantée de vignes, et les marais desséchés sont rem-
« placés par des jardins abondants entourés de haies plan-
« tées d'aloès. La ville est située dans un fond commandé
« par les montagnes arides où sont bâtis deux forts à l'est,
« et baignée par un grand marais qui défendroit mieux la
« ville que les fortifications, et qui lui donne la réputation
« d'imprenable. L'intérieur de cette ville, assez jolie, se
« réduit aux édifices nécessaires à une ville de guerre et
« au petit commerce qu'entretient une garnison. L'air
« mal-sain qu'on y respire en fait redouter jusqu'au com-
« mandement, quoique ce soit une place de confiance.
« La vue d'un voyageur dans cette ville est une chose si
« rare pour les habitants, qu'ils le vexent de leur mieux
« pendant qu'ils le tiennent ; on n'eut pas honte de nous
« demander une somme exorbitante pour nous conduire
« jusqu'à *Civita Vecchia*, malgré la protection du com-
« mandant, qui ne répondit autre chose lorsque nous lui
« observâmes l'énorme différence du prix des autres routes,

« sinon que les chevaux qui devoient nous conduire nous
« attendoient depuis long-temps, et attendroient proba-
« blement aussi long-temps encore de nouveaux voya-
« geurs.

« Depuis *Telamone* jusqu'à dix milles d'*Orbitello*,
« tout le territoire appartient au roi de Naples : des fer-
« miers le cultivent au profit du fisc. La ferme la plus
« considérable est celle de la pêche du lac, qui abonde en
« anguilles. Cette ferme peut rapporter environ 40,000 liv.
« de notre monnoie. La garnison d'*Orbitello* est de six
« cents hommes, sans compter les invalides qui occupent
« le fort Saint-Charles et un autre fort qui sont à l'est
« sur la montagne.

« A dix milles d'*Orbitello* nous passâmes vis-à-vis les
« ruines de *Lancedonia*, détruite par le fameux Barbe-
« rousse. Nous laissâmes ces ruines à droite, et poursui-
« vîmes notre route à travers des plaines incultes, et ce-
« pendant très susceptibles d'être cultivées. Nous vînmes
« dîner sur le bord d'une petite riviere dans les états du
« grand duc, qui s'avancent jusqu'à la mer par une por-
« tion de terre enclavée dans les états du pape et du roi
« de Naples ; nous traversâmes cette partie des états du
« grand duc en un quart-d'heure, et nous entrâmes dans
« le patrimoine de S. Pierre.

« Nous découvrîmes d'abord *Montalto*, où nous de-
« vions aller coucher, quoique nous fussions encore à
« douze milles de cette petite ville, qui n'a pas du tout
« l'air d'être aussi riche qu'elle pourroit l'être ; car elle
« est le grenier d'abondance des états du pape, et domine
« sur une plaine immense qui produit les grains dont elle
« est l'entrepôt. Une compagnie d'entrepreneurs d'appro-

« visionnements y possede des magasins immenses, et a
« le privilege exclusif de faire sortir et vendre à l'étranger
« une certaine quantité de bleds : on sait jusqu'où ceux
« qui obtiennent de tels privileges en portent l'extension,
« et les fermiers de *Montalto* sont accusés par tout le
« pays d'en bien savoir tirer parti.

« Au surplus la ville est fort triste, fort vieille, fort
« petite, et fort sale : on n'y mange de bon que du pain,
« et les étrangers y sont écorchés comme si on y mouroit
« de faim. Nous allâmes dîner à *Corneto*, où une grande
« quantité de tours quarrées bien bâties et isolées, beau-
« coup de ruines, une enceinte disproportionnée à ses
« habitants, annoncent qu'elle a été une ville considéra-
« ble. Les habitants me dirent qu'elle étoit très ancienne
« et très fameuse; mais, soit défaut de mémoire, soit igno-
« rance de ma part, j'avoue, à ma honte, que je ne pus
« trouver dans ma mémoire rien qui me rappellât la cé-
« lébrité de *Corneto*. On y trouve des marbres : mais ce
« qui en reste est dispersé en si petites parties, qu'il ne
« me fut pas possible de rien distinguer qui me donnât
« aucun indice du genre du temple qui y existoit.

« *Corneto* est encore un grenier d'approvisionnement
« pour Rome : ce fut à *Corneto* que nous commençâmes
« à boire du vin d'*Orvietto*, très estimé en Italie, et que
« je trouvai ressembler beaucoup à notre excellent cidre.
« Il a aussi l'agrément de se laisser boire sans inconvé-
« nient.

« Nous partîmes de *Corneto* après le dîner, et arrivâ-
« mes, à la porte fermante, à *Civita Vecchia*, qui est un
« port, ou plutôt une rade plus agréable par son aspect,
« qu'elle n'est sûre pour les vaisseaux : elle seule est ou-

« verte au commerce, que le pape Benoît XIV a rendu
« absolument libre, ce qui y fait aborder une grande partie
« des bâtiments qui commercent en Italie. Cette rade est
« absolument artificielle, car la nature n'y a rien fait et
« n'y offroit pas seulement une plage.

« Trajan y fit construire un môle à grands frais, et avoit
« eu fort à cœur cette entreprise : mais le temps, ou les
« ouvrages des papes, ont absolument fait disparoître les
« travaux de l'empereur. Actuellement deux môles en
« demi-cercle s'avancent dans la mer, et une autre partie
« du cercle, isolée et plus extérieure, embrasse l'espace
« laissé entre les deux premiers, et forme deux entrées ou
« deux sorties. Deux phares, placés aux extrémités de ce
« troisieme môle, éclairent les deux passages. Dans le
« fond de cette rade est le petit port qui reçoit les deux
« frégates, quelques galeres, enfin toutes les forces mari-
« times du pape, marine la plus pacifique de l'univers.

« Un château quarré, et flanqué de quatre tours situées
« à l'est du port et de la ville, commande l'un et l'autre. Il
« y a un chantier pour la construction des galeres, dont
« les formes occupent l'espace qui fait le fond de la rade.
« La ville est petite, mais bien bâtie. En général les églises
« sont agréables sans avoir rien de remarquable ; tout y
« est fait avec soin, entretenu de même. Enfin cette ville
« paroît avoir été l'objet de l'affection de plusieurs papes,
« et sur-tout de Benoît XIV.

« Nous en partîmes l'après-midi. Le premier objet de
« curiosité que nous rencontrâmes sur la route, fut une
« fouille que l'on faisoit sur l'emplacement d'un port an-
« tique des Romains, mais que la mer a abandonné. Je
« chercherai ce que je pourrai apprendre de ce lieu, et de

« l'objet de cette fouille, qui jusqu'alors avoit été infruc-
« tueuse. Nous continuâmes notre route sur un chemin
« fort agréable, le long de la mer, dans un pays très dé-
« couvert : nous n'apperçûmes rien de curieux, sinon
« deux ponts antiques qui indiquent qu'il y avoit une
« voie romaine qui conduisoit, soit à ce port, dont j'i-
« gnore le nom, soit à *Centum Cellae*, ou *Civita Vec-*
« *chia*. Quelques tours bâties sur le bord de la mer,
« d'espace en espace, sont des ouvrages modernes pour
« servir de signaux contre l'attaque imprévue des Barba-
« resques. Nous arrivâmes à la nuit à *Montrone*. Nos voi-
« turiers nous signifierent que nous y passerions la nuit.
« *Montrone* n'est qu'une seigneurie dont le fermier fait
« du château une hôtellerie. Nous entrâmes dans une
« grande halle qui étoit la cuisine : soixante personnages,
« distribués en plusieurs grouppes, étoient animés de pas-
« sions différentes; quelques lumieres dispersées les éclai-
« roient séparément. Ici on jouoit, là on buvoit, ailleurs
« on chantoit; tous crioient, tous gesticuloient à travers
« une fumée de tabac qui formoit un nuage : des mate-
« lots étendus sur des bancs, où ils mêloient leur ronfle-
« ment aux jurements effroyables des perdants, tout cela
« formoit un tableau des plus frappants. Nous entrâmes
« douze sans que cela fît événement; et, poussant un
« peu ceux qui dormoient, nous nous établîmes auprès
« du feu pour manger du pain et du fromage. Nous eûmes
« ensuite le spectacle d'une scene tout-à-fait nationale.
« Un des paysans s'avança et nous proposa d'improviser;
« et, sans attendre notre réponse, il commença une églo-
« gue, et nous chanta soixante couplets. Malgré l'énergie
« de sa déclamation, et l'air d'enthousiasme qu'il y met-

« toit, je crus que sa mémoire faisoit tous les frais : mais,
« soufflé par notre postillon, il chanta chacun de nous,
« l'un après l'autre. S'adressant d'abord à un dessinateur,
« il lui fit vingt couplets, où il y avoit au moins quatre
« ou cinq idées heureuses. Ensuite se tournant vers le
« géographe, il passa en revue tous les royaumes, toutes
« les régions de l'univers. Prenant ensuite un ton plus
« poétique: *Devenez*, lui dit-il, *le guide du nautonnier;*
« *montrez-lui la route la plus courte pour nous trans-*
« *mettre les trésors d'un autre hémisphere; montrez-lui*
« *les passages dangereux, ceux qu'il faut éviter ou*
« *choisir.* Et tout-à-coup s'élevant à une poésie de pure
« fiction : *Marquez-nous l'isle fortunée où le Tasse*
« *nous a dit qu'Armide porta l'heureux Renaud; que*
« *votre nom devienne célebre dans tous les lieux dont*
« *vous aurez tracé les contours et fixé les limites.* J'étois
« émerveillé de ce que j'entendois. Ces couplets se succé-
« doient sans interruption, les veines de son front s'en-
« floient, il y portoit la main comme un inspiré, il se le-
« voit à tout moment : le tableau étoit parfait; il avoit des
« admirateurs qui l'écoutoient la bouche béante, et l'ap-
« plaudissoient des pieds et des mains. Dans ce moment
« un nouvel énergumene s'empara de la scene d'une ma-
« niere plus bruyante : c'étoit notre postillon. Il n'étoit
« pas poëte, mais littérateur forcené: il interpella les poë-
« tes, et partit de là pour comparer tous les poëtes latins
« et italiens; il nous récitoit alternativement le *Dante*,
« l'*Arioste*, le *Tasse*, le *Marini*, etc. et nous faisoit
« sentir par des arguments les beautés de comparaison,
« tonnoit en déclamant différents passages de ces auteurs.
« Ses bruyants accents l'emporterent sur tout le tapage

« que faisoient les auditeurs; il éveilla ceux qui dormoient,
« qui se leverent en jurant; il donna pour un moment des
« distractions aux joueurs; il étonna même notre poëte;
« enfin il attira toutes les attentions, excepté celle de deux
« êtres de la société qui avoient envisagé, au moment de
« notre arrivée, deux pistolets à deux coups que nous
« avions posés sur la table, et qui avoient produit sur eux
« l'effet de la tête de Méduse; ils étoient sous le charme
« de l'admiration, et ils leur parloient même avec un cer-
« tain respect, sans oser lever les yeux de dessus. Enfin
« on avertit qu'on alloit distribuer l'avoine, et notre poëte
« littérateur courut à l'écurie tout en aboyant encore des
« vers de *Thebalda*. Je ne sais si de pareilles scenes sont
« fréquentes; mais celle-ci me parut bien originale.

« Je profitai du moment que notre déclamateur étoit
« allé soigner ses mules, pour questionner notre *Am-
« phion*. Il nous dit qu'étant orphelin il avoit appris à lire
« d'un berger, son camarade, qui ne savoit qu'assembler
« ses lettres; qu'en travaillant à la journée il avoit amassé
« de quoi acheter un poëte italien; qu'il l'avoit appris par
« cœur, l'avoit vendu ensuite pour s'en procurer un autre,
« et qu'il étoit ainsi au quarantieme volume; mais qu'il
« espéroit d'apprendre le françois afin de lire aussi nos
« poëtes. La poésie ne lui donnoit, disoit-il, aucun dé-
« goût du métier dans lequel il étoit né, et il ne montroit
« aucun desir de le quitter. Toute cette émulation étoit
« par amour de la chose : il trouvoit en elle sa récom-
« pense. Que nos paysans sont loin de là ! A quoi attribuer
« cette différence? Sont-ils nés moins bien organisés ?
« Non : les moyens sont les mêmes, la misere est la même;
« mais un soleil ardent qui développe, mais un ciel heu-

« reux et riant qui ôte au besoin même l'aspect du mal-
« heur, voilà l'unique cause de cette singularité. Que la
« misere est hideuse quand elle est sale ! qu'elle est affli-
« geante quand elle est mouillée ! qu'elle est cruelle et
« affreuse quand elle a froid ! L'Italie est exempte de tous
« ces fléaux, et les paysans peuvent se croire heureux dès
« qu'ils n'ont plus faim. La bise n'attriste point leur chau-
« miere, leurs enfants rient en mangeant du pain ; ils s'en
« procurent sans un travail forcé : ainsi rien ne flétrit leur
« imagination.

« Nous partîmes pour Rome au milieu de la nuit : nous
« fîmes une partie du chemin sur une voie romaine qui
« n'est pas aussi belle que la voie appienne, et qui n'a
« pas, comme elle, de parapet pour les gens de pied, mais
« est aussi merveilleuse pour la solidité des matériaux. Les
« pierres de lave dont elle est pavée semblent être de fer,
« et je ne sais à quoi comparer le ciment, qui semble n'a-
« voir encore éprouvé aucune altération.

« Le cœur me palpitoit en approchant de la capitale
« du monde : je la cherchai dès les premiers rayons du
« jour; je ne la découvris que quand je fus dans les faux-
« bourgs. Le premier objet qui frappa ma vue fut l'église
« de S. Pierre. Cette masse énorme, si bien proportionnée
« qu'on ne peut juger de sa grandeur, ne produit jamais
« l'étonnement des choses gigantesques, mais presque
« toujours l'admiration. Comme mon projet n'est pas de
« donner en cet endroit une description de Rome, je vais
« me hâter de reprendre le chemin de Naples.

« Ce ne fut qu'après avoir quitté Rome existante que
« je reconnus l'immensité de celle qui existoit, et que la
« moderne disparut pour ainsi dire : nous marchâmes

« deux heures avant d'être hors de ses ruines. Ce n'est
« qu'à la montagne de *Marino* qu'on commence à bien
« juger de l'enceinte de la véritable Rome. Je me garderai
« bien d'entreprendre de décrire un pays que je traversai
« si rapidement. Je ne dirai donc rien de mon voyage à
« Naples, où nous arrivâmes le surlendemain.

« L'entrée de cette ville est plus pittoresque qu'impo-
« sante. Le grand chemin, taillé dans une montagne de
« tuf, a l'air d'un ravin à travers lequel on découvre une
« petite partie de la ville, dont les édifices se couvrent les
« uns les autres sur un plan incliné. Plus on s'avance,
« plus le théâtre s'élargit. Bientôt on rencontre à droite
« un grand édifice de cent cinquante toises de façade :
« c'est un hôpital dont voici l'inscription :

REGIUM TOTIUS REGNI PAUPERUM HOSPITIUM.

« La rue qui suit a plutôt l'air d'une place que de toute
« autre chose. Quoique l'œil ne soit attiré ni fixé par au-
« cun objet particulier, l'ensemble en est superbe. En
« suivant cette rue, et laissant *Capo di Monte* à droite,
« et le quartier de la vieille ville à gauche, on tourne au-
« tour de quelques maisons qu'il seroit à desirer que l'on
« abattît pour percer la ville dans toute sa longueur par
« de belles rues. Au-delà de ces vilaines maisons on entre
« dans une place large et longue, appellée *il Largo di*
« *Pigni*, parcequ'il n'y a pas long-temps que c'étoit un
« bois de pignons, espece de sapin. Cette place est ter-
« minée par l'édifice *des Etudes*, bâti sur les dessins de
« *Fontana*. Sans être d'une architecture régulière, ce bâ-
« timent est d'un effet agréable. Il avoit été d'abord des-
« tiné à faire un college ; mais on assure qu'on doit y

« mettre à l'avenir tous les trésors que l'on a tirés et que
« l'on tirera des fouilles d'*Herculanum* et de *Pompeia*,
« afin de les mettre hors de la portée du Vésuve, qui sans
« cela pourroit bien les engloutir une seconde fois, puis-
« qu'on n'a fait jusqu'à présent que les poser sur les dé-
« bris qui les couvroient. En tournant à gauche on entre
« sur la place *del Spiritu Santo*. Cette place, bâtie il y a
« peu d'années sur les dessins de *Vanvitelli*, a la forme
« d'un demi-cercle : sa partie cintrée est décorée d'un
« seul ordre dorique, colonnes engagées, surmontées d'un
« entablement, d'une corniche, d'une balustrade, avec
« de grandes figures sur des piédestaux. Au milieu de cet
« édifice est un piédestal portant le modele d'une figure
« équestre, qui doit être celle du roi d'Espagne mainte-
« nant régnant. Cette place est agréable par sa forme;
« mais son architecture, tout-à-fait lourde et maigre, en
« ôte tout l'effet. On découvre de là la rue de Tolede, l'une
« des plus belles qui soient au monde, par sa forme qui
« en découvre toutes les parties à la fois, par sa largeur,
« son beau pavé, et une population d'une activité plus
« frappante qu'ailleurs. Quoiqu'elle soit située dans la
« partie de la ville où demeure la noblesse, comme elle
« partage presque également sa largeur, c'est un point de
« réunion pour tous les états. Les carrosses, les caleches,
« les gens de pied, une populace criarde et gesticulante,
« y font un bruit roulant que Paris ne peut égaler. A un
« bout de cette rue on trouve le palais du roi, bâti par les
« vice-rois d'Espagne. Cet édifice, sur une place irrégu-
« liere, n'a nulle beauté. Il étoit cependant susceptible
« d'en avoir, sur-tout dans la partie méridionale, dont la
« situation et l'aspect sont aussi agréables qu'imposants,

« si, au-lieu du coup-d'œil dégoûtant de galeres et de
« galériens, on se fût procuré celui de beaux jardins qui
« eussent descendu par des terrasses jusqu'à la mer, qui,
« dans cet endroit, forme un bassin magnifique.

« En s'avançant par *Santa Lucia* jusqu'au *château de*
« *l'OEuf*, on arrive bientôt à l'extrémité de la ville op-
« posée à celle par laquelle on est entré. Ce château est
« bâti sur un rocher qui forme un promontoire, ou une
« espece de jettée : il est construit, dit-on, sur les ruines
« du palais que *Lucullus* avoit à Naples, dans la plus
« belle situation de cette côte, puisqu'elle domine égale-
« ment les deux anses qui forment le port de Naples. C'est
« de ce seul point que l'on peut jouir à la fois de tout le
« développement de la ville. D'un côté l'on voit cette
« riante côte de Pausilype, que Sannazar, qui l'habitoit,
« prétendoit être *un morceau du ciel tombé sur la terre;*
« le rivage de Chiaïa, où l'on vient de faire une prome-
« nade délicieuse que sa situation rend superbe. Derriere
« cette promenade, presque au bord de la mer, les mai-
« sons s'élevent en amphithéâtre sur le mont S. Martin,
« couronné par le château de S. Elme et par la plus belle
« chartreuse de l'univers. La vue de cette anse est termi-
« née par *Pizzo Falcone,* monticule de tuf, sur lequel
« des maisons entassées forment le grouppe le plus pitto-
« resque, qui vient se terminer à la langue de terre du
« château de l'OEuf. La vue se reportant sur l'autre anse,
« on découvre le palais, le château neuf, le môle, le port;
« et, dans l'éloignement, le quartier de l'ancienne ville,
« le pont de la Madeleine, et le chemin de *Portici,* qui
« conduit naturellement les regards sur le Vésuve isolé,
« et s'élevant au milieu d'un vaste demi-cercle que forme

« au loin la chaîne de l'Apennin, dont un bras semble se
« détacher pour venir embellir la vue de Naples, et for-
« mer devant elle un large bassin de trente milles de dia-
« metre. C'est sur cette belle chaîne de montagnes que
« sont bâties, vis-à-vis de Naples, les villes de *Castel-a-*
« *Mare*, de *Sorrento*, etc. et un nombre infini de villages
« et de maisons de campagne. L'isle de Caprée ée
« entre la pointe du Pausilype et celle de Minerve, qui
« termine la chaîne de montagnes, paroît fermer ce bas-
« sin, et y laisser seulement deux entrées, pour en faire
« le plus grand port de l'univers. Cependant cette rade,
« si belle à l'œil, n'est rien moins que sûre. Les courants,
« les bas-fonds, la difficulté d'entrer, de sortir, le danger
« de rester, font redouter l'arrivée de Naples à tous les na-
« vigateurs.

« Le château de l'OEuf n'est qu'une forteresse qui ne
« commande ni ne défend rien. La place du *Château*
« *neuf* est la plus spacieuse de Naples, mais sans régu-
« larité, et sans autre édifice considérable que le châ-
« teau qui lui donne son nom, et qui mérite autant le
« nom qu'il porte que le Pont neuf de Paris; car il a été
« bâti par Charles d'Anjou, peu après la Bastille, et sur
« son agréable plan, apparemment pour renfermer les
« victimes sans nombre de ce tyran abominable. Ce châ-
« teau a de beaux et fort larges fossés, et a été augmenté
« à plusieurs reprises. Entre deux de ses tours on a élevé
« un arc de triomphe en l'honneur de Ferdinand d'Ara-
« gon, neveu de Jeanne II. Ce monument du quatorzieme
« siecle est le seul qui ait en même temps de la magnifi-
« cence et du caractere, quoiqu'on ne puisse en admirer
« ni l'architecture ni la sculpture. Il doit être regardé

« comme une production étonnante pour le siecle où il
« a été fait, et prouve que les arts n'étoient pas négligés
« alors au point où on le croit. Les bas-reliefs représen-
« tent l'entrée de ce Ferdinand dans Naples : les acces-
« soires y sont bien traités. Ce monument, de plus de
« cinquante pieds d'élévation, est tout en marbre blanc ;
« magnificence devenue inutile, car de petites baraques
« et un corps-de-garde le masquent de telle sorte qu'on
« n'en jouit point, et que très peu de personnes le remar-
« quent, quoique ce soit peut-être le seul des monuments
« de Naples qui puisse être cité.

« Devant *Jesu nuovo*, et devant le couvent de *san Do-
« menico grande*, il y a deux aiguilles, ou obélisques, dont
« l'extrême magnificence ne sert qu'à relever le ridicule.
« Les architectes paroissent avoir fait tous leurs efforts
« pour s'écarter également de la légèreté et de l'élégance
« gothique, ainsi que de la noblesse de l'architecture
« grecque ; ce n'est qu'un amas de sculpture et d'orne-
« ments en marbre, sans projet, sans objet, terminant
« à-peu-près en pointe, et portant une Vierge bien dorée.
« On pourroit s'étonner de ce qu'on n'a pas fait aussi do-
« rer tous ces ornements en marbre, afin de compléter
« toute l'inutilité de cette magnificence. Les fontaines
« sont dans le même genre ; il y en a un grand nombre,
« mais pas une d'agréable ; on ne cite celle de Médine
« que parcequ'elle est la plus grande : par-tout on voit
« beaucoup de figures, beaucoup de marbre, beaucoup
« de sculpture, sans grouppes, sans caractere, et sans
« effet.

« Une immense quantité d'eau y est aussi très mesqui-
« nement distribuée. Il n'y a pas une église qui ait un

« beau portail : la peinture, la sculpture et l'architecture
« dorment paisiblement à Naples depuis des siecles. On
« bâtit actuellement à grands frais, sur les dessins de *Van-*
« *vitelli*, l'église de l'*Annunziata*; mais le terrain étroit
« dont on s'est servi s'est opposé à ce que ce célebre ar-
« chitecte auroit pu faire.

« Il n'y a pas un beau palais à Naples : le seul passable
« est celui de *Gravina* ; il est d'un style sage et noble.

« Malgré l'absence de presque tous les arts, de grandes
« rues, de grandes places bien pavées, de vastes maisons
« couvertes en terrasses, un terrain montueux et tour-
« menté qui donne des jardins suspendus, couronne les
« édifices, amene la campagne dans la ville, et porte la
« ville dans la campagne, des points de vue variés et su-
« perbes de mer, de plaine, et de montagnes, enfin des
« aspects alternativement abondants, riants et terribles,
« avec un ciel toujours pur, et un climat heureux, font
« de Naples une des plus belles et des plus délicieuses
« villes du monde.

« Lorsque l'on arrive pour la premiere fois dans cette
« ville, on est dans l'ivresse du plaisir de voir tout ce qui
« l'environne. C'est à juste titre qu'on nomme ce pays *le*
« *jardin de l'Europe;* car, quoiqu'au 30 novembre, j'en
« éprouvai tous les charmes, je ne trouvai rien d'exagéré
« de tout ce que j'en avois lu. Quand on a tout peint,
« tout décrit, il reste encore à rendre un effet magique
« qui existe dans l'air qui colore tous les objets, et qui
« fait que ceux mêmes que l'on connoît dans les autres
« climats ne se ressemblent plus dans celui-ci, et y de-
« viennent nouveaux.

« Quand on arrive à la porte de la ville, on craint de ne

« pouvoir y entrer, tant l'affluence est grande : c'est la pre-
« miere idée que donne la population de Naples, même
« lorsque l'on vient de Paris. Quelque larges que soient
« les rues, elles sont si embarrassées d'êtres qui s'y agi-
« tent avec tant de vivacité, que c'est d'abord avec peine
« qu'on s'y rend compte de ce qu'on voit. La paresse na-
« turelle des habitants, et la facilité qu'ils ont de nourrir
« des chevaux à bon marché, font que, de toutes les villes
« de l'univers, Naples est celle où il y a le plus de voi-
« tures. On n'y voit point de fiacres ; mais, à leur place, de
« petites caleches, à une seule place et à un cheval, vous
« transportent rapidement d'un bout de la ville à l'autre,
« et pour fort peu de chose, si l'on a fait son prix d'avan-
« ce : car, par une suite de la mauvaise police qui s'y fait
« sentir à chaque instant, il n'y a de prix arrêté sur rien ;
« et quand on a le malheur d'employer un *lazzaron* sans
« avoir fait de convention, on ne doit plus espérer de le
« satisfaire, quelque excessif que soit ce qu'on lui offre :
« il semble toujours à ses cris que, pour le moindre ser-
« vice, on doit faire sa fortune, et que c'est le ruiner que
« de ne pas l'enrichir. Il a d'autant plus raison de crier,
« que la justice ne vient jamais au secours de ceux qu'il
« vexe.

« Je n'eus à me plaindre, en arrivant à Naples, que du
« Vésuve : j'espérois le voir dans toute sa majesté, et il ne
« s'offrit à mes regards que comme un grand pénitent
« blanc, ayant une chemise qui lui descendoit jusqu'à la
« ceinture : heureusement cette neige se fondit le même
« jour, et ne doit pas faire juger du froid que l'on éprouve
« dans la ville, puisque la moitié des habitants passent
« leur vie sans s'appercevoir du besoin d'avoir des vitres

« à leurs fenêtres, et n'en ont effectivement point ». (Journal de M. de Non.)

(2) « Nous nous embarquâmes à la pointe du jour pour
« Caprée par un bon vent qui se soutint la moitié du che-
« min, et qui, changeant tout-à-coup, nous fit arriver,
« avec de la vague, après quatre heures et demie de navi-
« gation. Nous débarquâmes à la marine de Caprée. C'est
« une grande anse en demi-cercle, défendue des vents
« d'est et d'ouest par deux grands rochers qui s'avancent
« dans la mer ; et de celui du sud, par l'élévation du ter-
« rain, qui est en amphithéâtre dans cette même forme
« de demi-cercle. C'est là qu'est placée la ville de *Capri*,
« dans la situation la plus douce et la plus agréable pour
« elle, et en même temps la plus pittoresque pour les
« voyageurs qui arrivent dans l'isle. Nous logeâmes chez
« un batelier, et de sa terrasse nous découvrions *Ischia*,
« *Procita*, la pointe de *Misene*, le château de *Baies*,
« *Pouzzol*, le *Pausilype*, *Naples*, *Portici*, le *Vésuve*,
« toute la côte de *Sorrente*, et la pointe de *Minerve*; ce
« qui composoit un spectacle délicieux, animé par un
« grand nombre de vaisseaux et de barques qui voguoient
« sur le sein paisible de ce golfe merveilleux.

« Il étoit midi. Nous nous hâtâmes de parcourir cette isle,
« si fameuse par le long séjour qu'y fit Tibere, par l'excès
« et la recherche des débauches et des cruautés de ce
« tyran, qui, de cet écueil, menaçoit, punissoit, effrayoit
« tout l'empire, et cet empire étoit l'univers. Il n'avoit
« que soixante-sept ans lorsque, las de se contraindre, il
« vint y cacher l'aspect désagréable que donnoient à son
« visage les pustules dégoûtantes dont il étoit couvert. Il
« n'y fut suivi que de Séjan, de quelques chevaliers ro-

« mains, agents et compagnons de ses crimes et de ses
« affreuses débauches, et de *Cocceius Nerva*, qui se laissa
« mourir de faim pour cesser d'en être témoin.

« Défiant, farouche, voluptueux et cruel, il ne pou-
« voit mieux choisir sa retraite que sur ce rocher, où, sous
« le climat le plus doux, il trouvoit un printemps perpé-
« tuel, des sites enchantés au milieu de roches terribles
« qui ne laissent d'abordage qu'en un seul endroit; ce qui
« le flattoit tellement, qu'un jour un malheureux pêcheur
« ayant, au péril de sa vie, gravi un rocher qui paroissoit
« inaccessible pour apporter à ses pieds un surmulet d'une
« grandeur extraordinaire, Tibere, effrayé de la possibi-
« lité dont cet homme venoit de donner la preuve, lui fit
« frotter le visage avec son poisson, et le fit jetter dans la
« mer pour s'assurer du secret de la découverte qu'il ve-
« noit de faire.

« Ce cruel empereur avoit couvert l'isle de jardins et
« de palais : il y en avoit douze qui portoient le nom des
« douze grands dieux ; on peut le croire à la quantité de
« vestiges que l'on rencontre à chaque pas. Nous visitâ-
« mes d'abord la partie orientale, où est un hermitage :
« nous trouvâmes au-dessus du rocher de monstrueuses
« ruines de fabriques énormes, dont il reste de grandes
« conserves d'eau encore entieres ; devant ces conserves
« il y a d'autres substructions et des arrachements de mur
« qui appartenoient certainement à un palais; on y trouve
« aussi du marbre de revêtement, avec des tronçons de
« colonnes. Ce palais, bordé d'un côté par l'escarpement
« d'un rocher à pic, élevé de plus de quatre cents pieds
« et battu par la mer, étoit l'endroit où, après avoir épuisé
« les plus longs et les plus ingénieux supplices pour tour-

« menter ses victimes, Tibere les faisoit précipiter en sa
« présence; et, dans la crainte qu'il ne leur restât quelque
« souffle de vie, des soldats armés de crocs les attendoient
« dans des chaloupes et les déchiroient en pieces. Sur
« l'autre côté pouvoient être des jardins en terrasse, et
« vis-à-vis est un rocher isolé qui a été couvert de fabri-
« ques. On y distingue encore deux galeries circulaires
« l'une sur l'autre, et au sommet sont les ruines d'un
« autre palais qui étoit dans la situation la plus avanta-
« geuse de l'isle, ayant vue sur les deux rivages et sur les
« deux mers; au-dessous est la partie circulaire d'une
« terrasse dont le diametre a un demi-mille : au centre
« de ce beau monument est une petite montagne qui
« semble élevée exprès pour faire perspective. Les anciens
« avoient sur nous l'avantage de se laisser conseiller par
« la nature, d'y ajouter, de l'embellir, sans vouloir sotte-
« ment l'assujettir à des beautés de symmétrie auxquelles
« elle se refuse.

« C'étoit sans doute la plus belle et la plus délicieuse
« partie de l'isle : aujourd'hui ce sont les chartreux qui
« l'occupent et qui ont des terrasses jusques sur les poin-
« tes de rochers de la côte du midi. Nous parcourûmes
« le terrain dont le mouvement enrichi des beautés de
« l'architecture devoit produire de si grands effets, dont
« les formes sont encore si belles, et les contrastes si pro-
« noncés, que l'imagination se retraceroit encore avec
« volupté ces lieux délicieux dans leur magnificence, si
« l'enchantement ne cessoit en se rappellant le monstre
« hideux qui l'habitoit, et si le souvenir de ses sales dé-
« lices ne répugnoit autant que ses cruautés causent d'hor-
« reur.

« Nous rentrâmes chez nous très satisfaits des curio-
« sités et du pittoresque de Caprée. Le lendemain au jour
« nous montâmes d'abord sur la montagne où est le châ-
« teau, qui n'est que la vieille masure d'une fabrique qui
« n'a jamais pu être que mauvaise, et n'a eu que l'avan-
« tage de sa situation. Nous y trouvâmes quelques arra-
« chements de murailles antiques, sans formes qui indi-
« quent ce que ce pouvoit être.

« Nous descendîmes de cette élévation pour monter
« ou plutôt escalader la plus haute roche de l'isle, et qui
« la sépare en deux : on a fabriqué un escalier de 500
« marches contre une des plus belles masses de rochers
« qui soient au monde, et qui arrive à une plate-forme
« sur laquelle est bâti un bourg. Cette partie de l'isle est
« très cultivée et très fertile : on y recueille de bon vin ;
« les habitations y sont propres ; et les femmes y sont
« presque toutes jolies et bien faites, les hommes actifs
« et honnêtes.

« Nous montâmes ensuite au vieux château, qui est
« bien encore à cent cinquante pieds au-dessus de l'esca-
« lier, c'est-à-dire mille toises au-dessus du niveau de la
« mer, avec des escarpements presque perpendiculaires.
« De là on distingue aisément toute la côte depuis le cap
« de Licosie jusqu'à Gaëte. Nous descendîmes et vînmes
« nous promener le long de la marine, où je trouvai des
« ruines de mille pas de longueur, les unes emportées par
« la mer, les autres enfouies sous la terre, d'autres habi-
« tées par des cultivateurs, mais rien de suivi et d'inté-
« ressant. C'étoit sans doute le palais d'été de l'empereur,
« car il se trouvoit à l'ombre du soleil du midi par la pro-
« jection de celle du grand rocher dont je viens de parler,

« et rafraîchi par la tramontane et l'air de la mer. On y
« distingue encore la forme d'une grande rotonde qui
« étoit décorée avec magnificence, ainsi que le font penser
« des moitiés de grandes colonnes de marbre qui sont en-
« core sur les lieux. Quoique certains murs eussent seize
« pieds d'épaisseur, la mer a tellement tourmenté ces
« monuments, qu'il n'est plus possible de prendre une
« idée certaine de leur forme et de leur distribution. Je
« remarquai seulement que bien que ces fabriques fus-
« sent en ouvrage réticulaire, elles avoient été construites
« de matériaux qui avoient déja servi à de plus anciens
« édifices, puisqu'au milieu des blocs de maçonnerie on
« trouve des morceaux de différents marbres taillés, et
« qui avoient été employés à des revêtissements. Nous
« trouvâmes sur ces débris une grande quantité de cordes
« tendues, auxquelles s'attachent les filets avec lesquels
« on prend les cailles, qui, dans le temps des deux passa-
« ges, y arrivent en une abondance si considérable, qu'on
« en prend pour plus de cent ducats par jour; ce qui fe-
« roit la richesse de l'isle, si les habitants avoient l'indus-
« trie de les engraisser pour les vendre à Naples pendant
« l'hiver.

« Après avoir fait à-peu-près le tour de l'isle, qui a
« douze milles de circonférence, et avoir visité les deux
« bourgs, dont l'un est *Capri*, et l'autre *Anacapri*, qui
« contiennent environ neuf mille habitants, nous nous
« disposâmes à quitter ce délicieux séjour placé sous un
« ciel si heureux; mais le vent trop fort nous retint en-
« core cette nuit chez ces bons bateliers, qui nous avoient
« cédé leurs lits, et couchoient à terre avec nos mariniers.
« Le lendemain à la pointe du jour nous mîmes en mer ».
(Journal de M. de Non.)

Tout ce que l'on raconte des abominations de Tibere dans Caprée n'est pas concevable. C'est l'imagination déréglée d'un vieillard qui, s'éveillant pour la débauche quand les sens sont morts pour le plaisir, enfante des monstres, et supplée, par des fantaisies sales et bizarres, à l'impuissance de jouir. Tibere, las des hommes, dégoûté de sang, et fatigué de lui-même, se tournant vers la débauche pour s'étourdir et se désennuyer, et sentant qu'il s'y prenoit bien tard, se jetta dans les excès les plus affreux, et se servit des facilités que lui donnoit le pouvoir suprême pour abuser en tout de l'humanité.

A la faveur de la solitude, et loin des regards de la capitale, il se livra à la fois à tous les vices qu'il avoit jusques là mal dissimulés. Il fit *Cesonius Priscus*, chevalier romain, *l'intendant de ses voluptés*. De jeunes filles et de jeunes garçons, destinés pour ses débauches les plus secretes, imaginant des plaisirs monstrueux, formoient entre eux une triple chaîne, et, ainsi entrelacés, s'efforçoient de ranimer par ce spectacle les desirs éteints d'un vieillard. Ses appartements étoient ornés des peintures les plus lascives tirées des livres d'Éléphantis (*a*), afin que l'on trouvât de tout côté des leçons et des modeles de jouissance. Les bois n'étoient plus que des asyles consacrés à Vénus : on y voyoit de tous côtés la jeunesse des deux sexes dans le creux des rochers et dans des grottes, présentant des attitudes voluptueuses, et habillée en nymphes et en sylvains. Un citoyen lui ayant légué un

---

(*a*) L'*Aloïsia* des anciens. Il ne nous en est rien resté : mais ils sont cités dans Martial et dans le *Priapeia*.

tableau de *Parrhasius*, où Atalante (*a*) étoit représentée avec Méléagre dans une posture lascive, et le lui ayant légué sous condition que, si le tableau lui déplaisoit, il pourroit en échange prendre un million de sesterces (200,000 liv.), il préféra le tableau, et le plaça dans l'endroit sacré (*b*) de sa maison.

Ce monstre d'impureté et de cruauté, après avoir fait empoisonner, par Pison et Plancine sa femme, *Germanicus*, dont il étoit jaloux, relégua sa veuve Agrippine dans l'isle Pandataire, où bientôt il la fit tuer, et eut l'impudence de se laisser remercier, par un décret du sénat, de la clémence qu'il avoit eue de n'avoir pas fait traîner aux Gémonies le corps de cette vertueuse princesse. Ses deux enfants, *Néron* et *Drusus*, eurent un sort pareil; l'un dans l'isle Pontia, *Drusus* sur le mont Palatin.

Depuis sa retraite à Caprée il essaya deux fois de revenir à Rome; mais il n'osa pas y entrer, quoiqu'il ne fût qu'à quelques milles de ses portes. Il repartit pour Caprée, tomba malade dans la ville d'Asture, se fit porter au promontoire de Circé, puis à celui de Misene, où il mourut l'an 37 de J. C. dans la maison qui avoit appartenu à *Lucullus*. Il étoit dans la soixante et dix-huitieme année de sa vie, et dans la vingt-troisieme de son regne.

(*a*) Lysias de Corinthe, célebre graveur en pierre, nous en a conservé le souvenir dans un superbe camée que l'on voit encore à Rome. Cette pierre gravée représente Tibere à qui l'on présente le tableau de *Parrhasius*, qui y étoit exactement copié. Martial reproche aux femmes de son temps ce goût dépravé, né à *Lesbos*, ainsi qu'un autre encore plus connu.

(*b*) C'étoit le lieu où l'on mettoit les dieux pénates, les représentations de ses aïeux, etc.

On a dit que Caligula lui avoit donné du poison, ou l'avoit fait étouffer entre des matelas. Quelques jours avant sa mort un tremblement de terre fit tomber la tour du phare dans l'isle de Caprée : elle n'a jamais été relevée depuis.

La férocité et la pesanteur de l'esprit de Tibere s'étoient si bien fait connoître dès sa jeunesse, que son maître Théodore Gadarée disoit de lui : *C'est de la boue détrempée dans du sang.* Malgré la terreur qu'il inspiroit, on osa faire contre lui des vers satyriques qui le déchiroient : il nous en est resté quelques uns dont on verra ici avec plaisir la traduction faite par M. de la Harpe (*a*).

« Quel es-tu donc, César ? Inhumain, sanguinaire,
« Abhorré des Romains, détesté de ta mere,
« Tu n'es point chevalier, tu n'es point citoyen,
« Tu n'en as ni les droits, ni les mœurs, ni le bien;
« Tu n'es qu'un exilé dont Rhodes fut l'asyle.
« Sous le regne d'Auguste, en triomphes fertile,

(*a*) Asper et immitis, breviter vis omnia dicam?
  Dispeream si te mater amare potest.
Non es eques. Quare ? Non sunt tibi millia centum.
  Omnia si quæras, et Rhodos exsilium est.
Aurea mutasti Saturni sæcula, Cæsar;
  Incolumi nam te ferrea semper erunt.
Fastidit vinum, quia jam sitit iste cruorem:
  Tam bibit hunc avidè quàm bibit antè merum.
Adspice felicem sibi, non tibi, Romule, Sullam;
  Et Marium, si vis, adspice, sed reducem;
Nec non Antoni civilia bella moventis
  Non semel infectas adspice cæde manus;
Et dic : Roma perit; regnabit sanguine multo
  Ad regnum quisquis venit ab exsilio.

« Rome vit l'âge d'or renaître dans son sein ;
« Mais ton regne sinistre est le siecle d'airain.
« Le vin n'est plus pour toi qu'un breuvage insipide,
« Du sang des malheureux tu deviens plus avide,
« Et cette horrible ivresse est ton plaisir nouveau.
« Rome, rappelle-toi ce Sylla, ton bourreau,
« De son bonheur coupable accablant sa patrie ;
« Le cruel Marius, qui, morne en sa furie,
« Rentroit dans tes remparts précédé de la mort ;
« Antoine, contre toi déchaîné par le sort,
« Réveillant à grands cris la discorde barbare :
« Rome, tels sont encor les maux qu'on te prépare :
« Quiconque de l'exil passe au suprême rang
« Regne par la terreur et fait couler le sang ».

(Note du traducteur, tirée de Suétone.)

(3) « L'isle de *Procida* est située entre celle d'*Ischia*
« et le promontoire de Misene, à égale distance de l'une
« et de l'autre, et peut avoir sept à huit milles de circuit.
« Strabon (*a*) et Pline (*b*) nous disent formellement qu'elle
« faisoit partie de l'isle d'*Ischia*, et en fut séparée par un
« tremblement de terre. Son sol fertile est couvert de ver-
« dure, de jardins, et de maisons de campagne ; les rai-
« sins et les figues, qu'on y recueille en quantité, y sont
« de la meilleure espece : par-tout on voit des sources
« d'eau jaillir du milieu des sables. Les faisands y sont en
« si grande abondance, qu'on les y voit souvent par mil-
« liers ; la chasse en est réservée pour le roi, et conservée
« avec tant de soin, qu'il y a quelques années on y tuoit
« tous les chats : les rats s'y multiplierent tellement que
« tout y étoit dévoré par ces animaux voraces, jusqu'aux

(*a*) Liv. VI.
(*b*) Liv. III.

« morts qu'ils déterroient d'abord après leur inhumation;
« les paysans, ruinés et désolés, allerent se jetter aux
« pieds du roi, qui révoqua l'ordre porté contre les chats,
« et en prononça un nouveau pour la destruction des
« rats. Il y a aussi beaucoup de lievres dans cette isle, et
« les cailles y abondent dans le printemps et dans l'au-
« tomne.

« Les habitants de *Procida* passent pour les meilleurs
« marins de l'Italie, et en général l'air y est si bon, qu'ils
« poussent leur carriere jusqu'à un âge très avancé. M. Ha-
« milton pense que sa formation est due primitivement à
« une explosion volcanique, son sol étant évidemment
« semblable à celui de Baies et de Pouzzol ». (Journal
de M. de Non.)

(4) « La plus grande et la plus considérable des isles
« du golfe de Naples est celle d'*Ischia* : long-temps on
« la nomma *Pythecuse*, qui en grec veut dire singe. Les
« savants s'efforceront long-temps en vain de deviner
« pourquoi elle a porté ce nom. Homere et Pindare l'ap-
« pellent *Inarime* : on ne sait pas davantage d'où lui vint
« celui-là. Enfin elle eut encore celui d'*AEnaria* ; mais
« les dissertateurs triomphent en nous affirmant que l'o-
« rigine de ce nom fut le séjour qu'Énée, arrivant en Ita-
« lie, y fit avec sa flotte. Cela me paroît démontré. Quant
« au nom d'*Ischia*, celui qu'elle porte maintenant, quoi-
« qu'il n'y ait pas long-temps qu'elle en soit en posses-
« sion, personne ne s'est avisé de s'informer qui a pu le
« lui donner : les antiquités de deux ou trois cents ans ne
« sont pas dignes d'occuper les précieux moments des
« illustres antiquaires ; il leur faut de bons milliers de
« siecles, des ruines entièrement effacées, des traditions

« sans autorité, et même invraisemblables ; alors leur
« imagination travaille, ils voient clairement dans une
« foule de passages d'auteurs ce qui n'y a jamais existé,
« et rendent despotiquement des arrêts dont personne
« n'est tenté d'attaquer la validité.

« Strabon nous assure que les *Erétriens* furent les
« premiers habitants d'*Ischia*, mais que ses volcans tou-
« jours allumés, et leurs terribles éruptions, les ayant
« obligés d'en sortir, l'isle resta déserte jusqu'à l'an 464
« avant J. C. qu'Hiéron, roi de Syracuse, y envoya une
« colonie qui ne put y rester que fort peu de temps. Enfin
« les Romains, plus hardis, s'y établirent, et la conser-
« verent jusqu'au temps d'Auguste. Cet empereur, s'étant
« plu à Caprée, fit l'échange de cette isle avec les Napo-
« litains, qui, depuis ce temps, sont demeurés en pos-
« session d'*Ischia*. Son circuit est de dix-huit milles. Au
« milieu de l'isle s'éleve une montagne considérable nom-
« mée *Epoméo* : c'étoit jadis un volcan ; mais depuis le
« treizieme siecle ses feux sont éteints, ou, pour mieux
« dire, il n'y a point eu d'éruption, car on ne peut douter
« qu'ils n'existent toujours, si on en juge par les fréquents
« tremblements de terre qu'on y éprouve, ainsi que par
« la chaleur de ses eaux minérales et de ses bains.

« On trouve à *Ischia* plusieurs bourgs considérables,
« et une ville épiscopale. L'isle est entourée de promon-
« toires, et de plusieurs petits ports, dont le site sauvage
« et austere forme les tableaux les plus pittoresques.

« Une autre partie de l'isle présente l'aspect le plus
« riant et le plus agréable par sa fertilité et l'excellence de
« ses productions.

« Mais ce qui a rendu de tout temps *Ischia* fort célèbre,

« ce sont ses sources d'eaux minérales et ses bains chauds.
« Il y a aussi des étuves de sable particulieres à cette isle :
« leur effet est très salutaire pour un grand nombre de
« maladies. La plus terrible éruption connue de l'*Epo-*
« *méo* est celle de 1302 : l'isle fut en feu pendant deux
« mois entiers, et ses habitants eurent un tel effroi, que
« le plus grand nombre prit la fuite, et n'y est jamais re-
« venu ». (Journal de M. de Non.)

On trouve dans l'isle d'*Ischia* onze sources d'eaux froides, et trente-cinq d'eaux chaudes et minérales. Les Napolitains prétendent qu'il n'y a point de maladie à laquelle ces eaux ne fournissent un remede. M. Hamilton, qui y passa trois semaines, nous apprend qu'on y a fait un établissement aussi honorable qu'utile pour l'humanité. On y entretient chaque saison trois cents pauvres malades. Ces malheureux commencent par les bains ; ensuite on les plonge dans le sable chaud, qui, même sous l'eau, est d'une chaleur brûlante. Le rédacteur du voyage des deux Siciles assure que ce sable (qui est de même nature que celui de *Procida*) est rempli de parcelles de plomb : mais il se trompe ; c'est du fer, puisque M. Hamilton l'a trouvé attirable à l'aimant. Près de la partie de l'isle où sont ces bains, il y a un rocher d'ancienne lave, formant une petite caverne, où l'on rafraîchit les fruits et les liqueurs aussi fortement qu'avec de la glace, et il n'est pas possible d'y rester plusieurs minutes sans souffrir des douleurs insupportables. Ce froid est d'autant plus étonnant, qu'il n'est jamais accompagné de vent, et l'on sait que dans les cavernes de l'Etna et du Vésuve le froid est évidemment produit par un vent souterrain. Il y a apparence que ce froid doit sa naissance à la prodigieuse quantité de nitre dont tout le terrain abonde.

Les anciennes laves d'*Ischia* prouvent que les éruptions y ont été formidables : il y a une de ces laves qui a plus de 200 pieds de profondeur. L'*Epoméo* (nommé maintenant *le mont S. Nicolas*) est aussi haut que le Vésuve, s'il ne l'est davantage ; les cellules des hermites, qui y demeurent depuis long-temps, sont taillées dans la montagne même, et c'est là qu'on distingue clairement que la matiere qui la compose est absolument la même que celle qui couvre *Herculanum*, et a formé *Monte Nuovo*. Il n'y a point de traces de cratere sur le sommet de la montagne, qui s'éleve en formant une pointe aiguë : mais il faut bien qu'il y en ait eu un ; car Strabon, parlant de cette isle dans son cinquieme livre, cite *Timaeus* comme ayant rapporté que, « peu de temps avant lui, « une montagne nommée *Epoméo*, située au centre de « *Pythecusa*, avoit été ébranlée par un tremblement de « terre, et vomissoit des flammes ».

Près du village de *Castiglione*, dans cette isle, on voit une montagne formée sûrement par une explosion de plus fraîche date, puisqu'elle a conservé sa forme conique et son cratere : cependant le souvenir de cette éruption ne s'est pas conservé ; on ne voit pas la moindre marque de végétation sur la lave de 1302, et elle est dans le même état que la plus fraîche lave du Vésuve. Si elle reste cinq cents ans, et peut-être mille, dans cet état d'inaction entiere, combien lui faut-il donc de siecles pour devenir végétative ? M. Hamilton ne pense pas que l'isle d'*Ischia* ait été séparée du continent par quelque tremblement de terre ; mais il pense qu'elle a pris naissance au fond de la mer, et s'est accrue au point où elle est par diverses explosions postérieures. *Procida* doit avoir eu la même origine. (Note du traducteur, tirée en partie des mémoires de M. Hamilton.)

(5) « Le lendemain, en suivant le bord de la mer,
« nous passâmes devant ce qui s'appelle *Gli Ciceroni*. Ce
« n'est plus qu'un amas de ruines informes, et on croit
« qu'en cet endroit étoit située la maison de Cicéron
« où fut brûlé le corps d'Adrien. Nous nous avançâmes
« jusqu'auprès du port Jules (*a*); et laissant la mer der-
« riere nous, et *Monte Nuovo* à notre gauche, nous
« montâmes par un chemin taillé dans le tuf, et que nous
« reconnûmes pour être les restes d'une voie antique.
« C'étoit certainement par ce côté que l'on montoit l'é-
« minence formée par l'éruption du lac Averne quand il
« étoit volcan. Nous laissâmes ensuite à gauche le lac que
« l'on découvre dans toute son étendue. En cet endroit
« l'on rencontre une petite ruine en brique bien conser-
« vée d'un très petit temple, sans décoration intérieure.
« Quelques pas plus loin est un aqueduc rompu par le
« chemin; et bientôt après on trouve l'*arco felice,* grande
« arche très élevée, à plein cintre, construite en brique,
« et qui pour épaisseur a toute celle du monticule qu'elle
« traverse. On trouve sous cette arche les ruines de la voie
« domitienne, qui conduisoit à Cumes. Après avoir passé
« l'*arco felice*, on trouve à gauche une grotte dans le genre
« de celle du Pausilype, et sûrement destinée au même
« usage.

« Lorsqu'un grand chemin menant à Baies fut devenu
« nécessaire par la quantité considérable de voyages que

(*a*) Près du lac Lucrin.

« l'on y faisoit, on abandonna cette grotte obscure et in-
« commode, et l'on trouva plus simple d'ouvrir la mon-
« tagne, qui avoit tout au plus cent pas de diametre : on
« la creusa donc de cent pieds au plus; et, pour prévenir
« l'éboulement, on construisit l'*arco felice,* qui soutient
« les terres des deux côtés.

« Nous prîmes la route qui conduit au lac *Fusaro,* et
« nous arrivâmes bientôt à l'amphithéâtre de Cumes, qui
« n'étoit pas bien grand, et dont il ne reste que la forme.
« Ce que l'on en voit prouve que ce monument avoit été
« fait à la hâte et sans magnificence par la colonie romaine
« qu'on y envoya long-temps avant Auguste. Il est à croire
« que cet amphithéâtre étoit, selon l'usage de ces temps,
« construit hors de l'enceinte de la ville, car on ne voit
« aux environs aucuns vestiges de fabriques. Mais en en-
« trant dans le vallon situé à l'orient, on trouve des frag-
« ments de murs et de portes, devant lesquels sont d'au-
« tres ruines qui paroissent avoir appartenu à des tom-
« beaux, et qui pourroient bien être effectivement les
« ruines de Cumes. On y trouve une quantité considé-
« rable de fragments d'édifices, de morceaux de pavés de
« rues, les restes de ce qu'on appelle *le temple des géants,*
« ainsi nommé d'une tête colossale de Jupiter qui y a été
« trouvée, et que l'on a posée à Naples, au-dessus d'une
« gaîne, sur la place du palais du roi. Cette ruine est ha-
« bitée, et un chapiteau corinthien en marbre, qui est
« auprès d'un puits, est une preuve de sa magnificence
« antique. Tous ces débris, à en juger par la construction,
« doivent être donnés au temps d'Adrien : cependant sa
« grandeur et sa magnificence, s'il avoit été construit alors,
« s'accorderoient mal avec le discrédit où étoit tombée

« Cumes sous les Romains, lorsqu'ils connurent les avan-
« tages de Naples et de Pouzzol, et qu'ils se furent accou-
« tumés aux délices de Baies et de Misene. Cumes étoit
« effectivement la ville la moins agréablement située de
« toutes celles de ce canton : sans riviere, sans port, elle
« dut nécessairement tendre à sa fin dès que les Cuméens
« eurent fondé Pouzzol, qui devint d'abord leur port, et
« Naples, qui le devint ensuite. Les Chalcidiens et les Cu-
« méens, à leur arrivée de Grece, s'étoient apparemment
« hâtés de bâtir sur la premiere terre que leur courage
« leur avoit fait conquérir sur les Sicules, et ils ne reste-
« rent à Cumes que par la sûreté que leur procuroit le
« château qu'ils y avoient bâti, et par respect pour leurs
« dieux pénates qu'ils y avoient logés.

« *Capaccio* nous a donné le détail des antiquités dé-
« couvertes à Cumes (*a*), parmi lesquelles étoit le tom-
« beau de Tarquin le superbe. Ce roi de Rome, après
« avoir été banni de ses états, se retira dans cette ville et
« y mourut. Pétrarque rapporte que, dans un voyage qu'il
« fit à Naples, il vit ce tombeau dans les ruines des envi-
« rons de Cumes, près du lieu que l'on nommoit l'*antre*
« *de la Sibylle*. Ce tombeau fut transporté à Naples, et
« on lisoit dessus très distinctement le nom de *Tarquin*;

(*a*) Le cardinal *Aquaviva*, archevêque de Naples, faisant creuser en 1606 près de Cumes, on découvrit un temple presque entier, d'ordre corinthien, pavé de marbre, qu'on jugea avoir été élevé par *Agrippa* en l'honneur d'Auguste. On en tira un grand nombre de statues qui furent portées à Naples, et ornent maintenant le bâtiment de l'université.

(Note tirée de M. de la Lande.)

« mais je ne l'ai point vu, et j'ignore ce qu'il est deve-
« nu (*a*) ». (Journal de M. de Non.)

(6) « Après une charmante navigation sur une mer
« aussi tranquille qu'un lac, nous arrivâmes à l'entrée du
« port de Misène, qui étoit le second port des Romains,
« commencé par César, et fini par Agrippa. Il n'en existe
« plus rien que quelques débris à fleur d'eau, qui peuvent
« bien être ceux du môle qui le fermoit. On voit encore
« sa forme, qui étoit avantageuse et commode pour des
« bâtiments comme ceux des anciens, qui étoient petits,
« prenoient peu d'eau, et manœuvroient à rames. On
« montre encore les débris de la maison de Pline l'ancien,
« qui y commandoit la flotte romaine, sous le regne de
« Tite, lors de la fameuse éruption du Vésuve, le 24 août
« 79 de J. C. Nous ne débarquâmes pas d'abord à Misène;
« mais nous doublâmes le cap pour en voir la pointe,

(*a*) Ce fut à Cumes que, selon la fable, Dédale vint se poser après avoir pris son vol en Crete.

> Dædalus, ut fama est, fugiens minoia regna,
> Præpetibus pennis ausus se credere cœlo,
> Insuetum per iter gelidas enavit ad arctos,
> Chalcidicâque levis tandem superadstitit arce.
> Redditus his primùm terris, tibi, Phœbe, sacravit
> Remigium alarum, posuitque immania templa.
>   *En. l. VI, v.* 14.

« Dédale, fuyant loin des états de Minos, osa, dit-on, s'élever dans les
« airs sur des ailes rapides; et prenant son vol vers les froides contrées
« du septentrion, il vint enfin, par une route nouvelle, se poser sur la
« montagne de Cumes. Dès qu'il y fut arrivé, il vous consacra, divin
« Apollon, les ailes qui l'avoient guidé au-dessus des mers, et vous
« bâtit dans ce lieu un temple magnifique ».

« qui, battue par la vague, laisse voir la tranche de la
« montagne coupée à pic de huit cents pieds, et dont les
« couches, inclinées angulairement, fixent le centre de la
« montagne, qui évidemment a été formée d'un volcan,
« toutes les matieres qui la composent, jusqu'à sa base,
« étant entièrement volcaniques.

« Nous vîmes d'abord une grotte moderne qui sert
« d'hospice aux petits bateaux de pêcheurs qui s'y retirent
« pendant l'orage ; ensuite nous revînmes à ce qu'on ap-
« pelle *la grotte de Dragonara*, qui est à la pointe qui
« regarde la pleine mer. Il n'y a point de plage, et on n'y
« aborde qu'en approchant le bateau des roches où l'on
« a fabriqué un escalier taillé dans la pozzolane. On ren-
« contre, en montant, l'entrée d'un grand souterrain,
« partie antique et partie moderne, qui sert à déposer les
« marchandises que l'on veut embarquer. Nous allumâ-
« mes des flambeaux et marchâmes long-temps, jusqu'à
« ce que, toujours montant, le terrain devint si étroit
« qu'il falloit marcher le ventre contre terre, et que la
« fumée nous étouffoit. On nous assura qu'il étoit possi-
« ble de trouver un débouché au haut de la montagne ;
« mais comme cette tentative ne tendoit qu'à sortir par
« un chemin plus difficile que celui par lequel nous étions
« entrés, nous jugeâmes à propos de nous débarrasser le
« plus vite possible de la situation suffoquante où nous
« étions (*a*).

« Chemin faisant j'observai que le sein de la montagne
« étoit absolument volcanisé et composé de tuf, de poz-

(*a*) On a depuis élargi ce passage, qui sert aux gens du pays pour arriver par terre au rivage escarpé de ce cap.

« zolane, et de scories, beaucoup plus abondantes que
« celles de la Solfatare : il y avoit aussi d'autres matieres
« plus élaborées et plus vitrifiées, mais aucune trace de
« lave.

« Nous vînmes reprendre notre bateau, qui nous ra-
« mena à Misene (*a*). Cette ville, jadis si superbe, dont
« le sol montueux formoit des collines couvertes de palais
« en amphithéâtres, n'est plus maintenant qu'un triste
« hameau de trois maisons, dont les ruines et la pauvreté
« semblent se disputer l'emplacement de tout son luxe :
« et, de toutes ses antiques délices, il n'y reste que ce
« que les barbares et le temps n'ont pu enlever, ce su-
« perbe climat qui n'a jamais cessé de la décorer.

« La premiere chose que l'on nous proposa sur le port,
« fut une murene vivante que l'on venoit de prendre : je
« l'achetai en faveur d'*Hortensius* qui aimoit tant ces
« poissons qu'il pleuroit leur mort, si nous en croyons
« Cicéron qui le lui reproche dans un de ses ouvrages.
« Cet *Hortensius* avoit une maison à Misene, dans la-
« quelle étoit un vivier où il nourrissoit une grande quan-
« tité de murenes. Elles ressemblent beaucoup à l'anguille
« de mer pour le goût, et à la vipere par la couleur et les
« taches de la peau.

« J'étois trop curieux d'éprouver si les Romains avoient
« raison de mettre un si grand prix à ce poisson pour ex-
« poser celui-ci aux talents de notre cabaretier de Misene :

―――――――――

(*a*) Au bas de la montagne on trouve dans la mer même une source
d'eau douce qui sort avec assez de force pour conserver sa douceur. On
croit que c'étoit celle du temple des nymphes, bâti par Domitien, et
dont il ne reste plus de vestiges.

« je l'envoyai donc à Pouzzole afin qu'on nous l'accommo-
« dât pour le soir, et nous nous contentâmes de dîner avec
« quelques mauvais harengs, peut-être dans l'emplace-
« ment du palais de *Lucullus*, et tout en discourant sur
« la somptuosité du palais d'Apollon.

« Après ce repas d'antiquaires nous gravîmes la mon-
« tagne du cap, où nous trouvâmes des ruines jusqu'à
« mi-côte, ensuite des vignes jusqu'au sommet, où nous
« cherchâmes en vain le temple de Minerve, qui n'y existe
« pas plus que le tombeau (*a*) élevé par Énée, selon Vir-
« gile, en l'honneur de Misene (*b*), l'un de ses compa-
« gnons, qui donna son nom à ce cap, nommé jusqu'alors
« *Aérien*. Nous ne trouvâmes à la partie la plus élevée
« que quelques ruines dont la forme peut faire croire que

(*a*) At pius Æneas ingenti mole sepulcrum
  Imponit, suaque arma viro, remumque, tubamque,
  Monte sub aërio, qui nunc Misenus ab illo
  Dicitur, æternumque tenet per sæcula nomen.
        En. l. VI, v. 232.

« Cependant Énée fait ériger à son ami un superbe tombeau, qu'il dé-
« core d'une rame et d'une trompette, pour désigner les fonctions de
« Misene; et ce monument est placé sur une haute montagne, appellée
« depuis *le cap Misene*, nom que ce lieu porte aujourd'hui, et qu'il
« portera dans tous les siecles ».

(*b*) Misene étoit fils d'Éole, et n'avoit point son égal dans l'art d'em-
boucher la trompette et d'échauffer par des sons guerriers l'ardeur des
combattants. Il avoit été compagnon d'Hector, et le suivoit dans les
combats. Après la mort de ce héros il s'attacha à Énée. Il osa un jour
défier les dieux de la mer à qui feroit mieux retentir les rivages du son
de la trompette : un triton le saisit et le plongea dans la mer.
        (Note tirée de Virgile.)

« ce sont celles d'une vieille tour, ou phare, comme il
« en existe une plus bas : c'est de cette élévation qu'on
« découvre la plus belle étendue du pays le plus intéres-
« sant qui existe. On voit à l'orient une vaste mer, l'isle
« de *Caprée*, la pointe de *Minerve*, le pays de *Massa*,
« *Sorrente*, *Castel-a-mare*, *Stabia*, *Pompéia*, le *Vé-*
« *suve*, *Portici*, jusqu'au golfe de Naples; ensuite, con-
« tinuant de tourner du côté du couchant, la pointe du
« *Pausilype*, l'isle de *Nisida*, la *Solfatare*, *Pouzzol*,
« les *Camaldules*; dans le fond l'*Astruni*, le mont *Gar-*
« *gan*, *Falerne*, *Monte Nuovo*, le lac *Averne*, ce qui
« reste du lac *Lucrin*, le château de *Baies*, celui de
« *Cumes*, les *Champs élysées*, l'*Achéron*, les marais du
« *Styx*, le port de *Misene*, l'ancien emplacement de cette
« ville; et, dans le lointain, l'isle de *Ponce*, celle de
« *Pandataria*, la charmante isle de *Procida*, qui est
« dominée par les montagnes de celle d'*Ischia*.

« Après avoir long-temps joui de ce délicieux specta-
« cle, qui charme autant l'imagination que la vue, nous
« redescendîmes à Misene, et, tournant à gauche sur le
« bord de la mer, nous allâmes d'abord à des conserves
« d'eau taillées en voûte dans la montagne, soutenue
« par d'énormes piliers revêtus d'un enduit de pozzolane
« qui s'est parfaitement conservé. Nous allumâmes nos
« flambeaux, et mesurâmes vingt-six toises sur vingt et
« une. Un escalier qui descend au milieu annonce que
« cette piscine étoit surmontée de quelque édifice, quoi-
« qu'elle passe pour avoir servi de réservoir; mais je n'y
« ai observé aucune trace du séjour des eaux, ni d'au-
« cune décharge pour les faire écouler.

« En revenant sur nos pas, nous vîmes une grande voûte

« qu'on nous dit avoir été un temple de Neptune, et qui
« n'est maintenant qu'une assez mauvaise écurie à bœufs :
« de grandes pierres d'attente qui saillent du mur ser-
« voient sans doute d'entablement ; des colonnes et des
« niches profondes ne laissent aucun doute que ce lieu ne
« fût décoré.

« Derriere est une galerie obscure qui n'étoit sans doute
« qu'un espace fabriqué pour isoler l'édifice et le garantir
« de l'humidité de la montagne, qui domine le port et les
« deux mers.

« On prétend que *la villa* de *Lucullus* couvroit et oc-
« cupoit tout cet espace. Pour cette fois on ne peut pas
« douter que *Lucullus*, à qui l'on donne des maisons par-
« tout, n'en ait eu une à Misene (*a*), la mort de Tibere,
« qui y fut étouffé, en ayant consacré la mémoire.

« Il est probable que cette maison étoit bâtie en cet
« endroit, car on y voit encore les restes d'un théâtre, et
« on sait qu'il y en avoit un dans la maison de ce volup-
« tueux Romain. Les ruines de ce théâtre conservent en-
« core assez de forme pour en pouvoir fixer la grandeur
« ainsi que l'élévation. Au milieu des gradins, dans le
« fond de la partie circulaire, il y avoit une loge princi-

(*a*) Elle appartint long-temps après lui à *Valerius Asiaticus*, qui se perdit par son luxe. Messaline, voulant avoir la confiscation de ses biens, engagea Claude à le faire arrêter, et toute la grace qu'on lui fit fut de lui laisser choisir le genre de sa mort. Il se fit couper les veines dans le bain en l'an 46 de J. C. Ce sénateur étoit né en Gaule : il fut accusé d'avoir tué Caligula, et se justifia en disant : *Plût aux dieux que ce fût moi !* Il voulut voir son bûcher avant de mourir, et prépara lui-même tout ce qui étoit nécessaire aux funérailles. Après sa mort Messaline s'empara des jardins de *Lucullus*, qui appartenoient à *Valerius*.

« pale, qui, par une percée dans l'épaisseur de la colline,
« avoit une ouverture qui donnoit sur le port ; ce qui
« semble désigner que ce théâtre n'étoit pas public. A la
« place de cette loge il y a aujourd'hui une maison de
« fermier à laquelle les corridors antiques servent d'écu-
« ries et de magasins (a). Près de cet endroit nous trou-
« vâmes deux superbes fragments en marbre de Paros,
« du plus beau travail et du plus grand style : l'un est un
« morceau de corniche, l'autre est l'architrave qui posoit
« sur des colonnes isolées.

« Pendant que nos dessinateurs travailloient sur ces
« ruines, je montai jusqu'au sommet du monticule qui
« dominoit le théâtre et le port. Je trouvai jusqu'à la pointe
« des fragments de fabriques, et, tout-à-fait à la crête, la
« base d'une colonne de marbre qui étoit encore à sa pla-
« ce ; ce qui prouve que cette partie de la ville étoit cou-
« verte de palais.

« Nous avançâmes ensuite du côté de *Mare Morto* (b),
« et nous trouvâmes en plein champ quatre dalles qui
« avoient porté des colonnes, et une partie circulaire
« assez grande ; ce qui pourroit bien avoir été un temple.
« J'allai de là chercher au milieu des joncs le célèbre
« fleuve *Styx* ; mais je ne trouvai à sa place qu'un petit
« ruisseau qui serpentoit lentement et formoit un ma-
« rais. C'est là que Virgile fait arriver son héros conduit
« par la sibylle Déiphobe, où il lui fait rencontrer Pali-

(a) Lorsque *Lucullus* fit construire avec tant de frais son superbe théâtre, qu'auroit-il dit si on l'eût assuré que, 1800 ans après, cet édifice seroit employé à un tel usage ?

(b) *Mercato di Sabbato.*

« nure (a), et où Caron (b) le reçoit dans sa vieille barque
« destinée à passer les ombres. Cette fiction avoit proba-
« blement une réalité pour fondement ; car les environs
« de ce lieu étoient consacrés aux sépultures, dont on voit
« encore des ruines considérables : on y transportoit les
« corps ou les cendres des habitants de Misene ; et comme
« il falloit passer ce ruisseau pour y arriver, le batelier de
« cet endroit avoit les mêmes fonctions que celles attri-
« buées à Caron dans les enfers (c).

« Vers la nuit nous revînmes prendre notre barque à
« *Bauli,* et nous couchâmes à Pouzzol, après avoir mangé
« notre murene, qui ne me parut pas excellente. Ce pois-
« son cesse probablement d'être délicieux lorsqu'il n'est
« pas nourri comme le faisoit *Vidius Pollio* ». (Journal
de M. de Non.)

(7) « Dès qu'il fit jour, nous nous rembarquâmes, et

(*a*) « Ecce gubernator sese Palinurus agebat,
   « Qui libyco nuper cursu, dum sidera servat,
   « Exciderat puppi, mediis effusus in undis, etc. ».
                              L. VI, v. 337.
« Cæruleam advertit puppim, ripæque propinquat ».
                              L. VI, v. 410.

(*b*) Portitor has horrendus aquas et flumina servat
   Terribili squalore Charon.   *L. VI, v.* 298.

« La garde de ces eaux est confiée au redoutable Caron, nocher des
« enfers ».

(*c*) D'autres croient que Virgile place Caron au lac Achéron (aujourd'hui *Fusaro*) : si cela est, ce batelier rendoit le même service aux
morts de Cumes, que l'on transportoit aux Champs élysées ; sépulture
également éloignée de Misene et de Cumes, et qui pouvoit être commune à ces deux villes. Pour y arriver de Cumes on passoit l'Achéron,
et de Misene les marais du Styx. (Note du traducteur.)

« nous allâmes droit au port Jules, construit par Agrippa:
« il étoit devant le lac Lucrin, et communiquoit avec ce
« lac avant que l'éruption de *Monte Nuovo* l'eût pres-
« que comblé. On voit encore sous les eaux, lorsque la
« mer est basse, les ruines d'une jettée qui a au moins
« six cents toises de longueur, et qui est terminée par un
« fragment saillant de forme ronde : c'étoit, à ce qu'on
« croit, une tour avec un phare. On entrevoit aussi des
« fondations d'édifices à l'endroit où cette jettée tenoit au
« continent; et les habitants, qui sont d'excellents plon-
« geurs, y trouvent journellement des pierres gravées et
« une quantité considérable de morceaux de mosaïque.

« Nous passâmes entre ce qui reste du lac Lucrin et le
« pied de *Monte Nuovo*, pour aller au lac Averne. En
« voyant ces deux lacs, la forme des montagnes qui les
« entourent, et la matiere dont elles sont composées, il
« est impossible de douter qu'ils n'aient été les crateres
« de deux volcans : les couches de cendres, de pierre-
« ponce, de tuf, les eaux chaudes qu'on y trouve, etc.
« sont autant de preuves évidentes. C'est à gauche du lac
« Averne qu'est la fameuse grotte nommée l'*antre de la*
« *sibylle*, quoique Virgile la place à Cumes même, dans
« la montagne où étoit le temple d'Apollon (*a*).

(*a*) At pius Æneas arces quibus altus Apollo
   Præsidet, horrendæque procul secreta sibyllæ,
   Antrum immane petit, magnam cui mentem animumque
   Delius inspirat vates, aperitque futura.
            En. l. VI, v. 9.

« Cependant Énée monte sur la montagne où est bâti le temple
« d'Apollon, et s'avance vers l'antre profond qui sert de retraite à une
« sibylle respectable. Le dieu de *Délos* qui l'inspire éclaire son esprit,
« éleve son ame, et lui dévoile les secrets de l'avenir».

« L'entrée n'est rien moins qu'imposante : les atterris-
« sements l'ont rendue étroite et basse jusqu'à obliger de
« se courber en marchant ; ensuite elle s'éleve et ressem-
« ble à celle de Pausilype, mais est moins élevée et moins
« large : on ne peut y pénétrer maintenant qu'à la lon-
« gueur d'environ deux cents cinquante pas, le reste étant
« comblé par des décombres. On trouve à droite une porte
« quarrée qui communique à des bains chauds dans les-
« quels on descendoit par une longue rampe, et l'on ne
« peut y arriver maintenant qu'en se faisant porter sur les
« épaules d'un lazzaron, qui a de l'eau jusqu'à la ceinture.

« Ces bains avoient plusieurs autres issues qui com-
« muniquoient sans doute à quelque palais bâti au-des-
« sus. Il ne reste plus qu'une piece décorée, et revêtue de
« stuc, dans laquelle sont deux baignoires : l'eau n'y est
« que tiede ; mais la vapeur est plus chaude que l'eau.
« Le mystere répandu sur ce lieu par les vers de Virgile
« prouve que, de son temps, il étoit déja ancien, puisque
« la seule antiquité a droit au merveilleux (a).

(a) Spelunca alta fuit, vastoque immanis hiatu,
   Scrupea, tuta lacu nigro nemorumque tenebris :
   Quam super haud ullæ poterant impunè volantes
   Tendere iter pennis : talis sese halitus atris
   Faucibus effundens supera ad convexa ferebat;
   Unde locum Graii dixerunt nomine *Avernum*.

   L. *VI*, v. 237.

« Il y avoit dans ces lieux une caverne profonde dont l'affreuse et large
« ouverture, pratiquée dans des rochers, étoit entourée d'un lac noir
« et de forêts ténébreuses. Comme ce gouffre obscur exhaloit une va-
« peur empestée qui s'élevoit jusqu'au ciel, aucun oiseau ne pouvoit
« impunément voler au-dessus, et c'est de là que les Grecs lui ont
« donné le nom d'*Avernen*. (*Avibus carens*.)

« Après être sortis de ce sombre souterrain, sans avoir
« réveillé ni remords ni noirs soucis (*a*), et n'ayant eu à
« braver que les ronces qui nous déchiroient les jambes,
« nous passâmes, en suivant les bords du lac, à une grande
« et belle ruine qu'on appelle, je ne sais pourquoi, le
« *temple d'Apollon*. L'eau du lac baigne une partie de ses
« murs. Quelque dégradé que soit ce monument, les rui-
« nes en sont encore imposantes, et elles conservent assez
« de forme pour qu'on puisse en lever le plan. C'étoit une
« rotonde voûtée, de cent treize pieds de diametre, dé-
« corée de cintres et de niches : l'extérieur étoit à pans,
« avec une galerie supérieure qui donnoit à l'édifice un
« attique au-dessus de la corniche. Il existe encore fort
« près de la rotonde, dans des fabriques qui y tenoient,
« des bains chauds qui servoient sans doute de purifica-
« toires : on en fait encore usage ; mais il n'y a plus d'anti-
« que que l'eau. Ce temple, si ce n'étoit pas des thermes,
« devoit beaucoup ressembler au panthéon de Rome : il
« étoit à-peu-près de la même grandeur, et devoit être en
« ce cas consacré aux divinités infernales, puisque ces
« rives étoient sacrées et funestes, qu'on ne pénétroit
« qu'avec terreur dans la forêt sombre qui entouroit les
« noires eaux du lac, eaux dont les exhalaisons étoient si
« mortelles, qu'aucun oiseau ne pouvoit voler au-dessus
« sans perdre aussitôt la vie. Aussi Virgile (*b*), lorsqu'Énée

---

(*a*) Vestibulum ante ipsum primisque in faucibus orci,
  Luctus et ultrices posuere cubilia curæ, etc.
                                            L. VI, v. 273.

(*b*) Inde ubi venere ad fauces graveolentis Averni,
  Tollunt se celeres, liquidumque per aëra lapsæ,

« va chercher le rameau d'or, fait-il élever fort haut les
« colombes qui lui servent de guides.

« Ce lieu, quoiqu'à présent fort découvert et cultivé,
« offre encore un aspect tranquille et mystérieux qui tient
« de son ancien caractere : ses eaux noires, profondes,
« saumâtres et sulfureuses, nourrissent des tanches, et
« une quantité innombrable de crapauds hideux. Au reste
« la bonté et la douceur du climat y rendent la nature
« aussi active qu'abondante : au 10 de mars j'y trouvai
« des bourgeons de vignes chargés de feuilles très déve-
« loppées, et des figuiers déja verds. De là nous vînmes
« aux bains de *Tritoli,* ou de Néron, qui sont des étuves
« brûlantes pratiquées dans l'épaisseur de la montagne :
« on y pénetre par plusieurs grottes. La plus profonde,
« qui a deux cents vingt-quatre pieds, descend par une
« rampe très étroite, très rapide, et très glissante, jus-
« qu'au niveau de la mer, et on y trouve une source si
« brûlante, qu'il est impossible d'y tenir un seul instant la
« main ; et, quoiqu'elle ne bouille pas, les œufs y cuisent
« en peu de temps. Je me mis tout nud pour descendre
« dans cette grotte, qui est percée dans un tuf très dur,
« dont la vapeur brûlante s'exhale de par-tout. Il est diffi-

---

Sedibus optatis gemina super arbore sidunt,
Discolor unde auri per ramos aura refulsit.
L. VI, v. 201.

« Dès qu'elles sentent l'odeur infecte qu'exhale l'embouchure de
« l'Averne, elles prennent leur essor vers les nues ; et, se rabattant en-
« suite dans les airs, elles vont toutes deux se percher sur l'arbre qui
« portoit le rameau desiré, et Énée l'apperçut qui brilloit à travers un
« épais feuillage ».

« cile de comprendre comment cet ouvrage a pu s'exécuter,
« par l'excès de la chaleur absorbante qu'on y éprouve, et
« on ne peut pas douter qu'il n'ait été fait par des esclaves
« condamnés à une peine plus dure que les galeres ; car à
« peine y est-on cinq minutes qu'on se trouve inondé,
« soit de sa propre sueur, soit de la vapeur humide qui
« transpire de tous les côtés de cet antre bien plus effrayant
« que celui de la sibylle. Je restai assez long-temps sur le
« bord de l'eau, à l'endroit le plus chaud, sans éprouver
« de suffocation, ni même rien de ce qui pouvoit la faire
« craindre. Je conçus cependant le danger dont cette cu-
« riosité pourroit être pour quelqu'un sujet aux éblouis-
« sements et aux étourdissements, à cause de l'épaisseur
« de l'air, et de la chaleur, qui, montant toujours à la
« partie supérieure, est beaucoup plus forte pour la tête
« que pour les jambes ; et si on avoit le malheur de s'y
« trouver mal, on risqueroit d'y rester, par la difficulté
« qu'on auroit à porter du secours et à reporter le malade,
« tant la rampe est rapide et glissante.

« Cette fontaine étoit la source des bains délicieux
« qu'avoit Néron dans cet endroit, décrits si fastueusement
« par les historiens de ce temps. C'est dans ce palais que le
« tyran avoit ajouté à la richesse et à la magnificence tout
« ce que la volupté a de recherches. Il n'en reste plus que
« quelques débris suspendus qui menacent d'écrouler à
« chaque instant, et d'aller rejoindre ses fondations, que
« la mer couvre maintenant, comme si elle ne pouvoit
« assez laver les crimes qui s'y conçurent et s'y exécute-
« rent. C'est là que ce fils dénaturé fit venir sa mere, qu'il
« avoit comme reléguée à *Antium*, et que, voulant pa-
« roître se raccommoder avec elle, il la reconduisit jusqu'à

« la mer, en lui faisant les démonstrations de la plus vive
« tendresse, lui recommandant le soin de ses jours pour
« le bonheur des siens, et, après l'avoir embrassée mille
« fois, s'arracha de ses bras pour l'embarquer sur la su-
« perbe galere qui devoit la conduire à la mort.

« La montagne contient un si grand feu intérieur, que
« la chaleur se perpétue jusqu'à plusieurs toises en mer,
« et que le sable, quoique perpétuellement rafraîchi par
« la vague, est encore chaud au toucher, et devient brû-
« lant dès qu'on y enfonce la main ou le pied à quelques
« pouces.

« C'est sur cette même côte, dans la partie qui domi-
« noit sur le lac Lucrin, qu'étoient, dit-on, les maisons
« de Marius et de Pompée : il n'en existe plus que quel-
« ques vestiges sans forme, et dont on ne peut rien con-
« clure. Nous ne fûmes pas plus heureux dans nos recher-
« ches sur les palais fameux de Baies repris par la mer, sur
« qui on avoit empiété. Dans ce temps-là Pouzzol com-
« mençoit où Baies finissoit, et tout le fond du golfe étoit
« peuplé de maisons de campagne. On y trouve encore les
« ruines de trois grandes coupoles que l'on a nommées,
« je ne sais pourquoi, *les temples de Diane, de Vénus,*
« *et de Mercure,* tandis que l'histoire ne parle que d'un
« temple d'Hercule à Baies, situé sur sa plus basse rive,
« et bâti long-temps avant que cette ville fût fameuse. Ces
« prétendus temples, entourés d'une galerie, de salles, de
« bains, de canaux, et de conserves d'eau, ne montrent
« aux yeux de l'observateur qui dédaigne un peu les ob-
« servations de son *Cicerone,* que des ruines et des plans
« de thermes, qui se disputoient de grandeur et de magni-
« ficence.

« Le prétendu temple de Diane conserve la demi-cir-
« conférence d'une rotonde : la demi-voussure est très
« bien conservée, ainsi que la voûte, qui est en *mattoni*,
« la décoration intérieure ayant consisté en un revêtisse-
« ment en marbre dont on retrouve encore quelques pe-
« tits morceaux que l'on a négligé d'arracher, avec les
« attaches en bronze qui retenoient ce revêtissement.
« Cette grande rotonde étoit environnée et attachée à des
« galeries, et dominée par des conserves qui versoient
« des eaux fraîches, chaudes et tiedes.

« Le temple de Vénus qui vient ensuite, et qui est abso-
« lument ruiné, laisse à découvert des conduites qui ame-
« noient l'eau au bas de l'édifice. Cette ruine pittoresque
« est environnée d'un grand nombre de galeries devenues
« presque souterraines par les atterrissements. Elles rece-
« lent encore en partie les eaux qui en faisoient jadis les
« délices, et qui maintenant y croupissent et y donnent
« un mauvais air qui fait un désert de ce beau pays pen-
« dant l'été et l'automne. Attenant à ces ruines, il y en a
« d'autres que l'on nomme *chambres de Vénus* (a), à
« cause des bas-reliefs licencieux et voluptueux qui occu-
« poient les frises et les caissons de leur décoration inté-
« rieure. Au reste l'obscurité du lieu, la fumée des flam-
« beaux, et l'esprit de destruction qui en fait journelle-
« ment enlever tout ce qui a quelque forme, n'y ont pas

(a) *Genitrix*. M. de la Lande dit que les figures nues de l'un et l'autre sexe qu'on y voit représentées, et qui tendent à exprimer la force de la nature, donnent à penser que ce lieu n'étoit destiné qu'à des mystères infâmes.

Parmi ces figures on remarque un gladiateur dans la même attitude que celui de la ville Borghese à Rome. (*Note du traducteur.*)

« laissé de quoi effaroucher la pudeur la plus susceptible.
« Ce qui reste consiste en une chambre quarrée dont les
« murs sont maintenant revêtus d'une maçonnerie et d'un
« enduit postérieur qui en marque la premiere décoration.
« On passe de là dans une autre chambre ronde, où on
« montre un arbre pétrifié, qui n'est autre chose qu'une
« congelation, ou stalactite, formée par la rupture d'une
« ancienne conduite d'eau. Il est à croire que ces cham-
« bres tenoient aux mêmes thermes; que ce qu'on appelle
« *temple de Vénus* n'en étoit qu'une piece en rotonde,
« ainsi qu'il étoit d'usage d'en construire dans les édifices
« de ce genre, et qui servoit de salle d'assemblée ou de
« jeu avant et après les bains. Une rotonde pareille existe
« encore à ce qu'on nomme aussi improprement *temple*
« *de Mercure*. Cette coupole n'a d'autre jour que celui
« qu'elle tire de son centre, ainsi que la rotonde du pan-
« théon, et communiquoit à divers appartements de bains,
« et à trois galeries, dont la premiere, voûtée, est ornée
« de niches symmétriques. Le revêtissement est absolu-
« ment ruiné. Les atterrissements ont enfoui toutes les
« parties latérales; et l'eau qui y séjourne en empêcheroit
« absolument l'accès, si les lazzarons, ou les paysans du
« pays, ne vous louoient leurs épaules, et ne se mettoient
« dans l'eau jusqu'aux genoux pour vous y porter; mais,
« accoutumés de pere en fils à porter jusqu'à certain en-
« droit, tout l'or du monde ne leur feroit pas passer le
« terme que la crainte leur prescrit. Je trouvai dans une
« des niches un revêtissement en mosaïque, où étoient
« des figures; mais le temps et l'eau ont tellement effacé
« les couleurs, qu'il ne me fut pas possible de distinguer
« ce qu'elles avoient jadis représenté.

« Près de là sont trois pieces voûtées appellées *salles
« des nymphes*, dans deux desquelles on a construit des
« bains et des étuves : l'eau y est d'une chaleur suppor-
« table.

« En nous approchant de Baies nous trouvâmes de
« grandes et longues substructions, où nous pûmes très
« distinctement remarquer des arcs bâtis postérieurement
« pour soutenir les voûtes construites anciennement. La
« partie la plus éminente du canton est celle où est bâti
« *le château*, fortifié autrefois, mais qui n'est redoutable
« qu'à la garnison, par le mauvais air qu'elle y respire
« pendant tout l'été : aussi les officiers qui la comman-
« dent sont très souvent à Pouzzol.

« On dit que dans l'emplacement de ce château étoit
« bâtie la maison de Pompée : au bas est une petite levée
« sur une construction antique, qui peut-être étoit jadis
« un môle où venoit s'attacher le pont de bateaux de Ca-
« ligula. On voit très distinctement sous l'eau une grande
« construction se dirigeant sur Misene, et les pêcheurs
« assurent qu'elle est pavée comme les voies antiques :
« c'étoit probablement le chemin qui conduisoit à Mi-
« sene, dont il est quelquefois question dans l'histoire,
« sur-tout à cause du tombeau d'Agrippine, qui étoit
« placé sur ce chemin, et non pas dans l'endroit où l'on
« montre ses prétendues ruines. Près du château de Baies
« on trouve une montagne toute de pozzolane, qui fait
« un grand objet de commerce, et que l'on charge sur
« des bâtiments qui viennent la chercher de tous les en-
« droits de l'Europe. On trouve ensuite le golfe de *Bauli,*
« qui a pris son nom des vaches de Gérion enlevées par
« Hercule. A sa pointe orientale on voit des piliers entiè-

« rement sous l'eau, qui portoient des voûtes maintenant
« brisées par les vagues. On nomme ces ruines la *piscine*
« *d'Hortensius*, ce fameux orateur, l'amateur des mu-
« renes et des barbeaux. Ensuite on voit les restes d'un
« petit théâtre dont il n'existe plus que la partie demi-
« circulaire des spectateurs. Les gradins sont entièrement
« disparus, et on y trouve seulement quelques morceaux
« de leur revêtissement en marbre. La galerie qui étoit
« sous les gradins existe encore dans son entier, et on
« en feroit le tour sans les éboulements qui l'ont ob-
« struée. Cette galerie étoit revêtue en stuc, avec des or-
« nements modelés que l'on distingue très bien encore,
« quoique la fumée des flambeaux qu'y portent les curieux
« les ait fort gâtés. On y trouve le couloir où étoit l'esca-
« lier qui conduisoit soit à la partie supérieure, soit au
« palais qui étoit attenant; car il n'y a aucun doute que
« ce ne fût un théâtre particulier. Étoit-ce celui d'Hor-
« tensius? Étoit-ce celui de Néron, ou bien celui qu'A-
« lexandre Sévere fit construire pour Mammée, sa mere?
« J'ignore pourquoi on s'est avisé de faire de cette ruine
« le tombeau d'Agrippine, mere de Néron. L'histoire rap-
« porte qu'après avoir été assassinée dans son lit (*a*) par
« Anicet, commandant de la flotte, ses affranchis lui éle-
« verent une misérable sépulture près de son palais, sur
« le chemin de Misene (*b*). Ce palais étoit-il à *Bauli*, ou
« sur le bord du lac Lucrin? Il est simplement rapporté

(*a*) L'an 59 de J. C.
(*b*) « Mox domesticorum curâ levem tumulum accepit, viam Miseni
« propter, et villam Cæsaris dictatoris, quæ subjectos sinus editissima
« prospectat ». *Tac. Annal. lib.* 14, §. 9.

« par les auteurs que, quand Néron voulut la faire périr
« en faisant couler à fond la galere qui la portoit, elle se
« sauva à la nage dans le lac Lucrin, où ses gens étoient
« venus l'attendre avec des flambeaux.

« En montant sur la côte, au couchant, on trouve sur
« l'éminence une grande substruction que l'on appelle
« *centum camerelle*, ou les cent chambres : à l'entrée est
« une grande voûte portée par des arcades. On descend
« de là dans de longues galeries étroites et obscures, cou-
« pées d'espace en espace par des murs, avec des portes
« plus étroites encore. Le plan de ces galeries, qui, par
« leur obscurité, paroissent un labyrinthe, forme le
« quarré, et étoit sans doute la substruction de quelque
« grand palais dont il ne reste extérieurement que la plate-
« forme conservée par ces fabriques souterraines. Seroient-
« ce là les restes du palais d'Agrippine ? Auroit-elle été
« inhumée sur le chemin de Misene, qui passe tout au-
« près, et sur lequel est bâti maintenant le village de
« *Santa Anna di Bauli*, dont les maisons sont encore,
« pour la plupart, composées des tombeaux antiques qui
« bordoient le chemin, ou bâties de leurs débris et sur
« leurs fondements ?

« A peu de distance on voit la fameuse *piscine admi-*
« *rable*, qui l'est réellement par sa grandeur et par sa
« conservation, et bien plus encore par la dépense qu'il
« fallut faire pour y conduire les eaux d'*Avellino* (*a*) à
« travers des précipices et des pays de rochers. Cette dé-
« pense, vraiment romaine et républicaine, fut faite du

(*a*) A plus de quarante milles romains.

« temps que Pison commandoit la flotte de Misene, pour
« abreuver les matelots, et leur fournir l'eau d'embarque-
« ment qui manquoit à ce port. Il reste un morceau de
« l'aqueduc dans l'endroit où il communiquoit à la pis-
« cine. La voûte de cette immense conserve, qui a deux
« cents pieds de long sur cent trente de large, est portée
« par quarante-huit piliers qui supportoient de quadru-
« ples arcs d'une hauteur extraordinaire. Son mastic inal-
« térable, recouvert d'une couche de stalactite bien dure,
« faite par le séjour et le dépôt des eaux, a contribué
« beaucoup à sa conservation. Deux escaliers de quarante
« marches descendent jusqu'au fond; et, dans le milieu,
« un canal qui la traverse dans sa largeur rassembloit le
« limon qui se formoit, et facilitoit son écoulement. On
« voit encore la bouche où arrivoient les eaux; et la sta-
« lactite qui la couvre a plus de huit pouces d'épaisseur ».
(Journal de M. de Non.)

(8) « Nous tournâmes nos pas vers Pouzzole, située
« dans le pays le plus beau, le plus curieux, le plus inté-
« ressant qui existe dans le monde, par les singularités
« naturelles de son sol, par les chefs-d'œuvre de l'art qui
« l'ont couvert si long-temps, et que les phénomenes de
« la nature ont enfouis. Il semble que les eaux, le feu, les
« hommes, l'art et la nature, se soient disputé l'empire
« de ce petit coin de la terre, l'ayant alternativement oc-
« cupé, dévasté, embelli, bouleversé, sans rien changer en
« lui que la maniere d'être beau, et qu'ils n'aient fait qu'a-
« jouter à l'intérêt de sa curiosité. Cet incroyable canton,
« habité alternativement par le peuple le plus savant et
« le plus industrieux, ensuite par le plus riche en même

« temps que le plus puissant, renversé par des tremble-
« ments de terre, et englouti sous les cendres des volcans,
« est devenu et sera toujours l'école des arts, le labora-
« toire des physiciens, et le médaillier des historiens. En-
« fin le feu destructeur a conservé dans les environs de
« Pouzzol ce que l'envie et la discorde des hommes leur
« a fait détruire par-tout ailleurs. Les plus beaux monu-
« ments, quoique délabrés, subsistent encore à Pouzzole
« et dans son territoire : ce n'est que là, et dans une seule
« maison d'*Herculanum*, que l'on a trouvé de grandes
« statues en bronze des Grecs ; c'est là que l'on continue-
« roit de trouver tout ce que l'art a jamais créé de plus
« sublime, si je ne sais quel système du gouvernement
« de Naples ne lui faisoit non seulement négliger de faire
« des fouilles, mais ne le faisoit défendre aux curieux
« propriétaires des fonds, ou à tout autre amateur des
« belles antiquités, qui trouveroient là plus qu'à *Pom-
« péia*, et par-tout ailleurs, ce que les volcans nous ont
« conservé de richesses des anciens.

« En sortant de Naples par la grotte du Pausilype, et
« détournant à gauche, on arrive au bord de la mer, que
« l'on côtoie ensuite pour arriver à Pouzzole par un che-
« min taillé dans la lave de la Solfatare. Je n'avois pas
« encore vu de lave de cette épaisseur : elle a, dans des
« parties, plus de quatre-vingts pieds. S'il faut juger de
« l'éruption par cette masse, le Vésuve n'en a jamais eu
« de pareille : peut-être aussi la partie où j'ai fait cette
« remarque étoit-elle un vallon où s'est amassée et amon-
« celée la matiere avant de couler jusqu'à la mer. Une
« autre que je fis aussi, c'est que dans la tranche de cette
« montagne, qui est perpendiculaire depuis le sommet

« jusqu'au niveau de la mer, je ne trouvai que la mar-
« que d'une seule éruption. On voit dans l'épaisseur de
« cette lave le canal d'un aqueduc creusé à grands frais
« dans une matiere aussi dure : c'étoit peut-être celui
« qui conduisoit les eaux d'*Avellino* à la piscine admi-
« rable. Nous arrivâmes sur la place, où nous nous refu-
« sâmes aux empressements du célebre Cicero *Raphael*,
« qui rassemble et profane deux noms si recommandables
« aux arts et à l'éloquence. Cette espece de gens n'est
« utile qu'aux voyageurs qui veulent voir pour avoir vu,
« mais est très incommode aux véritables amateurs, dont
« ils troublent l'attention par un babil importun et le
« récit des mensonges consacrés qu'ils débitent toujours
« jusqu'au bout, sans reprendre haleine, dès la premiere
« question qu'on leur fait; sans intérêt d'ailleurs sur tous
« les objets qu'ils font voir, ils fatiguent le plus vîte qu'ils
« le peuvent ceux qui les écoutent, afin de toucher leur
« salaire et de se débarrasser d'eux.

« Sur la place, qui est aussi celle du marché, il y a
« deux statues en regard, dont l'une, qui est de S. Janvier,
« semble donner la bénédiction à l'autre, qui représente
« *Flavius Marius Egnatius Lolianus*, préteur et au-
« gure, personnage qui m'est aussi étranger que ces deux
« figures se le sont l'une à l'autre. De cette place nous pas-
« sâmes à une autre, ou carrefour, au milieu duquel il
« y a un piédestal de marbre blanc : sur ses faces sont re-
« présentées en relief des figures de femmes au nombre
« de quatorze, avec des noms au bas, qui sont, dit-on,
« ceux d'autant de villes d'Asie détruites par un trem-
« blement de terre, et relevées par ordre de Tibere, dont
« la statue étoit sans doute sur ce piédestal. Ce fragment,

« quoiqu'endommagé, est encore de la plus grande beauté,
« et l'un des plus beaux morceaux que possede le royaume
« de Naples. Après avoir dîné, nous allâmes au temple,
« que l'on dit être celui de Sérapis ; que les uns donnent
« aux Romains, les autres aux Grecs, et qui est digne de
« tous deux ; des uns par sa beauté, et des autres par sa
« magnificence.

« Ce temple fut découvert il y a environ quarante ans.
« Don Carlos, dit-on, le fit fouiller pour transporter et
« dénaturer un des plus beaux monuments qui nous aient
« été conservés de l'antiquité : trois colonnes encore sur
« pied indiquerent cette fouille, la plus riche qui ait ja-
« mais été faite. Tout étoit bâti ou revêtu des plus beaux
« marbres ; des colonnes d'environ cinquante pieds, d'un
« seul bloc ; des corniches et des entablements, dont la
« sculpture des ornements est fouillée d'une maniere qui
« devroit nous servir de modele. Des chambres, ou cel-
« lules, formoient une cour quarrée. Chacune de ces
« chambres étoit revêtue en marbre. Dans un des angles
« il y en avoit une plus grande qui servoit probablement
« de purificatoire, des sieges de marbre qui régnoient
« au pourtour étoient percés d'espace en espace dans la
« forme de nos bassins de propreté, avec une seconde
« ouverture dans la partie latérale, comme pour passer
« la main, et pour faire l'usage d'une éponge. Sous ces
« sieges il y avoit un canal d'une eau courante et tiede
« pour les oblations. Au milieu de la cour s'élevoit une
« partie circulaire, ou rotonde, à jour, formée de colonnes,
« devant chacune desquelles il y avoit une statue. Au mi-
« lieu étoit un anneau de bronze et un trou où tomboit
« le sang des victimes. Vis-à-vis la premiere entrée étoit

« un péristyle placé devant une grande ouverture qui m'a
« semblé devoir être la véritable porte du sanctuaire, mais
« qui n'est pas encore découverte, quelque intéressante
« que puisse être une pareille fouille. Plusieurs des cham-
« bres du pourtour sont encore pleines de cendres d'une
« éruption qui a couvert ce temple. A l'examen des trois
« colonnes qui sont debout, on est bien étonné des ré-
« volutions qu'a éprouvées le sol de ce temple, et des va-
« riétés de son niveau. A juger de son antiquité par l'his-
« toire de l'art, on doit le donner au deuxieme siecle de
« l'ere vulgaire, au temps d'Adrien ou d'Antonin. Cet
« édifice, bâti au-dessus du niveau de la mer, porte des
« marques incontestables du long séjour qu'il a fait en-
« suite sous les eaux, par les trous faits à la hauteur de
« dix pieds au-dessus de la base des colonnes par le co-
« quillage connu sous le nom de *datte marine,* qui ne
« vit que dans l'eau de la mer, et toujours logé dans les
« pierres. Le travail de ce coquillage, poussé jusqu'à la
« profondeur de quatre pouces dans un marbre très dur,
« m'auroit paru inconcevable, si je ne l'y avois vu, si je
« ne l'en avois tiré, si je n'avois trouvé sa forme exacte
« incrustée juste, sans pouvoir imaginer l'espece d'ins-
« trument animal assez incisif pour mordre sur cette ma-
« tiere aussi dure, ou quelle liqueur assez dissolvante,
« lancée par cet animal, peut décomposer la pierre au
« point de lui en faciliter l'incision. Cette opération peut
« donner une idée du temps qu'il a fallu à cet insecte
« marin pour pénétrer à quatre pouces de profondeur, et
« en même temps du séjour des eaux sur ce temple. On
« est tout aussi embarrassé de fixer l'époque et trouver
« le cratere auquel attribuer l'éruption qui l'a couvert de

« cendres, sous lesquelles il existoit, et existe encore en
« partie, sans que l'histoire ait jamais fait mention de ce
« volcan. Enfin on est encore plus dans le cas de s'émer-
« veiller, en réfléchissant que ce temple se trouve main-
« tenant à quinze pieds au-dessus du niveau de la mer,
« tandis qu'elle couvre encore de sept ou huit pieds les
« ruines des édifices bâtis sous Auguste, sans que l'on
« puisse distinguer par aucune rupture que ce lieu se soit
« successivement affaissé et relevé. Dans quelle confusion
« d'idées de tels phénomenes laissent l'esprit ! quelles
« preuves de mouvement et de balancement dans cette
« portion de continent ! et quelles preuves encore de la
« nuit de l'ignorance et de la barbarie dans laquelle ce
« pays a été abandonné pendant tant de siecles, puisqu'il
« manque d'annales sur de si grands événements, qui ap-
« partiennent également à l'historien, au naturaliste, et
« à l'écrivain de tous les genres!

« Avant de quitter Pouzzole, nous allâmes examiner
« l'amphithéâtre, monument très important qui atteste
« la magnificence de cette ville et sa grandeur. Ensuite
« nous vîmes tous les débris de l'ancienne Pouzzole, de-
« puis la mer, où sont les écoles de Cicéron, jusqu'au
« temple de Sérapis. Les souterrains qui restent encore
« prouvent que cette ville étoit une des plus considéra-
« bles de l'univers. Parmi ces débris, il faut remarquer
« les piles, ou vestiges, d'une ancienne fabrique que l'on
« nomme encore *le pont de Caligula*, et qui n'est en
« effet que le reste d'un môle bâti en pozzolane, dans
« l'épaisseur duquel on a formé des cintres en briques
« pour renforcer la construction. Les tremblements de
« terre, le temps et les vagues, ont ruiné cette bâtisse :

« les parties cintrées en briques ont résisté davantage,
« et ont donné la forme de débris d'un pont à un ancien
« môle.

« L'histoire nous apprend que Caligula, pour satisfaire
« à la prédiction de l'astrologue Thrasylle, qui avoit assuré
« qu'il n'arriveroit pas plus à Caligula de régner que de
« traverser à cheval le golfe de Baies, entreprit, par or-
« gueil et par foiblesse, un des plus grands ouvrages qu'on
« puisse exécuter, et des plus admirables, s'il eût eu une
« fin utile : mais ce ne fut l'objet que d'une vaine osten-
« tation.

« Il passa trois fois en triomphe sur ce pont de bateaux,
« appuyé sans doute d'un côté contre le môle qui existe
« encore, et de l'autre contre les vestiges d'un bâtiment
« dont j'ai parlé à l'article de Baies. Ce pont étoit pavé,
« dit-on, comme la voie appienne, et avoit cinq quarts
« de lieues de long.

« La premiere fois, Caligula le passa à cheval, revêtu
« de la cuirasse d'Alexandre, qu'il avoit fait enlever du
« tombeau de ce prince. La derniere fois qu'il le passa fut
« plus orageuse que les deux premieres, dans lesquelles
« il n'avoit joué que le personnage de conquérant : mais
« dans celle-ci il reprit son caractere ordinaire ; et, sous
« prétexte de sacrifier à Neptune, il fit assommer à coups
« d'avirons tous ceux que l'affluence des spectateurs avoit
« fait tomber de dessus le pont dans la mer : le nombre
« en fut énorme.

« Nous gravîmes bientôt le terrain qui domine le tem-
« ple de Sérapis ; et, à travers les débris et les fabriques
« antiques, nous arrivâmes à la Solfatare, où nous fûmes
« conduits par l'odeur sulfureuse et méphitique.

« La Solfatare n'est plus qu'un vaste bassin d'un an-
« cien cratere moins grand que le lac d'*Agnano*, mais
« plus grand que celui du Vésuve. Strabon en parle : mais
« on ignore le temps où il a commencé, celui où il a eu
« cette grande éruption qui donna cette prodigieuse lave
« dont j'ai parlé plus haut, et qui coula du côté de la mer ;
« on sait seulement que ce fut dans le treizieme siecle
« qu'il jetta des cendres pour la derniere fois, et que, du
« temps des empereurs, il y avoit déja des carrieres de
« lave dans l'endroit où on la tire maintenant.

« Si ce volcan a cessé d'avoir des éruptions, il ne s'est
« pas éteint, comme l'ont fait ceux de l'*Astruni*, de
« l'*Agnano*, de *Monte Nuovo*, etc. il lui reste encore
« plusieurs soupiraux d'où s'exhale une vapeur brûlante,
« avec une fumée plus ou moins épaisse et considérable,
« avec le bruit du soufflet de la forge. C'est à l'embou-
« chure de ces soupiraux que l'on recueille le soufre et le
« sel ammoniac, qui s'amasse en abondance sur des bri-
« ques que l'on entasse à cet effet sur chaque soupirail.
« Entre ces bouches il y a une transpiration perpétuelle
« de ces matieres, qui a réduit en craie toutes celles qui
« composent la plate-forme du cratere et une partie des
« élévations qui en forment l'enclos. Ces matieres, par
« cette transpiration, s'impregnent tellement de parties
« nitreuses et d'alun, que, pour s'en séparer, il suffit de
« délayer dans l'eau de cette craie réduite en poussiere,
« et de la mettre en évaporation dans des chaudieres dont
« on adapte le fond à la bouche de quelques unes des mo-
« fettes : rien n'est plus simple et moins coûteux que ce
« procédé ; aussi est-ce celui que l'on emploie, mais avec
« cette négligence que l'on remarque par-tout ici.

« En marchant dans la plaine qui s'est formée dans le
« cratere de la Solfatare, on est bien étonné d'entendre
« résonner sous ses pieds lorsqu'on en frappe la terre,
« d'en sentir exhaler la chaleur, et d'y trouver des pro-
« ductions végétales de vingt pieds d'élévation, enfin un
« bois de châtaigniers qui en occupe une partie. Les ro-
« chers escarpés sont réduits à un tel point de calcina-
« tion, que la pierre n'a presque que le poids de la ponce.
« La blancheur de la craie, mêlée des veines de couleur
« orangée, citron et bleuâtre, que lui donnent les mo-
« fettes, colore tristement le paysage, et forme un site plus
« curieux que pittoresque.

« Nous descendîmes la montagne par le côté des *Pis-
« ciarelli*, qui regarde le lac d'*Agnano*. Toujours guidés
« par l'odeur et la fumée, nous arrivâmes à l'endroit
« même où coule la fontaine bouillante, entre des ro-
« ches de même nature que celles de la Solfatare; mais
« la matiere vitriolique y est plus abondante, et on en
« trouve la trace sous chaque pierre. En approchant l'o-
« reille du trou par où sort l'eau de la fontaine, on y en-
« tend l'eau bouillonner, s'élever comme par une pompe
« aspirante, et retomber avec un bruit retentissant qui se
« reproduit dans de vastes voûtes. La proximité du feu
« de la Solfatare, la vapeur humide qui sort de ses bou-
« ches, l'eau brûlante qui sort de celle-ci, pourroient bien
« faire croire que ce souterrain a quelque communica-
« tion, que l'eau y est aspirée par le feu, et y arrive, ou
« de la mer, ou des sources voisines.

« L'eau des *Pisciarelli* est acide au point de lier les
« dents : elle est bonne pour toutes les maladies de peau ;
« aussi y a-t-il grand nombre de malades qui se lavent

« dans de petits réservoirs où on retient l'eau, qui dépose
« une vase vitriolique.

« En laissant à gauche la Solfatare, on trouve un tom-
« beau isolé, absolument dans la forme de celui qui est
« sur le chemin de l'antique Capoue à Caserte. Celui-ci
« est plus ruiné; mais, dans son origine, il étoit entière-
« ment décoré.

« La route est garnie de ruines de sépultures plus ou
« moins conservées, quarrées, rondes, ovales, et à plu-
« sieurs étages : il y en a où, dans le fond, une grande
« niche quarrée, couronnée d'un fronton, étoit sans doute
« destinée à recevoir les cendres du chef de la famille,
« et tout autour quantité de petites niches, dans quel-
« ques unes desquelles on trouve encore l'urne, qui étoit
« un pot de terre rond, de dix pouces de hauteur sur
« huit de large. Ces urnes sont scellées dans la niche, et
« en remplissent la largeur et les deux tiers de la hau-
« teur : il y a certaines chambres où j'ai compté jusqu'à
« cent de ces niches. Une petite porte, avec un petit
« escalier, conduisoient dans ces tombeaux, qui, dans
« ces temps-là, devoient décorer la route avec magnifi-
« cence : leurs ruines sont encore pittoresques, et ont un
« air mystérieux.

« En tournant à gauche, on trouve la *via campagna*,
« ou *voie campanienne*, conservée encore dans tout son
« entier : c'étoit celle qui conduisoit et conduit encore
« de Pouzzole à Capoue, où elle alloit joindre la voie ap-
« pienne ; c'étoit par conséquent le grand chemin de
« Rome à Baies et à Pouzzol avant qu'on eût fait la voie
« domitienne.

« De là nous nous rendîmes dans le cratere d'un an-

« cien volcan nommé l'*Astruni* : il est du nombre de
« ceux qui existoient à des époques absolument incon-
« nues, et dont il ne reste aucune trace dans l'histoire.
« Celui-ci a environ six milles de circonférence. Dans la
« plaine qui est au fond du cratere, il y a deux lacs ; et
« comme ils sont entourés de bois fort épais, où les san-
« gliers se plaisent, ce volcan est maintenant changé en
« un parc, entouré de hautes murailles, qui y tiennent
« renfermée une quantité innombrable de ces animaux
« réservés pour la chasse du roi de Naples. Quelqu'un
« de ces jours l'*Astruni* fera comme le Vésuve, qui, ayant
« été près de cinq cents ans sans jetter ni feu ni fumée,
« et étant alors couvert de forêts immenses, se réveilla,
« en 1631, de son assoupissement, par une éruption
« épouvantable qui eut bientôt dévoré les bois qui or-
« noient sa cime. Il ne seroit pas impossible de voir les
« sangliers, les chiens et les chasseurs, s'engloutir dans
« les flancs du volcan ». (Journal de M. de Non.)

(9) « Nous nous embarquâmes sur un bateau qui
« nous conduisit en une heure au cap de Pausilype, après
« avoir côtoyé le fauxbourg de *Chiaia*, qui offre autant de
« points de vue différents qu'on met de minutes à le par-
« courir. *Chiaia* est terminé par le palais appellé *de la*
« *reine Jeanne*, mais dont le dessin de l'architecture ne
« peut laisser penser qu'il soit du temps de cette reine.
« Il baigne dans la mer ; il est en ruines, quoiqu'il pa-
« roisse n'avoir jamais été fini : on voit encore les ouver-
« tures des niches, avec l'échafaud qui a servi à les con-
« struire. On m'a assuré qu'il fut bâti par la femme d'un
« gouverneur de Naples, nommée *Anna*. A quelques pas
« du palais les rochers bordent la mer, et la rive n'est

« plus guéable. Dès que nous eûmes doublé le cap, nous
« vîmes le village de *Mare Piano*. Après l'avoir dépassé,
« nous entrâmes dans une anse où nous trouvâmes des
« ruines sans forme, dont la plupart sont sous l'eau. La
« mer semble avoir repris en cet endroit ce qu'on avoit
« pris sur elle, et, par la rupture de deux rochers, en a
« formé deux islots. C'est au fond de cette seconde anse
« qu'il existe des ruines que les *Cicérons* assurent être
« celles des écoles de Virgile, et où ils montrent jusqu'à
« l'endroit où ce poëte *disoit sa messe*.

« Je ne sais ce qui a pu faire donner ce nom à ce lieu,
« dont le peu qui reste indique plutôt une salle de bain
« qu'un portique : l'immensité du terrain que couvrent
« les ruines contiguës qu'on voit dans ce lieu, me feroit
« préférer l'opinion de quelques uns, qui croient que
« c'est là qu'étoit la fameuse maison que *Lucullus* avoit
« près de Naples.

« Les morceaux de marbre épars chez l'hermite du
« lieu et dans son jardin, les fragments de colonnes de
« marbre cannelées, d'entablements, de frontons, riche-
« ment et purement sculptés, peuvent venir à l'appui de
« cette opinion. On peut bien assurer que la principale
« partie de cet édifice étoit sur le bord de la mer, qu'il
« occupoit tout l'espace de l'anse dont la mer s'est em-
« parée, selon toute apparence, par quelques tremble-
« ments de terre ; car j'ai remarqué dans les plus grands
« blocs de *mattoni* que j'ai trouvés dans les terres, que le
« niveau de leur assise est quelquefois perdu jusqu'à leur
« fondation, et que le sol soulevé a repris dans d'autres les
« excavations qui y avoient été faites. L'agrément du site,
« que la mer vient baigner, l'aspect des lieux que l'on y

« découvre, le golfe de Naples d'un côté, le Vésuve en
« face, l'isle de *Capri*, et la pleine mer; les isles de *Vi-*
« *sida*, de *Procida* et d'*Ischia*, en amphithéâtre; enfin
« le cap de Misène, et la riche côte de Baies, la vue de
« tant d'objets intéressants pouvoit déterminer *Lucullus*,
« le plus riche et le plus voluptueux personnage de l'em-
« pire romain, à choisir ce lieu pour en faire celui de ses
« délices.

« Dans le village de *Mare Piano*, il y a un tronçon
« de colonne de marbre cannelée, avec une base corin-
« thienne, et une masse informe de *mattoni*, qui sont
« les seuls et déplorables restes du temple de la Fortune.
« On a placé de nos jours une inscription sur les ruines
« de ce temple, comme on place une tombe pour avertir
« le voyageur qu'il foule un héros. On trouve aussi tout
« en haut du village une inscription devant la porte de
« *la villa Maza*, près de l'église : elle avertit aussi les
« curieux que c'est là qu'étoit la campagne où l'indigne
« ami d'Auguste, *Vidius Pollion*, nourrissoit des mure-
« nes du sang et de la chair de ses esclaves, qu'il faisoit
« jetter vivants dans ses piscines pour la moindre faute.
« Comment Auguste osoit-il se déclarer l'ami d'un tel
« homme? Comment daigna-t-il hériter de cette maison?
« Les murenes étoient une espece d'anguilles pour les-
« quelles les Romains avoient un tel goût, qu'ils em-
« ployoient des sommes immenses pour s'en procurer.

« Les viviers de Pollion existent encore dans leur en-
« tier : ils ont deux cents pieds de long, et sont divisés
« en quatre parties égales, bâtis en *mattoni*, revêtus de
« *pozzolane*. Ce qui prouve l'excellence de cet enduit,
« c'est que l'eau se conserve encore, dans trois de ces

« viviers, aussi bien qu'au temps de Pollion. Le premier
« est à sec, et a, ainsi que les autres, cinquante pieds de
« longueur, dix-huit de large, et vingt-quatre d'élévation
« de bord ; la hauteur, partagée par un escalier, dénote
« que l'eau ne s'élevoit pas au-delà de huit à dix pieds,
« comme elle l'est encore au second : le troisieme est ab-
« solument fermé, et le quatrieme n'a d'ouverture que
« par un puits qui est dans la cour de *la villa*.

« Nous nous rendîmes ensuite à la grotte du Pausi-
« lype (*a*), ouvrage plus étonnant qu'admirable pour

(*a*) On prétend que le mot *Pausilype* vient des deux mots grecs *repos*, et *laisser;* ce qui signifie, dit-on, que le chemin de Naples à Pouzzole étoit très fatigant quand il falloit franchir la montagne. Pline rapporte qu'elle produisoit autrefois des vins délicieux, et qu'elle étoit couverte de citronniers et d'orangers. On veut que Lucullus ait fait creuser cette grotte ; mais Strabon nous l'auroit dit, et il n'en fait pas mention. L'histoire nous apprend qu'effectivement ce voluptueux Romain fit percer une montagne pour faire venir l'eau de la mer dans son vivier; mais la grotte du Pausilype ne peut avoir aucun rapport à cette destination. On croit qu'elle avoit été commencée par les Cimmériens, issus de la Scythie, et qui vinrent demeurer entre Baies et Cumes, près le lac Averne. Ce peuple habitoit des cavernes, et perçoit les montagnes : on dit même qu'il ne voyoit jamais la lumiere du soleil, et qu'il ne sortoit que la nuit de ses retraites ténébreuses. Les Grecs, l'ayant vaincu, s'emparerent de ses habitations, et se servirent des antres obscurs pour faire des bains, des étuves, et quelquefois des chemins souterrains : après eux les Romains y mirent la derniere main.

Séneque assure avoir été fort incommodé de la poussiere dans la grotte du Pausilype, et il en parle comme d'une longue prison remplie de ténèbres. Voici ses termes :

« Obligé de retourner de Baies à Naples, je me laissai persuader
« sans peine que la mer étoit orageuse, pour n'en pas faire une seconde
« épreuve : mais la pluie avoit tellement inondé les chemins, que j'étois

« l'effet : c'est une montagne percée dans une espece de
« tuf qui se durcit à l'air, qui se taille en moëllons, et
« dont on se sert pour bâtir. Cette grotte doit être de toute
« antiquité, mais n'a été mise à sa perfection que par la
« suite des temps. On voit évidemment, par la marque
« du rouage sur les parois à différentes hauteurs, qu'elle
« a été creusée à trois reprises pour être nivelée au point
« où elle est. Elle est et a dû toujours être un chemin très
« pratiqué, sur-tout lorsque *Baies*, *Pouzzole* et *Cumes*,
« étoient des villes ; on peut croire que ce sont les habi-
« tants de ces villes-là qui, de concert avec ceux de Na-
« ples, commencerent cette énorme entreprise. Il y a une
« chapelle au milieu, et deux ouvertures en soupiraux

« en litiere presque comme en bateau. La destinée des athletes fut la
« mienne pendant toute la journée : il me fallut lutter contre tous les
« désagréments ; d'abord *la fange, puis la poussiere dans la route sou-*
« *terraine de Naples. Rien de plus ennuyeux que ce long tuyau ; rien*
« *de plus sombre que cette entrée, qui éclaire moins que les ténebres ;*
« *et quand le jour y pénétreroit, la poussiere l'auroit bientôt éclipsé :*
« *elle est incommode, même dans les lieux découverts ; là, renfermée,*
« *sans issue, elle roule en tourbillons, et retombe sur le voyageur qui l'a*
« *fait voler.*
« Ces ténebres me donnerent à penser. Je me sentis frappé intérieu-
« rement : ce n'étoit pas de l'effroi, mais une altération causée par la
« nouveauté du spectacle et par l'horreur du lieu..... ensuite une alé-
« gresse involontaire quand le jour me fut rendu. Je me mis à réfléchir
« sur l'inconséquence des hommes, de craindre plus ou moins des
« causes dont l'effet est le même. Qu'importe qu'on soit tué par la
« chûte d'une tuile ou d'une montagne ? » (*Lettre* 47.)
Le témoignage de Strabon est opposé à celui de Séneque, puisqu'il
assure qu'il y avoit en cette grotte plusieurs fenêtres qui y communiquoient de la clarté, et qui ont été bouchées par des tremblements de
terre. (Note du traducteur.)

« qui apportent obliquement une foible lumiere ; en sorte
« qu'il n'y a que très peu d'instants dans la journée où
« l'on puisse distinguer les objets, lorsqu'on a pénétré à
« quelque distance. Nous allâmes de là à la grotte du
« chien, et sur le bord du lac *Agnano*. Elle a à-peu-près
« douze pieds de profondeur sur trois de large, et cinq
« de hauteur dans sa partie moyenne. C'est à dix pouces
« de terre que s'éleve d'une maniere distincte la vapeur
« méphitique qui suffoque tous les êtres que l'on y plonge.
« La premiere expérience que j'y fis, fut sur une araignée
« qui s'étoit attachée à mon chapeau en entrant dans la
« grotte. Je la pris, filant sa soie, et la descendis dans la
« vapeur : elle fit d'abord quelques efforts pour remonter
« son fil ; mais, comme je continuai de la plonger, ses
« mouvements se relâcherent, et bientôt elle n'en fit au-
« cun : je la sortis de la grotte, elle revint à la vie ; je
« la remis dans la vapeur, elle y mourut tout-à-fait. En-
« suite vint la victime accoutumée, qui est le chien du
« lazzaron à qui la clef de cette grotte est confiée. Son
« maître le prit par les pattes et le coucha par terre. Il fit
« d'abord les mouvements de tout animal dont on con-
« traint la respiration, et qui fait des efforts pour la re-
« couvrer : l'instant d'après, son poumon s'oppressa, son
« ventre se retira, ses yeux se gonflerent et se fixerent,
« sa langue épaissie et livide sortoit de sa gueule, et à la
« seconde minute il étoit déja sans mouvement. Cet état
« nous effraya sur le sort de ce pauvre animal, qui auroit
« été étouffé sans ressources, si on l'y eût laissé deux
« minutes de plus. Il ne fut pas plutôt hors de la grotte,
« que l'air naturel fit faire à ses poumons le même mou-
« vement que j'avois remarqué lorsqu'il avoit été plongé

« dans la vapeur : en une demi-minute il se leva en chan-
« celant, et l'instant d'après il mangea avec appétit du
« pain que nous lui donnâmes, sans paroître avoir aucun
« souvenir de ce qu'il venoit d'éprouver ; car la porte de
« la grotte ne lui causoit aucune espece de frayeur. Le
« lazzaron nous dit que chaque chien ne pouvoit sup-
« porter cette épreuve que douze à quinze fois, qu'ensuite
« ils prenoient des vertiges, et mouroient dans des con-
« vulsions comme ceux qui périssent de la rage : cette
« déposition pourroit bien avoir pour but d'apitoyer sur
« l'animal, et faire payer davantage l'expérience. Nous
« fîmes celle du flambeau, qui s'éteint aussitôt qu'il est
« abaissé contre le sol : je remarquai que la fumée alloit
« en roulant sur la vapeur, comme sur un fluide, et sans
« la pénétrer. Cette vapeur est blanchâtre, et a quelque
« chaleur : mais, soit que la grotte soit ouverte ou fermée,
« elle ne s'éleve jamais au-dessus de dix pouces de hau-
« teur, où l'air semble la contenir ; car on la voit s'échap-
« per, en rampant à la surface de la terre, jusques hors de
« la grotte, où elle paroît se dissiper. J'avois laissé mon
« chapeau à terre dans la vapeur ; et lorsque je le remis,
« j'éprouvai sur le champ une douleur de tête assez forte :
« je l'ôtai, et elle se dissipa.

« Avant que de quitter le lac, j'observai que l'œil est
« trompé sur son étendue par l'escarpement de ses rives :
« on assure qu'il a trois milles de tour, et jusqu'à soixante
« pieds de profondeur en certains endroits ; des sources
« abondantes, qui partent du fond, lui donnent des cou-
« rants, en font bouillonner quelquefois les eaux (*a*), qui

(*a*) On a vu que M. Swinburne attribue à une foule de crapauds

« sont froides, et ne recelent en abondance qu'une seule
« espece de poisson, qui est la tanche : elle y devient très
« grosse et d'un très bon goût.

« Le lendemain nous allâmes voir le tombeau de *San-*
« *nazar* : toute sa célébrité tient au personnage, et sa
« beauté à son ensemble ; car les détails n'ont ni la sévé-
« rité et le fini de l'antique, ni la grace et le goût du mo-
« derne.

« Nous passâmes de là au tombeau de son maître, ce
« célebre Virgile, dont les cendres reposent sur une élé-
« vation située à gauche de la grotte du Pausilype, à l'en-
« trée, du côté de Naples. Il se trouve actuellement à
« soixante pieds du sol de cette grotte ; ce qui nous fit
« observer avec exactitude les variétés qu'avoit éprouvées
« ce monument de l'antiquité. En passant du tombeau
« au-dessus de la voûte de la grotte, nous attachâmes
« une pierre à une ficelle que nous descendîmes jusqu'au
« pavé, et nous trouvâmes treize toises deux pieds. Nous
« observâmes que le sol du tombeau pouvoit être à seize
« pieds moins élevé que le niveau du dessous de la grotte ;
« ce qui peut prouver à la fois que le tombeau étoit, comme
« c'étoit l'usage, bâti sur le bord du chemin, et qu'alors
« l'élévation de l'entrée de la grotte n'étoit que de seize
« pieds : une seconde preuve de cette même élévation du

---

ce bouillonnement : cette cause n'est pas plus aisée à concevoir qu'à croire.

On prétend que le lac *Agnano* occupe le terrain où étoit jadis une grande ville, qui a été engloutie par un tremblement de terre. Il est très aisé, dit-on, de le mettre à sec ; et l'air, qui en est maintenant contagieux, reprendroit sa premiere bonté.

Ce lac a deux milles de circuit, et est environné de montagnes.

« sol, c'est que, parallèlement au tombeau, il y a de
« l'autre côté des vestiges de quelques fabriques (a). Je
« n'entrerai pas dans la discussion si souvent renouvellée,
« pour savoir si l'on doit croire que les cendres de ce grand
« poëte reposent effectivement dans ce tombeau : si rien
« ne le prouve, rien ne doit empêcher de le croire (b) :
« on peut même ajouter qu'il est certain que le monu-
« ment est un tombeau ; que ce tombeau, bâti en mo-
« saïque et *mattoni*, annonce qu'il a été construit du
« temps d'Auguste, puisque les antiquaires assurent,
« comme reconnu, que c'est le temps où l'on a fait le
« plus d'usage de cette maniere de bâtir. On sait aussi
« que ce poëte aimoit infiniment le séjour de Naples,
« qu'il s'y retira dans sa vieillesse, et que l'on ne sait pas
« qu'il ait été inhumé ailleurs.

« On doit dire aussi que, dans l'intérieur du tombeau,
« il y a plusieurs niches propres à recevoir des urnes ; que
« cette forme annonce la sépulture d'une famille ; que
« Virgile étoit de Mantoue, et que son tombeau, élevé à
« Naples, n'avoit besoin que d'une niche pour y recevoir
« ses cendres. A l'égard des inscriptions, celle qui existe
« maintenant est du seizieme siecle. La voici :

Qui cineres ? Tumuli hæc vestigia : conditur olim
 Ille hoc qui cecinit pascua, rura, duces.

(a) Il est probable que ce sont les ruines de la maison de *Silius Italicus*. (Note du traducteur.)

(b) Voyez tome III, page 71. Je crois avoir démontré qu'il n'y a pas de monument dont l'authenticité soit plus prouvée que celle du tombeau de Virgile.

« Elle a succédé à celle-ci, que Virgile, dit-on, avoit
« composée lui-même :

> Mantua me genuit, Calabri rapuere, tenet nunc
> Parthenope; cecini pascua, rura, duces.

« Nous montâmes sur la voûte du tombeau pour y
« chercher le laurier fameux : il étoit mort, et les *Cicé-*
« *rons* avoient négligé d'en mettre un autre. Je commen-
« çois à croire qu'il en étoit du laurier comme de nombre
« de célébrités qui croissent, se perpétuent, se montrent,
« se voient, et se racontent sur parole : cependant nous
« cherchâmes ; et, à force de fouiller la terre, en écartant
« les ronces et les feuilles d'acanthe, nous trouvâmes un
« vieux tronc ; nous aidâmes les *Cicérons* à nous tromper,
« et je coupai un morceau de ce bois pourri avec une es-
« pece d'enthousiasme. Comment expliquer le sentiment
« que me fit éprouver ce pieux larcin ? Je doutois fort du
« tombeau ; je ne croyois point au laurier : mais il étoit
« question de Virgile, je me sentois une religion, j'avois
« besoin d'un culte. (Journal de M. de Non.)

(10) « N'étant pas assez savant pour que tout m'inté-
« resse, ni assez écrivain pour intéresser les autres sur ce
« qui ne m'intéresse pas, ne faisant point un voyage,
« mais un journal, je n'entreprendrai point de décrire
« généralement tout ce qu'on trouve déja tant décrit dans
« les ouvrages de M. de la Lande et de l'abbé Richard ;
« je ne parlerai que de la sensation que m'auront faite les
« choses que j'aurai vues. Je commence par sainte Claire.
« Cette église, l'une des plus anciennes de Naples, fut
« enrichie par le roi Robert, qui y a son tombeau. J'y
« cherchai celui de sa fille, Jeanne Ire, si fameuse par ses

« crimes et par ses malheurs : j'y trouvai effectivement
« son cénotaphe (a), mais il est vuide ; et il est d'autant
« plus douteux que ce soit réellement le tombeau que
« Charles de Duras lui fit élever, dit-on, après avoir essayé
« de faire croire qu'elle étoit morte naturellement, qu'il
« y a toute apparence que cette princesse infortunée n'a
« jamais eu de sépulture. Je cherchai vainement son por-
« trait qu'on disoit être dans la sacristie. Enfin je ne vis
« rien dans cette église, qu'un mauvais emploi d'une
« grande quantité des plus beaux marbres grecs antiques,
« qui la décorent sans l'embellir : tant il est vrai que ce
« ne sont pas les matieres précieuses, mais les belles for-
« mes, qui font les belles choses.

« Saint-Philippe de Néri en est encore un exemple :
« sa façade extérieure, quoique toute revêtue en marbre,
« est sans effet ; mais douze colonnes antiques de granit,
« de vingt-trois pieds de hauteur, et d'une seule piece,
« semblent avoir servi d'échelle pour la décoration de
« l'intérieur, lui ont donné le style antique, et en ont fait
« la plus belle église de Naples. Luc Jordans a peint sur
« la porte d'entrée Jésus chassant les vendeurs du temple,
« morceau de la plus grande et de la plus heureuse com-
« position : il n'est pas moins précieux pour le *faire* et

(a) Il est à côté du tombeau du duc de Calabre son pere. On y lit cette épitaphe :

« Inclyta Parthenopes, jacet hîc regina Joanna
  « Prima ; priùs felix, mox miseranda nimis ;
« Quam, Carolo genitam, mulctavit Carolus alter
  « Quâ morte illa virum sustulit antè suum.
M. CCC. L. XXXII. XXII Mai. V. indict.

« pour la couleur. Il ne faut pas manquer de voir dans le
« fond de la sacristie un des plus charmants tableaux du
« Guide ; c'est Jésus et saint Jean : rien n'est plus noble
« que la figure de Jésus qui tend les bras à saint Jean,
« et celui-ci s'avançant vers lui avec l'expression de l'a-
« mour et du respect ; jamais on n'a mieux rapproché
« l'humain et le divin : rien n'est mieux rendu, ni plus
« purement dessiné ; le trait en est d'une finesse extrême,
« l'expression en est parfaite, et on ne peut ni quitter ni
« se lasser de voir ce tableau. Il y a dans une des chapelles
« de la nef un saint François du même peintre.

« A S. Paul, deux magnifiques colonnes cannelées,
« de marbre blanc, que l'on a conservées, sans les ac-
« corder au reste de l'architecture, semblent n'y être que
« pour faire regretter le temple antique qu'on dit avoir
« été celui de Castor et Pollux, mais qui étoit certaine-
« ment de la plus grande architecture. Deux torses, in-
« crustés dans le mur de la façade, prouvent que la sculp-
« ture ne le cédoit pas à l'architecture dans la décoration
« de ce temple, dont il n'est resté que les fondations, sur
« lesquelles on a bâti l'église. Quelques auteurs préten-
« dent que ce prétendu temple étoit un théâtre dont ces
« deux colonnes faisoient partie du péristyle d'une des
« entrées ; que ce théâtre étoit celui où Néron, à son re-
« tour de la Grece, vint faire admirer sa voix, et celui
« que Sénèque traversoit pour aller entendre dans sa
« vieillesse les leçons d'un philosophe qui avoit ses écoles
« dans ce quartier.

« J'ai beaucoup cherché quelques vestiges de ce théâtre
« dans le couvent et dans la rue, et je n'y ai trouvé que
« des murs antiques de *mattoni,* mais sans aucune forme

« qui pût donner l'idée de sa grandeur. Il faut voir dans
« la sacristie de S. Paul deux tableaux à fresque de Soli-
« mene, qui sont d'une belle imagination, d'un pinceau
« facile, et d'une couleur peut-être trop brillante.

« Je cherchai aussi vainement quelques vestiges dans
« l'église souterraine : je n'y trouvai qu'une chapelle de
« mauvaise forme, et des especes de corridors qui servent
« de sépulture, avec un très grand nombre de corps posés
« sur des tablettes, dont la peau est conservée, ainsi que
« les habits avec lesquels on a coutume de les inhumer
« dans ce pays-ci. Il n'y a que peu d'années que l'on a
« aboli la coutume d'exhumer les morts le jour de la
« *Toussaint,* de les couvrir de leurs vêtements et des bi-
« joux qu'ils avoient coutume de porter, et d'aller passer
« cette journée avec les défunts, s'entretenant de leurs
« vertus et de leurs bonnes qualités, leur adressant même
« la parole pour les remercier ou leur faire quelques re-
« proches sur le passé. Il n'est pas bien décidé si l'on doit
« applaudir à des réformes qui, en ôtant en apparence
« des superstitions au peuple, détruisent ce qui lui sert de
« principes, et ôtent à un pays des usages qui le caractéri-
« sent. J'en trouvai de très récemment enterrés, qui étoient
« déja desséchés, exposés à l'air, sans exhaler la moindre
« odeur, et sans avoir éprouvé de dissolution ni de pu-
« tréfaction ; ce qui leur donnoit une tournure de béati-
« tude tout-à-fait imposante pour les amateurs. Je crois
« que l'on doit attribuer cet effet à la qualité de la terre
« volcanisée sur laquelle Naples est bâtie, et qui, étant
« spongieuse et saline, s'empare de la substance des corps,
« et les desseche, au lieu d'exciter la fermentation comme
« fait la terre naturelle. Cet effet a produit une coutume :

« c'est celle d'exhumer les corps, d'ouvrir les sépultures,
« de mettre des inscriptions sur la biere, afin que chaque
« famille puisse reconnoitre son parent, et porter à ses
« restes le respect qu'elle conserve à sa mémoire. Il n'y a
« point de pays où l'on cherche plus à jouir de la vie, et
« où l'on se familiarise plus avec la mort : on enterre avec
« pompe les défunts ; ils sont à visage découvert, après
« qu'on les a parés et guirlandés de fleurs. A l'église des
« saints Apôtres, chaque conservatoire est obligé, à tour
« de rôle, d'aller dans l'église souterraine exécuter cha-
« que vendredi de l'excellente musique à travers les sque-
« lettes, les tombes et les ossements. Je trouvai à cet en-
« droit le tombeau du *cavalier Marini*, qui consiste en
« une seule tombe avec une mauvaise inscription. J'ai
« trouvé depuis un cénotaphe qu'on lui a élevé dans le
« cloître de *Sant'-Aniello*, où on a placé son buste en
« bronze.

« Naples est remplie de lieux et de recoins pittores-
« ques, de grandes rues qui ressemblent à des places,
« dont les édifices, quoique de mauvais goût, ne lais-
« sent pas d'avoir de l'effet par leurs masses et par leurs
« terrasses. Celle de *Carbonari* est de ce genre : elle est
« terminée par l'église de ce nom, où je vis le tombeau
« de Ladislas. Derriere celui-ci est la chapelle où les *Ca-*
« *raccioli* firent élever un mausolée magnifique à *Jean*
« *Caraccioli*, grand sénéchal du royaume, si fameux par
« sa fortune et par la catastrophe terrible qui termina sa
« vie; fin ordinaire des ambitieux dont l'excessive faveur
« leur a fait oublier leur premiere existence, et bientôt
« négliger le principe de leur élévation. La fortune de ce
« favori ressembla à celle du comte d'Essex, et son sort

« a presque les mêmes circonstances. Tous deux, nés avec
« de grands talents, furent aimés d'une reine puissante,
« tous deux devinrent tout-puissants, tous deux abuserent
« de leur pouvoir jusqu'à oublier de qui ils le tenoient,
« tous deux se lasserent de leur amante surannée, et
« pousserent leur dégoût jusqu'à l'outrage; tous deux fu-
« rent punis de même. Élisabeth voulut effrayer Essex,
« et le laissa condamner sans vouloir le perdre; Jeanne
« vouloit punir *Caraccioli* sans vouloir le sacrifier: tous
« deux furent victimes des ennemis qu'ils devoient à leur
« fierté : l'arrêt de chacun d'eux fut extorqué, et leur
« exécution une trahison : enfin tous deux furent regret-
« tés et pleurés jusqu'au désespoir par leurs amantes, qui
« ne purent survivre à leur perte. *Caraccioli* étoit né sans
« fortune, mais avec un grand nom et une belle figure,
« puissante recommandation à la cour de Jeanne II :
« aussi parvint-il successivement aux plus grands hon-
« neurs. Il écarta de la cour tout ce qui pouvoit lui faire
« ombrage, devint le distributeur des graces, s'empara
« de tout; il ne lui manquoit que le titre de roi. Mais
« Jeanne avoit plus de soixante ans; et *Caraccioli*, sans
« cesser d'être ambitieux, cessa d'être amant. Jeanne de-
« vint fâcheuse, et lui refusa l'investiture de la princi-
« pauté de Salerne et d'*Amalfi*. Il n'avoit jamais essuyé
« de refus; il murmura : elle lui fit des reproches; il s'em-
« porta jusqu'à lui donner un soufflet. Jeanne se conten-
« toit de pleurer, lorsque la duchesse de *Sassa*, sa confi-
« dente, ennemie secrete de *Caraccioli*, saisit ce moment
« pour le perdre. Elle lui remontra que le manque de res-
« pect qu'elle avoit éprouvé venoit de l'oubli absolu où
« elle étoit de celui qu'elle se devoit à elle-même. Jeanne

« étoit malade, l'amour se tut un instant : elle permit
« que *Caraccioli* fût arrêté ; on dit même qu'elle en donna
« l'ordre. Ses ennemis saisirent ce moment de foiblesse ;
« et, pensant bien qu'un second seroit en faveur du fa-
« vori, ils résolurent sa mort, et l'exécuterent le jour
« même qu'il venoit de célébrer les noces de son fils.

« Comme il venoit de se mettre au lit, ses assassins,
« qui étoient des seigneurs de la cour, et même de ses
« parents, vinrent à sa chambre l'avertir que la reine,
« attaquée d'un mal violent, se trouvoit en danger : il se
« leva, ouvrit la porte, et dans ce moment ils se jetterent
« sur lui et le massacrerent à coups de hache. Son corps,
« baigné dans son sang, resta plusieurs jours sur le plan-
« cher, sans que personne osât y toucher ; exemple aussi
« subit qu'effrayant de l'inconstance de la fortune.

« Jeanne le pleura, sans cependant le venger : mais,
« ne pouvant se consoler de sa perte, elle le suivit bien-
« tôt, mourut sans regret, et voulut être enterrée sans
« pompe à l'église de l'*Annunziata*, où j'allai pour cher-
« cher son tombeau. Mais ce fut en vain : on avoit, de-
« puis quelque temps, rebâti la plus grande partie de cette
« église ; et j'appris que dans l'ancienne ses ordres avoient
« été si ponctuellement suivis sur la modestie de ses funé-
« railles, qu'on n'avoit reconnu sa tombe, dans le chœur,
« au moment de sa démolition, qu'à une couronne de
« bois doré, qui tomba en poussiere lorsqu'on voulut la
« toucher.

« J'allai voir les choses précieuses que renferme l'église
« de saint Janvier, entre autres un superbe vase de ba-
« salte qui sert de fonts baptismaux, et qui est du plus
« grand prix par sa forme, par sa grandeur, et par la

« rareté des ouvrages de ce genre. On peut assurer qu'il
« est égyptien, et du plus beau temps des arts chez ce
« peuple, c'est-à-dire après que les Grecs les y eu-
« rent portés, depuis la mort d'Alexandre, sous les Pto-
« lomées, et du temps où Bacchus y étoit connu et y
« avoit un culte ; car, d'après les bas-reliefs de ce vase,
« on doit croire qu'il a servi à l'ornement de quelque
« temple de ce dieu, dont les masques, les pommes de
« pin, et les pampres de vignes, ou de lierres, étoient les
« attributs. Quoique la sculpture n'en soit pas parfaite
« pour le fini, on peut dire qu'elle est du plus grand style;
« et la forme de ce vase se fait encore admirer, malgré le
« couronnement contourné du pied, et les perfides orne-
« ments dans lesquels il semble qu'on ait cherché à l'en-
« fouir. Ce vase a de plus le mérite de la grandeur, qui
« en est un quand la matiere est précieuse : il a deux
« pieds et demi de hauteur sur quatre pieds deux pouces
« de diametre.

« Du même côté, et près de la sacristie, est le tombeau
« du malheureux roi André, mari de la reine Jeanne Ire,
« qui fut assassiné à *Averse*, jetté par la fenêtre, et eût eu
« une citerne pour sépulture, si sa nourrice, suivie de
« quelques personnes, n'eût fait fuir les assassins. Le
« corps de ce prince, après avoir resté trois jours aban-
« donné dans le jardin où il avoit été jetté, y fut recueilli
« par un chanoine de saint Janvier, qui, accompagné de
« cette seule nourrice, le fit transporter à Naples ; et ces
« deux seuls êtres qui osassent pleurer leur roi et lui
« rendre les honneurs funebres, lui firent élever à leurs
« frais le modeste petit tombeau qui existe encore.

« Près de là on descend par deux escaliers dans une

« chapelle souterraine où on dit qu'est le corps de saint
« Janvier. Cette chapelle, toute en marbre, est soutenue
« de colonnes isolées, d'un ordre composite ; les murs
« sont revêtus de panneaux ciselés en arabesques très fins,
« et que les Napolitains, dans plusieurs de leurs édifices,
« ont si bien imités, qu'on est tenté à tout moment de
« les prendre pour des fragments d'antiquité.

« L'église de saint Janvier est décorée d'une suite de
« tableaux de Solimene, qui ne sont pas à citer comme
« les plus beaux de ce maître. La chapelle de S. Janvier
« est la plus riche du royaume : le pendentif et une partie
« des tableaux des autels sont les derniers ouvrages du
« Dominiquin, qui, en les peignant, mourut de chagrin
« des noires persécutions que lui suscita Lanfranc, qui a
« peint la voûte de la même chapelle ». (Journal de M. de
Non.)

(11) « Si, un mois après mon arrivée à Naples, j'eusse
« voulu écrire sur le caractere des Napolitains, j'aurois
« ramassé tout ce que l'on m'avoit conté de ridicule, et
« j'aurois rassemblé les *caricatures* et les sottises que les
« aubergistes, les valets de place et les *Cicérons,* débitent
« (dans tous les pays) pour faire leur cour aux étrangers:
« car voilà à-peu-près la maniere dont les voyageurs con-
« noissent ceux qu'ils vont visiter. Je ne sais pourquoi,
« en voyageant pour nous instruire, nous ne cherchons
« que les ridicules de ceux dont nous devrions avoir bonne
« opinion, puisque nous nous déplaçons pour les aller
« chercher. Il semble qu'il nous soit plus commode de
« nous consoler de nos propres ridicules par ceux que nous
« trouvons chez autrui, que d'acquérir des vertus en lui
« en découvrant de nouvelles.

« Maintenant qu'une longue habitude de vivre à Na-
« ples m'a donné quelque droit de juger ses habitants,
« j'hésite à prononcer ce que j'en pense. Il est si difficile,
« en pareille matiere, d'attraper le point juste, de géné-
« raliser sans faire tort au particulier, ou si facile de faire
« tort à la nation en s'attachant à peindre certains indivi-
« dus, qu'il n'est pas aisé de choisir ses modeles.

« Plus j'ai voyagé, plus j'ai trouvé que les hommes se
« ressemblent dans tous les pays ; ils n'ont de différence
« entre eux que quelques nuances qu'ils tiennent du cli-
« mat qu'ils habitent, et des loix qui les gouvernent : les
« mêmes passions agissent de même sur les hommes de
« l'univers entier ; elles amenent presque toujours par-
« tout les mêmes résultats. Un philosophe qui aura étudié
« l'homme hors de son cabinet, lorsqu'il se sera instruit
« des loix russes, ou napolitaines, et qu'il saura comment
« elles sont maintenues, ou transgressées, dans l'un ou
« l'autre pays, connoîtra, à peu de chose près, le Russe
« et le Napolitain. Si le climat n'influe pas directement
« sur la nature de l'homme, il influe tellement sur le ca-
« ractere, qu'elle en est modifiée par contre-coup. Les
« habitants du nord sont engourdis par le froid : il n'y a
« que de violentes passions qui les réveillent et les met-
« tent en activité ; aussi sont-ils très dangereux lorsqu'ils
« sont en mouvement. Les pays tempérés reçoivent plus
« facilement diverses impressions, d'une maniere plus
« douce ; plus susceptibles de tout, ils sont toujours en
« activité : mais leurs passions, plus promptes, plus lé-
« geres et plus courtes, sont, par cela même, moins vio-
« lentes et entraînent moins d'inconvénients. Les habi-
« tants du midi éprouvent aussi de l'engourdissement,

« qui, produit par des causes toutes différentes de celles
« qui agissent sur ceux du nord, a cependant les mê-
« mes résultats. Si l'ardeur du soleil fait fermenter leur
« sang, le relâchement des nerfs, que produit la perpé-
« tuelle dilatation, leur cause une nonchalance dont il
« est difficile qu'ils soient tirés : ils conçoivent facilement,
« et avortent aussitôt par paresse d'entreprendre. On peut
« hasarder de dire que les Napolitains ont ce cachet mé-
« ridional. Il s'ensuit de là que tout ce qui dépend de la
« pensée, sans la nécessité d'agir, est très vif en eux ; que
« toutes les passions sourdes y sont extrêmement violen-
« tes ; mais que, si elles n'arrivent à un degré éminent
« d'effervescence, elles restent nulles, et avortent dans le
« sein qui les a conçues, soit qu'on en accuse le gouver-
« nement, soit qu'on l'attribue au climat. On peut donc
« dire que la paresse est le trait caractéristique de la na-
« tion napolitaine, et que le bas peuple, dans lequel on
« trouve toujours les vices et les vertus plus cruds et plus
« prononcés, n'a que ce principe, ce mobile, ce but, où
« tendent tous ses desirs et toutes ses pensées.

« Se reposer et ne rien faire, voilà, pour la populace,
« quel doit être le souverain bonheur : tous les moyens
« lui paroissent bons, s'ils lui offrent l'aspect de cette fé-
« licité. Frippone, sans être intéressée, elle ne cherche
« à escroquer qu'afin d'être plus long-temps sans avoir
« besoin de travailler ; ce qui fait que, sans avarice ni
« gourmandise, tout son entretien ne roule que sur le
« manger et sur l'argent. Les lazzarons prononcent si
« souvent les mots *magnare* (manger), *buscare* (c'est
« la moyenne proportionnelle entre gagner et dérober),
« et *denari* (argent), qu'on prendroit, dans leur langage,

« ces mots pour des verbes auxiliaires. Enfin il semble
« que la tranquillité soit devenue une passion chez les
« Napolitains.

« Il est bien difficile de définir la jalousie du peuple, et
« de l'accorder avec les manieres de vivre dissolues qu'ils
« ont presque tous. Les maris soupçonnent leurs femmes
« sans trop chercher à vérifier leurs soupçons : ils les voient
« parées du produit du libertinage sans s'en offenser ; et,
« comme si la jalousie étoit chez eux une maladie innée,
« dont ils cherchent en vain à se guérir, il leur en prend
« quelquefois des accès dont les effets sont aussi violents
« que funestes. Mais on peut remarquer que cette pas-
« sion sombre, dont les suites sont préméditées chez les
« autres, est toujours excitée, chez les Napolitains, par
« l'offense du moment et la présence de l'objet ; et, quel-
« que terribles qu'en soient les effets, ils ne passent guere
« le premier mouvement. On pourroit dire que leur ja-
« lousie est oculaire ; car un amant qui aura vécu dans
« le silence avec la femme d'un Napolitain, recevra de
« lui un coup de couteau pour un baiser donné mal-
« adroitement.

« Ces coups de couteau, qui sont malheureusement
« trop communs dans ce pays, n'y causent pas la même
« horreur, et ne portent pas avec eux ce degré d'infamie
« qu'ils inspirent ailleurs pour celui qui s'abandonne à la
« rage jusqu'à se servir de ce lâche instrument : ce n'est
« ici que la derniere expression de la colere ; c'est pour
« eux une arme comme une autre. Chacun en a un dans
« une poche qui lui sert d'étui. C'est pour eux notre épée
« du douzieme siecle, mais dont les dimensions courtes,
« les mouvements rapides qui en déploient l'usage, lais-

« sent tout l'avantage à celui qui s'en sert le premier. Il
« y a à Naples une salle appellée *la salle des blessés*, et
« que la quantité de blessés de coups de couteau qu'on
« y apporte a fait surnommer *la salle des coups de cou-*
« *teau* : mais les coups de cette arme, faciles à diri-
« ger, difficiles à parer, et toujours bien assenés, lais-
« sent rarement dans le cas du secours; et l'on devroit
« plutôt pourvoir à les empêcher qu'à les panser, au lieu
« d'accoutumer ainsi l'humanité à les regarder comme
« une maladie de plus à laquelle elle est sujette dans ce
« beau canton de l'univers. Voilà comme le peuple napo-
« litain, qui n'est rien moins que féroce, se trouve flétri
« d'une atrocité qui lui est peut-être moins naturelle qu'à
« tout autre peuple. Quelque accoutumés que soient ces
« hommes paresseux au bien-être qui leur est donné par
« le sol et le climat, ils supportent patiemment le besoin,
« et restent sobres dans l'abondance. Naturellement lé-
« gers, ils passent vite d'une passion à une autre ; mais
« la gaieté leur étant plus naturelle, est celle à laquelle
« ils s'abandonnent plus facilement jusqu'à l'excès. Ils
« aiment plus qu'ils ne sont attachés, et ils caressent plus
« qu'ils n'aiment : leurs expressions sont tendres et vives,
« mais l'abus qu'ils en font les refroidit.

« Leur patois est tellement varié, qu'il y en a un
« pour chaque quartier. Sainte-Lucie et Pausilype en
« ont un tout différent, et dont les expressions sont ab-
« solument étrangeres l'une à l'autre, et en font distin-
« guer les habitants. Ces langages ont leurs tournures et
« leurs expressions originales, et, comme tous les patois,
« ont une énergie que n'ont pas les langages purs. Ils
« ont sur-tout une maniere qui leur appartient de mêler

« les expressions de l'amitié aux injures les plus gros-
« sieres :

*Puisses-tu être tué, mon cœur ! — Qu'un chancre
te vienne, mon bien-aimé, et te couvre comme un
habit de moine !*

« Les costumes sont aussi variés que le langage : cha-
« que quartier, chaque village, ou isle, des environs de
« Naples, ont quelques particularités dans la maniere de
« se vêtir. Il faut peindre ces costumes, et non les décrire.
« Il suffit de dire qu'ils sont, pour la plupart, avantageux
« à la taille, et pittoresques, le plus souvent chargés de
« richesses très analogues à l'habillement, comme réseaux
« d'or, broderies, galons à lame, et une quantité de chaî-
« nes et d'especes de chapelets d'or : le tout sur des ve-
« lours, ou damas, de couleurs très vives.

« Chez les hommes il y a moins de magnificence, et
« elle est moins variée que chez les femmes : leurs habits
« de fêtes sont toujours de *la fripperie des galas de la*
« *cour;* aussi voit-on souvent, le dimanche, un homme
« du peuple avec un habit fond d'or, une culotte de drap
« bleu, des bas de soie, avec le filet ou le petit bonnet
« de coton blanc à la tête. Cette singularité prouve que
« le goût des Napolitains pour le luxe va jusqu'à la pas-
« sion. Les femmes se passent de manger pour parvenir à
« avoir des boucles d'oreilles qu'elles sont souvent obli-
« gées de mettre en gage quelques jours après les avoir
« achetées : elles ne les en retirent que pour paroître un
« jour de *Pie di Grotta,* ou d'autres fêtes, auxquelles on
« pourroit prendre le peuple de Naples pour celui du Pé-
« rou, tel au moins qu'on nous a dit qu'il étoit.

« Le lendemain vous désabuse, et le déshabillé ne ré-
« pond pas à l'habit de *gala*.

« Il y a un habit appellé *le panno,* beaucoup plus sim-
« ple, et non moins pittoresque que les autres : il est sans
« plis et sans coutures ; ce sont des pieces d'étoffes ployées
« en quarré, posées pardevant et parderriere, et liées avec
« une ceinture.

« La coeffure de cet habit est un morceau de mousse-
« line claire, empesée, qui se plisse et s'ajuste sur-le-
« champ aux cheveux, qui sont tressés en rond, et arrêtés
« d'une grande épingle. Ce costume, qui semble plus né-
« gligé, est très joli, ne gêne aucun mouvement, et n'of-
« fense ni la peau ni les formes d'aucune partie du corps :
« sa simplicité le rend plus susceptible de propreté ; c'est
« celui qui est le plus en usage, parcequ'il fatigue moins,
« dure davantage, et paroît neuf jusqu'à la fin. Sa magni-
« ficence est dans la finesse du drap, la beauté de sa cou-
« leur, et dans les franges qui terminent toutes les lisieres
« et les ceintures ; ce qui produit beaucoup d'effet.

« L'habillement des *lazzarons* consiste en une grande
« culotte, et une chemise : l'hiver ils ajoutent à cela un
« capuce de grosse laine brune, peluchée en dedans,
« qui les couvre depuis le dessus de la tête jusqu'à la cein-
« ture. Ces gens, sur lesquels on fait tant de contes, et
« que l'on rend si redoutables, ne sont autre chose que
« des porte-faix, plus nombreux qu'ailleurs, parcequ'ils
« vivent de peu, et ne veulent rien faire dès qu'ils ont
« gagné de quoi vivre trois jours : aussi n'est-ce pas par
« avidité qu'ils demandent beaucoup pour un petit ser-
« vice, mais uniquement par paresse, et pour pouvoir se
« reposer. Aussi poltrons qu'insolents, ils sont prêts à

« tomber aux genoux de ceux qu'ils viennent de mena-
« cer. Ils couchent à la vérité quelquefois dans la rue pen-
« dant de certaines nuits d'été, parcequ'ils y sont plus
« fraîchement que dans les petites chambres où ils tien-
« nent leur famille rassemblée.

« Mazanielle leur a donné beaucoup de célébrité : mais,
« quand on observe que cette fameuse révolution n'a duré
« que quinze jours, et que c'étoit sous le gouvernement
« d'un vice-roi, on ne trouvera dans les lazzarons que la
« vile populace ameutée, qui se trouve toujours la plus
« forte pendant un moment, lorsqu'on n'a pris aucune
« précaution contre elle. Il en est arrivé autant, il y a
« quelques années, contre le vice-roi de Sicile, quoiqu'il
« n'y eût ni lazzarons ni Mazanielle.

« La populace napolitaine est bruyante parcequ'elle
« est nombreuse ; mais, légere et indolente par caractere,
« elle n'est ni vindicative ni susceptible de suivre un long
« projet de vengeance. On a tout gagné avec elle en échap-
« pant à son premier mouvement. Peu de chose la calme,
« et peu de chose la satisfait. Plus tranquille et plus doux
« qu'aucun autre peuple, malgré la réputation que lui
« ont donnée les fréquentes révolutions de Naples, il ne
« se mêle jamais de gouvernement, et ne questionne ja-
« mais sur les ordres qu'on lui donne. Accordez au Napo-
« litain un très frugal mais facile nécessaire, il ne mur-
« murera point, et ne portera jamais la curiosité au-delà
« de ce qu'on lui confie.

« Les gens de la cour ressemblent aux courtisans de
« tous les pays : ils ont de l'élévation d'ame, de la no-
« blesse dans les manieres, quelques vertus, et beaucoup
« de vices. Ils ne connoissent et n'obéissent qu'à leur in-

« térêt et à leurs passions. Les loix, les principes et la
« morale, ne semblent être faits que pour le rang moyen.
« Dans la société les grands les méprisent par orgueil: la
« populace ne les connoît pas, elle peche par ignorance,
« et on la punit sans l'instruire.

« Rien n'est si bon dans le monde qu'un bon bour-
« geois de Paris, et qu'un bon bourgeois de Naples. Doux,
« franc, ouvert, obligeant, confiant, compatissant à
« l'excès pour celui qui l'intéresse, il s'attache et s'at-
« tendrit même très facilement. Souvent dupe de sa bon-
« hommie, il ne conserve qu'un amour-propre, celui
« de croire que Naples est le centre de tout ; que tout y
« est arrivé à sa perfection ; que l'on n'est véritablement
« opulent qu'à Naples, et que hors de là on est obligé à
« un travail excessif pour obtenir un difficile nécessaire ;
« que toutes les autres nations n'y viennent que parce-
« qu'elles meurent de faim ailleurs. Cette espece d'or-
« gueil, qui fait leur bonheur, leur ôte toute espece de
« curiosité, et nuit aux progrès de leurs connoissances,
« en leur inspirant de la défiance pour les étrangers ; ce
« qui fait qu'ils les connoissent peu, et qu'ils en sont peu
« connus.

«La modestie, et des vertus que l'on appelle *préjugés*,
« cachent les femmes de cette classe à la scene du monde
« et aux regards des voyageurs. Ces derniers, voyant dans
« la populace une vie libertine, et dans le grand monde
« une grande publicité à faire l'amour, ne peuvent croire
« qu'il y ait encore de la jalousie dans ce pays. Cependant
« s'ils veulent suivre attentivement les Italiens, ils ver-
« ront que la jalousie est presque aussi fréquente qu'elle
« l'étoit. Il est vrai que les maris du bon air ne le sont

« qu'avec honte, et font ce qu'ils peuvent pour ne le pas
« paroître; mais tout ce qu'on y a gagné, c'est que, dans
« les circonstances où leur vengeance seroit illicite, les
« effets de cette passion sont devenus moins terribles. On
« doit encore à cette honte des maris l'acquisition que la
« société a faite d'un nombre considérable de femmes
« aimables, qui jadis n'eussent pu obtenir de paroître
« dans le monde, mais que leurs maris sont maintenant
« les premiers à y conduire, sans que leur délicatesse ait
« à en souffrir, ni que leur bonne intelligence en soit al-
« térée. Au reste rien n'est plus édifiant, en apparence,
« que les liaisons amoureuses: au premier coup-d'œil ce
« sont autant de couples de tourtereaux; si l'un quitte la
« branche, l'autre le suit, roucoule, fait la roue, et l'isole.
« Les spectateurs pensent qu'on auroit grand tort d'aller
« troubler, ou même distraire, une union si tendre; et si,
« par hasard, quelque indiscret s'approche du couple heu-
« reux, la briéveté de ses réponses, son silence, ou un
« chuchotement à l'oreille entre les deux amants, apprend
« que cette démarche trouble l'ordre établi. C'est donc
« un mauvais procédé que d'aborder une femme qui n'est
« plus libre: c'est un procédé impardonnable à une femme
« d'adresser la parole à un homme déclaré appartenir à
« une autre. La société de Naples est donc absolument
« semblable à celle du célebre *Honoré d'Urfé*. Quicon-
« que n'arrivoit pas dans son château avec sa bergere y
« menoit une vie triste et languissante. Ces amants-là
« s'aiment-ils bien ? Je n'en crois rien. La plupart bâillent
« chacun de leur côté, ont l'air de se faire un devoir de
« ce qui ne devroit être que le penchant de leur cœur, et
« mettent plus de paresse que de passion dans leur union.

« Enfin ils aiment mieux se tenir mutuellement à la chaî-
« ne, que de prendre la peine de faire ce qu'il faudroit
« pour se faire préférer. Il en résulte que, toujours deux à
« deux au théâtre, au bal, au concert, aux assemblées,
« aux soupers, etc. il n'y a point d'ensemble dans les cer-
« cles, la société est sans conversation, et l'amour sans
« gaieté comme sans galanterie.

« Si Naples a toujours l'air de l'abondance, on peut
« dire que la veille de Noël il a l'air de la profusion.
« Toutes les rues sont guirlandées de cochons, de pou-
« lardes, de dindons, etc. spectacle qui enivre de plaisir
« les regards du glouton Napolitain, qui fait consister son
« bonheur à manger, comme d'autres peuples font con-
« sister le leur à boire. Il n'y a personne assez pauvre dans
« le royaume pour ne pas se gorger de viande le jour de
« Noël : aussi, de toutes ces provisions, qui sembleroient
« devoir nourrir Naples pendant un mois, il n'en reste
« absolument rien le lendemain matin.

« Un autre singulier usage est celui de tirer des pé-
« tards, pendant toute cette nuit, devant chaque *Ma-*
« *donne*. Il n'y a point de rue, quelque petite qu'elle soit,
« qui n'ait ses quatre ou cinq *Madonnes*, et pas une en
« l'honneur de laquelle on ne tire quatre ou cinq cents
« petards. Qu'on ajoute à cela l'hommage que chaque
« particulier veut rendre à la Vierge par chacune de ses
« fenêtres, la grosseur des petards qui fait la distinction
« des hommages, et ce grand bruit qui avertit le voisin
« qu'il a pour voisin un homme de qualité, enfin l'ému-
« lation que produit une telle prévention, et on pourra
« se former une idée de tout le bacchanal de cette nuit.

« Il est bon de connoître encore une autre particularité

« du temps de Noël : c'est le spectacle des *presepii*, ou
« *creches*, tableaux de la naissance du Sauveur, de l'ado-
« ration des bergers, de l'arrivée des mages, etc. Tout cela
« est représenté avec des figures faites et costumées d'une
« vérité parfaite. Ce genre de spectacle, livré dans d'au-
« tres pays aux enfants et aux gens du bas peuple, devient
« ici digne de l'attention et de l'admiration de l'homme
« de goût et de l'artiste. Ils sont d'ordinaire bâtis sur les
« terrasses des maisons. De petites feuilles de carton, des
« morceaux de liege, des branches d'arbres, quelques
« seaux d'eau, et les figures dont je viens de parler, sont
« tout ce qui entre dans la composition de ces représen-
« tations : mais tout cela est placé, distribué, grouppé
« avec un art, et on peut même dire avec une magie au-
« dessus de toute description et de tout ce que l'on peut
« se figurer. On ne conçoit pas que dans un pays où, avec
« de grandes dépenses, on ne peut avoir un théâtre dé-
« coré d'une maniere supportable, on puisse trouver dans
« des greniers tout ce que l'art du clair-obscur et de la per-
« spective a de plus surprenant et de plus parfait. Archi-
« tecture ruinée, habitation rustique, pont, cascade, ri-
« viere, plaine, montagne, animaux, nature mouvante,
« morte, vivante, tout y est rassemblé avec l'illusion la
« plus complete. Le véritable ciel se marie avec tant d'ac-
« cord aux lointains, qu'une montagne que l'on peut tou-
« cher avec une canne paroît éloignée de quatre ou cinq
« lieues, et dans sa juste proportion. Une merveille en-
« core plus surprenante, c'est que ce ne sont point des
« artistes qui composent ces *presepii*, mais des amateurs
« qui s'en occupent une partie de l'année, et y dépensent
« assez d'argent pour qu'il y ait de ces représentations qui

« coûtent jusqu'à trente mille ducats, par l'achat des fi-
« gures, la dépense de leur habillement, et le travail des
« fabriques en liege, qui sont d'un fini et d'une vérité
« inexprimables.

« Il faut prévenir les voyageurs qu'il y a un grand choix
« dans ces creches : car, sur deux cents *presepii* que l'on
« peut voir à Naples, il y en a peut-être quatre qui ont
« le mérite dont je viens de parler; et le reste, quoique
« riche en figures, est médiocre pour la composition ».
(Journal de M. de Non.)

(12) « Le théâtre de S. Charles est le théâtre royal, le
« premier de tous, celui qu'il faut voir, et où il faut en-
« tendre un grand opéra. Ce n'est pas écouter que je veux
« dire, mais suivre sur cela la coutume napolitaine, qui
« est d'y faire toujours un peu plus de bruit que celui que
« l'on entend ; c'est le seul moyen d'animer ce specta-
« cle, et d'empêcher que le sang ne s'y fige par le froid
« de l'ennui. C'est cependant pour ce théâtre que l'on fait
« la meilleure musique qui existe ; qu'on entretient des
« conservatoires aussi utiles que célebres, qui ont produit
« *Jomelli, Piccini, Sacchini, Paesiello*, etc. C'est à ce
« spectacle que Rousseau nous envoie, en nous assurant
« que, si nous n'y pleurons, il nous dévoue à la musique
« françoise. Il est à remarquer que cet homme bizarre,
« n'ayant jamais été à Naples, n'étoit pas plus croyable
« sur cet article que sur les préceptes que, dans son dic-
« tionnaire, il donne sur la composition, qu'il ne savoit
« pas. Il n'auroit pas été si exigeant, s'il avoit su qu'il faut
« de l'unité et de l'ensemble pour produire une sensa-
« tion, une progression d'intérêt pour échauffer l'ame du
« spectateur, enfin de l'illusion pour se laisser entraîner;

« et qu'à l'opéra de Naples on fait si peu de cas de tout
« cela, que les beaux poëmes de Métastase sont à chaque
« acte interrompus d'un ballet qui ne tient en rien au
« sujet; que dans la scene l'acteur ne sait jamais à qui il
« adresse ce qu'il dit, et que c'est toujours un *castrat*
« convulsionnaire qui joue Alexandre ou Caton. La salle
« de S. Charles a la plus grande réputation, et la mérite
« à beaucoup d'égards. Trois belles entrées, de beaux es-
« caliers qui conduisent aux loges, un beau vestibule qui
« s'ouvre de plain pied au parterre et laisse appercevoir
« la profondeur du théâtre, dont la grandeur produit cette
« admiration de surprise qu'arrachent toujours les choses
« immenses qu'on ne peut d'abord ni détailler ni juger.

« La premiere chose que l'on peut reprocher à cette
« salle est une avant-scene chantournée du plus mauvais
« goût, un plafond sévere et dans le style gothique, les
« loges d'une forme peu agréable, mais séchement déco-
« rées de dorures en bossage, sur un fond de glaces, de-
« vant lesquelles, les jours de *gala*, de triples consoles
« portent une infinité de bougies qui se répetent dans les
« glaces, et éblouissent à un tel point, qu'il n'est plus pos-
« sible de rien distinguer. Il semble qu'on se soit proposé,
« par cette maniere de multiplier les lumignons, d'ab-
« sorber la lumiere; comme si on ne savoit pas encore à
« Naples que le premier principe de décoration est de
« présenter les effets en cachant les moyens. Ce brillant
« incommode obscurcit le théâtre, attriste la scene, où
« les acteurs ont l'air d'être en pénitence, et, par leurs
« gestes, de demander pardon aux bienheureux qui sont
« dans leurs loges sans vouloir les écouter. Ces loges sont
« commodes, assez profondes pour y recevoir alternative-

« ment toutes ses connoissances, et les y traiter avec des
« rafraîchissements qu'on est dans l'usage d'y faire servir.
« On peut dire à la louange de ce théâtre, que tout le
« monde y est à son aise, acteurs et spectateurs, et même
« compositeurs : car, à la réserve de trois airs, deux *duo*,
« un *quatuor*, ou *quintetto*, qui sont ce qui fait le fond
« d'un opéra, tout le reste est fait à la toise, comme ne
« devant pas être écouté, et fait seulement pour occuper
« le temps, l'obligation étant qu'un opéra, quelque en-
« nuyeux qu'il soit, dure cinq heures. Et en voici la raison :
« c'est que c'est là que l'on se rassemble, et que l'on voit
« sans cérémonie ceux qu'on reçoit chez soi, et même
« ceux qu'on n'y pourroit recevoir sans conséquence ;
« aussi, quelque nombreuses que soient les loges à l'an-
« née, elles sont toutes louées, et il y en a même de sub-
« stituées à certaines familles.

« Après le théâtre de S. Charles, je vis celui des Flo-
« rentins, où l'on exécute les opéra bouffons. Quelque
« jolie que soit la musique de ce genre, elle a bien de la
« peine à faire pardonner aux François le décousu des
« pieces qu'on y représente, qui sont toujours sans inté-
« rêt, sans situation et sans tableaux : c'est une dérision
« perpétuelle qui n'est rien moins que plaisante. *Caza-*
« *ciello*, le seul acteur qu'il y ait à Naples avec Polichi-
« nel, est, au théâtre de *San Carlino*, ce qu'est Gilles aux
« boulevards, s'il n'est pas plus bas encore : c'est cepen-
« dant le seul spectacle où j'aie vu les spectateurs atten-
« tifs (*a*) ». (Journal de M. de Non.)

(*a*) Dans les masques du théâtre italien, le Polichinel est napolitain, comme le Pantalon est de Venise, l'Arlequin de Bergame, etc.

Naples est la ville de l'univers qui a produit le plus de compositeurs du premier ordre : elle est la patrie des *Scarlati*, *Vinci*, *Leo*, *Pergolese*, *Porpora*, *Jomelli*, *Piccini* (*a*), et quantité d'autres maîtres célebres.

Cette ville a une musique particuliere, aussi étrangere à la musique italienne, et même à toute celle du reste de l'Europe, que peut l'être la musique des Écossois : peut-être n'est-elle pas moins ancienne qu'elle ; car elle n'est connue parmi le peuple de Naples que par tradition. On la trouve dans les *cansoni*, qui eux-mêmes sont écrits dans un langage qui differe autant de l'italien que le breton differe de l'anglois. Ces *cansoni* sont assez ordinairement accompagnés par un violon, une mandoline, et une *calascione* (*b*), (espece d'instrument très commun à Naples, qui ressemble assez à la guitare par sa forme, mais qui n'a que deux cordes montées à la quinte.)

Il est encore une autre espece de musique, mais tout-à-fait différente de celle-ci, qui s'exécute par des musiciens ambulants qui viennent, à certains temps de l'année, de la Calabre à Naples. Ce sont aussi des morceaux de chant ordinairement accompagnés d'une guitare et d'un violon. On trouve de cette musique dans plusieurs endroits d'un opéra de *Paesiello*, où elle fait beaucoup d'effet.

Il y a à Naples trois conservatoires établis pour l'ins-

(*a*) Ce célebre compositeur est né à Bari : mais il est venu si jeune à Naples, et y a demeuré tant d'années, qu'il peut regarder cette ville comme sa patrie.

(*b*) Nous connoissons ces instruments sous le nom de *calissoncini*.

truction des jeunes garçons destinés à la profession de la musique, à-peu-près dans la même forme que ceux établis à Venise pour les jeunes filles. Si ces derniers ont été célebres par le goût et la délicatesse de l'exécution dans leurs éleves, ceux de Naples n'ont pas joui d'une réputation moins brillante pour la science de la composition.

Ces écoles, appellées *Sant'-Onofrio, la Pietà*, et *Santa Maria di Loreto*, sont très anciennes, ainsi qu'on peut le voir par l'état de vétusté de leurs édifices. Dans le premier de ces conservatoires, le nombre des éleves se monte à environ quatre-vingt-dix, dans le second à cent trente, et dans le troisieme à deux cents. Chaque conservatoire a son uniforme particulier. Les enfants de *Sant'-Onofrio* sont habillés de blanc et brun, ceux *della Pietà* sont en uniforme bleu, et celui *di Santa Maria di Loreto* est blanc. Chaque école a deux principaux maîtres de chapelle : l'un est surintendant de l'école, et corrige les compositions des éleves; l'autre a l'inspection sur le chant, et donne des leçons de musique vocale. Il y a ensuite les *Maestri Scolari*, qui sont les conservatoristes les plus habiles qui enseignent à ceux qui le sont moins. Il y a en outre des professeurs pour chaque instrument, qui ne sont pas de la maison. On reçoit dans chacune de ces écoles les enfants depuis 8 à 10 ans jusqu'à vingt. Lorsqu'ils y entrent bien jeunes, ils s'y engagent ordinairement pour dix ans. Leur entrée y est plus difficile lorsqu'ils ont un certain âge, à moins qu'ils n'aient déja fait des progrès marqués dans l'étude de la musique. Lorsque ces enfants ont été un certain temps dans les conservatoires, s'ils n'annoncent pas de génie on les renvoie. On y reçoit aussi des éleves à titre de pensionnaires; et, parmi ceux qui sont engagés, il y en a qui restent dans les conservatoires, après que leur temps est expiré, pour enseigner les autres ; et, dans l'autre cas, ce n'est que par protection qu'ils obtiennent la permission d'en sortir. L'usage est que les élèves de chaque école prennent quelques jours de relâche pendant l'automne : c'est la seule vacance qu'ils aient pendant toute l'année. L'hiver ils se levent deux heures avant le jour, et leur exercice dure jusqu'à huit heures du soir, sans autre intervalle que celui d'une heure et demie pour le dîner. Leur travail est encore plus assidu dans l'été. Il est constant que cette persévérance, pendant un certain nombre d'années, avec du génie et de bons maîtres, doit produire de grands musiciens. Peu de jours après mon arrivée, ayant fait connoissance avec M. *Piccini,* ce fut de lui que j'appris les particularités que je viens de rapporter sur les conservatoires.

Curieux de connoître leur discipline intérieure, j'allai un matin dans celui de *S. Onofrio,* et j'en visitai avec attention toutes les salles. Lorsque j'entrai dans celle qui étoit commune à tous, on y exécutoit plusieurs concerts à la fois ; ce qui formoit un charivari aigre et perçant. On en use différemment lorsqu'il s'agit de musique vocale : on en donne les leçons dans une salle particuliere. Dans les heures où il n'y a point de concert régulier, chaque espece d'instrument est étudiée dans des salles différentes : les instruments à clavier se jouent dans une salle ; les violons, violoncelles, etc. dans une autre ; et les flûtes, hautbois, et autres instruments à vent, dans une troisieme. A l'égard des trompettes, cors et autres instruments bruyants, on les étudie dans les galeries, sur les escaliers, ou sur les toits.

Il y avoit dans ce conservatoire seize jeunes castrats qu'on avoit soin de tenir dans des appartements plus chauds que ceux des autres éleves, à cause du froid, qui pourroit non seulement affoiblir leur voix, mais encore la leur faire perdre entièrement sans cette précaution.

Je m'étois informé dans toute l'Italie quel étoit l'endroit où se faisoit sur les enfants cette opération qui a pour but de leur conserver ou de leur embellir la voix, sans qu'il m'eût été possible d'acquérir aucune connoissance certaine à ce sujet : à Milan on me disoit qu'elle se faisoit à Venise, à Venise on me renvoyoit à Bologne, à Bologne on nia le fait, et on me renvoya à Florence, de Florence à Rome, et de Rome à Naples. Je vis que les Italiens rougissoient eux-mêmes de cette opération contraire aux loix de la nature, et je sus qu'elle étoit aussi contraire aux loix de la nation. Après bien des recherches j'appris enfin que la castration étoit absolument défendue à Naples, et qu'elle ne se pratiquoit qu'à *Lecce*, dans la terre d'Otrante. On me dit aussi qu'on essayoit la voix de l'enfant dans un conservatoire avant qu'il fût livré à cet usage odieux, et que, lorsque l'épreuve donnoit des espérances, la victime étoit conduite au sacrifice par ses propres parents. Il y a pourtant excommunication prononcée contre les agents de cette pratique barbare : il y a même peine de mort contre eux (*a*), à moins que quelque vice

---

(*a*) Cet usage barbare a toujours été défendu à Naples, à moins d'une nécessité absolue pour sauver la vie de l'enfant. La castration est donc un traitement curatif adopté par la faculté pour prévenir ou guérir nombre d'affections auxquelles l'humanité est sujette; et lorsqu'un père pauvre a une nombreuse famille, il va persuader la faculté qu'en ôtant

dans les organes ne nécessite l'opération, et c'est assez ordinairement le prétexte dont on se sert pour éluder la loi : en un mot elle n'est tolérée que lorsqu'elle se fait du consentement de l'enfant, et il arrive très fréquemment qu'il la sollicite lui-même. Mais ce qui me persuade que cette opération ne se fait que trop souvent sans une épreuve réfléchie, c'est le grand nombre de castrats qu'on trouve dans chaque grande ville de l'Italie absolument sans voix, ou du moins sans une voix assez passable pour compenser une si grande perte.

Une fête solemnelle qui se célèbre chaque année à l'église des franciscains de cette ville, pendant l'espace de huit jours, me mit à portée de connoître, autant que je le desirois, l'état de la musique des conservatoires et les talents des éleves. Ces écoles fournissent alternativement la musique et les musiciens à cette église pendant l'octave de la fête, soir et matin. Je trouvai une grande différence entre les talents de ces jeunes gens et ceux des éleves des conservatoires de Venise.

---

la joie à un de ses enfants il la rendra à toute sa famille. Il obtient un certificat par lequel le médecin affirme que ledit enfant mourra si on ne lui fait l'opération : alors elle se fait avec toute l'authenticité requise. Si, après l'opération, la victime a la glotte et le larynx mal formés, il est dévoué de nouveau à la misere, et rentre tout vivant dans le néant. Mais si sa voix est nette, et qu'elle aille à l'*ut*, il vit dans les honneurs, caressé et desiré de tout le monde, payé par les théâtres, les églises, les couvents, les prêtres, les femmes, les maris ; tout contribue à sa fortune : sa voix éleve des palais et fait vivre sa famille dans l'opulence ; ce qui accroît l'émulation des peres et produit de nouvelles victimes. *Casariello* a fait bâtir un palais sur lequel il a fait mettre cette inscription :

Amphio Thebas, ego domum.

Les musiciens, en très grand nombre, et placés dans une galerie très décorée, étoient trop éloignés les uns des autres pour que, malgré les soins du directeur, la mesure fût toujours exactement gardée. Je ne trouvai point que la musique de ces conservatoires, ni la maniere dont elle fut exécutée, répondit à la célébrité qu'ils se sont acquise depuis si long-temps, et qu'ils ont pu mériter autrefois; mais comme il est de la nature de toute espece d'institution d'être sujette à des vicissitudes, on peut espérer que celle-ci, après avoir langui pendant un certain temps, brillera quelque jour d'un nouvel éclat.

L'église des franciscains l'emporte sur toutes celles de Naples par sa grandeur et sa magnificence: l'architecture en est fort bonne. L'intérieur de l'édifice est décoré avec une profusion étonnante : je n'y vis que dorures de tous côtés, et les endroits où il en manquoit étoient couverts de peintures. Cette église fut celle que je fréquentai le plus souvent, étant celle où l'on faisoit le plus de musique.

Il y eut au couvent *di donna Regina* une cérémonie pour la conversion de deux esclaves turques; ce qui me donna occasion d'entendre de la musique de Maïo, célebre maître élevé au conservatoire *della Pietà*. Ce fut la meilleure musique d'église que j'entendis à Naples, quoiqu'elle ne me parût pas trop bien exécutée. On me vanta beaucoup aussi celle de l'église des incurables, située à environ deux milles de Naples. Je m'y transportai le jour de la Toussaint ; mais je fus trompé dans mon espérance, et je n'entendis rien de plus satisfaisant dans toutes les autres églises que je visitai.

Le premier spectacle que je vis fut un opéra comique

en trois actes, de *Piccini*, joué sur le théâtre appellé *Fiorentini* : la réputation de l'auteur de la musique, celle de *Casaccia*, acteur bouffon, dont le jeu est original et plein du comique le plus singulier, plusieurs airs qui abondent en traits charmants, et qui étoient accompagnés avec la plus grande précision, firent tout le succès de cet ouvrage, dont le drame étoit pitoyable. J'assistai plusieurs fois à ce spectacle très fréquenté, quoique la cour fût alors à *Portici*, et qu'il y eût quantité de monde à la campagne. Je trouvai les entr'actes très longs, parcequ'il n'y avoit point de ballets. On a le même désagrément sur le théâtre de la nouvelle salle, les danses n'étant permises à Naples que sur le théâtre de saint Carle, qui a le titre de théâtre royal.

Je ne fus pas moins satisfait d'un autre opéra comique nommé *la Trame per amore*, et mis en musique par *Paesiello*, l'un des maîtres de chapelle de Naples, si connu par sa charmante *Frescatane* et par l'agréable musique du Barbier de Séville. Je vis représenter cette piece au théâtre de la nouvelle salle : la musique en étoit charmante, pleine d'imagination et de feu, comme tout ce qu'il fait. C'étoit alors sa quatorzieme représentation, et elle étoit suivie avec la plus grande affluence.

La nouvelle salle est à-peu-près de la même grandeur que celle des Florentins : elles ont l'une et l'autre cinq rangs de loges ; mais la premiere est moins agréable et moins commode, et l'on n'y peut parvenir que par des rues fort étroites. Celle de saint Carle est d'une structure noble, élégante, et de forme ovale, ayant sept rangs de loges qui peuvent contenir chacune dix à douze personnes assises fort à leur aise. Il y a trente loges à chaque rang, à l'exception des trois premiers rangs qui sont réduits à vingt-neuf, cet espace de moins servant à former la loge du roi. Il y a dans le parterre environ quinze rangs de sieges des plus commodes. Pour ce qui concerne la beauté et l'agrément, il est difficile d'imaginer rien de plus magnifique ni de plus brillant. Les loges sont superbement décorées, le théâtre est immense, les décorations pleines de goût et de noblesse, les habillements des acteurs riches et pompeux. Je ne connois que le spectacle sur le grand théâtre de Versailles qui soit plus beau, plus imposant et plus royal.

Ce fut sur ce théâtre qu'on représenta pour la premiere fois, pendant mon séjour à Naples, l'opéra intitulé *Demofoonte*, de la composition de *Jomelli*. J'y trouvai quelques morceaux foibles, et qui se ressentoient de son âge; mais l'ensemble étoit admirable quoiqu'ennuyeux; car les poëmes et la musique des pieces italiennes ont beau être excellents, et même les acteurs ont beau avoir les plus belles voix possibles, et chanter miraculeusement, les spectacles italiens ne pourront jamais que déplaire aux François par la gaucherie du jeu des acteurs. Cette gaucherie italienne, qui tient à la nation et à sa maniere de s'exprimer, est si basse et si ridicule, qu'elle ravale les plus belles choses, et ne peut plaire qu'à ceux qui n'ont jamais connu la majesté du théâtre françois. Les entr'actes de cet opéra furent remplis par trois ballets pantomimes assez gais. Le sujet du premier ballet étoit l'*Isola disabitata*: celui du second, le *Waxhall de Londres*. Le dernier ballet étoit une fête, où le peuple de Thrace célébroit l'hymen de *Creusa* et *Cherinto*, héros de la piece. Ces ballets furent exécutés avec toute l'intelligence, la précision et le goût imaginables.

Mais un plaisir vraiment délicieux, dont je jouis fort souvent pendant mon séjour à Naples, fut celui d'entendre des concerts charmants que le bon, l'aimable, l'habile *Piccini* me fit l'amitié de me donner chez lui presque tous les soirs. Il y passa en revue ce qu'il avoit fait de mieux, c'est-à-dire presque tous ses ouvrages ; et alors il en avoit déja composé près de cent quarante pour le théâtre, sans compter les *oratorio, motets, cantates*, etc. Madame *Piccini,* qui joignoit aux agrémens de la figure, de l'esprit, et du caractere le plus aimable, l'avantage d'une superbe voix, dont elle se servoit de la même maniere que son mari composoit, avoit la complaisance de chanter des heures entieres, qui ne nous sembloient que des moments. J'ai passé peu d'instants plus agréables dans ma vie ; et la musique exécutée ainsi cause bien d'autres sensations que les accords baroques (que certaines gens prennent pour du génie), les cris effroyables des acteurs, et le bacchanal assommant de l'orchestre, assemblage aussi grotesque que ridicule, que j'ai vu applaudir à tout rompre tant de fois par des spectateurs dignes d'un tel spectacle.

Qu'il me soit permis ici de faire considérer à mes lecteurs combien il est rare de trouver un homme qui, après avoir consolé l'Italie de la perte des *Vinci*, des *Leo*, des *Hasse*, des *Buranello*, après l'avoir remplie de tant de chefs-d'œuvre pendant plus de vingt-cinq ans, après s'être multiplié pour ainsi dire à la fois sur tous les théâtres de cette magnifique contrée, ait pu se déterminer à venir recommencer une nouvelle carriere, étant âgé de près de cinquante ans, et cela dans la ville de l'Europe la plus difficile, parcequ'on n'y a que du goût, et fort peu de connoissances de cet art.

Sachant à peine encore quelques mots de notre langue, et obligé de se soutenir contre un rival qui avoit changé absolument la face du théâtre, et qui avoit obtenu les plus grands succès, que de peines et de chefs-d'œuvre ne lui a-t-il pas fallu pour qu'on lui rendît une justice si méritée! Enfin *Roland, Atis, Didon, Pénélope, le faux Lord*, et les autres superbes morceaux de ses ouvrages, que je ne nomme pas, ont forcé la cabale à se taire, ou, ce que j'aime mieux croire, à devenir juste. Il vient de nous donner le modele du plus excellent récitatif que j'aie jamais entendu. J'avouerai cependant que les talents sublimes de madame Saint-Huberti ajoutent sûrement à sa beauté; mais cette célebre actrice pourroit-elle le rendre avec une perfection si inconcevable, s'il n'étoit pas réellement le langage de la nature? Le rôle de Pénélope, et même celui d'Ulysse, sont des modeles que j'ose conseiller à tous les compositeurs modernes de suivre de leur mieux. Les Grecs, qui étoient si amoureux de la belle déclamation, eussent été transportés de celle-là. Prions MM. de Marmontel et Piccini de nous donner encore quelques scenes aussi belles et aussi bien mises en musique que celle du troisieme acte de ce charmant ouvrage: elles fixeront enfin le bon, le véritable goût sur le premier théâtre de l'univers, et empêcheront qu'à l'avenir on ne prenne pour de la musique des cris semblables à ceux des criminels qu'on met à la torture.

J'éprouvai aussi à Naples un plaisir doux, pur et tranquille, que je ne me rappelle jamais sans que mes yeux soient mouillés de ces douces larmes causées par le souvenir du bonheur. Après le spectacle, qui ne finit qu'à plus de minuit dans cette ville, j'allois souvent passer le reste de la soirée chez mylady Hamilton, femme de l'ambassadeur d'Angleterre, ce chevalier Williams Hamilton, si célebre par ses connoissances en tous genres, et surtout en histoire naturelle. Son aimable femme joignoit à une figure agréable, aux vertus les plus douces, et au caractere le plus *sentimental,* le talent le plus rare pour le clavecin. Quoiqu'elle eût une exécution étonnante, son jeu étoit comme son ame, et pénétroit dans celles de ses auditeurs. Jamais je n'ai entendu jouer avec autant de goût et de sensibilité; presque toujours elle jouoit de tête, et ne se répétoit que rarement : il sembloit qu'elle causoit avec son instrument, qui ne lui répondoit jamais que des choses charmantes. C'étoit alors la plus belle saison de l'année; sa maison étoit située sur la mer, qui venoit mollement briser contre le rivage ses vagues doucement agitées par un zéphyr rafraîchissant qui s'étoit fait desirer toute la journée; son salon n'étoit éclairé que par les rayons pâles et tranquilles de la lune, par le scintillement des étoiles, et par le feu électrique qui s'échappe des flots dans ces parages brûlants bien plus que sur nos côtes; l'air étoit d'une pureté dont on ne jouit que dans les pays chauds, et qui ne commence à se faire sentir qu'au coucher du soleil!; enfin je ne puis peindre la situation de bonheur, de plaisir, de contentement, de jouissance, dans laquelle se terminoient ces délicieuses soirées, en entendant jouer mylady, ou bien chanter à demi-voix le célebre *Guadagni,* accompagné par trois voix aussi douces que la sienne, et qui exécutoient sans paroles les parties d'accompagnement. Cette charmante mélodie est ce qui peut seul nous donner une idée de la musique des anges. Je n'ai jamais entendu ni même soupçonné rien de céleste comme cette parfaite exécution ; et c'est certainement le plus grand plaisir que j'aie goûté en ma vie.

Hélas! il est perdu pour toujours! Cette femme si aimable et si digne d'être aimée a été enlevée au mari qui l'idolâtroit et aux amis qui l'adoroient : l'impitoyable mort l'a moissonnée au printemps de ses jours.

Je ne puis m'empêcher de rapporter ici une chanson qui fut faite à Naples pour parodier un air de sa composition. Les sentiments que cette chanson renferme étoient communs à tous ceux qui la voyoient.

Vos talents et vos attraits,
Dans une ame sensible,
En peu de temps ont trop fait de progrès.
Pour éviter les regrets,
Et jouir d'un sort paisible,
Il faut vous voir toujours, ou ne vous voir jamais.

De l'amour fidele image
Vos yeux commencent nos tourments,
Et vos doigts charmants
Achevent leur ouvrage.

Vos talents, etc.

(Note du traducteur.)

(13) M. Swinburne n'ayant que fort peu parlé des catacombes, on ne sera pas fâché de trouver ici la description que M. de Non en a faite.

« Il est bien difficile de juger de leur premier usage,
« et à quel but ces excavations furent commencées. L'idée
« généralement reçue sur ces sortes de souterrains, dans
« tout le pays, est que les premiers catholiques creuserent
« ces demeures sombres pour se dérober aux persécutions;

« mais comme les idées générales sont presque toutes des
« erreurs, on peut en toute confiance mettre celle-ci du
« nombre, à moins qu'on n'y ajoute un miracle, et qu'on
« ne fasse travailler des anges, soit à creuser, soit à dé-
« blayer les décombres. D'ailleurs, si les catacombes
« n'eussent été faites que pour receler les catholiques
« persécutés, ils n'auroient pas pris la peine de faire vingt
« fois plus qu'il ne falloit d'un ouvrage aussi pénible et
« aussi périlleux ; car quoique les tremblements de terre
« aient éboulé une partie de ces souterrains, quoique le
« danger de laisser subsister de si grandes et si sûres re-
« traites à voleurs en ait fait murer une autre partie, ce
« qui reste suffiroit pour cacher ce qu'il y a maintenant
« de chrétiens dans Naples. D'ailleurs le temps de la per-
« sécution a été court : pendant ce temps Naples étoit in-
« finiment moins grande qu'elle ne l'est actuellement ; il
« n'y avoit qu'une très petite partie de la population qui
« fût éclairée de la lumiere de la foi. Il est donc bien plus
« raisonnable de croire que les catacombes de cette ville
« avoient été creusées d'abord pour en tirer cette précieuse
« matiere si utile pour bâtir les murs et cimenter les ter-
« rasses, cette matiere volcanique que l'antiquité ne con-
« noissoit appartenir qu'aux seuls golfes de Pouzzole et
« de Naples, dont les Grecs et les Romains faisoient usage,
« et qu'il est à croire qu'ils y venoient chercher. D'après
« cela nous ne serons plus surpris de voir une montagne
« percée à trois étages par des souterrains bien entendus,
« qui ont chacun leur ouverture et leurs soupiraux, et
« dont les débouchés s'étendoient, assure-t-on, jusqu'à
« *Nola* et jusqu'à *Capoue*. Cela étant établi, on peut
« ajouter que ces excavations faites, elles ont servi dans

« la suite à divers usages, et sur-tout à la sépulture des
« morts. Il faudroit être même bien obstiné pour vouloir
« en douter à la vue des tombeaux et des ossements, qui
« ne font plus qu'un charnier de ces immenses souter-
« rains. Enfin, ce qui a pu faire croire que ces excava-
« tions n'avoient été faites que pour cacher les vivants et
« enterrer les morts, c'est que les sépultures y sont réelle-
« ment si fort entassées, qu'il seroit à présent fort difficile
« de trouver de la place pour en fabriquer de nouvelles.
« Mais cette multiplicité devoit en même temps faire
« penser qu'on y a inhumé des corps pendant une lon-
« gue suite de siècles, et que l'on n'a cessé d'en faire
« usage que lorsque les tombes ont tapissé absolument
« l'intérieur de ces cavités. Des peintures du dixieme et
« du douzieme siecles, qu'il est aisé de reconnoître aux
« proportions et au goût dont elles sont faites, prouveront
« sans réplique qu'il n'y a que depuis peu de temps qu'on
« a cessé de faire usage de ces sépultures ; et rien ne se-
« roit plus simple à penser, si l'amour du merveilleux ne
« fermoit toujours les yeux sur le vraisemblable. Cepen-
« dant il est fort possible qu'effectivement les catholiques
« s'y soient rendus quelquefois pour y célébrer mystérieu-
« sement les pieux exercices de leur religion : il se peut
« aussi, comme nous le rapporte l'histoire, que se déro-
« bant quelques moments à la palme du martyre, ils s'y
« soient cachés pour y rassembler les prosélytes, et leur y
« prêcher la parole de Dieu.

« Pour achever ce que nous avons à dire sur les cata-
« combes, et nous tirer des tombeaux, je dirai que nous
« cherchâmes inutilement une tombe qui n'eût pas été
« ouverte ; le soin que l'on a mis à les fouiller peut faire

« croire qu'elles renfermoient quelque chose de plus pré
« cieux que des reliques. Nous voulûmes fouiller cepen-
« dant, et nous envoyâmes chercher un serrurier; mais
« un prêtre l'ayant appris vint nous troubler avec ses scru-
« pules, et arrêta nos recherches, en ne nous quittant
« plus.

« Quelques inscriptions grecques et gothiques que l'on
« a ôtées des catacombes pour paver l'église qui y est atte-
« nante, rendent encore plus probable que l'on a fait
« usage de ce lieu, pendant plusieurs siècles, pour y en-
« terrer les morts ». (Journal de M. de Non.)

(14) « Le carnaval me ramena à Naples, où ce temps
« est absolument consacré au plaisir, et on peut dire à la
« franche gaieté. Une cour jeune, peu politique; une so-
« ciété sans rigidité dans les principes, et encore moins
« dans l'usage qu'elle fait de ceux qu'elle admet encore;
« un peuple insouciant que le besoin n'attriste pas, qui
« n'a de la misère que la saleté et la paresse : tout cela
« concourt à former une nation joyeuse. Aussi, depuis que
« j'existe et que je voyage, n'ai-je jamais vu un carnaval
« plus généralement bruyant. On peut dire, à la louange
« de la nation, que, quoiqu'il n'y ait pas de police dans la
« ville, que la population y soit innombrable, que le vin
« soit à bon marché, qu'il soit permis de se masquer tout le
« jour et toute la nuit, et de faire dans les rues le bruit que
« l'on veut, il ne s'y passe rien d'effrayant ni de funeste au
« repos public. Les attroupements sont bruyants, mais
« jamais orageux. Je vis le spectacle bien plaisant et bien
« national de la cocagne. Il s'en exécute autant qu'il y a
« de dimanches dans le carnaval; et chaque fois on change
« la décoration, qui consiste en un édifice en planches.

« représentant un temple avec des terrasses, ou une mon-
« tagne, ou des jardins, etc. Tout cela est formé de char-
« pentes et de décorations recouvertes de merluches, de
« pains, de quartiers de bœuf, de moutons, de veaux, et
« d'oies qu'avec une barbarie qui ne doit pas ajouter au
« plaisir on y attache vivantes quatre jours avant la fête.
« Les lazzarons s'attroupent et s'associent pour tout
« cela, au signal donné par un coup de canon que l'on
« tire du château neuf, sur la place duquel se fait la co-
« cagne. Alors l'œil a peine à suivre la rapidité du flot
« qui s'élance. L'édifice est couvert d'hommes jusqu'à
« son sommet ; et la fumée du canon n'est pas encore dis-
« sipée, que le pillage est fait jusqu'au moindre morceau.
« Le plus ingambe en emporte le plus, en remplit sa che-
« mise, et est reporté en triomphe par ses camarades.

« On fait à Naples plus de dépense en mascarades
« qu'ailleurs : on exécute de grands sujets avec magnifi-
« cence, et on forme des marches et des cavalcades, dont
« les plus grands seigneurs font la dépense, et sont eux-
« mêmes les acteurs. Quelquefois le roi ne dédaigne pas
« d'en être. Je le vis exécuter une somptueuse mascarade,
« qui avoit pour sujet l'entrée du grand seigneur à la Mec-
« que. Le nombre des hommes, des chevaux, des équipa-
« ges de suite, l'exactitude des costumes, leur magnifi-
« cence, donnoient à cette pompe une somptuosité tout-
« à-fait asiatique. Une grande quantité de musiciens à
« pied ouvroit la marche : ensuite venoient les janis-
« saires, ayant leur aga à leur tête : ensuite les spahis su-
« perbement montés ; le roi étoit à leur tête : ensuite les
« muftis, les derviches, l'iman, les bostangis, etc. tous
« magnifiquement costumés. On voyoit venir ensuite les

« présents portés par des esclaves, et un chameau chargé
« et couvert d'un tapis magnifique. Il devoit y avoir un
« éléphant; mais son caractere de gravité ne voulut pas
« se prêter à cette plaisanterie. Enfin paroissoit le grand
« seigneur avec quatre ambassadeurs, celui de Siam, de
« Perse, de la Chine, et des Indes. L'ambassadeur de
« France faisoit de très bonne grace le rôle de celui de
« la Chine. La marche étoit fermée par une nouvelle
« troupe de janissaires, qui entouroient un char sur lequel
« étoient toutes les sultanes européennes, africaines et
« asiatiques. La reine en étoit une. Elles étoient gardées
« par le chef des eunuques et des icoglans qui brûloient
« continuellement des parfums; et une seconde troupe
« de spahis, ainsi qu'une grande quantité de chevaux cou-
« verts de tapis, terminoient cette superbe mascarade. Je
« la vis passer dans la rue de Tolede; elle en tenoit pres-
« que toute la longueur. Il y avoit peut-être deux cents
« mille ames dans cette rue, et toutes vouloient voir à la
« fois : cependant quatre hommes de la garde à cheval
« ouvrirent la foule sans donner aucun coup, et presque
« sans bruit. La douce populace de Paris seroit-elle aussi
« soumise que la terrible populace de Naples ?

« Le carnaval étant fini, je me mis de nouveau à visiter
« la ville. Je trouvai le portrait de Jeanne Ire dans l'église
« de l'*Incoronata*, ancien palais que cette reine consa-
« cra en l'honneur de la sainte couronne d'épines, lors du
« couronnement de Louis de Tarente, son second mari.
« Le *Giotto* avoit décoré cette église de peintures à fres-
« que : il n'en reste plus que dans la chapelle du crucifix,
« qui font peu regretter ce que le temps a détruit. On
« peut cependant présumer que le *Giotto* devoit être le

« premier peintre d'un siecle où la peinture étoit encore
« plongée dans la nuit de la barbarie. La reine y est peinte
« à genoux, présentant à un chartreux l'acte de donation.
« Il y a quelque ordonnance dans cette peinture ; et mal-
« gré l'extrême dégradation, on trouve encore de la cou-
« leur.

« En continuant de courir les églises, j'entrai dans
« celle de saint Jean le Majeur, la plus ancienne de Na-
« ples, bâtie par Constantin sur les ruines d'un grand
« temple qu'Adrien avoit élevé à son cher Antinoüs ; et
« ce temple avoit été construit dans le même lieu où étoit
« le tombeau de *Parthénope,* fille d'un roi de Thessalie,
« ou l'une des sirenes, si l'on en croit Homere. Ce fut
« elle qui donna son nom à la premiere ville bâtie à l'en-
« droit où est maintenant celle de Naples. Une inscription
« que l'on voit dans cette église atteste l'authenticité de
« ces faits si incertains.

« En passant devant la demeure du célebre pere *de la*
« *Torre,* je ne pus résister au desir de rendre une visite à
« ce savant si honnête et si complaisant, dont les années
« n'ont pu altérer l'humeur, et dont le commerce est si
« doux, qu'en éclairant ses auditeurs ils sont tentés de
« croire que ce sont eux qui l'instruisent. Je savois que ce
« seroit lui faire ma cour que de lui parler de ses décou-
« vertes sur les matieres qui composent le sang ; et je lui
« demandai à voir les lentilles de microscopes, qu'il a per-
« fectionnées au point d'augmenter les objets jusqu'à 1600
« fois leur grosseur naturelle. Il me fit d'abord regarder un
« cheveu, que dans d'autres microscopes je n'avois jamais
« apperçu que comme un long tuyau. Dans le sien, il me
« parut semblable à une branche d'arbre, ayant une écorce

« opaque, où l'on voyoit distinctement des sinuosités, des
« nœuds, et dont le centre plus transparent laissoit voir le
« canal par où circule la seve nutritive qui produit la végé-
« tation. Ceci n'étoit que l'essai des lentilles, qui ont perdu
« ce nom chez le pere de la Torre, car elles ont perdu cette
« forme, et ne sont plus que des globules de verre parfai-
« tement ronds et presque imperceptibles.

« Ce pere, après avoir préparé deux talcs très diapha-
« nes, se tira une goutte de sang, dont il mit une très pe-
« tite portion entre les deux talcs, qu'il pressa, pour éten-
« dre et diviser à l'infini la substance de ce sang. L'ayant
« ensuite passé dans la coulisse, je vis d'abord une grande
« quantité de globules transparents, et qui nageoient dans
« un fluide. Ces globules, que l'on ne peut douter être la
« partie colorée du sang, étoient rassemblés par rangs de
« dix ou douze, et chaque rang se coupoit en différents
« sens, comme si l'on eût défait un collier de petits grains
« sans l'avoir défilé, et que l'on en eût mêlé les parties dis-
« jointes. La liqueur que renfermoient ces globules étoit
« lymphatique et couleur de gomme arabique. Après avoir
« examiné quelque temps cet état de l'opération, le pere
« retira sa petite navette, pressa de nouveau les deux talcs
« entre ses doigts, les remit dans la coulisse, et je vis les
« chaînons des petits grains défilés et épars : ce n'étoient
« plus des grains ronds, mais des anneaux très distincts,
« ressemblant encore plus qu'auparavant à des grains
« de verre, puisqu'ils présentoient l'ouverture par où il
« sembloit qu'il eût été possible de les enfiler. On peut
« juger de la petitesse de ces anneaux, puisque le micros-
« cope, les rendant à la vue 1600 fois plus gros qu'ils
« ne le sont, à peine le sont-ils encore autant que les plus

« petits grains que l'on emploie dans un collier ; et l'on ne
« doit plus être étonné que leur multitude, colorant le
« fluide dans lequel ils nagent, ne les présente à la vue na-
« turelle comme homogenes au fluide, ainsi que la cou-
« leur dans l'eau la teint en proportion de sa finesse, de
« la dissolution de ses parties, et de la limpidité de l'eau.

« Après quelques moments, le sang venant à se figer,
« la vésicule qui renfermoit la liqueur lymphatique se
« crispa, perdit sa forme ronde, et l'anneau se resserra
« considérablement. J'attendois qu'en séchant elle se dé-
« chirât, et devînt opaque ; mais soit que la compression
« des talcs eût privé d'air ce sang, soit une autre cause
« inconnue, les choses restant toujours dans le même
« état, nous fûmes obligés d'achever l'opération sur une
« autre navette, où il y avoit du sang desséché, et où je
« ne vis plus que la pellicule déchirée de ses anneaux,
« qui par sa nature étoit *couenneuse*, et par sa forme ressem-
« bloit à une *ramification*. Voilà où se termina notre ex-
« périence. Je quittai ensuite le vénérable physicien, aussi
« pénétré d'estime pour lui que d'admiration pour ses
« rares connoissances ». (Journal de M. de Non.)

(15) « La cour étant allée à Caserte, je m'y rendis quel-
« ques jours après. Caserte est bâti au pied d'une chaine
« de montagnes. On vante sa situation. Je ne sais si le sé-
« jour de Naples m'avoit gâté, mais je trouvai ce lieu fort
« triste. D'un côté, c'est une vaste plaine que rien ne
« borne, et où les objets se noient ; de l'autre, ce sont des
« montagnes arides et pelées. Le château est un gros édi-
« fice quarré, d'une architecture bien lourde et bien froide,
« distribuée symmétriquement par des cours claustrales et
« tristes, le tout orné presque en pure perte de tout ce que

« le royaume a pu fournir de précieuses dépouilles d'an-
« tiquités en marbre. L'escalier est d'une richesse pres-
« que incomparable. Les marbres les plus précieux sont
« également prodigués dans la chapelle. Il y a tout près
« de Caserte les deux châteaux de *santo Leuce* et *Belve-*
« *dere*, maisons de chasse, que le roi aime en prince de
« la maison de Bourbon. De Caserte je me rendis à *Ca-*
« *poue la vieille*. Cette ville si célebre par ses délices qui
« firent perdre à Annibal tous les avantages de la victoire
« de Cannes ; cette Capoue, dit Tite Live, qui fut aussi
« funeste aux Carthaginois que Cannes l'avoit été aux Ro-
« mains, fit des âpres Africains de voluptueux Sybarites.
« Cette ville corrompit même les Romains qui s'en étoient
« emparés, et fit de sa garnison les premiers traîtres que
« Rome ait trouvés dans son sein, et le premier mouve-
« ment de guerre civile qu'ait éprouvé cette république.
« L'an de Rome 413, 341 ans avant J. C. Capoue étoit
« la possession des Romains la plus éloignée de Rome : elle
« s'étoit donnée à eux pour qu'ils la défendissent contre
« les Samnites.

« Nous allâmes à pied de Caserte à Capoue, en sui-
« vant pendant plus de deux milles la voie appienne, sur
« laquelle on a fait un beau chemin. Nous rencontrâ-
« mes d'abord à gauche un tombeau assez conservé,
« construit en *mattoni*, à deux étages, sur un soubasse-
« ment quarré. Le premier, flanqué de quatre grosses co-
« lonnes engagées dans le tailloir des chapiteaux, pro-
« filoit avec la corniche : trois niches sur chaque face,
« dont deux se terminoient en coquille, et l'autre quarrée,
« étoient surmontées d'un fronton ; ces trois niches, pla-
« cées sur un plan concave, donnoient à celui de cet étage

« la forme du plan du tailloir d'un chapiteau corinthien.
« Le second étage, de forme circulaire, étoit décoré de huit
« colonnes engagées, terminées d'une corniche. Quoique
« ce monument fût d'une architecture un peu tourmen-
« tée, sa forme, en général, est pittoresque, et pyramide
« agréablement à l'œil.

« A quatre cents pas plus loin, on trouve un autre
« tombeau plus grand, et d'un effet plus agréable. Il est à
« droite du chemin, très bien conservé, de forme circu-
« laire, décoré de vingt-sept colonnes engagées, d'ordre
« dorique antique, revêtues en stuc, et cannelées. Si ce
« monument n'étoit pas dans la ville, il en étoit au moins
« très près, car nous trouvâmes bientôt après les restes
« d'un édifice quarré, dont il ne subsiste que des galeries
« basses, voûtées, et revêtues en stuc. Ces galeries fai-
« soient le tour de cet édifice assez bien conservé, qui fait
« encore un superbe magasin. Tout à côté sont les ruines
« d'un théâtre si ruiné, qu'à peine en apperçoit-on quel-
« que forme. Il ne reste absolument rien de la partie du
« théâtre, et seulement quelques voûtes des derniers rangs
« des gradins ; mais de là on découvre les fastueux restes
« de l'amphithéâtre, encore assez conservés pour en don-
« ner tous les plans, avec les détails de sa construction.
« La premiere galerie extérieure étoit bâtie en pierres de
« taille superbes, posées à sec, et d'une maniere si in-
« destructible, que la fureur des barbares, ni le temps, ne
« sont pas encore parvenus à démolir ce fastueux édifice.
« Il n'est enterré que jusqu'à la moitié du premier étage,
« décoré d'un ordre dorique colossal. Il ne reste d'entier
« que deux arcades de la partie extérieure. Les autres
« galeries étoient en *mattoni*, revêtus en stuc. Elles sont

« assez conservées. La distribution des escaliers étoit aussi
« noble qu'ingénieuse pour l'effet et pour la commodité :
« deux rampes opposées montoient à un même palier, qui
« distribuoit à deux autres nouvelles rampes. On appelle
« encore le champ derriere l'amphithéâtre *campi degli*
« *veri lasci*, nom qui vient, dit-on, de ce que les Romains
« prirent cette route en retournant à Rome après la ca-
« tastrophe de Caudium, ne voulant point entrer dans la
« ville, quoique les Capouans eussent été au-devant d'eux,
« leur portant des habits, et les traitant comme des alliés
« vainqueurs.

« Il n'existe plus de la ville qu'une seule porte ; en-
« core n'est-il pas bien décidé si ce n'étoit pas un arc
« de triomphe, quoiqu'il ne reste rien de son ancienne
« décoration. Le soubassement, l'enfoncement des niches,
« et l'arrachement des morceaux de marbre, dont il reste
« des fragments cassés, et attachés encore dans les *matto-*
« *ni*, ne laissent aucun doute qu'elle n'ait été décorée
« de colonnes, et revêtue en marbre. Il ne reste plus que
« deux arcades, mais le plan indique avec certitude qu'il
« y en avoit une troisieme. Nous trouvâmes encore deux
« vestiges de temples. Il y a dans un une niche dont
« l'arc a quarante pieds d'ouverture : selon toute appa-
« rence, c'étoit celle qui faisoit le fond du temple.

« Je cherchai en vain ce qui pouvoit faire les délices
« de Capoue : je ne pus rien imaginer que son abondance
« et la fertilité de son sol ; car sa situation n'a rien de
« délicieux. D'un côté, on ne voit que des montagnes
« grises, tristes et pelées, et qui l'ont toujours été ; de
« l'autre, une vaste plaine, qui ressemble au calme de
« la mer. Dans les environs, il n'y a ni riviere ni même

« un grand ruisseau. Le terrain est sablonneux, mais
« fertile au-delà de tout ce qu'on peut se représenter;
« et c'est ce qui a dû faire les délices des Carthaginois,
« parceque les délices d'une armée sont de bien manger,
« de bien boire, et que quelque abondante que soit ac-
« tuellement cette plaine, elle a dû l'être encore davan-
« tage, les cendres volcaniques qui la composent ayant
« dû, par le temps, perdre une partie de leurs sels. Je
« trouvai, dans les champs, près de la montagne, une
« carriere, où, à soixante pieds de profondeur, on tiroit
« encore le tuf, mêlé de ponces et de scories. Toute cette
« vaste plaine, étant de même matiere, prouve incon-
« testablement de quel avantage sont les volcans, ainsi
« que la prodigieuse et longue fertilité qu'ils donnent aux
« pays qu'ils ont dévastés un moment.

« En revenant à Caserte, nous traversâmes le village
« de *Santa Maria di Capua*, qui donne encore une idée
« de l'ancienne opulence de la vieille Capoue par sa po-
« pulation, qui va à plus de dix mille ames, et l'air d'ai-
« sance des habitants de ce village.

« M. de la Lande ayant donné, dans son voyage, les
« détails les plus exacts sur Caserte, et sur son superbe
« aqueduc, j'y renvoie mes lecteurs qui seront curieux de
« les connoître ». (Journal de M. de Non.)

(16) VOYAGES AU VÉSUVE,

ET

RELATION DE L'ÉRUPTION DE 1779.

« A mon arrivée à Naples, je trouvai le Vésuve si calme
« et si couvert de neige, que je ne fus point curieux de
« commencer par aller l'examiner. Il est vrai que ce Vé-
« suve si fameux, lorsqu'il est sans flamme et sans fu-
« mée n'est plus qu'une montagne ordinaire, quoique
« son sommet soit, dit-on, à dix-huit cents pieds au-dessus
« du niveau de la mer; mais la largeur de sa base et l'épais-
« seur des différentes couches de lave qui se sont amon-
« celées tout autour, font disparoître à l'œil la moitié
« de son élévation. Le Vésuve étoit resté dans mon es-
« prit comme l'impression de ces fantômes dont on berce
« les enfants, ou comme ces objets monstrueux dont on
« parle quelquefois, et qu'on ne voit jamais. Peut-être
« aussi l'habitude qu'acquièrent à la longue les voya-
« geurs, de voir rapetisser les objets en s'en approchant,
« avoit-elle causé mon indifférence. Ma curiosité n'étant
« donc point excitée me laissoit sans impatience, lors-
« qu'un soir qu'il avoit plu par un vent de *siroco*, on
« vint tout-à-coup m'avertir que le Vésuve jettoit des
« flammes. Je courus bien vîte au môle, et j'apperçus
« aussitôt une grande fumée, mêlée de quelques bouffées
« d'étincelles : il y eut quelques secousses de tremble-
« ment de terre; on entendoit bruire l'intérieur du gouffre;
« et j'attendis, avec la plus grande impatience, que la
« pluie à verse qu'il faisoit nous permît d'approcher de

« la montagne, dont les nuages enveloppoient le sommet.

« Le lendemain nous partîmes pour *Portici*, pleins de
« l'ardeur de la curiosité, et d'espoir de la satisfaire. Nous
« avions à notre tête *Bartolomeo*, général des Cicérons
« du Vésuve ; il nous procura la quantité de mulets et
« d'ânes nécessaires pour monter jusqu'à moitié du vol-
« can, et autant de lazzarons pour nous hisser jusqu'au
« sommet, ce qu'ils font en prenant à deux un voyageur
« par-dessous l'épaule et lui aidant ainsi à marcher, ou
« bien en se ceignant d'une grosse ceinture de cuir, et
« marchant devant le voyageur qui tient un bout de cette
« ceinture.

« Nous traversâmes *Portici*, et ensuite *Resina*, village
« bâti sur la lave qui couvre *Herculanum*. Les environs
« de *Resina* sont plantés d'arbres fruitiers, et de vignes
« très abondantes, rapportant le vin connu sous le nom
« de *Lacryma Christi*, qui croît à travers et sur les dés-
« astres des fleuves de feu dont le Vésuve est la source.
« Dans ce lieu de désolation la nature et les éléments se
« disputent son sol ; alternativement le feu reprend sur
« les productions ce que le temps avoit laissé reprendre
« sur ce que les fleuves de feu avoient occupé. On distin-
« gue toutes les laves des différents siecles, et on y recon-
« noît toutes les célebres éruptions les plus récentes ; elles
« ne laissent voir à leur superficie que des scories ferru-
« gineuses et bitumineuses de la couleur et de la consis-
« tance du mâchefer. Au bout d'un siecle, cette calcina-
« tion commence à n'être plus si aigre ; elle se couvre
« d'abord de mousse ou lichen, qui se corrompt, se régé-
« nere, se charge de poussiere qu'elle retient, produit la
« fermentation, et bientôt le genêt, la lavande ; et chaque

« degré de végétation arrive à son tour, jusqu'à ce que le
« contact d'une nouvelle lave vienne soulever et remettre
« en fusion cette matiere régénérée par les siecles.

« Après avoir cheminé une heure sur nos mules, nous
« en descendîmes pour monter à pied le reste de la route,
« qui devint alors très rapide, et est dénuée de toute vé-
« gétation : ce n'est plus que cendres, scories, mâchefer,
« mêlés de parties de soufre et d'alun.

« A cet endroit la montagne de *Somma*, qui depuis
« Naples paroît aussi haute que le Vésuve, commence à
« s'abaisser à l'œil, et semble faire une circonvallation
« autour de la forme perpendiculaire du Vésuve. On a
« bien souvent discuté si ces deux montagnes n'en avoient
« autrefois composé qu'une seule ; mais à la forme il est
« bien difficile de se refuser à cette probabilité. On y op-
« pose que la partie latérale de la *Somma* qui regarde
« le Vésuve, est une roche franche, qui n'est ni lave, ni
« cendre, ni calcination. On pourroit répondre à cette
« objection, que le côté du Vésuve le plus voisin de la
« mer, et qui est opposé à la *Somma*, est de la même na-
« ture de pierre, et que cette pierre n'est autre chose que
« de la lave.

« Cependant, s'il m'étoit permis de voir par mes yeux,
« je croirois que le cratere du Vésuve a d'abord été plus
« éloigné de la mer qu'il ne l'est aujourd'hui, et plus pro-
« che de la *Somma*. Je croirois aussi que cette montagne
« ayant été rompue par de violentes explosions (*a*), le feu

(*a*) Cette premiere explosion doit être de toute antiquité, à en croire ce que dit Diodore de Sicile, *liv. IV, ch.* 6 :

« Cette contrée s'appelloit *Champ Phlégréen*, à cause d'une mon-

« a gagné le côté où il y avoit plus de matiere, et où elle
« pouvoit être plus naturellement régénérée; c'est in-
« dubitablement le côté de la mer. Quoi qu'il en soit, rien
« ne peut offrir un aspect plus sévere et plus terrible que
« la vallée qui est entre le Vésuve et la *Somma*. On ne
« peut s'en faire une idée sans l'avoir vue; et en la voyant
« on sent l'impossibilité de la peindre. Comment copier
« de ressouvenir les tons d'une nature qui ne se trouve
« que là, et qui est toujours au-dessus de ce que la mé-
« moire en peut conserver? C'est le chemin des enfers,
« l'attelier de Vulcain : c'est tout ce que l'imagination des
« hommes a pu enfanter de plus gigantesquement affreux:
« c'est là vraiment ce qu'Hercule auroit dû nommer les
« Champs Phlégréens, et non pas cette belle plaine riante
« et fortunée que l'on voit à l'occident de Naples, et qui
« forme un si beau contraste avec le Vésuve, lorsqu'en le
« gravissant on est obligé de s'asseoir pour se reposer. Un
« poëte qui eût fait de la *Somma* la route des enfers, au-
« roit pu commencer le tourment des ames criminelles en
« leur faisant regarder pour la derniere fois le superbe pays
« qu'elles perdoient pour toujours.

« A la moitié de la partie escarpée de la montagne, il
« y a une espece de corniche ou repos, qui paroît la cein-
« dre tout autour. De là nous découvrîmes le cap de *Sor-*
« *rento*, l'isle de *Caprée*, celles d'*Ischia*, de *Nisida*, de
« *Procida*; le cap de *Misene, Pouzzole*, le Pausilype, le

« tagne de ce pays-là qui jettoit jadis des flammes comme en jette le
« mont Etna en Sicile. Cette montagne est à présent nommée le mont
« Vésuve; et on y remarque encore aujourd'hui des traces de son anti-
« que embrasement ». (Note du traducteur.)

« beau *bassin de la rade*, la ville qui la borde et se déve-
« loppe en amphithéâtre, *Portici*, *Castel Greco*, et les
« *Camaldules*, qui semblent terminer le paysage par un
« parterre, et mettre un jardin sur le premier plan du ta-
« bleau.

« Dans le moment où je repaissois mes yeux de ce riant
« et sublime spectacle, l'impétueux *siroco* vint changer la
« scene, aussi rapidement qu'un coup de sifflet change
« celle de l'opéra. Il précipita sur la montagne des nuages
« qui tirerent un rideau sur toute la nature, et nous ne
« vîmes bientôt plus que ce que nos mains pouvoient
« toucher. L'espoir que le vent qui avoit apporté cette
« bruine la dissiperoit incessamment, nous fit continuer
« notre escalade. Cependant le vent augmentoit à nous
« renverser, et devenoit si froid, que la vapeur humide se
« congeloit en frimas sur nos vêtements ; la pluie vint
« sans dissiper le brouillard, et nous arrivâmes enfin au
« cratere, sans nous en appercevoir que par la fatigue que
« nous avions éprouvée. Dès que nous commençâmes à
« y descendre, nous nous trouvâmes comme dans une
« étuve : nous passâmes sur de la lave encore brûlante,
« qu'on nous dit être celle de la nuit précédente. Nous
« enjambâmes sur des crevasses, d'où sortoient des moufet-
« tes, ou camouflets soufrés, dont la chaleur étoit insup-
« portable au toucher, et la vapeur étouffante. La fumée
« de ces bouches se mêlant au brouillard, le rendoit en-
« core plus épais, et ajoutoit à l'effroi de ce lieu terrible :
« nous trouvions à chaque moment des scories isolées,
« que nos *lazzarons* nous disoient avoir été jettées la
« veille : nous entendions à chaque instant, très près de
« nous, le bruit de l'explosion, sans en voir l'effet : nous

« continuions de descendre et de marcher sur une croûte
« très friable qui avoit la figure d'un métal fondu et re-
« froidi, qui s'enfonçoit à chaque instant sous nos pieds,
« non sans nous causer quelque crainte, augmentée en-
« core par celle de nos conducteurs, qui, de peur de s'é-
« garer, n'osoient se séparer de quelques pas sans s'ap-
« peller continuellement. Nous arrivâmes à une petite
« breche, qu'on nous dit être une des principales bou-
« ches; un des lazzarons y jetta un morceau de lave, qui
« fut long-temps à bruire en tombant. Ils nous logerent
« ensuite sous une grotte, ou, pour mieux dire, sous une
« espece de *croquante*, formée par une boursouflure de la
« matiere ferrugineuse et bitumineuse. La grandeur de
« cette voûte me parut de trente pieds en tous sens sur
« sept d'élévation; et l'épaisseur n'étoit qu'une simple
« lame, ce qui m'ouvrit les yeux sur le danger de marcher
« sur les scories, dont la fracture pourroit engouffrer dans
« une étuve suffoquante, telle que cette grotte doit l'avoir
« été, et telle qu'il en peut exister à chaque pas que l'on
« fait dans le cratere. Le sol de cette cavité paroissoit
« formé d'un métal plus lourd et plus épuré, mais cepen-
« dant ayant toujours la forme d'un métal mis en fusion
« par un degré de feu trop violent. On nous apportoit
« des morceaux de sel marin en crystallisation; et à cha-
« que instant nous prenions, des ouvertures des moufettes,
« des scories soufrées, des congelations huileuses en for-
« me de stalactites. Deux ou trois explosions consécutives,
« bruyantes comme celle d'une mine, changerent l'objet
« de nos observations. Nous remarquâmes que nous étions
« sur la partie de l'explosion, sans pouvoir juger ni du
« vent ni de la direction des scories que nous ne pouvions

« distinguer : nous pensâmes donc à la retraite. C'est alors
« que je sentis le désespoir qu'on éprouveroit à se trouver
« égaré par un temps semblable à celui qu'il faisoit alors,
« où toute possibilité de s'orienter est absolûment ôtée, et
« où l'on ne trouve aucune raison déterminante de choisir
« le côté du danger ou celui qui en éloigne.

« Au chemin que nous fîmes pour remonter la crête, je
« jugeai que nous étions descendus à-peu-près soixante
« pieds dans le cratere. Dès que nous fûmes sortis de cet
« abri, le vent nous reprit avec violence ; ce n'étoit plus de
« la pluie qui tomboit, c'étoit une masse d'eau, une inon-
« dation, un déluge, ce qui nous ôta en partie le plaisir que
« l'on a à descendre si facilement ce qui a tant coûté à gra-
« vir : on fait en un quart d'heure le chemin qu'on avoit
« fait en six, et sans avoir presque la peine de se donner
« aucun mouvement : les cendres s'éboulent sous les pieds,
« et le moindre mouvement des jambes fait cheminer ra-
« pidement et de la maniere la plus douce. Il est très
« utile de se précautionner de guêtres ou de bottes molles
« pour prévenir l'inconvénient des scories roulantes que
« l'on met en mouvement, et qui peuvent dans leur chûte
« atteindre les jambes, et les blesser.

« Nous retrouvâmes nos mulets aussi mouillés que
« nous ; et l'état déplorable où nous étions me fit trou-
« ver excessivement long le chemin que j'avois trouvé si
« délicieux le matin. L'orage avoit encore changé de na-
« ture ; nous avions essuyé de la grêle, ensuite un tonnerre
« violent, et une secousse de tremblement de terre (que
« nous ne sentîmes pas, sans doute à cause du mouvement
« de nos mules, car il ne fut remarqué que par ceux qui
« étoient dans l'inaction.) Nous trouvâmes à *Portici* le

« carrosse qui nous y avoit conduits ; il nous ramena à Na-
« ples, après que nous eûmes éprouvé tout ce que la nature
« a d'intempérie, mais avec plus de desir que jamais d'aller
« observer de nouveau ce prodigieux phénomene.

« Peu de jours après nous retournâmes au Vésuve : les
« approches du cratere ne me parurent plus aussi terribles
« par le soleil, et ne m'inspirerent plus le même effroi. Je
« repassai avec sécurité dans les mêmes sentiers qui m'a-
« voient paru si dangereux dans un temps nébuleux. C'est
« de l'obscurité que naissent les fantômes, et d'eux sont
« produites la peur et la crédulité. Plus on s'approche du
« sommet, et plus le terrain s'enflamme : nous ne pou-
« vions découvrir d'un demi-pouce la surface de la cendre,
« que le sol ne devînt d'une chaleur insupportable, non
« seulement à la main, mais aussi aux pieds ; et dès que nous
« creusions de six pouces, il sortoit une fumée considéra-
« ble, et des bâtons s'y enflammoient. On ne pouvoit frap-
« per du pied, ni jetter une pierre un peu considérable, sans
« que cela ne causât un ébranlement très sensible à trente
« pas à la ronde, et que le terrain ne résonnât comme lors-
« que l'on frappe sur une voûte. Nous ne fûmes plus éton-
« nés de ces effets, lorsqu'à quelque cent pas de là nous
« nous trouvâmes sur le bord, ou, pour mieux dire, sur une
« demi-voussure d'un gouffre d'un mille de tour, et de
« cent pieds environ de profondeur : voilà ce que je trou-
« vai au lieu du monticule dont j'avois si souvent entendu
« parler, et que l'on me dit avoir été formé par douze érup-
« tions. Il étoit midi quand j'y arrivai ; il n'y avoit dans
« l'air que la vapeur qui s'exhaloit de toutes les parties du
« cratere, et deux colonnes de fumée qui partoient de deux
« bouches enflammées, dont l'une pouvoit bien avoir

« quinze pieds de diametre, et d'où il sortoit perpétuelle-
« ment une flamme légere qui s'élevoit à quatre pieds de
« hauteur ; et par chaque deux minutes 'l en sortoit, avec
« un bruit effroyable, une colonne de matieres enflam-
« mées qui étoient lancées à cent vingt pieds de hauteur,
« et retomboient presque perpendiculairement : le mo-
« ment d'après elles redevenoient noires, et formoient, en
« s'amoncelant, un nouveau monticule autour de cette
« bouche ; ce qui explique les variations de la forme du
« cratere du Vésuve, qui, ayant amassé dans son sein une
« prodigieuse quantité de cendre, de tuf, de laves et de
« scories, les lance en dehors, puis les retire en faisant
« écrouler le monticule qu'elles ont formé. Lorsque les
« matieres amoncelées compriment le feu, la montagne
« s'ébranle, la matiere élaborée cherche une issue, et
« tout-à-coup, par une violente explosion, produit ces
« immenses laves qui forment des fleuves de feu de deux
« lieues de cours, et couvrent de cendres et de pierres-
« ponces des circonférences de six lieues de diametre.

« La seconde et plus petite bouche étoit moins au cen-
« tre que l'autre, et avoit aussi ses explosions périodiques ;
« mais à chaque fois elle sembloit se combler, et chaque
« explosion la rouvroit avec un bruit qui paroissoit d'a-
« bord souterrain, mais finissoit par être plus déchirant
« et plus effrayant que celui de l'autre bouche, qui n'imi-
« toit que le bruit du canon. Il partoit aussi de temps en
« temps des bouffées de fumée qui s'élevoient de ce pré-
« cipice, dont l'escarpement étoit revêtu de milliers de
« *moufettes*, d'où s'exhaloient des vapeurs soufrées et vitrio-
« liques, qui produisent toutes les couleurs du prisme ; et
« les rayons du soleil, traversant ces vapeurs, et éclairant

« tout ce chaos, formoient un tableau que l'on ne peut
« décrire, et que l'art ne sauroit rendre. Je ne pouvois
« m'arracher de cet étonnant spectacle ; le mouvement
« continuel qui mettoit en action tout ce qui m'environ-
« noit, sembloit m'annoncer à chaque instant de nou-
« veaux effets du volcan : je n'osois quitter de l'œil ce
« gouffre épouvantable, dans la crainte de perdre le phé-
« nomene que je croyois toujours qu'il alloit produire. Je
« voyois distinctement le fond, et j'aurois voulu m'en ap-
« procher encore. Dans le moment que je m'y disposois,
« ma jambe s'enfonça tout-à-coup dans une fente de la
« lave, qui étoit recouverte d'une cendre soufrée et brû-
« lante, qui me fit sentir non seulement le danger de des-
« cendre dans le cratere, mais encore plus celui d'avancer
« vers les bouches, dont les bords peuvent à chaque mo-
« ment, par quelque mouvement de la montagne, s'ébou-
« ler dans le gouffre : à la fin j'abandonnai le sommet du
« volcan, en tournant cent fois la tête pour le revoir en-
« core, ainsi qu'un général repoussé par les ennemis
« abandonne à regret un superbe pays dont il a manqué la
« conquête.

« Nous descendîmes cette fois par le côté de la *Torre*
« *del-Greco*, plus rapide, plus sablonneux, et cependant
« moins fatigant que le côté des *Rapilles*, par lequel
« nous étions descendus la premiere fois : il n'y a qu'à se
« laisser aller pour arriver ; et la cendre en est si douce,
« que les chûtes sont sans inconvénient.

« Nous passâmes au pied du couvent des *camaldules*,
« bâti dans un ancien cratere, dont l'époque de l'éruption
« s'est perdue dans les siecles de barbarie, où l'on n'obser-
« voit ni n'écrivoit rien. Ce bâtiment ressemble à une

« petite isle enchantée entre deux bras d'un fleuve de lave.
« Des moines, d'une regle aussi austere et aussi effrayante
« que le Vésuve, sont allés se nicher dans ce joli pot de
« fleurs, dont la situation est certainement unique.

« Nous traversâmes ensuite la lave de l'année d'aupa-
« ravant, qui fumoit et brûloit encore : enfin nous arrivâ-
« mes à l'entrée de la nuit aux bouches de *Monticoli*, qui
« sont autant de petits Vésuves éteints, qui expliquent en
« petit le système de celui dont ils sont des émanations.
« Ces *monticoli* sont trois bouches qui s'ouvrirent en
« 1760, presque au pied de la montagne, et recouvrirent,
« de la matiere qu'elles lancerent, douze autres bouches
« qui s'étoient ouvertes plus bas; et cette matiere entraîna
« le monticule que chaque bouche avoit formé autour
« d'elle.

« Le tuf, la cendre et la pierre-ponce, lancés par ces
« bouches, ont élevé ces *monti nuovi* à la hauteur d'envi-
« ron soixante pieds, ce qui pourroit n'être qu'un dimi-
« nutif du système de toutes les montagnes des environs
« de Naples : j'en eus la preuve quelques jours après, en
« allant examiner le ravin qu'a creusé la lave de 1767,
« du côté de l'hermitage. J'observai au moins cent pieds
« de hauteur de la tranche de la base du Vésuve, et j'y vis
« alternativement des lits de cendres, de scories, de laves
« et de pierres-ponces, de tuf, de pozzolane, et, à trois re-
« prises, toujours dans le même ordre : la plus profonde
« des couches étoit de pierres-ponces, ce que la lave pé-
« netre le plus difficilement par l'impossibilité de la faire
« entrer en fusion. J'observai aussi ce que j'avois présumé
« d'abord, que la lave dans le moment de l'éruption,
« comme la partie la plus lourde et la moins calcinée,

« étoit celle qui couloit à fond ; ensuite une matiere mé-
« tallique, torse, et remplie de bulles d'air ; puis la partie
« la plus légere et la plus bitumineuse qui forme les sco-
« ries qui se refroidissent plus facilement, se brisent, s'é-
« levent, et s'entassent dans tous les sens comme les gla-
« çons d'une riviere qui charie.

« Il y a encore une autre matiere moins élaborée ap-
« pellée tuf, et qui ne prend de consistance que lorsqu'au
« moment de l'éruption elle est mêlée avec de l'eau ; c'est
« de cette nature qu'étoit celle qui engloutit *Hercula-*
« *num* ». (Journal de M. de Non.)

Arrivé depuis quelques jours à Naples, l'un de mes premiers soins fut d'aller visiter le Vésuve, qui, par bonheur pour moi, jettoit alors des tourbillons de feux et de fumée : je ne comptois m'avancer que jusqu'à l'hermitage, ne me flattant pas qu'il fût possible d'aller plus loin. Un singulier hasard me força d'entreprendre le plus dangereux voyage que je ferai de ma vie. Je dînois ce jour-là chez M. le Baron de Breteuil, ambassadeur de France. M. le marquis de Bombelles, l'un de ses gentilshommes d'ambassade, apprenant que je comptois monter le soir au Vésuve, m'apprit qu'il ne falloit pas espérer d'aller plus loin que l'hermitage : il ajouta que deux Anglois avoient tenté la veille l'escalade du cratere, mais qu'ils avoient été obligés de s'arrêter chez l'hermite. Un Anglois qui dînoit aussi chez M. l'ambassadeur, prit la parole, et dit : « Je ne crois
« pas que ces messieurs tentent d'aller plus loin ; car ce
« que les Anglois ne peuvent pas est impossible aux au-
« tres. »

A cela je me contentai de répondre à M. de Bombelles que je pariois cent louis d'aller à cent toises plus loin que l'hermitage : l'Anglois ne répondit rien, et se contenta d'un souris. A neuf heures je partis pour *Portici,* accompagné de six camarades, d'autant de domestiques, et de vingt-cinq lazzarons commandés par le fameux *Bartolomeo*. Nous montâmes très doucement et assez facilement jusqu'à cet hermitage, terme fatal qu'on nous avoit prescrit pour point d'arrêt : la montagne étoit furieuse, et retentissoit d'un bruit épouvantable, mais qui inspiroit plus de curiosité que d'effroi.

Alors quittant nos mulets, ainsi que cela est d'usage, nous entreprimes de prouver qu'il étoit possible que d'autres exécutassent ce que des Anglois avoient vainement entrepris. L'hermite, qui me reconnut, à ma grande surprise, et que je reconnus aussi pour être le frere d'un comédien françois, nommé Veleine, fit son possible pour nous dissuader d'aller plus loin ; mais soit amour du merveilleux, soit (ce que j'aime mieux croire) l'orgueil de soutenir l'honneur de ma nation, le sort en étoit jetté, il fallut s'y abandonner : et certainement il est impossible de courir avec plus de gaieté à des dangers incroyables, et auxquels il étoit réellement fou de s'abandonner ; car j'essaierois vainement de peindre l'état d'enthousiasme où nous étions alors.

Je ne puis mieux comparer le bruit du volcan qu'à celui que feroient deux cents pieces de quarante-huit qui tireroient plusieurs coups par minute. La terre trembloit de tous les côtés, et paroissoit devoir s'abymer sous nos pas. Pour se faire entendre de son voisin, il falloit lui crier dans les oreilles. De moment en moment le volcan vomissoit des torrents de flammes, mêlées de pierres embrasées, dont quelques unes pesoient certainement plus de cent livres (a). *Bartolomeo* nous avoit fait gravir au vent, afin de n'avoir point à craindre d'être écrasés par quelque une de ces pierres, ou de ces scories : mais le vent pouvoit changer d'un moment à l'autre, et alors nous étions perdus sans ressource. Enfin après plusieurs pauses nécessaires pour reprendre haleine, et pour laisser à mon frere le temps de reprendre connoissance, car il la perdit sept fois pendant ce trajet (ne se portant pas bien depuis Venise, où il avoit été empoisonné, ainsi que moi), j'allois parvenir à la crête du sommet, lorsque j'entendis un cri horrible qui me glaça les sens ; et je vis passer devant moi une ombre épouvantée qui se précipitoit de la montagne en me conjurant d'une voix lugubre de ne pas aller plus loin. Cette ombre étoit un abbé que j'avois mené avec moi, et qui, étant parvenu avant moi à la crête, avoit été saisi d'effroi en appercevant la matiere enflammée s'élever du fond de l'abyme : il n'avoit pu résister à cet aspect terrible, et entraînant avec lui les lazzarons qui le soutenoient, en quelques minutes il avoit redescendu ce que nous avions été plus de trois heures à gravir ; et par la rapidité de sa course, véritablement ainsi qu'une ombre légere, il avoit disparu au moment même que je l'avois apperçu.

Sa peur, loin de m'intimider, me fit tellement rire, que mes forces en redoublerent, et je parvins enfin à ce but si redouté, l'objet de tous mes desirs : mon frere et mes autres

---

(a) Antoine Bulifon rapporte que, dans l'éruption de 1631, une pierre énorme fut jettée comme une bombe du fond du cratere du Vésuve, tomba sur la maison du marquis de *Lauro* à Nole, et y mit le feu. Nole est à douze milles du Vésuve.

compagnons y arriverent à-peu-près en même temps que moi, et nous jouîmes pendant plus d'une demi-heure du plus terrible spectacle que l'imagination puisse jamais se représenter : le volcan étoit sans cesse en travail, et lançoit des feux à plus de cinq cents pieds au-dessus de son cratere. Qu'on se représente la derniere girande d'un feu d'artifice, et que cette girande soit composée de cent mille fusées, on n'aura qu'une foible esquisse des feux que jettoit le Vésuve à chaque instant : on y voyoit aussi clair qu'en plein midi, et nous distinguions sans peine des objets fort éloignés. Tant que nous restions élevés sur la crête, nous étions en Sibérie ; le froid le plus violent nous coupoit le visage : descendions-nous dix pas dans le cratere, alors nous trouvant à l'abri des vents, nous éprouvions la chaleur de la zone torride, et plus forte encore. Il n'est pas possible de trouver ailleurs que sur un volcan une si grande différence en si peu d'espace.

De tous les côtés du cratere il sortoit des exhalaisons par des crevasses, qui quelquefois s'élargissoient sous nos pieds ; nous n'avions que le temps de les retirer, et souvent pour retomber dans une autre. Tout étoit en feu autour de nous, et tout étoit l'image d'une destruction universelle. Nous aurions pu et peut-être dû nous contenter de ce que nous venions de voir ; mais notre curiosité étoit tellement émue par le desir d'arriver jusqu'aux deux bouches qui vomissoient la matiere, que rien ne put nous arrêter. Cependant les lazzarons nous signifierent qu'ils ne consentiroient jamais à passer la crête du cratere, et que, pour tous les trésors du monde, ils ne nous accompagneroient pas si nous étions assez fous pour nous précipiter dans un danger certain. Nous ne fîmes aucune attention à ce qu'ils nous disoient, et nous entreprîmes ce terrible voyage, plutôt en aveugles étourdis qu'en naturalistes éclairés.

J'avois avec moi deux peintres et deux architectes célebres (*a*), qui avoient bien voulu m'accompagner depuis Rome. Ils s'élancerent, avec moi et deux de mes gens, dans la route de l'abyme, malgré les cris de mon frere, qui ne pouvoit se soutenir, étant épuisé de fatigue, de mes autres compagnons, et de tous les lazzarons qui nous condamnoient à périr.

Après avoir descendu environ soixante toises au milieu des scories brûlantes et des quartiers de rochers enflammés, vomis à chaque instant des flancs de la montagne, nous approchâmes tellement de la principale bouche, que nous parvinmes à appercevoir la lave enflammée qui étoit en fusion dans le fond de ce gouffre : nous la vîmes monter plusieurs fois jusqu'au bord de cette bouche, ainsi que l'on voit monter du café au moment qu'il va bouillir. Cette masse de lave, n'étant pas chassée avec assez de force, retomboit avec un fracas épouvantable jusqu'au fond de l'abyme. Cinq ou six fois de suite le flot de cette matiere retomboit et se relevoit, mais sans pouvoir prendre son essor ; à la sixieme ou septieme il s'enlevoit à une telle hauteur, qu'il inondoit de clarté tout le pays d'alentour. Tel fut le brillant, l'épouvantable, le sublime spectacle dont nos yeux ne purent se rassasier pendant l'espace de vingt à trente minutes ; et si le vent n'avoit changé tout-à-fait dans un instant, je crois qu'il eût été impossible de nous en arracher. Enfin, déplorant la triste néces-

---

(*a*) MM. Menageot, Berthelemy, Raymond et Poyet.

sité qui nous forçoit d'abandonner cet admirable laboratoire de la nature, nous remontâmes au plus vite le cratere, en courant risque mille fois de voir ces croûtes si fragiles s'effondrer sous nos pas. Le feu avoit tellement brûlé mes bottines, quoique la semelle eût près d'un pouce d'épaisseur, que je me trouvai absolument pieds nuds en arrivant à la cendre.

Dès que nous fûmes parvenus à la crête, saisis d'admiration pour toutes les beautés dont nous venions de jouir, nous dîmes le dernier adieu au Vésuve, du moins pour ce jour-là, car notre projet étoit de recommencer avant peu une visite encore plus prolongée.

Alors nous eûmes un plaisir d'un genre bien différent, qui devoit faire un singulier effet, apperçu de la ville. Ainsi que des bacchantes armées de thyrses et de cymbales, chacun de nous avoit dans les mains deux flambeaux pour se guider dans l'obscurité, qui paroissoit d'autant plus profonde que les feux du Vésuve nous avoient éblouis. Nous nous précipitâmes ensuite dans les cendres, et ne fûmes que quelques instants à retrouver l'hermitage, où d'excellent vin de *Lacryma Christi,* ou du moins qui nous parut tel, appaisa la soif brûlante qui nous dévoroit depuis long-temps. Après avoir pris congé du bon hermite, nous remontâmes sur nos mules, ivres du plaisir dont nous avions joui, peut-être plus encore que du *Lacryma Christi,* qu'on ne nous avoit point épargné. (Note du traducteur.)

« Au mois de mai 1779, il sortit du flanc de la mon-
« tagne du Vésuve une lave qui, après avoir coulé avec len-
« teur pendant huit à dix jours, s'éteignit. Le feu qui se ma-
« nifestoit de temps en temps au cratere, annonçoit que

« la montagne n'étoit point purgée par cette petite lave,
« et qu'elle étoit encore en mouvement. Le cratere supé-
« rieur étoit absolument plein, et sa superficie, lors de la
« petite éruption, n'étoit que cendres chaudes et légeres,
« d'où il s'élevoit, de moment en moment, des tourbillons
« de poussiere enflammée. Les choses en étoient restées
« à-peu-près en cet état, lorsque, dans les derniers jours
« de juillet, le feu se manifesta d'une maniere plus déci-
« dée : il s'ouvrit une bouche au sommet qui lança quel-
« ques pierres, et d'où sortit une lave qui commença à
« l'entrée de la nuit, et qui dans deux heures avoit déja
« fait un demi-mille. Cette lave descendit le lendemain
« jusques dans la vallée de *Somma*, cessa, et s'éteignit le
« jour d'après (*a*). Le 3 d'août, deux heures avant la nuit,
« la montagne fit entendre un grand bruit intérieur, et à
« la nuit on en apperçut le flanc couvert de quatre ou cinq

(*a*) Dans l'éruption terrible de 1737, des torrents de lave, sortis du flanc de la montagne, causerent des effets bien surprenants, et qui sont de la plus grande authenticité. Sur le chemin d'un de ces torrents on trouva non seulement des arbres qui n'avoient pas été brûlés et qui avoient encore toute leur verdure, mais encore des herbes tendres et menues, des touffes de gazon, dont la verdure n'avoit souffert aucune altération. La croûte supérieure de ce torrent ayant presque touché le vitrage d'une fenêtre du couvent des carmes, les vitres ne furent nullement endommagées, et même les feuilles de plomb qui les attachent ne fondirent point. Cependant dans le réfectoire la chaleur fut si terrible, qu'elle alla jusqu'à dissoudre des gobelets de verre qui étoient sur les tables, et en fit des masses informes.

Cette lave est remplie de sels en fleurs et en plumes. Plusieurs expériences faites sur ce sel ont prouvé,

1°. Qu'il est très semblable au sel ammoniac ;

2°. Qu'il est encore plus piquant, et presque caustique.

« ruisseaux de lave qui partoient des petites ouvertures
« qui s'étoient faites à la partie d'*Ottojano*, aux deux tiers
« de la hauteur de la montagne. Le 4, à deux heures après
« midi, il sortit du cratere une grande colonne de fumée
« qui s'éleva très haut. Le soir le sommet jettoit une lueur
« sombre. La lave en sortit de nouveau avec tant d'a-
« bondance, qu'elle eut bientôt atteint celle qui sortoit
« par le flanc, et en ferma les ouvertures.

« Le 5, à la nuit, la montagne étoit tout en feu ; il n'y
« avoit ni nuage ni fumée : une gerbe de feu qui partoit
« du cratere s'élevoit en ligne perpendiculaire à une hau-
« teur extraordinaire. La lave qui s'épanchoit au pied de
« la gerbe couloit depuis le sommet jusques dans la vallée
« de *Somma*, et s'y partageoit : une partie tournoit du
« côté d'*Ottojano*, l'autre prenoit la route de l'hermitage
« et de *Resina*, ce qui traçoit une route en terrasse diver-
« sement colorée depuis le bas de l'escarpement de la

3°. Le sel recueilli sur les pierres noirâtres est plus fort que celui que l'on ramasse sur les pierres blanches ou jaunes.

4°. Une égale portion d'eau dissout plus de sel du Vésuve que de sel ammoniac.

5°. Mis sur du feu, il répand une odeur de bitume et de pétrole.

6°. Jetté sur des charbons rouges, il ne pétille point, et s'évapore en fumée.

7°. Il ne s'évapore pas de suite, mais par bouffées.

8°. Mêlé avec l'huile de tartre, il ne fermente point, non plus qu'avec l'esprit de vitriol et l'esprit de sel, ce qui prouve que c'est un sel neutre qui n'a rien de l'acide ni de l'alkali.

9°. Une demi-once d'infusion de ce sel ayant été avalée par un chien, lui causa des convulsions et des douleurs horribles. Il en mourut au bout de quatre heures.

10°. Fondu dans l'eau, ce sel la refroidit presque comme de la glace.

« montagne jusqu'au sommet. La vapeur embrasée qui
« sortoit de ce torrent reflétoit sur la montagne, sur les
« campagnes des environs, et en faisoit un tableau aussi
« brillant que ceux que nous avons de la fameuse éruption
« de 67. Le 6 la gerbe s'abaissa presque absolument ; la
« lave cessa d'avancer, et se décolora presque entière-
« ment.

« La journée du 7 la montagne fut assez tranquille ;
« cependant le soir, entre onze heures et minuit, la lave

---

il en fait autant sur les liqueurs, excepté sur l'huile. Dans huit onces d'eau où avoient été fondues deux onces de sel, un thermometre de dix-huit pouces y ayant été plongé, l'esprit-de-vin y baissa de quatre pouces un quart.

Je vais placer ici la liste des principales éruptions connues du Vésuve.

Ans de J. C.

79, le 24 août : ce fut cela qui détruisit Herculanum et Pompéia.
203, sous l'empereur Sévere ; elle est rapportée par Dion et Galien.
472, sous Léon I, rapportée par Procope.
512, sous Théodoric, d'après Cassiodore et Procope.
685, sous Constantin IV, selon Sabellicus et Paul Diacre.
993, selon Rodolphe Glaber, moine de Cluni.
1036, sous Benoît IX, selon l'anonyme du mont Cassin.
1049, selon le cardinal Léon d'Ostie.
1138, sous Roger III, selon l'anonyme du mont Cassin.
1139, sous Innocent II, selon Falcone de Bénévent.
1306, selon Léandre Alberti.
1500, selon Ambroise Léon de Nole.
1538, naissance du *Monte Nuovo*.
1631, le 16 décembre, la plus forte depuis celle de 79.
1660, en juillet, selon Joseph Macrino.
1682, le 12 août.
1694, le 12 mars.

« commença de nouveau à couler : il vint un gros nuage
« orageux qui, en s'approchant de la montagne, fit l'effet
« de la barre de fer que l'on approche du tube électrisé ;
« il couvroit la montagne d'aigrettes et d'éclairs sillon-
« nants. La lave qui avoit coulé coloroit d'un rouge téné-
« breux le dessous du nuage, et la gerbe du sommet éclai-
« roit des nuages supérieurs de couleur de sang, ce qui
« commença à effrayer les habitants de Naples. Le 8 au
« matin la lave avoit cessé, mais le feu du cratere annon-

Ans de J. C.
    1701, le premier de juillet : il y avoit un torrent de lave de deux cents dix pieds de large, et haut de treize.
    1704, le 20 mai.
    1712, le 5 février.
    1717, le 6 juin.
    1730, le 27 février.
    1737, le 14 mai : Serrao en a donné l'histoire.
    1751, le 25 octobre, décrit par le pere de la Torre.
    1754, le 2 décembre, *idem*.
    1760, le 23 décembre, *idem*.
    1766, le 12 janvier, *idem*.
    1767, en mars, *idem*.
    1770.
    1771.
    1773.
    1774.
    1775.
    1776.
    1778.
    1779, le 8 août, le jet de feu étoit de plus de dix-huit mille pieds.
    1780.
    1785, au 15 novembre, date de cette note, l'éruption dure depuis onze mois.

(Note du traducteur.)

« çoit une grande fermentation intérieure. A l'entrée de
« la nuit la bouche lança de grosses pierres enflammées
« qui rouloient du haut de la montagne jusqu'en bas. On
« entendoit une rumeur qui annonçoit de grands événe-
« ments : effectivement, à une heure de nuit, la gerbe
« devint considérable ; le calme étoit parfait ; il n'y avoit
« pas un nuage dans l'air : le feu de la montagne, par la
« nuit la plus obscure, éclairoit à lire sur le môle. Le bruit
« avoit diminué, lorsque tout-à-coup il s'élança dans l'air
« une fumée noire à laquelle le feu succéda ; la montagne
« s'ouvrit au sommet du côté de *Somma ;* la bouche de-
« vint immense, et il s'en éleva une colonne de matiere
« fluide, de fumée et de pierres enflammées, qui forme-
« rent une gerbe de feu de dix-huit mille pieds d'élévation,
« selon le calcul de tous les géometres ; ce qu'il est facile
« de vérifier, la hauteur de la gerbe ayant plus de trois fois
« le diametre de sa base, qui étoit l'espace du Vésuve au
« sommet de la *Somma,* c'est-à-dire plus de six mille pieds.
« Jamais spectacle plus grand et plus étonnant ; jamais
« convulsion de la nature plus effrayante, suivie d'effets
« moins funestes, au-dessus de toutes descriptions ; la
« peinture même ne peut y arriver. La plus foible imita-
« tion paroîtra toujours incroyable à qui ne l'aura pas vu.
« La colonne de fumée, bien qu'elle dirigeât sur *Ottojano*
« étoit si élevée, qu'elle paroissoit couvrir Naples. En un
« instant la montagne ne parut plus qu'un globe de feu,
« et bientôt après disparut dans la vapeur. Des foudres
« coupoient dans tous les sens la gerbe de feu et la colonne
« de fumée. La pluie de feu étoit devenue si considérable,
« que le sommet de la montagne sembloit avoir été lancé
« en l'air. Des pierres grosses comme des tonneaux, quoi-

« qu'elles ne s'élevassent pas à beaucoup près autant que
« les autres, étoient vingt-cinq secondes à retomber dans
« la vallée de *Somma*, qui en paroissoit toute comblée.
« Les brousailles de la *Somma* et le bois d'*Ottojano*
« s'enflammerent tout-à-coup, soit par l'ardeur du feu,
« soit par les foudres qui n'étoient produites que par l'é-
« ruption, soit par la quantité de pierres enflammées qui
« y tomboient (*a*). Cet incendie jetta la consternation,
« et bientôt l'épouvante, en faisant connoître le danger
« d'un phénomene dont l'effet alloit toujours en augmen-
« tant. La populace s'abandonna à tout l'effroi dont elle
« est susceptible; on entendoit des cris de toutes parts.
« Le chemin de *Portici* se trouva couvert de tous les ha-
« bitants de *Resina*, *Torre del Greco*, et d'*ell' Annun-
« ziata*, qui portoient leurs enfants, et ce qu'ils avoient
« de plus précieux; et tout cela se passa dans l'espace de
« vingt-huit minutes que dura l'éruption, qui finit tout-
« à-coup, et laissa revoir la montagne avec à-peu-près les
« mêmes formes qu'auparavant, mais couverte de feu, qui
« dura à-peu-près la moitié de la nuit. Ce spectacle avoit
« été si inoui, qu'à peine fut-il cessé qu'il parut un rêve à
« ceux qui en avoient été les plus froids spectateurs. Le
« lendemain on apprit les dégâts de la veille; *Ottojano*
« écrasé et moitié brûlé, des hommes tués, d'autres bles-
« sés, et dix-huit pouces de cendres, ponces et pierres sur
« la surface de la terre; en suivant la direction du vent,
« des pierres et des cendres portées à cinquante milles. On
« en a envoyé de *Grotta Minarda*, et de *Monte Fusco*,
« du poids de deux onces.

(*a*) Il y en avoit de quatorze pieds de diametre qui allerent tomber à un demi-mille de la bouche.

« Le lendemain 9 la montagne étoit tranquille ; mais cependant à midi l'éruption recommença, non avec autant d'abondance, mais avec autant de force et d'élévation. Mais comme c'étoit de jour, et qu'on ne voyoit pas de feu, qu'on n'entendoit pas le bruit, cela ne causa aucune frayeur. Le soir fut tranquille. Le mardi 10 il plut tout le jour, et on ne vit presque pas la montagne. Le mercredi 11, à une heure après midi, il y eut même événement que le 9, et même sensation. Le vent chassant toujours au levant a empêché chaque jour que la cendre et les pierres ne vinssent porter l'effroi à Naples.

« Le 12 au matin la montagne fit un grand bruit.

« Le 13 tout parut éteint, de maniere que la montagne ne donna aucune apparence de feu. Le 13 au soir on apperçut de nouveau, dans les nuages qui se promenoient sur le sommet, le reflet du feu intérieur du cratere ; et le 14 on voyoit sortir de la fumée noire (*a*) ». (Journal de M. de Non.)

(*a*) Il n'est pas inutile, pour faire juger du caractere des Napolitains, de rapporter ici une chanson qui fut faite en l'honneur de S. Janvier, pour le remercier d'avoir arrêté l'incendie du Vésuve, lorsqu'il fut éteint.

Complainte sur le grand miracle opéré par le glorieux saint Janvier, lorsqu'il nous a délivrés de l'horrible incendie du Vésuve.

« Ah ! jeune Vierge aimable, qui portas un Dieu dans ton sein, aide-moi à chanter la vérité !

« L'année 1779, le second dimanche du mois d'août, à une heure de nuit, la montagne s'ouvrit ; le feu, le bitume, le sable, les cendres

Lettre écrite au traducteur par M. DE NON.

« Mon cher ami, vous m'avez paru desirer savoir des
« détails de l'état actuel du Vésuve, et des changements
« causés par la terrible éruption du 8 d'août. Votre curio-
« sité a déterminé la mienne ; et quoiqu'on n'eût pas en-
« core été au cratere, et que M. Hamilton en eût été re-
« poussé quelques jours auparavant par l'abondance de
« la fumée suffoquante, j'espérai d'être plus heureux, et
« je partis accompagné du Cicéron *Bartolomeo*, le seul
« courageux et le seul intelligent de tous les Cicérons du
« Vésuve.

« J'entrai par l'*Atrio del Cavallo*, c'est-à-dire par la
« vallée entre la *Somma* et le Vésuve. Je fis le même che-
« min que j'avois fait au mois de mai dernier ; je le trou-
« vai absolument changé, la vallée sensiblement élevée ;
« et au lieu des torrents de laves dures et compactes, le
« sol étoit composé de toutes les matieres qui ont été en-
« voyées dans la derniere éruption ; elles consistent en

« et les flammes qui en sortirent outre-passerent les cieux et les étoiles,
« et de la fumée sortoient des éclairs par milliers.

« Le feu couvrit la ville en forme de parasol, et les coups étoient tels
« que Parthenope en pleura, ainsi que les villages voisins.

« La lave couroit en forme de métal fondu, brûlant terres et mé-
« tairies. Des pierres et du sable étoient élancés avec un bruit effroya-
« ble.

« La mer tranquille et la ville paroissoient enflammées.

« Cette derniere ressembloit à Sodome en feu.

« Les foudres qui sortoient du Vésuve brûloient les plantes et les
« arbres. Enfin Dieu sait le dommage que le feu fit à tout ce qui entoure
« la montagne de *Somma*.

« pierres énormes, et qui pesent bien plus que je n'avois
« osé les estimer dans ma derniere description. La pre-
« miere que je rencontrai, et qui étoit un morceau de
« l'ourlet du cratere, a dix-huit pieds de long sur autant
« d'épaisseur, et dix à douze de largeur, formant un quarré
« long. Ce premier morceau étoit à plus d'un mille de la
« bouche. On peut imaginer quelle force et à quelle hau-
« teur il a fallu qu'un tel morceau ait été jetté pour arri-
« ver aussi loin. Cette masse étant composée de scories,
« de cendres, mêlées de pierres de lave, n'a cependant pas

« Les malheureux habitants de tous les pays circonvoisins éprouvè-
« rent un grand fléau, entre autres ceux d'*Ottojano*, *Portici*, *Resina*, et
« *la Torre*, lesquels en soupirant abandonnerent leurs maisons, et demi-
« morts arriverent à Naples chargés de leurs effets.

« Ceux de la ville, échevelés et épouvantés, gémissoient, et deman-
« doient à Dieu pitié et miséricorde.

« Les nobles, les grands et les petits pleuroient, les habitants de la
« campagne sonnoient les cloches, et il sembloit que Naples leur disoit
« adieu à tous.

« La nuit et le jour suivants, chacun en gémissant appelloit à son
« secours Jésus-Christ, la Vierge et saint Janvier ; et sur les deux heures
« le peuple exigea que le protecteur de la ville fût porté sur le pont de
« la Magdeleine, où étant arrivé, chacun prioit le saint d'accorder sa
« protection ; et à tant de prieres saint Janvier alla trouver la Vierge, en
« lui disant : Assiste ma ville de Naples. Alors Marie lui répondit en
« pleurant : Il y a trois jours que je demande grace à Dieu qui est irrité.

« Le saint répliqua humblement qu'il falloit redoubler les prieres ;
« et, s'adressant à l'Éternel, il commença par ces paroles :

« Par les mérites de ton sang, je te supplie de calmer ta colere, et de
« ne pas permettre que la ville que je protege souffre et périsse.

« Dieu lui dit : Ce peuple que tu proteges est devenu trop crimi-
« nel, et ne porte seulement pas respect à mon temple. Les lieux saints
« sont-ils donc devenus des théâtres et des rendez-vous d'amants ?

« le poids d'une autre que je trouvai à deux cents pas de
« là. Celui-ci a la forme d'une bombe de douze pieds de
« diametre, dont la matiere est une lave grise, dure, com-
« pacte et presque vitrifiée. J'en arrachai plusieurs parties
« grosses comme le pouce, qui étoient absolument res-
« semblantes au verre de bouteille, faisant feu au briquet.
« Sa superficie étoit couverte d'un sel marin blanc, qui la
« faisoit paroître comme un bloc de marbre. Cette appa-
« rence avoit fait débiter, dans le commencement, que la
« montagne avoit envoyé du marbre et des pierres natu-

« Il est inutile, serviteur chéri, que tu supplies davantage, car je
« veux aujourd'hui détruire cette ville.

« Alors il lança la foudre, et la Vierge en préserva la ville, en la cou-
« vrant de son manteau. Cher fils, lui dit Marie, ressouviens-toi que
« je suis l'*avocate* des pécheurs ; et il ne convient pas maintenant que
« tu permettes qu'ils soient détruits. Dieu tout-puissant ! si tu es irrité,
« sauve au moins les ames innocentes.

« Alors Dieu changea sa colere en amour, et dit, en abandonnant
« l'épée de la vengeance : Toi qui partageas les souffrances que j'en-
« durai dans le monde, tu peux seule me calmer.

« Lorsque la juste colere de Dieu fut appaisée, on vit cesser le feu
« du Vésuve ; et chacun, en pleurant amèrement, dit à saint Janvier :
« Nous te remercions de nous avoir sauvés ; car, sans toi et la Vierge,
« Naples seroit maintenant consumée.

« Dieu, pour nous rendre dignes du saint paradis, nous avertit, par
« le feu et l'eau, qu'un cœur criminel ne se repent que lorsqu'il est
« puni.

« C'est pour cela, pécheur, qu'il faut que tu abandonnes l'ivrogne-
« rie et le jeu, si tu veux que cesse le feu de la montagne ; car la guerre,
« la peste, et la famine, ne manquent jamais d'arriver dans les villes
« remplies de crimes.

« Que chacun, pour le moment, dise du fond de son cœur : Que
« notre souverain vive et regne, et que saint Janvier et la Vierge des
« sept douleurs soient loués à jamais ! (Note du traducteur.)

« relles; ce qui est absolument faux. Depuis que j'observe
« les volcans, le Vésuve, l'Etna, et autres, je n'en ai pas
« vu une seule, malgré la plus grande recherche. Toutes
« les différentes laves que l'on ramasse et polit à Naples,
« sont formées de diverses combinaisons de matieres
« toutes mises en fusion avec un différent degré de cha-
« leur et de calcination qui en varie la décomposition.
« A l'égard des marbres blancs attaqués du feu, on n'en
« trouve que de petits morceaux très éloignés du centre
« de la montagne, et qui peuvent bien n'avoir éprouvé
« cette impression du feu que par l'approche de quelques
« laves ou quelques filons de la matiere volcanique, qui
« s'ouvre quelquefois des passages, et va former des mou-
« fettes, des éruptions et des montagnoles très éloignées
« du centre de la montagne, et dont les matieres qui en
« sortent varient beaucoup dans leur nature. Mais plus
« on s'approche du foyer du volcan, plus les matieres sont
« calcinées, élaborées, et moins elles varient. Revenons
« à nos blocs et aux matieres jettées avec eux. On peut
« assurer que ces grosses masses, bien qu'elles fussent
« rouges quand elles ont été enlevées dans l'air, n'étoient
« point en fusion, mais arrachées des flancs de la mon-
« tagne, et envoyées avec les autres matieres qui la com-
« posent par lit. On en a la preuve à côté dans de
« plus petites pierres, aussi arrondies, d'une nature plus
« friable, et dans la tranche desquelles on trouve de l'an-
« cienne scorie enduite de nouvelles matieres. Dans les
« convulsions de la montagne, ces morceaux se déta-
« choient sans doute des flancs, tomboient dans le brasier
« où étoit la matiere en fusion, et après avoir été trempés
« étoient renvoyés au dehors. Le reste des matieres sont

« des scories, de la nature de celles qui roulent sur les
« laves ordinaires, mais plus calcinées, et par conséquent
« plus légeres ; une grande quantité de cette espece d'é-
« cume qui est jettée journellement, et qui prend en tom-
« bant la forme de la fiente de bœuf; et beaucoup de cen-
« dres noires. Ce composé, roulant et déchirant, rend
« l'approche de la montagne fort difficile dans ce mo-
« ment. Nous nous enfonçâmes cependant très avant dans
« la vallée ; alors nous trouvâmes la montagne comme
« fendue en deux, et offrant à son sommet deux cimes
« très distinctes et séparées. Cet effet a été produit par le
« déchirement d'une partie de l'ourlet du cratere, qui s'est
« ouvert de ce côté dans toute sa profondeur actuelle.
« Nous montâmes par le ravin qu'ont formé toutes les
« matieres en s'écoulant dans la vallée ; et en faisant la
« même route que celle que j'avois faite de nuit au mois
« de mai, je trouvai l'effet de ce que j'avois prévu alors
« en voyant à travers des fentes de grands réservoirs de
« matieres en fusion : c'est que toute cette partie n'étant
« plus qu'une croûte mince, elle a été brisée par les se-
« cousses de la derniere éruption, s'est affaissée tout-à-
« coup, et a ouvert un passage aux matieres qui y étoient
« contenues, et qui ont coulé dans la vallée. Cet affais-
« sement a été si considérable, qu'il a fait céder aussi
« toutes les parties adjacentes, et y a formé au loin de
« grandes et profondes fentes paralleles au ravin. Nous
« continuâmes donc de monter comme à la tranchée ; et
« après deux heures de la marche la plus pénible, nous
« entrâmes par la breche de plain pied au fond du cratere,
« qui, dans ce moment, avoit au moins cent cinquante
« pieds de profondeur. On peut dire *dans ce moment ;*

« car, malgré l'apparente solidité du sol par la dureté des
« matieres qui le composent, rien n'est plus inconstant
« que la forme et le niveau du fond d'un cratere, qui, sans
« compter les grandes convulsions, telles que les érup-
« tions, s'éleve, s'abaisse, et de la forme d'entonnoir
« passe en fort peu de temps à celle du cône. Je l'avois
« vu l'année d'avant comme un gouffre ; je l'avois vu en
« mai comme une surface plane ; et dans ce moment-ci il
« a plus l'air d'un antre que de toute autre chose. Nous
« avions le vent au dos, qui chassoit la fumée en avant,
« et nous livroit passage. Rien de plus brillant et de plus
« extraordinaire que le tableau qu'offroit cet intérieur.
« L'escarpement presque perpendiculaire de rochers ter-
« minant en pointes de différentes formes ; le déchire-
« ment de ce sol qui laissoit voir les tranches de tout ce
« qui le composoit ; des milliers de moufettes qui tapis-
« soient leurs orifices de sels et de soufre, colorés de l'in-
« carnat le plus vif, du rouge orangé, du blanc, du jaune
« et du verd, et de toutes les nuances qui participent à
« toutes ces couleurs ; une vapeur vacillante et transpa-
« rente qui leur servoit comme de vernis ; des torrents de
« fumée, alternativement noire et blanche, qui sortoit à
« gros flocons de plusieurs trous où l'œil ne pouvoit pé-
« nétrer : enfin cet ensemble, par ces formes, ces couleurs,
« et ces accidents particuliers, formoit un tableau aussi
« beau qu'extraordinaire ; tableau qui n'a point encore
« été fait, et ne le sera peut-être jamais ; car, quelque fa-
« vorable, et peut-être unique, que soit la circonstance
« d'arriver au fond d'un cratere aussi profond, il seroit
« bien difficile de déterminer un peintre à aller s'établir
« avec son chevalet à cette ouverture, où il seroit à tout

« moment exposé à être assailli et suffoqué par la fumée,
« au moindre tourbillon ou changement de vent. Ce fut
« un tourbillon qui tira le rideau sur cette belle décora-
« tion, et nous chassa bien vîte en nous poursuivant.
« Nous nous sauvâmes en toussant et en éternuant, l'acide
« de la vapeur picotant tout-à-la-fois notre poitrine et no-
« tre cerveau. Nous nous perchâmes sur une des pointes
« pour pouvoir respirer, et prendre un chemin plus com-
« mode que celui que nous avions tenu; et nous n'y
« gagnâmes rien, car depuis la derniere éruption toute la
« troisieme région de la montagne est également en com-
« bustion, et presque impraticable, soit à cause des der-
« nieres pierres jettées, soit par les grands mouvements
« qu'elle a éprouvés, qui ont fendu et ouvert toute cette
« partie, d'où il sort de la fumée de toutes parts, ce qui
« lui donne tout-à-fait l'air du sommet d'un encensoir.

« Ces inégalités, ces moufettes perpétuelles, ces fentes
« profondes, la rapidité de la pente, l'instabilité du sol,
« l'acide et la suffocation de ces vapeurs, rendirent très
« embarrassante cette descente si agréable auparavant,
« lorsqu'il n'y avoit qu'un sable doux et égal, sur lequel
« on glissoit comme sur un fluide. Au lieu de cela, des
« pierres roulantes manquoient sous nos pieds, leur chûte
« en entraînoit d'autres, et leur mouvement étoit accé-
« léré en raison de la rapidité de la pente, et le danger en
« raison de la masse et du nombre de celles qui en per-
« doient l'à-plomb, et dont la chûte nous menaçoit de
« vingt pieds au-dessus de notre tête. Il faut ajouter à cela
« qu'il nous falloit à tout moment franchir des fentes
« profondes, sur le bord desquelles on ne pouvoit ni s'ar-
« rêter ni s'appuyer à cause de leur chaleur et de leur

« fragilité. Enfin, au bout d'une heure d'un travail aussi
« pénible que désagréable, nous arrivâmes, avec quelques
« petites écorchures, à la seconde corniche, où finissent
« à-peu-près de ce côté les effets de la derniere éruption.

« On peut assurer qu'elle a sensiblement élevé le som-
« met du Vésuve. Cela est non seulement sensible à l'œil,
« mais physique par les remarques faites dans des villages
« situés derriere la *Somma*, où cette montagne cachoit à
« de certaines maisons le sommet du Vésuve que l'on y
« découvre actuellement. Cependant cette élévation peut
« éprouver bien des variations, et peut, avant qu'il soit
« peu de temps, non seulement revenir à son ancien ni-
« veau, mais à un plus bas.

« Le Vésuve, depuis sa base jusqu'à son sommet, ainsi
« que la *Somma*, n'est qu'un gros tas de cendres et de
« charbons, tels que ce qu'on appelle ordinairement mâ-
« chefer, ayant pour base des couches de lave qui les sou-
« tiennent, et qui, en coulant et se congelant du haut jus-
« qu'en bas, servent de côtés à la montagne, et y forment
« des cavités. Ces matieres premieres, fondues et refon-
« dues, fournissent de nouveaux aliments au brasier qui
« les a déja vomies, et reparoissent sous de nouvelles for-
« mes, soit qu'elles ne soient rencontrées et envoyées en
« l'air que dans le moment de l'éruption, soit qu'elles
« tombent en fusion dans le brasier, dont le principe est
« certainement très profond. Il seroit bien difficile de
« prendre une idée bien claire de ce qu'est ce principe,
« comment il s'alimente, et d'où et comment il tire cette
« subsistance renouvellée. Mais on s'étonnera moins de
« l'élévation des montagnes volcaniques, quand on obser-
« vera qu'en remuant très profondément du terrain dans

« une plaine, on y formera naturellement une éminence
« jusqu'à ce que le terrain se soit tassé de nouveau ; que
« non seulement les montagnes volcaniques sont des cen-
« dres toujours remuées, mais qu'elles se tassent moins,
« étant de moindre poids, et dénuées de cette matiere glu-
« tineuse qui se délaie, et amene la compacité ; qu'elles
« sont mêlées de ponces, de scories, qui ne sont qu'une
« espece d'écume et de matiere soufflée ; et qu'outre la
« multiplicité des cavités qui existent dans la masse de
« ces montagnes, un cube quelconque de leurs matieres,
« la lave à part, ne pesera qu'un sixieme du cube d'un au-
« tre sol.

« La matiere en fusion, dans ce vaste creuset, a l'effet
« des liqueurs spiritueuses mises en ébullition : à un cer-
« tain degré de feu elle s'éleve, et redescend dans le vase,
« jusqu'à ce qu'elle en ait atteint les bords, et qu'elle se
« répande. A l'égard des éruptions du genre de la derniere,
« où, sans qu'il y ait eu une grande quantité de lave ré-
« pandue, il a été jetté à une telle hauteur, avec la ma-
« tiere en fusion, d'anciennes scories, des cendres, et des
« énormes morceaux d'ancienne lave, on ne peut conjec-
« turer qu'une seule cause, et c'est le débouchement subit
« d'une quantité considérable d'eau de la mer, ou de quel-
« que autre source attirée par la chaleur d'un énorme
« foyer, qui peut avoir produit, en tombant dans la four-
« naise, l'effet de l'eau qui tomberoit dans le fourneau à
« fondre des canons au moment que la matiere est en
« fusion. Il n'y a que cet effet connu de la force du dé-
« veloppement de l'air, qui puisse produire et rendre rai-
« son d'une pareille explosion. A observer les traces de ce
« volcan, sa direction est en s'avançant au couchant du

« côté de la mer, dont il s'approche toujours en s'éloi-
« gnant de la *Somma*. Comme la partie qu'il abandonne
« est toujours la derniere bouleversée, et par conséquent
« la plus foible, elle est toujours celle qui cede la premiere
« aux efforts ; ce qui fait que la plus grande partie des
« laves s'ouvrent un passage à l'orient, prenant toujours
« leur direction entre le Vésuve et la *Somma,* et coulent
« dans la vallée qui est entre ces deux montagnes. Si l'on
« en peut juger cependant par les apparences actuelles,
« la partie occidentale, affoiblie par de grandes fentes for-
« mées, comme je l'ai dit, par les violentes secousses de
« la derniere éruption, pourroit bien céder à la premiere
« éruption, s'ouvrir, donner une nouvelle route à la lave,
« et une nouvelle forme au sommet de la montagne. Elle
« continue de vomir des torrents de fumée, qui, sans se
« dissiper, s'étendent quelquefois à plus de douze milles ;
« et le 25 d'octobre, à deux heures après midi, elle lança,
« avec un bruit qui s'étendit au vent à plus de 15 milles,
« une colonne de fumée noire, mêlée de cendres et de
« pierres, qui, malgré le vent fort qu'il faisoit, s'éleva per-
« pendiculairement à une hauteur extraordinaire, ce qui
« annonce encore une grande fermentation intérieure. »

A Naples, ce premier novembre 1779.

(17) M. Fougeroux de Bondaroy, de l'académie des sciences, célebre naturaliste, a donné un ouvrage intitulé *Recherches sur les ruines d'Herculanum* ; il y semble approuver le parti qu'ont pris les Napolitains de combler les fouilles à mesure qu'ils en font de nouvelles. Voici ce qu'il dit pour les disculper de cette barbarie :

« Qu'on imagine quelle dépense occasionneroit le

« transport d'une immense quantité de déblais que four-
« niroit cette fouille ; et supposant qu'on pût les en tirer,
« où les déposeroit-on sans former une haute mon-
« tagne ?

« D'ailleurs une partie d'*Herculanum* se trouve sous
« *Portici*, où sont élevés de superbes palais et de belles
« maisons, fondés sur des lits de laves. N'y auroit-il pas à
« craindre que des fouilles considérables n'ébranlassent
« ces édifices, sur-tout dans les quartiers les plus exposés
« aux tremblements de terre occasionnés par le Vésuve,
« et qu'en voulant découvrir une ancienne ville on n'en
« détruisît une nouvelle ?

« Enfin, puisqu'il y a des endroits où la ville souter-
« raine est recouverte de seize toises et plus de hauteur
« de terre, comment feroit-on pour soutenir cette masse
« énorme de cendres, et pour conserver chaque étage d'un
« grand bâtiment, et qui est presque en ruine ? »

Mon sentiment est bien loin de s'accorder avec le sien
dans cette occasion. Je prends la liberté de lui répondre
plusieurs choses. 1°. Devoit-on balancer un instant à sacrifier le mesquin palais de *Portici* à l'avantage inestimable et unique, dans l'univers, de rendre à la clarté du soleil une ville ensevelie depuis 1700 ans ; trésor inestimable que toutes les richesses de l'univers ne pourroient
payer ? Politiquement parlant, le gouvernement n'eût-il
pas retiré mille fois la valeur de ce misérable sacrifice par
l'argent qu'eût semé dans ce royaume la foule des voyageurs de toutes les nations, attirés par ce spectacle si curieux ? 2°. Qu'importe que les rues de cette ville aient été
comblées de lave en fusion ? Sans doute *Pompéia*, qui
ne fut couverte que de cendres légeres, est bien plus facile

à déblayer : mais le temps, la patience, et la quantité d'ouvriers, fussent venus à bout de ce travail immense ; et puisqu'on a découvert le théâtre en entier, le reste de la ville eût pu être pareillement découvert. Il y a environ quarante ans qu'on y a commencé les travaux. Si le plan eût été alors de les pousser vivement, et de tout découvrir, cet ouvrage, digne des Romains, et plus encore des Anglois, seroit maintenant entièrement achevé, et nous jouirions de toutes ces incroyables richesses que la providence nous avoit conservées pendant tant de siecles, mais que la barbarie napolitaine a pour jamais replongées dans le néant. 3°. Rien de si facile que de se débarrasser des matieres fouillées sans être obligé d'élever une montagne. Le sol d'*Herculanum* se trouve maintenant, quoiqu'à cent pieds au-dessous de *Portici*, plus élevé que le lit de la mer. Cette ville souterraine n'est pas éloignée du rivage, il n'auroit donc fallu que lui creuser une issue qui eût été rendre horizontalement sur la côte, et on auroit pris sur la mer tout le terrain nécessaire pour déposer les décombres. A force de peines, de soins et de temps, on seroit sans doute parvenu à faire disparoître la montagne de *Portici*, montagne entièrement factice, puisqu'elle a dû sa naissance aux laves du Vésuve ; et la ville d'*Herculanum* eût été rendue à la lumiere dans tout son entier, et avec toutes ses richesses qui eussent centuplé de valeur : car quelle différence, si on eût pu laisser dans les mêmes lieux où les Grecs les avoient placés, les peintures, les statues, les inscriptions, enfin tous les meubles et ustensiles qu'on a rassemblés pêle-mêle dans le *museum* de *Portici !* Quel *museum* c'eût été que la ville toute entiere ! L'idée seule transporte ; et que n'eussent pas donné, pour jouir d'une telle vue, les véritables amateurs de l'antiquité!

On m'a assuré (et je n'ai pas de peine à le croire) qu'une compagnie d'Anglois offrit au ministere de Naples de faire à ses dépens toutes les fouilles nécessaires pour parvenir à découvrir entièrement la ville d'*Herculanum* et celle de *Pompéia*; mais qu'il ne fut pas trouvé décent que des étrangers fissent ce que le gouvernement n'étoit pas en état de faire. Pitoyable décence, qui nous a privés pour jamais de tout ce qui peut exister de plus curieux au monde, et entre autres de ces précieux manuscrits qu'on a la barbarie de laisser périr, tandis qu'il est démontré qu'il est fort aisé de les dérouler, et d'arracher à la destruction ces précieux restes des connoissances de nos ancêtres!

O vous, fiers Anglois, et vous, mes généreux compatriotes, querellez-vous, si vous le voulez absolument, pour quelques rochers pelés, ou même pour de vastes plaines plus fertiles que les vôtres à mille lieues de vos habitations; déchirez-vous, égorgez-vous, ruinez-vous, si vous ne pouvez vous priver de ce doux passe-temps: mais que l'intérêt des arts, puisque ce ne peut être celui de l'humanité, ne fasse de vous qu'une seule famille, et, soit en paix, soit en guerre, réunissez-vous pour ouvrir entre les deux nations une souscription telle que, n'importe à quel prix, vous puissiez acquérir tous les manuscrits que l'ignorance ou la paresse font dédaigner depuis tant d'années, et qui seroient déja tous déchiffrés, si *Herculanum* et *Pompéia* eussent été des villes gauloises ou bretonnes. Ce n'est point offenser le gouvernement de Naples que de lui acheter une possession dont il ne fait et ne peut faire aucun cas; et ce qu'il n'a pas et n'a peut-être pas dû accepter lorsqu'il s'agissoit des fouilles en général, il ne peut avoir aucune raison plausible de le refuser pour les manuscrits en particulier.

Heureux souscripteurs! si l'on accepte votre offre, vous serez les bienfaiteurs de la littérature; nous vous devrons peut-être ce qui nous manque de Diodore de Sicile, de Tite Live, de Tacite, de Salluste, la seconde partie des fastes d'Ovide et sa Médée, les vingt livres de la guerre de Germanie par Pline, et tant d'autres chefs-d'œuvre dont les savants déplorent la perte. (Note du traducteur.)

(18) Le rédacteur du voyage pittoresque du royaume de Naples confond, d'après Dancarville, *Nonius Balbus* d'*Herculanum* avec un autre *Balbus* né à Cadix. Il assure que « *Balbus* le pere, dont on a trouvé la statue
« équestre à *Herculanum*, est le même que *Balbus* qui
« protégea et agrandit Cadix, ainsi que le rapporte Stra-
« bon, liv. 3. »

Rien de moins certain, ou plutôt rien de plus inconnu, que ce qui concerne ce *Balbus* d'*Herculanum*. Avant la ruine de cette ville je ne connois que quatre consuls de ce nom :

	Ans avant J. C.
Attilius Balbus,	235.
Accilius Balbus,	114.
Cornélius Balbus,	40.
Decimus Balbus,	6.

Cependant l'inscription de cette statue équestre annonce que *Nonius* avoit été consul :

M. Nonio M. f.
Balbo
pr. pro. Cos.
Herculanenses.

L'inscription de la statue équestre de son fils assure qu'il le fut aussi. Pourquoi donc ces deux consuls ne sont-ils pas nommés dans les fastes consulaires ?

Mais qu'ils aient été revêtus si peu de temps de cette dignité, qu'on n'ait pas jugé à propos de les comprendre dans la liste des consuls, ou même qu'ils n'aient jamais été honorés de ce titre, il n'en est pas moins certain que le *Balbus* de Cadix ne peut être celui d'*Herculanum*.

Celui de Cadix se nommoit *L. Cornelius Balbus*. Il naquit en cette ville environ 100 ans avant J. C., et commença par servir sous *Metellus* contre *Sertorius*. Il servit ensuite sous Pompée, dont il se fit aimer, et qui le fit citoyen romain en 682, 72 ans avant J. C. Cette faveur s'étendit sur toute sa famille, composée entre autres de *Publius* son frere et de *Lucius* son neveu. Ce fut à cette époque qu'il prit le nom de l'illustre famille *Cornelia*.

En 694 de Rome, César étant préteur en Espagne, *Balbus* devint son ami, et l'un de ses plus intimes favoris. Il fut ensuite tout-puissant pendant le premier *triumvirat*, étant également aimé de César et de Pompée.

Théophane de Mitylene, savant du premier ordre, et qui s'étoit attaché à Pompée, adopta *Balbus*, et lui laissa des biens immenses. *Crassus*, le troisieme triumvir, lui céda sa belle maison de *Tusculum*, ornée des jardins les plus magnifiques. Il rendit de très grands services à Cicéron dans le temps de ses premiers malheurs ; et cet illustre orateur s'en loue beaucoup dans plusieurs endroits de ses ouvrages.

Les richesses de *Balbus* ayant fait naître la jalousie, on essaya de le priver de son état de citoyen pour avoir le droit de confisquer ses biens ; mais *Crassus* et Pompée prononcèrent chacun une harangue pour le défendre. Cicéron parla aussi en sa faveur; et nous avons encore son discours, dans lequel il établit incontestablement le droit de *Balbus*. Le jugement rendu l'an 698 confirma son droit de bourgeoisie. Il fut même admis au sénat; et l'an 703 il y avoit séance.

La guerre civile ayant éclaté en 705, *Balbus* se trouva dans un cruel embarras, étant également ami de César et de Pompée. Il prit un parti mixte, et resta à Rome, en disant que César l'avoit dispensé de porter les armes contre un homme à qui il avoit les plus grandes obligations. L'an 709 il fut nommé édile. L'année suivante, qui fut celle de la mort de César, les historiens assurent que cette mort fut annoncée par plusieurs prodiges. Suétone rapporte celui-ci sur la foi de *Balbus*:

« On découvrit à Capoue un ancien tombeau, avec
« une inscription qui marquoit que, dans le temps où on
« en feroit la découverte, un descendant de Jules seroit
« tué par ses propres parents. C'est un fait, ajoute Suétone, qu'on ne traitera pas de fable, car il a été assuré
« par *Balbus*, favori de César. »

Preuve assurément bien digne de convaincre un historien, et qui doit donner une grande confiance au reste de son histoire!

Auguste étant arrivé à Naples le 18 d'avril suivant, *Balbus* alla le saluer le lendemain matin, et, le soir du même jour, vint à *Tusculum* annoncer à Cicéron qu'Auguste étoit déterminé à accepter l'héritage de César. Il fut préteur l'année suivante, pro-préteur en 712 ou 713, et consul en 714. Pline remarque qu'il fut le premier étranger revêtu de cette dignité; et Dion assure qu'ayant été subrogé au consul *Domitius Calvinus*, qu'une émeute avoit forcé d'abdiquer, *Balbus* ne fut consul que peu de jours, parceque l'année étoit près d'expirer.

Dion nous dit aussi qu'en mourant il légua à chaque citoyen vingt-cinq deniers d'argent (environ 15 livres de notre monnoie); c'étoit le tiers de ce que leur avoit laissé César. Ce legs montoit à plus de soixante de nos millions. On ignore où mourut *Balbus*, ainsi que le temps de sa mort.

On ne voit rien dans ce récit concernant *Lucius Cornelius Balbus* de Cadix, qui puisse convenir à *Marcus Nonius Balbus* d'Herculanum. Dancarville a donc eu tort de ne faire qu'un seul personnage de ces deux *Balbus*; et on a eu tort de le répéter d'après lui.

L'an 15 avant J. C. le neveu de ce *Balbus* célébra la dédicace d'un théâtre qu'il avoit fait construire à ses frais, et qui porta son nom. Tibere, à cette occasion, lui déféra l'honneur d'opiner le premier dans le sénat. Il fit ensuite bâtir pour ses compatriotes de Cadix une nouvelle ville près de l'ancienne, avec un arsenal vis-à-vis de l'isle où la ville est située. Tout ceci s'accorde assez bien avec le récit de Dancarville; mais ce *Balbus* se nommoit *Lucius Cornelius* comme son oncle, et non pas *Marcus Nonius*. De plus il ne fut jamais consul, et l'inscription de *Nonius* assure que celui-ci l'avoit été.

Je connois encore cinq *Balbus* dont l'histoire fait mention; mais aucun d'eux ne peut avoir été le *Nonius* d'Herculanum.

Nonius Balbus, tribun du peuple, empêcha que C. *Sossius* ne fît rendre un arrêt contre Auguste alors Octavien.

Lucius Lucilius Balbus vivoit 80 ans avant. J. C.; étoit grand jurisconsulte, et disciple de *Mutius Scévola*.

Octavius Balbus étoit aussi fort bon jurisconsulte, et vivoit dans le même temps.

Marcus Actius Balbus avoit épousé une femme nommée Julie; il en eut *Actia*, mere d'Auguste.

Ampius Balbus, grand ami de Cicéron. (Note du traducteur.)

(19) Son poids est d'une once un quart, et sa parfaite conservation en laisse voir toute la beauté. J'ignore comment M. Swinburne a su qu'il avoit été frappé dans la quarante-cinquieme année du regne d'Auguste, car jusqu'ici il n'y a eu que la pureté du métal qui ait pu autoriser à croire qu'il peut dater de son regne; du moins c'est ce qu'assurent les savants qui ont été chargés par le roi de Naples de donner au public les explications des antiquités trouvées dans *Herculanum*, *Pompéia*, etc.

Il n'existe point d'autre médaillon d'Auguste en or, ou du moins on n'en a pas encore trouvé d'autre.

Autour de la tête de l'empereur on lit :

CÆSAR AUGUSTUS DIVI filius PATER PATRIAE.

Sur le revers, où est une figure de femme tenant un arc, on lit IMPETOR XV, puis *potestà tribunizia* XXVIII, XXIX, XXX et XXXI; ce qui feroit croire que ce médaillon peut avoir été frappé l'an 4 de J. C., et vraisemblablement à l'occasion de la victoire remportée par Tibere dans la Germanie. On lit le mot SICIL à l'exergue.

Suétone assure que de son temps « il existoit un poëme « composé par César Octave en vers hexametres, et en

« un seul livre : la Sicile en étoit le sujet et le titre (*a*). »

Ce médaillon a-t-il été frappé par les Siciliens en l'honneur d'Auguste pour le remercier de l'honneur qu'il leur avoit fait de composer un poëme sur leur patrie ? Ce poëme a été malheureusement perdu, et peut-être, et même probablement, existe dans les manuscrits d'*Herculanum* ; car il est fort possible que celui à qui appartenoit ce beau médaillon qui y a été trouvé, eût en même temps le poëme qui avoit été cause de sa naissance. On ignore si ce poëme traitoit de l'histoire naturelle de la Sicile, de la guerre des Romains avec les Carthaginois, ou de celle qu'Auguste soutint contre Pompée le jeune.

Il est à remarquer que les médaillons sont beaucoup plus estimés que les simples médailles, parcequ'ils sont ordinairement très bien conservés, n'ayant jamais servi de monnoie. Celui que l'on regarde comme le plus précieux de tous porte l'empreinte de Commode : on voit à son revers un des plus plus beaux sacrifices qui nous restent de l'antiquité. (Note du traducteur, tirée en partie des livres d'*Herculanum*.)

(20) « L'ambassadeur de France ayant bien voulu nous
« donner son hôtel à *Portici*, nous allâmes nous y établir.

« A peine eûmes-nous mis pied à terre, que nous cou-
« rûmes au palais du roi, où les premiers objets qui atti-
« rent la vue sont les deux statues équestres des *Nonius*
« *Balbus*, pere et fils, trouvées sous le portique d'un édi-
« fice vis-à-vis le *forum* d'*Herculanum*, et fort près du
« théâtre.

(*a*) Unus liber exstat scriptus ab eo hexametris versibus, cujus et argumentum et titulus est Sicilia. *In Oct.* LXXXV.

« Nous commençâmes par déplorer de les voir en-
« duites d'une couleur terreuse, dont on a cru devoir ca-
« cher les réparations qu'on avoit été obligé de faire à ces
« statues, qui avoient beaucoup souffert par la maniere
« dont elles ont été tirées du tuf qui les couvroit. La fi-
« gure du fils, que nous vîmes la premiere, me parut de la
« plus grande beauté pour le trait, la légèreté, l'élégance
« de la pose, et l'expression de la tête qui est nue, ainsi
« que les bras, les cuisses et les jambes. Tout l'ajustement
« consiste en une cuirasse, sous laquelle est une seule
« chemisette, des brodequins, un manteau qui ne couvre
« que l'épaule gauche, et le bras qui tient la bride ; l'autre
« bras est élevé jusqu'à la hauteur de la tête, sans que
« cela donne aucune gêne de la pose de la figure, qui a
« toute la naïveté de la nature : elle est à crud sur le che-
« val, mais assise, et sans cette fermeté qui n'est qu'af-
« fectation, et que de nos jours on a prise trop souvent
« pour de la noblesse. Les jambes pendent bien d'à-plomb,
« les genoux sont très fins, ainsi que les attachements des
« pieds. Le cheval n'est pas à beaucoup près aussi parfait,
« quoiqu'il ait des choses admirables. Son mouvement lui
« donne un ensemble qui plaît, mais il perd au détail :
« l'encolure est forcée ; les yeux mal enchâssés, quoiqu'ex-
« pressifs : les jambes sont si minces, en les regardant par
« la croupe, qu'elles en sont maniérées ; trois posent à
« terre, une seule est levée. Une chose assez singuliere,
« c'est que c'est du même côté que la jambe de devant
« est levée, et que la jambe de derriere est avancée. On
« peut dire aussi que l'attachement du pied de devant
« qui pose est démesuré par la longueur. Le mouvement
« du chanfrein et les naseaux sont si vrais, qu'on les croit

« voir frémir par la contrainte de la respiration. En tout j'ai
« trouvé que cela tenoit beaucoup de la maniere du che-
« val de *Marc Aurele*; et j'ose prononcer que nous l'em-
« portons de beaucoup sur ce qui nous reste des ouvrages
« antiques de ce genre : je n'entends parler que de la par-
« tie équestre. La figure de *Balbus* pere est parfaitement
« pareille pour la grandeur, la pose, le mouvement : la
« tête seule les distingue, et elle n'est pas antique, mais
« très bien adaptée. On ne peut pas vanter la hardiesse
« du sculpteur, ni l'art qu'il a mis à sauver les supports
« des parties saillantes ou suspendues : un massif énorme
« supporte le ventre du cheval, un autre vient chercher
« le bout de la queue.

« Nous entrâmes près de là dans une salle basse où
« l'on remontoit des statues. Pourvu qu'on trouve la
« moindre partie d'un torse, on le baptise Jupiter, Mer-
« cure, Apollon, et on y ajoute tout ce qui manque à ce
« dieu, avec les attributs qui le caractérisent; et voilà ce
« qu'on appelle à *Portici* une statue antique. Je remar-
« quai une chose assez singuliere, c'est qu'à une figure
« tirée d'*Herculanum* les cuisses m'en parurent si grêles
« et si menues, par la proportion des autres parties, que
« je voulus les toucher pour essayer de trouver le principe
« de cette défectuosité : je trouvai que la matiere étoit si
« altérée, qu'elle s'étoit déja réduite en poudre, mais avec
« une telle égalité, que la forme des muscles n'avoit pas
« été détruite; mais ils paroissoient désséchés, et faisoient
« à l'œil l'effet que produiroit une maladie.

« A examiner rapidement toutes ces figures, leur dé-
« fectuosité dans l'ensemble, les défauts d'emmanche-
« ment, leur taille souvent courte, et en même temps là

« beauté des poses, la noblesse et la fierté des détails, on
« pourroit bien mal juger de l'école romaine du temps
« où ces villes ont été détruites : mais en ôtant l'enduit
« dont j'ai parlé, et rendant à l'antiquité ce qui lui ap-
« partient légitimement, en observant qu'il n'y a pas une
« figure, pas un bas-relief où il n'y ait quarante répara-
« tions modernes, qui sont autant de balourdises et d'in-
« conséquences, l'énigme de ce qu'on voit à *Portici* sera
« expliquée ; l'homme de goût ne sera plus embarrassé de
« trouver, sinon des Vénus et des Apollons, au moins le
« ciseau et le style des sublimes écoles qui les ont produits.
« Je crois aussi qu'il faut une égale précaution pour por-
« ter un jugement exact sur la collection de tableaux que
« l'on a tirés de *Pompéia* et d'*Herculanum* ; tableaux qui
« ne peuvent donner qu'une idée du style des écoles de ce
« temps. Avant de prononcer sur ces tableaux, il faut se
« dire d'abord qu'il n'y en a pas un de chevalet, que tous
« ont été peints sur des murailles, la plupart en l'air ; qu'il
« y a deux mille ans qu'ils sont peints ; qu'ils ont été ou
« couverts de tufs, ou au moins d'une cendre brûlante, sou-
« frée, nitreuse et saline ; que les deux villes n'étoient que
« du troisieme ordre, et que les grandes maisons qui y
« ont été trouvées n'étoient que des maisons de campa-
« gne : alors on sera émerveillé de tout ce qu'offre cette
« nombreuse et unique collection, où on a tout rassem-
« blé, parceque tout en est intéressant. Mais en classant
« ces tableaux, on en pourroit mettre quelques uns dans la
« classe des fragments d'inscriptions semblables à ces sen-
« tences que l'on trouve sur les murs de nos cabarets, et
« qui sont peut-être de la même main ; ensuite viendroient
« ceux d'histoire, qui, quoique pleins d'incorrections,

« prouvent l'étude du grand ; ensuite les figures isolées,
« qui, sans être d'un beau fini, sont de la plus grande élé-
« gance et d'un goût exquis ; puis les tableaux d'arabes-
« ques, qui sont parfaits pour le style, la couleur, la touche
« et le trait. Il ne faut pas inférer de là que ce fut unique-
« ment dans ce dernier genre que les anciens excelloient,
« mais penser qu'il ne nous reste point de leurs tableaux
« de chevalet, qu'il ne nous reste d'eux que des fragments
« de muraille; que le genre de l'arabesque, ne se pei-
« gnant que sur les murs, est le seul que nous ayons pu
« trouver à sa perfection ; et que dans deux mille ans, s'il
« étoit possible que l'on déterrât une de nos villes de pro-
« vince qui auroit été enfouie comme l'ont été *Pompéia*
« et *Herculanum*, on ne pourroit guere juger notre école
« françoise sur ce que l'on trouveroit à peine sur leurs
« murailles, ni soupçonner d'après cela nos *le Sueur*, nos
« *le Brun*, et nos *Poussin*. D'après les tableaux les plus
« médiocres de la collection de *Portici*, on peut assurer
« que les mauvais peintres de ce temps-là avoient de
« grands modeles ; et les mauvaises figures en marbre et
« en bronze que l'on a trouvées à côté des plus belles,
« peuvent servir d'échelle pour asseoir ce jugement.

« Il est aussi très injuste de prononcer qu'ils n'avoient
« pas l'idée de la perspective ; car s'il est naturel de pé-
« cher contre ce que l'on sait mal, il est impossible de
« peindre, même mal, ce dont on n'a pas d'idée. D'ailleurs
« tout ce qu'on a d'architecture peinte est gigantesque et
« fou ; et cependant on ne peut pas douter qu'ils n'en
« eussent une autre. On ne peut pas nier davantage que
« leurs arabesques ne soient devenus nos modeles en ce
« genre, puisqu'il n'est connu chez nous, d'une maniere

« supportable, que depuis la découverte de ces deux villes,
« et celle que fit Raphaël des thermes de *Titus*, et qu'il a
« imités si savamment dans les loges du Vatican, où ce
« fameux peintre, aidé de sa sublime école, n'a pas peint
« avec plus de goût, de légèreté et de touche, les rainceaux,
« les pampres, les vases, que tous ces objets ne le sont
« contre les méchants murs des petites chambres de *Pom-
« péia*. De mauvaises petites marines nous donnent une
« idée des galeres anciennes, des triremes, de leur maniere
« de manœuvrer pour le combat.

« La nuit qui approchoit nous arracha d'auprès de ces
« tableaux, qu'on ne peut tous décrire sans faire des vo-
« lumes, qui sont déja tout faits par ordre du roi de Na-
« ples. En sortant du cabinet des tableaux, nous admirâ-
« mes la belle vue de la terrasse qui donne sur le jardin,
« le beau contraste de la riche, fastueuse et riante nature
« avec l'âpreté et l'austérité des laves du Vésuve. Il sortoit
« des bouches de ce volcan une fumée épaisse qui se dé-
« coupoit sur le ciel le plus pur, et achevoit ainsi la sin-
« gularité de ce superbe tableau. Nous descendîmes dans
« *Herculanum*, dont la seule partie qu'on ait laissée à dé-
« couvert par des galeries pratiquées en différens sens
« ressemble plutôt à des restes de catacombes qu'à un
« lieu destiné aux fêtes et aux plaisirs. Heureusement
« pour nous l'ingénieur des fouilles (*a*), qui avoit fait le

---

(*a*) Cet ingénieur, qui est M. de la Véga, a été aussi nommé depuis conservateur du cabinet de *Portici*. On ne pouvoit de toutes manieres faire un meilleur choix pour l'un et l'autre emploi. Instruit, soigneux, honnête, il a à un degré éminent tout ce qui compose un savant, un artiste, et un homme estimable. Aidé de son frere et de son oncle, il a

« plan destiné à être gravé, nous éclaira sur la distribu-
« tion des ruines, que nous n'aurions pu démêler dans les
« ténèbres, et qui sont isolées des massifs qu'on a été obligé
« de conserver pour soutenir la rue de *Portici,* qui passe
« sur ces édifices.

« On nous fit tout voir, en nous expliquant tout ; mais
« on ne nous laissa arrêter nulle part, ni rien mesurer :
« nous n'y vîmes que l'échantillon des richesses en mar-
« bre dont le théâtre étoit revêtu, et dont malheureuse-
« ment on l'a dépouillé, et les places des statues et des
« colonnes dont il étoit décoré. Je remarquai seulement
« que l'ouverture de la scene étoit d'une largeur dispro-
« portionnée à sa profondeur, relativement à nos usages.
« Le fond de ce théâtre étoit décoré de deux ordres d'ar-
« chitecture, revêtu en marbre, et ouvert par trois en-
« droits. L'avant-scene étoit aussi en marbre, et le par-
« quet en planches, dont on trouve encore le charbon. Le
« puits commencé en 1710, et qui a fait découvrir cette
« ville, existe encore : c'est le seul soupirail qui donne
« un peu de jour et d'air à cette fouille ; il laisse voir les
« gradins où s'asseyoient les spectateurs, et un des esca-
« liers par où l'on y montoit. Il y avoit dix-huit rangs de
« gradins, une espece de terrasse, et trois autres rangs
« encore pour arriver au comble.

---

fait sur les fouilles et sur le cabinet les recherches et les dessins les plus
curieux et les plus intéressants. Si sa sévérité à ses engagements m'a ôté
bien des moyens de me procurer des dessins de choses dont on est si sot-
tement jaloux, je n'en reste pas moins reconnoissant de l'amitié qu'il
m'a accordée, et des moments instructifs et agréables que j'ai passés
avec lui pendant le long séjour que j'ai fait dans ce pays.

« Nous fimes en dehors le tour de l'édifice, que nous
« trouvâmes ouvert des deux côtés par une grande ar-
« cade qui étoit l'entrée pour les spectateurs : à côté
« étoit une semblable arcade qui ne servoit que de niche
« pour trois figures en marbre. Toute la partie extérieure,
« ainsi que les corridors, étoit bâtie en briques revêtues
« de deux enduits en stuc peint d'une maniere uniforme
« en dehors, et enrichi d'arabesques dans les corridors
« intérieurs.

« Je pris quelques morceaux de cet enduit, ainsi que
« deux échantillons des marbres qui décoroient l'intérieur
« et qui étoient d'une grande beauté. Aux deux côtés du
« théâtre étoit une plate-forme revêtue en marbre, où
« l'on a trouvé plusieurs chaires curules qui indiquoient
« la place des principaux spectateurs, et à côté de cette
« plate-forme les deux figures pédestres des *Balbus*, pere
« et fils, dont j'ai déja parlé, et dont les figures équestres
« ont été trouvées dans le *forum*, près du théâtre.

« C'est dans une maison assez éloignée du théâtre,
« qu'on a trouvé les plus belles statues en bronze et les
« plus beaux vases. Les fouilles d'*Herculanum* se rédui-
« sent à peu de chose, et semblent n'avoir été faites que
« pour piller les maisons que l'on a découvertes, sans
« mettre d'ordre dans les excavations, et sans chercher
« à tirer aucune lumiere sur ce que pouvoit être cette
« ville. On ignore encore si elle avoit un port, quoique la
« lettre de Pline sur la mort de son oncle semble l'indi-
« quer en parlant de *Retina*, qu'on ne trouve plus. Ne
« seroit-ce pas le port d'*Herculanum*? et le nom de *Re-
« sina*, que porte encore le village bâti sur *Herculanum*,
« ne seroit-il pas un dérivé de *Retina*, ainsi changé par
« la prononciation italienne ?

« Quoi qu'il en soit, avec des yeux observateurs on
« apperçoit clairement que le tuf qui a couvert cette
« ville est arrivé fluide, mais non pas terrible et destruc-
« tif comme la lave, qui met en fusion tout ce qu'elle
« touche. Le degré de chaleur du premier est donné par
« ses différents effets ; il a réduit le bois en charbon,
« et n'a pas mis les conduits ni les soudures en fusion.
« S'il a faussé la plupart des statues en bronze, c'est par
« son poids et le choc qu'elles ont éprouvé dans leur
« déplacement. Le marbre, cette matiere qui craint le
« plus l'action du feu, a été aussi ce qui a le plus souf-
« fert. On peut donc croire, à la maniere dont ce tuf s'est
« insinué, et après l'empreinte de tout ce qu'il a enve-
« loppé, qu'il étoit mêlé et délayé dans une grande quan-
« tité d'eau chaude, ainsi qu'il est arrivé souvent dans
« de grandes éruptions.

« Avant que de quitter *Herculanum*, on doit remar-
« quer que tout ce qu'on y a découvert étoit bâti sur de
« la lave pareille à celle qui l'a couverte, et que cette
« derniere a encore été recouverte d'une autre avant que
« l'on ait construit *Portici*. Il est bien singulier que le
« célèbre naturaliste qui commandoit la marine à Misene
« lors de ce fatal événement, n'ait ni observé ni étudié
« de tels effets physiques, ou que lui, qui parle de tout,
« n'en ait pas dit un mot, si ces effets lui étoient connus».
(Journal de M. de Non.)

Les savants chargés par le roi de Naples de faire con-
noitre à l'Europe les antiquités d'*Herculanum*, nous
apprennent qu'Hercule, en revenant d'Espagne, mit son
armée navale à l'ancre vers l'embouchure du Sarno, et
qu'il descendit à terre pour offrir aux dieux un sacrifice

en cet endroit, et leur offrir la dîme de son butin. Ce fut là, ajoutent-ils, qu'il bâtit une ville de son nom : telle est l'origine d'*Herculanum*. Si ce rapport est vrai, il fallut qu'Hercule s'éloignât dans les terres pour fonder sa nouvelle ville, car elle étoit située à plus d'une lieue au nord de l'embouchure du Sarno, et ce fut *Pompéia* que l'on construisit à très peu de distance de la mer, sur les bords de cette riviere.

L'époque de sa fondation est donc fixée à l'année soixante avant la guerre de Troie, c'est-à-dire, à l'an 1354 avant Jésus-Christ, et non pas à l'an 1254, comme le prétendent ces messieurs, parcequ'il est aujourd'hui reconnu qu'on s'étoit toujours trompé de cent ans sur cette époque, et que Newton s'étoit trompé bien davantage en la rapprochant de nous de plus de quatre cents ans.

Herculanum fut successivement habitée par les Osques, les Étrusques, les Pélages, et les Samnites, qui à leur tour firent place aux Romains en 293 avant Jésus-Christ.

Vers l'an 100, *Herculanum*, étant entrée dans la guerre des Marses contre les Romains, fut reprise par le proconsul *Didius*, et quelque temps après devint une colonie romaine : ce fut là l'époque du commencement de ses richesses et de son faste. Pline et Florus la placent parmi les villes principales de la Campanie. Le tremblement de terre du 5 février de l'an 63 de Jésus-Christ, qui renversa une partie de *Pompéia*, endommagea beaucoup *Herculanum*; et ces deux villes furent absolument abymées par une éruption du Vésuve, le 24 août 79, premiere année du regne de *Titus*. *Herculanum* subsista donc quatorze cents trente-trois ans (*a*).

Le souvenir de cette ville étoit si parfaitement effacé, que dans les temps des premieres fouilles qu'on y a faites, les savants disputoient sur sa situation, et n'ont été d'accord qu'en lisant le nom d'*Herculanum* dans l'inscription du théâtre.

Toutes les rues de cette ville étoient tirées au cordeau,

(*a*) Et non pas 1417, ainsi que le prétendent les antiquaires de Naples; car en adoptant même leur époque du siege de Troie, ils se seroient encore trompés, 1194, 60 et 79 faisant en total 1333.

Stace, qui vivoit alors, nous dit que « Jupiter, arrachant la montagne « de la terre, et la portant jusqu'aux cieux, en a lancé les débris sur « ces malheureuses villes ». Et Martial, qui vivoit aussi dans ce temps, met nommément *Herculanum* au nombre des lieux abymés sous les feux et les cendres du Vésuve.

Hic est pampineis viridis modò Vesvius umbris....
Hic locus herculeo nomine clarus erat.
Cuncta jacent flammis et tristi mersa favillâ,
Nec superi vellent hoc licuisse sibi.

On a trouvé dans cette ville une inscription en l'honneur de *Domitia*(1), femme de *Domitien*; et d'abord on est étonné de trouver le nom de cet empereur dans une ville engloutie pendant le regne de *Titus* son frere, et par conséquent avant le regne de *Domitien*. Mais l'étonnement cesse, lorsqu'on fait attention que cette inscription n'a été composée en l'honneur de *Domitia* que pendant l'un des consulats dont *Domitien* fut revêtu avant de parvenir à l'empire.

(1) Cette Domitia fut répudiée par Domitien pour avoir été surprise en adultere avec le comédien Paris. Cependant, quelque temps après, son époux la reprit avec lui, et lui fit rendre les mêmes honneurs que par le passé.

étoient pavées de grands quartiers de lave, et avoient de chaque côté des parapets ou trottoirs pour les gens de pied. L'architecture des maisons étoit assez uniforme, et presque tous les murs étoient peints à fresque. Les fenêtres étoient ordinairement ouvertes pendant le jour, et fermées par des volets pendant la nuit. On n'a trouvé des vitres qu'à très peu de croisées : le verre en étoit fort épais.

Le petit nombre de squelettes qui ont été trouvés dans cette ville fait juger que les habitants eurent le temps de se sauver, et qu'il n'y périt que fort peu de monde. Le peu d'effets portatifs qu'on y a déterrés fait croire aussi qu'ils ont eu la facilité d'emporter ce qu'ils avoient de plus précieux.

On avoit trouvé à *Herculanum* un bâtiment considérable, et qu'on auroit dû conserver; mais il a été recomblé, probablement pour n'être jamais redécouvert. C'étoit un caveau dans lequel il y avoit des banquettes tout autour : elles étoient décorées de niches, dans chacune desquelles il y avoit un vase qui renfermoit des cendres. Le nom des morts étoit peint en rouge au-dessus de chaque niche. Entre ces niches il y avoit un petit escalier par lequel on descendoit dans ce tombeau, qui avoit douze pieds sur neuf. Près de là étoit un puits dont l'ouverture étoit au plus du diametre d'un seau ordinaire ; il y avoit de l'eau à la profondeur de quarante à quarante-cinq pieds. Une lumiere qu'on y descendit avec une corde fit voir cette eau, qui paroissoit y être en abondance, et fit voir aussi que ce puits étoit entièrement taillé dans la lave; ce qui n'est pas aisé à comprendre, à cause de son peu de largeur. Cette lave, si profonde au-dessous du sol d'*Herculanum*, prouve que le Vésuve avoit eu des éruptions dans des temps bien reculés, puisque cette ville fut fondée près de quinze cents ans avant Jésus-Christ, et que vraisemblablement alors on avoit perdu le souvenir de l'éruption qui avoit couvert de lave ce sol que l'on choisit pour la bâtir; car la crainte d'un pareil événement auroit sans doute empêché sa fondation.

Il est d'autant plus surprenant que ce puits n'ait pas été comblé, que, jusqu'au moment où on le découvrit, on n'avoit pas trouvé une seule toise de terrain où les laves ne se fussent introduites.

Une des premieres découvertes que l'on fit à *Herculanum* fut le frontispice d'un monument en marbre. On trouva dessus, en caracteres de métal de Corinthe, de la grosseur d'environ un demi-pied:

Appius Pulcher
Caii Filius.

On y trouva ensuite sept statues de vestales, qui furent envoyées au prince Eugene par le prince d'Elbeuf; elles sont maintenant à Vienne.

Sur un fragment d'architecture on a trouvé cette inscription:

7 amm....us. $\overline{\text{TI}}$ vr. qun F..

Le roi ayant desiré de savoir l'explication de cette inscription, le savant *Venuti* assura que $\overline{\text{TI}}$ étoit le débris d'un *T* lié avec un *H*, et que cela signifioit *theatrum*. Il conjectura de là qu'on alloit découvrir un théâtre, ce qui se trouva vrai; et en rassemblant de nouveaux fragments avec l'inscription que je viens de rapporter, on lut distinctement:

a. Mammi... Rufus II. vir.
quin. T - E aTR. orch.
de Suo.

Alors *Venuti*, plein de joie, assura que c'étoit le théâtre de l'ancienne *Herculanum*, avec son orchestre, faits aux dépens de *Mammianus Rufus*.

Enfin, on trouva bientôt après celle-ci, qui étoit encore plus claire:

L. Annius Mammianus. Rufus
II. vir. quinq. T–EaTR. o. p.
Numisius. p. f. arch. ec.

Quelques auteurs assurent que le peuple étoit au théâtre dans le temps de l'éruption; mais il eut le temps de se sauver, car on n'y a pas trouvé un seul squelette. Il avoit eu le temps d'être averti, car Dion nous apprend que l'embrasement du Vésuve fut précédé d'un tremblement de terre qui dura plusieurs jours, et qu'on vit sortir ensuite de la montagne un nuage immense, tantôt blanc, tantôt noir, selon qu'il enlevoit avec lui de la terre ou de la cendre. Il n'est pas possible qu'à cette vue les habitants d'*Herculanum* aient poussé l'amour des spectacles jusqu'à attendre tranquillement leur perte dans l'enceinte du théâtre.

(Note du traducteur.)

(21) « J'allai voir le lendemain le *muséum*, si intéres-
« sant et si connu par le livre que le roi en a fait donner
« au public. Après avoir examiné les morceaux de char-

« bon, restes des manuscrits si précieux trouvés dans la
« fouille de la maison de campagne d'*Herculanum*, je
« desirai de voir le P. Antoine, que je condamnois depuis
« si long-temps en moi-même à cause du peu d'usage
« qu'il faisoit du beau secret de dérouler ces manuscrits
« et d'en pouvoir copier exactement les caracteres malgré
« l'état affreux où ils sont réduits par le feu, l'eau et le
« temps. J'attribuois cette négligence impardonnable à
« un âge très avancé, et je voyois ce religieux comme un
« vieillard débile dont les tremblantes mains ne pouvoient
« plus opérer sur des objets aussi fragiles. Je fus bien étonné
« de trouver un homme actif, industrieux, inventif, tou-
« jours en mouvement, que ma curiosité enflamma, et
« qui, dans la chaleur de la conversation, ne put s'empê-
« cher de me laisser voir combien il avoit été vexé dans
« ses opérations, et qui, sans m'instruire des motifs et
« des moyens, ne put me cacher combien il gémissoit du
« tort qu'il sentoit qu'on lui imputoit de laisser dans une
« coupable obscurité des curiosités si précieuses, et que
« le simple mouvement d'un tremblement de terre en-
« fouiroit d'une maniere plus absolue qu'elles ne l'avoient
« été par la lave. Si, en entrant dans le *muséum* de *Por-*
« *tici*, on est tenté de regarder comme heureux le seul
« accident qui pouvoit nous conserver des choses si pré-
« cieuses que le sont ces manuscrits, et nous les conserver
« par le seul moyen possible, celui de les réduire en char-
« bon, ce qui les a mis à l'abri du temps et de l'impres-
« sion destructive de l'humidité, on déplore bientôt le
« peu d'énergie, ou plutôt l'indomtable paresse et l'in-
« souciance des Napolitains, qui laissent périr sous leurs
« yeux ces trésors uniques de l'antiquité. Tous les rou-

« leaux que l'on possede ont été tirés d'*Herculanum*, où
« la lave brûlante et humide a mis les manuscrits en
« charbons, qui, enveloppés et privés d'air, n'ont point
« été réduits en cendres, comme ceux qu'on a tirés de
« *Pompéia* et de *Stabia*. Quoique l'action du feu s'y soit
« fait sentir d'une maniere moins brûlante, elle l'a ce-
« pendant trop été pour une matiere si inflammable; et
« la facilité de la circulation de l'air à travers le lit de
« pierres-ponces dont ces villes ont été couvertes, a réduit
« le charbon qui n'avoit point été étouffé. Le P. Antoine
« me mena au *muséum* pour que je l'y visse opérer. Il
« me montra et m'expliqua l'ingénieuse machine qu'il a
« composée, et qui m'a paru sublime par sa simplicité :
« elle est si peu compliquée, qu'on peut la décrire de sou-
« venir quand on ne l'auroit vue qu'une seule fois.

« Les manuscrits étoient écrits sur le *papyrus* (*a*),
« espece de jonc dont la moëlle desséchée, collée paral-
« lèlement, et doublée en sens contraire, formoit de lon-
« gues feuilles de plusieurs aunes ; on écrivoit ensuite
« d'un seul côté, en colonne, jusqu'au bout, où il y avoit
« un morceau de bois arrondi sur lequel se rouloit le ma-
« nuscrit. Ce *papyrus* brûlé n'est plus qu'un charbon
« si frêle, que le souffle même l'attaque destructivement.
« Il falloit donc une machine qui le déployât sans que

(*a*) J'ai vu depuis cette plante, qui croît en Sicile sur le fleuve Ana-
pus, qui se jette dans le grand port de Syracuse. Le chevalier de
Landolina, seigneur du pays, aussi savant qu'ingénieux, a cherché le
procédé des anciens pour la préparation de cette plante singuliere, et il
est parvenu à faire le papyrus tel que celui que l'on voit au *muséum* du
pape, et dont on n'a que le charbon à Portici.

« le contact trop rude de la main touchât à la matiere ;
« il falloit en même temps trouver un moyen de donner
« à ce charbon déployé assez de consistance pour avoir
« une existence, et pour cela lui prêter des linéaments
« et des parties contiguës. La machine du P. Antoine
« fournit tout cela à la fois ; et les seuls ustensiles et ma-
« tieres nécessaires à cette opération consistent en un
« pinceau, un style, une pince, une coquille de gomme
« arabique, une autre d'une gomme dont le P. Antoine
« a le secret, une tasse d'eau, et des especes de feuilles
« formées des membranes desséchées qui couvrent les in-
« testins des cochons ou des moutons. L'opération, qui
« semble d'abord aussi difficile qu'à développer sans frac-
« ture une toile d'araignée que l'on auroit froissée, se
« commence de cette maniere. On prend de cette mem-
« brane dont j'ai parlé, on la dédouble en la déchirant,
« et, la mettant en parcelles d'une ligne de diametre, on
« colle chacune de ces parcelles sur le manuscrit avec la
« gomme siccative et non pénétrante, en les posant avec
« le pinceau et le style ; on les colle si près les unes des
« autres que cela devient un tissu. Pendant cette pre-
« miere opération, le rouleau pose sur deux croissants
« qui lui servent de supports, et qui sont tapissés d'un
« coton léger qui fait matelas. Quand ce tissu est ainsi
« préparé, on y adapte une vingtaine de fils de soie, et
« on les attache avec de la gomme commune. Lorsque la
« premiere surface est ainsi assujettie, on baisse les sup-
« ports, et on fait tourner doucement le rouleau, dont la
« superficie se trouvant fixée par les brins de soie, se dé-
« veloppe, et laisse voir distinctement au revers les carac-
« teres, qui, tracés avec une liqueur qui avoit plus de

« consistance que n'en a notre encre, conserve assez de
« relief pour se distinguer par sa saillie.

« L'opération se continue ainsi jusqu'au bout du rou-
« leau. Lorsque des sinuosités dans le rouleau, ou les dé-
« fectuosités qu'il a éprouvées par des chocs et par d'au-
« tres événements, empêchent que les fils de soie ne tirent
« également, on en ajoute de nouveaux dans les sinuo-
« sités, qu'on tend plus ou moins par le moyen de vis qui
« sont à la partie supérieure de la machine, jusqu'à ce
« qu'on ait rattrapé les parallèles. Cette machine est d'au-
« tant plus belle, que le plus médiocre menuisier peut
« l'exécuter. Cette heureuse découverte, qui devoit nous
« donner la jouissance de tant de précieux manuscrits,
« ne fera probablement qu'augmenter nos regrets. Il n'y
« en a encore que quatre de déroulés et copiés, mais non
« traduits : on s'est contenté d'en connoître les titres ; et,
« par un hasard singulier, ils sont tous quatre de *Philo-*
« *deme*, disciple d'Épicure. L'un, dit-on, traite des effets
« de la musique, et veut en prouver le danger; le second
« est un traité de morale et d'éducation ; et les deux au-
« tres sont sur la rhétorique. Cependant tous les autres
« rouleaux demeurent entassés. Il y en a qui ont été per-
« cés de coups de couteau ; d'autres sont coupés trans-
« versalement pour en voir la tranche, qui ressemble
« absolument, pour la forme et la couleur, à une carotte
« de tabac; d'autres coupés en long, et creusés comme
« des tranches de melon. Enfin toutes les tentatives de
« la stupide curiosité ont déja détruit une partie de ce
« rare dépôt si singulièrement conservé. L'ignorance,
« l'envie et la mésintelligence laisseront peut-être au
« temps à détruire le reste.

(22) « Le hasard avoit fait découvrir *Pompeia* dès
« 1689 : elle ne fut cependant fouillée qu'après *Stabia*,
« qui étoit la moins couverte, étant la plus éloignée du
« Vésuve. Son sort justifie les frayeurs qu'inspire ce vol-
« can aux Napolitains pour leur ville. Elle ne dut son
« salut, en 79, qu'au vent dont la lettre de Pline le jeune
« fait mention, et qui chassoit la pluie de cendres du côté
« de *Stabia*. Cette ville est située au fond d'un golfe qui
« forme un prolongement de l'Apennin, qui s'avance dans
« la mer jusques vis-à-vis de l'isle de *Caprée*; et cette
« pointe, nommée *le cap de Minerve*, n'en est qu'à six
« milles. C'est au pied du mont *Gragnano*, le plus élevé
« de cette chaîne, qu'est actuellement situé le petit port
« de la ville *Castel-a-Mare*, qui seroit très agréablement
« situé, si le *Gragnano*, qui le domine trop perpendicu-
« lairement, ne le privoit du soleil une grande partie de
« l'année. Cette montagne, autrefois inculte et pelée, fut
« couverte des cendres du Vésuve, et se trouve mainte-
« nant cultivée presque jusqu'à son sommet. A un demi-
« mille de *Castel-a-Mare* est une petite éminence séparée
« de la montagne par une petite rivière : c'est là qu'étoit
« *Stabia*, ville très ancienne et assez considérable, que
« les Romains avoient prise sur les Samnites, et qui se ré-
« volta du temps de *Sylla* qui la détruisit.

« Les Romains ne la rebâtirent pas, mais couvrirent
« son territoire de *ville*, ou maisons de campagne. Celle
« de *Pomponianus*, l'ami de Pline, y attira ce naturaliste
« aussi courageux qu'infatigable. Il partit de Misène, où
« il commandoit la flotte, pour observer de plus près le
« phénomène de l'an 79. Il aborda à *Retina*, et vint jus-
« qu'à *Stabia*, où il termina ses observations en cessant

« de vivre. Les fouilles de *Stabia* sont faites d'une ma-
« niere affligeante : il semble qu'on y travaille pour gâter
« la besogne et dégoûter à l'avenir d'y fouiller. On recou-
« vre si exactement tout ce qui a été fouillé, que tout se
« retrouve aussi enfoui qu'auparavant. On ne peut cepen-
« dant alléguer aucune raison, puisque le terrain n'est
« nullement précieux, et qu'il n'y a qu'à gratter pour dé-
« couvrir. Au bas de la ville je vis une fabrique antique
« assez profonde, avec des excavations de tous les côtés.
« Je n'avois ni briquet ni flambeau ; je fus réduit à pren-
« dre des informations en retournant à *Castel-a-Mare* :
« on me dit qu'il y avoit une rue de plus d'un mille de
« longueur, remplie de maisons de distance en distance.
« Il étoit tard, il falloit retourner à *Portici;* je revins af-
« fligé de n'avoir pu vérifier par moi-même les rapports
« qu'on m'avoit faits : mais le lendemain j'y retournai, et
« me fis conduire par des gens qui y avoient été plusieurs
« fois. Lorsque nous fûmes au bord du trou par lequel
« on entre dans les souterrains, ils m'avertirent que la rue
« étoit trop longue pour qu'une seule torche nous con-
« duisît au bout, et nous nous en pourvûmes de plu-
« sieurs.

« Lorsque nous eûmes fait environ cent vingt pas,
« dont la moitié en se traînant à terre, nous trouvâmes
« le bout d'une fouille infructueuse, et dont l'entrée seule
« étoit probablement une de ces maisons isolées que l'on
« trouve en approchant des villes. Cette tentative inutile
« me fut une leçon, et doit l'être à tous les voyageurs,
« pour ne s'en rapporter ni à ce qu'on lit, ni à ce que l'on
« entend dire, mais seulement à ce qu'on voit et à ce
« qu'on touche. Plusieurs autres tentatives ne m'instrui-

« rent pas davantage ; tout ce que je pus observer, ce fut
« qu'on n'avoit trouvé ni rues ni boutiques, ni rien qui
« indiquât une ville. Je remarquai sur presque toutes les
« briques cette inscription :

LANNI DEL.

« J'allai ensuite visiter les ruines de *Pompéia*, les plus
« intéressantes qui existent dans l'univers.

« Pour remplir la tâche que je m'étois imposée de
« faire dessiner et de dessiner moi-même tout ce qui avoit
« été découvert, il falloit le faire à la dérobée, car je
« n'avois pu en obtenir la permission.

« Nous nous présentâmes donc en corrupteurs ; mais
« ce fut vainement pour cette fois, les gardiens étant
« trop surveillés. Alors il fallut conquérir, et nous atta-
« quâmes la maison de campagne à l'approche de la nuit,
« heure à laquelle les ouvriers quittent leurs travaux.

« Cette maison est le premier objet qu'on rencontre
« dans ces fouilles, et on ne l'apperçoit que quand on y
« est, ainsi que le reste de la ville, qui est enfoncée dans
« des monceaux de cendre.

« Je fus bien étonné de la petitesse de cette maison,
« qui nous fit l'effet d'un édifice fait à plaisir, plutôt pour
« amuser un enfant que pour être habité. Par-tout elle
« avoit un air de magnificence, mais sans avoir une seule
« grande piece ; chaque chambre a l'air d'une étuve. De
« petites colonnes ornent les façades ; mais il semble
« qu'on va toucher les entablements avec la main. Je
« cherchois ces Romains qui, dans leurs temples et
« leurs édifices, m'avoient paru des géants, et ils ne

« me paroissoient que des nains dans leurs maisons par-
« ticulieres.

« La porte de cette maison est sur le chemin, qui est
« une partie de la voie appienne, large seulement de
« quinze pieds à cet endroit, et revêtue de chaque côté,
« d'espace en espace, par ces pierres qui tenoient lieu
« d'étrier aux voyageurs, parcequ'ils montoient dessus,
« dit-on, pour sauter ensuite à cheval. Cette porte étoit
« décorée, ainsi que l'intérieur et l'extérieur de la mai-
« son, de colonnes revêtues en stuc d'une couleur rouge-
« jaunâtre, avec un socle noir, sur lequel on a peint,
« dans l'intérieur, des arabesques d'un bien bon goût.
« De la porte qui donnoit sur ce chemin, on entroit dans
« les appartements. Il n'y avoit ni cour ni écurie, mais
« des bains délicieux, de petites cours intérieures, en
« forme de promenoirs, une salle à manger infiniment
« petite, et des caves immenses. A tous ces contrastes,
« et à l'élégance des ustensiles qu'on y a trouvés, on peut
« assurer que si c'étoit un personnage considérable qui
« avoit habité cette *villa*, les Romains mettoient peu de
« faste dans leurs maisons particulieres, ou bien que, si
« c'étoit un simple particulier, ils y mettoient une grande
« recherche. Si l'usage de ce que nous appellons mainte-
« nant de petites maisons, et celui des soupers fins,
« étoient connus des Romains, la forme de celle-ci pour-
« roit faire croire que c'en étoit une, et en donne une
« véritable idée par l'élégance, la recherche, et la petitesse
« de tout ce qu'on y voit.

« Nous corrompîmes, comme nous nous l'étions pro-
« mis; mais comme notre coquin de ce jour-là n'étoit
« qu'un coquin subalterne, qu'un ouvrier qui avoit envie

« de garder notre argent sans cesser de faire son métier
« de sentinelle, il nous tourmentoit pendant notre tra-
« vail, et nous ne pûmes que lever une très petite par-
« tie du plan qu'il nous falloit, et que nous eûmes à
« force de soins, de tentatives, de travail et d'argent.
« Nous descendîmes ce jour-là dans la cave où l'on voit
« 27 squelettes de femmes qui vraisemblablement, dans
« l'horrible confusion de cette fatale journée, s'étoient
« cachées dans cet endroit retiré, où elles se croyoient à
« l'abri des cendres. Elles avoient placé des planches en
« talut, pour en faire une espece de toit sous lequel elles
« pussent respirer; et c'est là-dessous qu'on a retrouvé
« leurs déplorables restes : elles s'étoient toutes placées
« à côté l'une de l'autre ; et outre leurs os on a trouvé
« sur la cendre durcie les moules d'une grande partie de
« leurs corps. On conserve au *muséum* l'empreinte de la
« gorge d'une d'elles, qui devoit être fort belle. On y con-
« serve aussi leurs anneaux, leurs bracelets, leurs chaînes
« de cou, et leurs boucles d'oreilles : tout cela est d'or,
« et prouve que ces vingt-sept malheureuses femmes
« étoient d'un rang distingué. On voyoit aussi dans cette
« cave les vingt-sept têtes de ces infortunées; l'une d'elles,
« qui est encore garnie de cheveux, a été portée au *mu-*
« *séum*, et mise sous verre. Je ne sais si on continuera
« d'en montrer vingt-six, mais j'avoue qu'il ne peut plus
« y en avoir que vingt-cinq véritables, car je ne pus ré-
« sister au desir d'avoir en bonne fortune la tête d'une
« dame romaine ; et, ayant trouvé le moyen de l'em-
« porter à l'aide d'un très grand manteau que j'avois, je
« suis parvenu à la faire passer en France, où nos jolies
« Françoises pourront s'étonner de la dimension et des

« formes qui faisoient la beauté de ce temps. J'aurois
« bien voulu pouvoir prendre du vin dont étoient sans
« doute remplies de grandes cruches rangées contre le mur
« de cette même cave; mais la cendre ayant pénétré dans
« ces vases, s'est emparée de cette matiere fluide, et en
« a détruit la substance (*a*). Ces amphores, hautes de
« trois pieds et demi, étoient de forme longue, termi-
« nées par une pointe que l'on enfonçoit dans le sable
« pour les tenir debout, en les appuyant parallèlement les
« unes contre les autres.

« Auprès de la porte qui donnoit sur la voie appienne,
« on nous montra l'endroit où l'on avoit trouvé deux sque-
« lettes, qui étoient vraisemblablement ceux du maître
« de la maison, et d'un de ses esclaves. Le premier te-
« noit une clef à la main, et de l'autre un sac où étoient
« de l'argent, des médailles, et des camées; l'esclave
« portoit un coffre rempli d'effets précieux, comme vases
« d'argent, de bronze, etc. Il est probable que cherchant
« à fuir avec ses bijoux, il avoit perdu trop de temps;
« qu'en arrivant près de la porte il la trouva comblée par
« les cendres, et qu'en allant l'ouvrir il fut renversé et
« enterré sous cette masse (*b*).

« On a très peu trouvé de pieces d'or et de bijoux dans

(*a*) On a trouvé ailleurs du vin dans des vases de crystal, qui s'étoit coa-
gulé et avoit pris la consistance de la résine. J'ai essayé de manger de
cette matiere, qui paroissoit à l'œil avoir de la tenacité : sous la dent elle
s'est brisée comme une substance calcinée, sans laisser dans la bouche
aucune espece de saveur, et sans s'y délayer davantage que la poussiere
de charbon.

(*b*) Ce malheureux n'eut que ce qu'il méritoit en éprouvant ce
triste sort : si au lieu de chercher à sauver son argent et ses bijoux, J.

« le reste des fouilles ; ce qui fait penser que la pluie de
« cendres n'avoit pas été assez prompte pour empêcher
« les habitants de se sauver, et d'emporter avec eux leurs
« effets légers et précieux, et que les propriétaires des
« autres maisons avoient été plus diligents ou plus heu-
« reux que celui-ci.

« Les cadavres qu'on a trouvés n'étoient certainement
« que ceux des personnes que la peur avoit fait cacher
« en quelque coin, ainsi que les vingt-sept femmes, ou
« qui s'étoient trouvées enfermées ou retenues par quel-
« ques circonstances.

« En suivant la voie appienne, nous arrivâmes à la porte
« de la ville, et nous y vîmes les deux bancs circulaires,
« un tombeau magnifique, et la sépulture des comé-
« diens, ainsi appellée parcequ'elle a pour ornements
« quatre masques de différents caracteres.

« Le jour finissoit, nous y voyions à peine, et on ne
« permettoit pas que nous touchassions à rien. Ma sur-
« prise augmenta encore quand je fus dans la rue. Je ne
« pouvois pas revenir de l'étonnement que me causoit sa
« petitesse, celle des maisons, des boutiques, des caves
« et des chambres. Tout cela sembloit avoir été construit
« pour des pygmées, et je me crus au pays des marion-
« nettes.

---

eût plutôt songé à sauver les infortunées créatures qu'il ne pouvoit pas
ignorer être dans sa maison, il auroit peut-être eu le temps d'arriver
avec elles à cette porte avant qu'elle eût cessé de pouvoir s'ouvrir, et il
se seroit sauvé avec elles ; mais l'avarice l'ayant emporté sur l'humanité, et lui ayant fait sacrifier la vie de ces malheureuses femmes, dont
peut-être l'une étoit la sienne, et plusieurs autres ses sœurs ou ses filles,
la Providence le punit justement.

« Le second voyage que nous fîmes à *Pompéia* fut plus
« heureux. Notre premiere bonne fortune fut de manquer
« notre *Cicéron*, qui ne se trouva pas au rendez-vous, et
« d'en trouver un moins craintif et plus complaisant.
« Nous prîmes toutes les vues et tous les plans que nous
« voulûmes prendre. J'admirai de nouveau la recherche
« des détails des appartements, les bains charmants, les
« étuves curieuses, qui formoient une chambre de la
« forme la plus agréable, avec cette singularité, que, par
« un double fond en brique, la chaleur y circuloit dans
« un espace fabriqué dans l'épaisseur des murs : cette
« piece étoit, comme les autres, parsemée de mosaïque,
« revêtue en stuc, et peinte.

« L'usage des étuves dans les maisons des particu-
« liers étoit connu des Romains, et ne l'est plus en
« Europe que des Russes. J'ai été bien étonné de retrou-
« ver la même coutume dans des climats si différents.
« Je trouvai dans l'autre salle de bains ordinaires, tout à
« côté de la baignoire, un grand vase de terre cuite, où il
« y avoit encore d'une espece de chaux préparée, que je
« crus être alors en usage ou pour des maladies de peau,
« ou pour épiler. J'en emportai quelques morceaux pour
« les faire décomposer ; ce que n'avoient pu faire ni le
« temps, ni l'action du feu, ni celle de l'eau dont elle
« étoit encore baignée dans le vase qui la contenoit. Dans
« un des angles de cette piece, on voit les restes d'un
« petit fourneau, avec les marques de l'endroit où étoit
« attaché un rideau qui le masquoit ; et sur ce fourneau
« étoient les vases nécessaires à faire chauffer les breu-
« vages que l'on prenoit sans doute pendant qu'on se
« baignoit.

« Nous continuâmes nos attaques; mais nous fûmes
« souvent repoussés. Les doubles frippons qui nous ser-
« voient, et qui fripponnent encore moins leurs maîtres
« que ceux pour qui ils consentent cependant à trahir
« leur devoir, ont l'adresse de procurer les moyens de tout
« commencer, de renvoyer au lendemain, et de ne rien
« laisser achever qu'on ne paie au poids de l'or. Je puis
« assurer qu'il a fallu non seulement du courage, mais
« l'opiniâtreté françoise, pour achever notre entreprise, et
« que ce n'est qu'à force de commencer avec différents
« *Cicérons* que nous sommes parvenus à finir. C'est ainsi
« que successivement nous avons eu les vues et les plans
« du temple d'Isis, du quartier des soldats, du théâtre,
« du grand temple voisin de ce quartier, et situé dans la
« partie la plus élevée de la ville. La plupart des maisons
« considérables étoient bâties à mi-côte, ou sur les murs
« de la ville, avec des terrasses en dehors, nommément
« celle qui étoit près du grand temple : celle-ci a trois
« étages, appuyés chacun sur le rocher, qui est de même
« nature que la plupart des laves de *la Somma*. J'en exa-
« minai très attentivement plusieurs morceaux que j'ar-
« rachai; j'y retrouvai la même matiere que celle qui en-
« vironne les bouches du Vésuve. On y voit aussi ces pe-
« tites pierres taillées en facettes, et calcinées, que l'on
« appelle vulgairement *grenats du Vésuve*. Je crois qu'on
« peut assurer, sans craindre de se tromper, que *Pompéia*
« avoit été bâtie sur un ancien cratere. On en peut trou-
« ver des preuves sans nombre, entre autres une mouffette
« suffocante qui existe encore sous une terrasse de la
« maison dont je viens de parler : on ne peut entrer qu'avec
« précaution dans la chambre qui la renferme. C'est dans

« ce même lieu qu'on a trouvé le squelette d'une femme
« étendu à côté d'une grande jatte, près d'un fourneau
« qui chauffoit deux chambres de bain, et une troisieme
« en forme de rotonde, qui ne recevoit de lumiere que par
« le plafond. Je trouvai dans celle où étoit le squelette la
« même préparation de chaux dans un vase pareil à celui
« dont j'ai déja parlé ; ce qui prouve évidemment que cette
« préparation étoit en usage dans les bains que prenoient
« les Romains. J'en pris de nouveau pour la comparer à
« l'autre, et la faire analyser à mon retour. Le squelette,
« que l'on a trouvé dans l'attitude d'une personne tombée
« à la renverse, avoit près de lui tous les ustensiles qui
« annoncent une esclave occupée de la préparation des
« bains, et renversée par une suffocation subite.

« Tout près de cette maison, qui étoit bâtie à trois
« étages sur les murs de la ville, et contre le penchant
« d'un monticule, est un temple qui la dominoit : ce qui
« en reste annonce qu'il étoit bâti dans le style grec, dans
« les mêmes proportions que celui de *Pestum*. On voit
« encore très à découvert l'âtre du temple, qui étoit un
« quarré long exhaussé de degrés tout autour, avec une
« colonnade qui formoit une galerie et un péristyle. Le
« peu qui reste de ce temple pourroit faire croire qu'il a
« été détruit par un tremblement de terre avant l'éruption
« de 79. Ce qui peut appuyer cette opinion, c'est qu'il
« étoit situé dans la partie la plus élevée de la ville, et
« construit d'une maniere plus lourde ; ce qui lui auroit
« fait éprouver le tremblement d'une maniere plus des-
« tructive. On peut faire la même remarque dans tous les
« édifices de *Pompéia*, qui sont plus ou moins détruits
« en raison de leur masse, de leur situation, et de leur

« élévation. Il ne reste de ce temple-ci que le fût inférieur
« de deux de ses colonnes; mais le plan encore tracé sur
« la mosaïque, un autel, des chapiteaux renversés, etc.
« donnent encore toutes les mesures et les espaces néces-
« saires pour le faire retrouver dans son entier à un archi-
« tecte intelligent. J'ai appris qu'en découvrant ce tem-
« ple il avoit été trouvé dans le même état de destruction
« où il existe encore. Avoit-il été déja fouillé ? sa position
« élevée pourroit en avoir facilité la découverte. Étoit-il
« déja détruit, sans avoir été rétabli, lors de l'éruption de
« 79 ? cette opinion est la plus probable. Nous observâ-
« mes qu'il avoit été bâti en pierres de taille volcanisées,
« recouvertes d'un stuc coloré. Les Romains aimoient et
« exécutoient cette maniere de décorer à un tel point de
« perfection, qu'ils enduisoient ainsi la taille la plus par-
« faite, et même des chapiteaux corinthiens. On a beau-
« coup raisonné sur la composition de ce stuc, et sur les
« couleurs dont on l'enduisoit; mais je ne crois pas qu'on
« l'ait encore trouvé (si ce n'est M. *de la Véga* dont j'ai
« déja parlé). J'ai vu chez lui des échantillons de stuc de sa
« composition, absolument semblable au stuc antique : il
« ne ressemble en rien à notre stuc, qui imite le marbre, et il
« n'en a ni le brillant, ni le froid, ni la dureté; mais il ne
« se raie ni ne s'écaille : il est gras comme certains vernis,
« et résiste à l'humidité. Quelques auteurs ont prétendu
« qu'il y entroit de la cire; mais c'est une erreur qui n'au-
« roit jamais dû exister, puisqu'une telle matiere auroit
« été d'abord décomposée à *Pompéia* par l'action du feu,
« au lieu qu'elle y existe encore dans toute sa beauté,
« jusques dans les souterrains les plus humides.

« Nous passâmes ensuite dans ce qu'on appelle *le*

« *quartier des soldats*, bâti fort près du temple, mais sur
« un sol très bas, d'une architecture peu élevée, avec des
« matériaux légers, et par conséquent bien plus conser-
« vés. Tous les murs sont encore debout, ainsi que pres-
« que toutes les colonnes, qui sont aussi d'ordre dorique
« et sans base. Ce quartier avoit aussi la forme d'un quarré
« long, avec une galerie dont la couverture, soutenue par
« des colonnes, faisoit un promenoir tout autour, et ser-
« voit de péristyle à chacune des cases qui servoient pro-
« bablement de chambres à quatre soldats ; opinion fon-
« dée sur ce qu'on a trouvé quatre armures dans chacune
« de ces chambres. Elles étoient cependant de grandeurs
« inégales, mais toutes petites, revêtues en stuc, peintes
« en arabesques, et pavées en mosaïque. Elles fermoient
« avec une porte à deux battants, qui s'ouvroient en les
« poussant en dedans, ainsi qu'on le voit par le seuil ;
« car il n'existe plus de linteaux antiques ni de planchers.
« Ces logements avoient deux étages, et les cases du se-
« cond étage se communiquoient par une petite galerie
« suspendue : on voit encore la marque des solives qui
« la formoient. Ces chambres ne s'éclairoient que par la
« porte, ou par une ouverture au-dessus ; maniere ordi-
« naire des Romains pour éclairer leurs maisons, les fe-
« nêtres étant très rares dans toutes leurs constructions :
« ce n'est pas cependant qu'ils manquassent de verres
« propres à faire des vitres, car on en a trouvé dans la
« maison de campagne ; et l'abondance, ainsi que la per-
« fection de ce que l'on a trouvé de verroterie, prouve
« assez jusqu'à quel point ils avoient poussé le travail de
« cette matiere. J'ai ramassé des fragments de ces vitres,

« qui étoient d'un si beau verre, si épais et si poli, qu'il
« ne leur manquoit que le tain pour en faire des glaces
« comme les nôtres; et cependant on n'en a trouvé que
« de métal poli.

« On nous fit passer rapidement sur les vestiges à de-
« mi découverts d'un théâtre qui étoit sur le même ali-
« gnement que le quartier des soldats, et dont ce quartier
« sembloit ne faire que le péristyle. Ce théâtre étoit dé-
« couvert; et à droite de celui-ci on a trouvé quelques
« parties d'un autre théâtre qui étoit très petit, couvert,
« et sembloit être un théâtre particulier. Il est bien diffi-
« cile de savoir auquel des deux théâtres appartenoit
« cette inscription, placée sur un mur mitoyen de tous
« les deux :

>C. Quinctius C. F VAL^s.
>M. Porcius M. F.
>Duo. vir. DEC. DECR.
>theatrum — tutum
>Fac. locar. ei demq. prob.

« On nous conduisit ensuite au petit temple d'Isis qui
« tenoit au théâtre, et retombe dans ces proportions infi-
« niment petites. Les mêmes raisons que je viens de dé-
« duire plus haut ont été les causes qui nous l'ont con-
« servé plus entier que tous les autres. Bâti en briques,
« revêtu en stuc, d'un style plus agréable que noble, les
« détails en sont infiniment curieux, et très bien conser-
« vés. On sait que le culte d'Isis fut apporté d'Égypte,
« qu'il n'étoit adopté chez les Romains que comme un
« culte étranger, et ne formoit que des associations mys-

« térieuses, où il y avoit des initiés, comme de nos jours
« on pourroit citer nos francs-maçons; aussi le temple
« d'Isis ressemble-t-il parfaitement à une loge.

« Les cérémonies et les initiations nocturnes du culte
« de cette déesse devinrent suspectes, et furent défendues
« par les empereurs pendant plusieurs siecles. Cependant
« on peut assurer qu'il étoit en exercice sous Titus, à qui
« rien n'a été suspect : car à *Pompéia* on a trouvé le tem-
« ple habité, tous les ustensiles servant aux cérémonies;
« les habits des prêtres, leurs squelettes même; les cen-
« dres et les charbons sur l'autel des sacrifices; tous les
« ornements qui décoroient ce temple; une grande quan-
« tité de lampes, des candelabres représentant la plante
« et la fleur du *lotus*; des sistres dont les prêtres faisoient
« usage; des vases pour l'eau lustrale; des pateres pour
« contenir l'eau avec laquelle on arrosoit les victimes;
« d'autres vases à recevoir les entrailles; des *lectister-*
« *nium*, ou lits de table pour coucher la divinité lorsqu'on
« lui faisoit des offrandes; les ornements du purificatoire,
« modelés en stuc, portant tous les attributs d'Isis; l'ibis,
« l'hippopotame, etc. Sur les murs étoient peints les mê-
« mes emblêmes, avec la représentation des prêtres, et
« leur costume, qui étoit de lin blanc, la tête rasée, et les
« pieds couverts d'un tissu si fin, qu'il laissoit voir le nud.
« On méloit apparemment le simulacre d'autres divinités
« au culte de cette déesse; car on a trouvé des statues de
« Vénus, de Bacchus, deux Termes, et un Priape. La plu-
« part de ces statues étoient en bois, avec la tête, les mains
« seulement en marbre. On a trouvé aussi les tables isia-
« ques, plus difficiles encore à déchiffrer que ne l'ont été

« les manuscrits d'*Herculanum*, et dont je n'ai pas vu
« qu'on cherchât à tirer plus de lumiere.

« On doit remarquer un escalier dérobé par où l'on
« peut croire que se rendoient les prêtres pour se placer
« sous le trépied avant qu'on ouvrît la porte principale de
« l'enceinte sacrée. Cette porte s'ouvroit à deux battants,
« dont l'un se brisoit deux fois par des charnieres qui sont
« en bronze. J'ai vu les dessins de cette porte, qui étoit à
« panneaux et d'une belle simplicité. C'étoit au-dessus
« de cette porte que se lisoit cette belle inscription :

N. POPIDIUS N. F. CELSINUS
AEDEM ISIDIS TERRAE MOTU CONLAPSAM
A FUNDAMENTO P. SUA RESTITUIT.
HUNC DECURIONES OB LIBERALITATEM
CUM ESSET ANNORUM SEXS. ORDINI SUO
GRATIS ADLEGERUNT.

C'est-à-dire :

« *Nonius Popidius*, fils de *Nonius Celsinus*, ayant fait
« relever à ses frais ce temple d'Isis renversé par un trem-
« blement de terre, les décurions l'ont associé *gratis* à
« leur ordre, quoiqu'il eût soixante ans.

« Cette inscription est d'autant plus intéressante, qu'elle
« peut éclaircir une partie des inconséquences que l'on
« trouve dans l'architecture de cet édifice, ainsi que de
« ceux qui l'avoisinent, tels que le déplacement de quel-
« ques colonnes, le revêtissement de mauvais goût que l'on
« trouve au quartier des soldats, et qui n'a eu lieu probable-
« ment qu'après le tremblement de terre dont l'inscription
« fait mention, et qui avoit précédé de plusieurs années

« l'éruption de 79, puisqu'on avoit eu le temps de réparer
« les dommages, et que *Popidius* avoit pu restaurer le
« temple à ses frais. Ce tremblement étoit, selon toute
« apparence, celui de 63, dont parlent Séneque et Stra-
« bon, et qui ébranla si fort *Herculanum* et *Pompéia*,
« que la plupart des édifices furent renversés, et que les
« habitants effrayés abandonnerent leurs maisons et la
« ville, et qu'à Rome le sénat mit en délibération s'il se-
« roit ordonné d'abandonner *Pompéia*, ou si l'on en per-
« mettroit la restauration.

« La statue d'Isis, en marbre blanc, étoit sur un pié-
« destal dans le temple; mais on l'a transportée au *mu-*
« *séum* de *Portici*. Elle tient d'une main cette machine
« que l'on a coutume de regarder comme étant la clef des
« écluses du Nil : elle est dans le goût égyptien pour la
« forme et pour la pose, mais plus agréable par le travail
« que ces figures n'ont coutume de l'être ordinairement.

« On lit cette inscription sur son piédestal :

L. COCLIUS
PHOEBUS
Posuit. DDD.

« On y voit aussi une statue de Vénus, et une de l'A-
« mour.

« Dans une grande piece ouverte par trois portiques,
« on lit sur la mosaïque plusieurs noms propres (*a*). On

(*a*) La mosaïque forme ces trois noms :

N. POPIDI CELCINI.
N. POPIDI AMPLIATI.
CORELIA CELSA.

« prétend que c'étoit là qu'étoient retenus ceux qui de-
« voient être admis à l'initiation. On dit que les murs
« étoient peints et couverts de figures gigantesques et fan-
« tastiques. On y a trouvé le squelette d'un homme assis
« auprès d'une table de marbre, et occupé à manger un
« poisson dont les arêtes étoient encore dans un plat. Au-
« près de lui étoient les ustensiles nécessaires à faire ré-
« chauffer ou cuire.

« A côté de cette piece il y en avoit une autre dans
« laquelle il y avoit une niche où étoient les statues de
« Priape, de Bacchus et de Vénus, et d'autres figures qui
« n'avoient que les extrémités en marbre. On y voyoit
« trois coupes en terre cuite. Une piece à côté de celle-là
« renfermoit la plus grande partie des ustensiles propres
« aux sacrifices, et une grande quantité de lampes en terre
« cuite, qui éclairoient apparemment les cérémonies noc-
« turnes.

« Les matériaux de cet édifice sont volcaniques pour
« tout ce qui est moëllon ou pierre de taille ; mais tout le
« reste, qui compose les murs et les massifs, est fait
« des incrustations du *Sarno*, matiere très commune et
« très employée dans toute la vallée que parcourt ce petit
« fleuve : elle est légere et spongieuse comme la ponce,
« ayant plus de solidité et encore plus d'aptitude à être
« pénétrée et retenue par le ciment. Cette concrétion
« prend toutes les formes, et ressemble souvent à des ra-
« mifications : les eaux du *Sarno* forment si rapidement
« cette concrétion, qu'une branche de bouleau, fixée au
« courant de cette riviere, devient bientôt un massif et
« un moëllon.

« Plus on observe toutes les constructions de *Pom-*

« *péïa*, et plus on est convaincu que les Romains habi-
« toient les terrasses et les galeries, et ne se retiroient
« dans les chambres fermées que pour manger et dormir.
« On ignore encore absolument la forme de leurs lits : on
« n'en a trouvé aucun vestige dans aucune des chambres
« du quartier des soldats ; ce qui pourroit faire croire que
« les soldats ne s'y rassembloient que pour les exercices
« ou jeux gymnastiques. D'ailleurs tout ce que l'on a
« trouvé d'armures sembloit plus fait pour la parade d'un
« spectacle que pour la guerre : cette grande arene quar-
« rée et fort longue, entourée de la galerie, paroissoit très
« propre à cet usage. S'il est vrai que de petites choses
« servent quelquefois à découvrir des vérités, je pourrois
« citer des dessins faits à la pointe du couteau par les sol-
« dats sur l'enduit des colonnes, où sont représentés des
« lutteurs armés des mêmes armures trouvées dans les
« chambres des soldats, et qui n'avoient de couvert que
« le côté gauche qu'ils présentoient au combat. Ces in-
« dices, quoiqu'informes, n'étoient sûrement pas un
« jeu de l'imagination ; ils ont la naïveté de la vérité qu'ils
« décelent, vérité qui n'a pu être fardée par des mains gros-
« sieres. Le soin que l'on avoit pris afin que l'arene ne fût
« point gâtée par l'écoulement des eaux, pourroit encore
« servir d'assertion à l'opinion qu'elle servoit aux jeux :
« un conduit en pierres de taille recevoit les eaux du
« toit de la galerie, et les conduisoit à chaque angle du
« quarré par un puisart dans une citerne d'où on la
« tiroit au besoin.

« En poursuivant nos opérations, nous arrivâmes à
« un logement considérable, qui probablement étoit
« celui du commandant. Ce qui l'a fait soupçonner, c'est

« qu'on a trouvé auprès les squelettes de plusieurs escla-
« ves et d'un cheval chargés d'effets précieux, et d'habits
« et d'étoffes, que l'on enlevoit sans doute afin de les sau-
« ver. Fort près de ce logement nous trouvâmes une con-
« serve d'eau, ou jarre de terre cuite, qui, par sa taille,
« et le son qu'elle rendoit en la frappant, peut rendre
« compte du degré de perfection où ils portoient le travail
« et la cuisson de ce genre de matieres.

« Tout près de cette entrée est une autre issue, où,
« montant quatre marches, on entre dans une autre en-
« ceinte, entourée également d'une galerie dont la cou-
« verture étoit soutenue par une colonnade d'ordre ioni-
« que. A droite est l'entrée d'un petit théâtre qui, dit-on,
« étoit couvert, et dont on voit le profil de trois gradins;
« tout le reste étant encore enfoui. On entroit dans l'en-
« ceinte du théâtre avec un bulletin ou *tessera*, qui étoit
« la représentation en terre cuite ou en bronze d'un
« oiseau ou d'un fruit : le nom du théâtre étoit écrit
« dessus, ainsi que le numero du gradin. On peut en
« voir plusieurs au *muséum* de *Portici*.

« Dans l'une des chambres du quartier des soldats,
« nous vîmes un moulin à bras, aussi simple que com-
« mode : il étoit d'une pierre rocailleuse, qui n'avoit que
« le poids nécessaire pour fixer le grain avant de le broyer
« et le moudre. Un reste de soudure en plomb, incrustée
« dans le noyau du centre, pourroit faire croire qu'une
« piece de bois ou une barre de fer fixoit la base contre
« les deux planchers ; deux autres barres incrustées et
« chevillées dans la partie latérale en rendoient la rota-
« tion très facile. A côté de ce moulin nous vîmes une

« chambre qui servoit de prison : on y mettoit aux fers les
« soldats. Ces fers ont été portés au *muséum* : ils consis-
« toient en de simples morceaux de fer, rangés en ligne
« droite, et qui s'élevoient à quatre pouces de dessus un
« plateau de bois épais, dans lequel ils étoient plantés et
« rivés. Ces chevilles de fer étoient terminées par une
« clavette, dans laquelle se passoit une barre du même
« métal, qui tenoit les jambes du prisonnier engagées de
« maniere qu'il pouvoit être couché, assis, et se tourner
« sur ses deux hanches, mais jamais se relever, ni re-
« tirer ses pieds de cette entrave, qui ne pouvoit laisser
« échapper à la fois le talon et le coudepied. Cette
« maniere étoit très économique pour l'espace, et pou-
« voit contenir un grand nombre de prisonniers dans une
« fort petite prison. Les squelettes que l'on a trouvés
« et que l'on voit encore dans cette piece attestent
« que l'usage en étoit existant lors de l'éruption, ou
« du moins que cette chambre servoit de prison aux
« malheureux oubliés sans doute dans un moment si
« effrayant, et qui ont été trouvés accroupis contre la
« porte.

« En montant un escalier à côté de la prison, on arrive
« à une terrasse, où l'on voit encore les restes d'une
« colonnade d'ordre dorique, qui alloit joindre l'entrée
« du théâtre. Nous parvînmes aussi à trouver l'autre en-
« trée qui lui étoit parallele, et qui étoit celle des spec-
« tateurs du parterre, car la premiere répondoit aux qua-
« tre vomitoires. Nous nous enterrâmes dans une exca-
« vation où, à travers les ronces, nous trouvâmes les
« ruines du fond du théâtre, avec assez de forme pour

« en distinguer la décoration. Il étoit ouvert de trois por-
« tiques, comme celui d'*Herculanum* (a).

« Nous revînmes encore une fois à la maison de cam-
« pagne que nous avions tant de fois visitée, et que nous
« ne pouvions nous lasser de revoir. Dans toute cette
« maison il n'y avoit qu'une place décidée pour recevoir
« un lit; c'étoit une alcove avec deux garde-robes, faite
« absolument comme les nôtres. La chambre est demi-
« circulaire, et a trois croisées sur le jardin, dans lequel
« nous distinguâmes encore un rosier et un citronnier.
« Les peintures de cette maison sont charmantes; la plu-
« part ont été transportées à *Portici* (b).

« A quelques pas de cette maison, on voit un petit
« tombeau avec cette inscription :

M. ARRIUS L. DIOMEDES
SIBI SUIS MEMORIAE
MAGISTER PAG. AUG. FELIC. SUB. URB.

« Ce petit tombeau a la forme d'une porte, dont deux
« faisceaux semblent servir de gonds : au-dessus est une

(a) On peut voir dans le Voyage pittoresque du royaume de Naples
tous les détails des fouilles de *Pompéia*, dessinés par MM. Desprès et
Regnard, et tous les plans levés avec autant de génie que d'exactitude
par ce dernier. La description de toutes ces antiquités est prise du Journal de M. de Non; et comme pour bien l'entendre elle exige des dessins,
je renvoie mes lecteurs à cet ouvrage, qui n'est qu'un extrait de celui-ci.

(b) Voyez tous les détails de cette jolie maison dans le Voyage pittoresque du royaume de Naples, avec les plans de la plus grande fidélité,
levés par M. Regnard, architecte du roi.

« autre inscription en marbre, incrustée dans un petit
« mur. On y lit :

ARRIAE. M. F.
DIOMEDES L. SIBI SUIS.

« Ces inscriptions signifient que *Marcus Diomedes*,
« *Augustalis Felix*, et affranchi d'*Arria*, avoit fait éle-
« ver ce tombeau pour lui et pour les siens ; et que, sans
« doute par reconnoissance, il a donné place dans ce
« tombeau à *Arria* pour elle et pour les siens.

« Nous achevâmes nos conquêtes (et c'étoit tout ce
« qui nous restoit à desirer de *Pompéia*) par les dessins
« du tombeau de *Mammia*. Cette sépulture avoit été ac-
« cordée par un décret du sénat à cette prêtresse et à sa
« famille. Le tremblement de terre l'avoit écroulé, et le
« temps en avoit dispersé les débris. Toute la partie supé-
« rieure étoit ronde, et décorée en colonnes et statues de
« marbre.

« Fort près du tombeau, on trouve deux fosses ou-
« vertes, sur lesquelles sont élevés et posés sur un mur
« à hauteur d'appui quatre grands masques en terre
« cuite qui représentent les quatre principales passions
« que les anciens employoient sur leurs théâtres. Cela a
« fait penser que cet endroit étoit la sépulture des comé-
« diens. Ce lieu étoit fermé par un mur garni de sque-
« lettes de chevaux, incrustés dans le ciment et rangés
« avec ordre.

« Nous revînmes de là à la porte de la ville qui en
« étoit l'entrée principale, et qui, à en juger par les
« fragments qui sont autour, étoit décorée d'une bonne
« architecture.

« Près de cette porte sont deux bancs demi-circulaires,
« de vingt pieds de long. L'un des deux est parfaitement
« conservé, et on y lit cette inscription :

MAMMIAE P. F. SACERDOTI PUBLICAE
LOCUS SEPULTURAE
DATUS DECRETO DECURIONUM.

« En entrant dans la ville par cette porte, et en sui-
« vant la rue, on distingue encore les formes des bouti-
« ques ; il n'y manque que les toits. Celle d'un marchand
« de liqueurs se fait distinguer par un appui qui sans
« doute étoit une espece de comptoir. On y voit encore
« une rigole en marbre dont on ignore l'usage. C'est
« dans cette rue, et assez proche de la porte, qu'on voit
« une enseigne bien extraordinaire ; c'est un *Phallum*,
« ou Priape, sculpté dans la brique d'un pilier sur la rue,
« et à la hauteur d'environ huit pieds. Plusieurs savants
« ont prétendu que c'étoit l'enseigne d'un lieu consacré
« à Vénus, ou *Venerium* ; ce qu'on ne rougissoit pas
« alors d'indiquer au public ni de nommer, ainsi qu'il
« est prouvé par cette inscription trouvée à *Pompéia* :

IN PRAEDIS JULIAE SP. F. FELICIS
LOCANTUR
BALNEVM VENERIVM ET NONAGENTVM TABERNAE
PERGVLAE
CAENACVLA. EX IDIBVS. AVG. PRIMIS. IN. IDVS. AVG. SEXTAS.
ANNOS CONTINVOS QVINQVE.
S. Q. D. L. E. N. C.
A. SVETTIVM. VERVM. AED.

C'est-à-dire :

« *Dans les biens de campagne de* JULIA FELIX, *fille*

« *de* Spurius, *sont à louer un bain, un* venerium, *et*
« *quatre-vingt-dix berceaux ou cabinets de treillage,*
« *avec plusieurs salles, pour l'espace de cinq ans, depuis*
« *le premier jusqu'au six des ides d'août.*

« Les lettres initiales peuvent se lire ainsi :

« Si Quis Dominam Loci Ejus Non Cognoverit, Adeat
« Suettium Verum, AEdilem.

C'est-à-dire :

« *Si l'on ne connoît point la maîtresse de ce lieu, on*
« *s'adressera à Suettius Verus, édile* ».

(Journal de M. de Non.)

(23) « Nous quittâmes *la Cava* pour aller à *Nocera*,
« où nous trouvâmes les ruines d'un temple ou d'un
« bain, ce qui est difficile à décider. Il sert maintenant
« de paroisse sous le nom de sainte Marie-Majeure ;
« monument dont le plan rond est composé de quarante-
« deux colonnes accouplées, du plus beau marbre pos-
« sible : elles portent maintenant une coupole. Au mi-
« lieu il y a un bassin revêtu en marbre blanc, avec
« deux gradins circulaires, et le canal par où l'eau s'échap-
« poit. Sur le pourtour de ce bassin, il y avoit huit co-
« lonnes de marbre qui portoient un entablement. Il n'en
« existe plus que quatre, et les bases des autres. Quoi
« qu'il en soit de ce monument, qu'il fût un temple, un
« bain, ou un baptistere des premiers siecles de la chré-
« tienté, la beauté de ses marbres, le bon goût et le tra-
« vail des chapiteaux et des bases des colonnes, attestent
« la magnificence de l'ancienne *Nocera*, dont l'histoire
« parle toujours d'une maniere si peu claire, qu'on ne
« sait jamais s'il est question de celle-ci ou d'une autre

« ville de la Pouille qui porte à-peu-près le même nom.
« Il est sûr que celle-ci étoit très grande, si elle cou-
« vroit tout le terrain qu'occupent aujourd'hui ses mai-
« sons et ses clos épars.

« On voit sur une montagnole les ruines du vieux
« château des remparts duquel le bouillant Grégoire VI
« excommunioit l'armée du roi d'Anjou, qui l'y assiégeoit
« vivement. Les campagnes de *Nocera* sont couvertes et
« fructifiées des cendres du Vésuve, que nous décou-
« vrîmes de là dans son plus grand développement, et
« qui perdit bien à nos yeux blasés par l'immensité et
« la beauté des formes de l'Etna, que nous venions de
« quitter. Nous passâmes, non sans émotion, devant
« *Pompéia* et *Stabia*, nos anciennes galeries, et vînmes
« coucher à *Castel-a-Mare*, dont j'ai déja parlé à l'arti-
« cle *Stabia*. Nous nous embarquâmes le lendemain pour
« visiter toute la côte de *Sorrento*. Nous coupions de
« cap en cap, et arrivâmes tout droit à *Massa*, nous ré-
« servant de visiter la côte au retour. *Massa* est située
« dans un petit fond, et qui avoit autrefois un château
« sur le bord de la mer, mais il est détruit absolument.
« A quelque distance de cette ville, je vis pour la pre-
« miere fois de ma vie un poisson volant qui sortit de
« l'eau fort près de notre bateau, fit un vol très droit,
« et alla retomber dans la mer à quarante pas de l'en-
« droit d'où il étoit sorti. Sur la pointe qui couvre *Sor-*
« *rento*, nous vîmes les ruines d'une très grosse fabrique
« romaine, dont les restes nous firent juger de la gran-
« deur, sans pouvoir nous indiquer rien de ses formes.
« Il en existe cependant quelques murs et quelques sub-
« structions cintrées ; mais la mer a dévoré tout ce qui

« pouvoit indiquer les grandes formes de son plan. Dès
« que nous eûmes dépassé cette pointe, nous découvri-
« mes *Sorrento*, bâtie sur une terrasse d'un mille de
« long, dans la plus riante et la plus pittoresque situa-
« tion du monde. Toute cette plate-forme n'est qu'un
« bosquet entouré de grandes et belles montagnes. Son
« territoire est couvert de *casins*, où les habitants de
« Naples viennent en *villeggiatura*. Ses jardins sont le
« potager de la capitale, et son marché le magasin du
« comestible. Tout croît en abondance dans ses environs,
« et tout y est bon, végétaux ainsi qu'animaux : le veau
« sur-tout y est aussi délicieux que célebre. La nature y
« est si vivace et si hâtive, qu'il y a des nourrices de
« quatorze et de cinquante ans ; et celles-ci ne savent
« comment tarir leur lait. Les arbres y sont toujours
« verds, et on n'y connoît point l'hiver. Le grain croît
« sous la vigne, qui s'accroche aux arbres fruitiers, et
« les plantes parasites guirlandent tout cela. C'étoit à
« Noël que nous y passâmes, et les branches garnies
« de leurs feuilles bornoient encore la vue de toutes parts.
« Les orangers y viennent jusques dans les fossés et sur
« le rocher : mais pour expliquer ce phénomene, il faut
« dire que ce rocher est de tuf, et que cette terrasse est
« un lit de matieres volcaniques, qui a soixante pieds
« d'épaisseur, sans aucune apparence de reprise, et sans
« l'intermission d'aucune lave. Il faudroit courir la cam-
« pagne au loin pour trouver le cratere du volcan d'où
« cela est sorti, et selon les apparences on le trouveroit
« au fond de la vallée.

« On ne peut attribuer ces matieres au Vésuve, puisque
« ce ne sont pas seulement des cendres, et qu'elles sont

« plus anciennes que la grande éruption du Vésuve,
« puisque l'on trouve les ruines de fabriques antiques
« bâties sur le tuf.

« On attribue l'origine de *Sorrento* à la colonie grecque
« établie à Cumes. Je sais peu de chose de ce qui con-
« cerne l'histoire de cette ville; mais aux ruines et aux
« fragments que l'on y trouve, il y a apparence que les
« Romains l'avoient embellie de grands monuments. On
« conserve des inscriptions latines qui apprennent qu'il
« y avoit un temple à Vénus, et un autre à Cérès. Sous
« le portique de l'archevêché, dans la cour et au portail
« de la cathédrale, on trouve des fragments qui annoncent
« de beaux et grands monuments. Sous ce portail on a
« encastré deux bas-reliefs en marbre, qui ont pu être
« ou piédestaux ou autels, dont le style fait bien regretter
« qu'on les ait laissés à portée d'être ruinés au point où
« ils le sont. Celui de la droite en entrant a été du plus
« beau travail, et du dessin le plus noble, presque à com-
« parer au beau piédestal de Pouzzole (ce qui est certai-
« nement le plus beau morceau de sculpture que possede
« en ce genre le royaume de Naples). Dans le mur de
« la cour on a aussi encastré des trophées d'armes en
« bas-relief et en marbre.

« Ils doivent avoir appartenu à quelque arc de triom-
« phe, ou piédestal de quelque colonne triomphale, dans
« le genre de la colonne trajane. Au-dessus de la porte
« de l'église on a mis en attique un morceau d'arabesque
« en bas-relief, en marbre, d'un travail pur et précieux.
« Dans l'église, on voit de jolies petites colonnes anti-
« ques que l'on a adroitement adaptées aux ouvrages
« modernes.

« Dans une petite place, près de la cathédrale, on a
« conservé sur un piédestal le fragment d'une figure
« égyptienne à genoux, dont il ne reste plus que les jam-
« bes et les cuisses, qui sont d'un travail bien au-dessus
« de ce que j'ai encore vu de ce genre, si rarement pur
« pour le trait et le contour. Nous trouvâmes dans la
« ville une grande quantité de colonnes en marbre, et
« de beaux chapiteaux.

« Nous continuâmes notre route en longeant la côte,
« qui n'est plus aussi riante ; et nous vîmes *Vico*, en-
« touré de sources sulfureuses qui se font sentir de fort
« loin, même en mer.

« Le bois s'exploite dans ce canton d'une maniere fort
« ingénieuse. Quand on l'a coupé, on l'amene du faîte
« des montagnes à la marine par le moyen le plus
« simple. On tend de grandes cordes de vallée en val-
« lée, toujours en descendant ; on accroche chaque charge
« à la corde, et par le moyen d'une petite poulie cette
« charge roule et arrive à un repos, où des hommes l'at-
« tendent pour l'accrocher de nouveau à une autre corde ;
« et d'opération en opération, le bois arrive ainsi très ra-
« pidement jusques dans le bâtiment qui doit le trans-
« porter.

« Au soleil couchant, nous arrivâmes à *Castel-a-*
« *Mare*, où, après neuf mois d'absence, il me prit une
« si grande envie de rentrer à Naples, que je n'attendis
« pas le jour pour partir ». (Journal de M. de Non.)

(24) « Nous partîmes de *Salerne* pour nous rendre à
« *la Cava*. Un beau chemin à mi-côte, taillé dans le ro-
« cher, nous conduisit bientôt à *Victri*, superbe village,
« bien bâti, et ayant de belles fabriques. Là le chemin

« entre dans des montagnes, et se resserre sans cesser d'être
« roulant. Le pays est si charmant et si varié, qu'il semble
« qu'on se promene dans une galerie de tableaux. Le
« bourg de *Cava* offre le point de vue le plus pittoresque,
« et toute la campagne est couverte de jolis casins. Nous
« quittâmes la grande route pour prendre à gauche celle
« du monastere de *la Trinita*, fameux par ses archives
« et la singularité de son site, où l'on dit que le Poussin
« et Salvator Rose ont été chercher les modeles de ce
« genre grand, noble et sévere, qui les caractérise. Je
« n'y trouvai rien que le Poussin eût pu prendre ou appren-
« dre : une nature sauvage sans belles formes, des roches
« pauvres et des montagnes couvertes de taillis et de
« broussailles, voilà tout ce que j'y vis.

« Le moine *Alfieri*, parent du comte *Drogon* le Nor-
« mand, auquel la principauté de Salerne tomba en par-
« tage, rassembla les habitants épars, qui s'étoient cachés
« dans les forêts dans le temps de l'invasion des Sarra-
« sins, fonda la ville et le couvent de *la Cava*, appellé
« ainsi à cause de la grotte qui leur avoit d'abord servi
« de retraite, et qui devint le site mal-sain du couvent,
« reconnu et doté par Roger, qui lui donna la seigneurie
« de la ville et de tout le pays d'alentour. Dans la suite
« la ville fut abandonnée pour le bourg dont je viens
« de parler, et le couvent fut rebâti tel qu'il existe
« actuellement, c'est-à-dire, plus grand, plus commode
« qu'il n'étoit, dans une position plus élevée et plus sai-
« ne, mais sans magnificence. On a détruit la grotte
« pour bâtir l'église.

« Les archives sont précieuses, en ce qu'elles con-
« tiennent des concessions qui prouvent les titres de

« possession du couvent. J'ai vu la donation du duc
« Roger, signée de sa main, et les manuscrits du code
« des loix des princes lombards. Les maisons principales
« du royaume y retrouvent aussi des titres qui n'existent
« que là, parceque, dans les troubles du royaume, *la C*
« est le seul depôt qui ait toujours été épargné ». (Journal
de M. de Non.)

(25) « Salerne, dont l'origine se perd dans l'antiquité,
« fut toujours une ville considérable. Habitée par les
« Grecs, puis par les Lucaniens, elle prit le parti d'An-
« nibal, devint colonie des Romains, et fut très embellie
« par eux ; puis ravagée par les Goths, rétablie ensuite
« et repeuplée par les premiers catholiques, elle devint
« la conquète des Lombards, qui en firent une souve-
« raineté particuliere, ainsi que de Bénévent. Après la
« défaite de Didier par Charlemagne, Salerne, prise et
« saccagée de nouveau par les Sarrasins, fut reprise par
« le duc Robert dans le onzieme siecle. On retrouve dans
« l'évêché et la cathédrale une collection de monuments
« qui sont des archives de toutes ces époques.

« Dans l'écurie du palais épiscopal, on voit les ruines
« de la premiere église, bâtie dans le cinquieme siecle,
« sous le premier évêque de Salerne, nommé *S. Bonozio*.
« Cette ruine consiste en de grosses colonnes cannelées,
« faites de débris alors déja antiques, surmontées de cha-
« piteaux dans le goût de ce siecle, c'est-à-dire du bas
« temps grec, enterrées à moitié, et éclairées d'une ma-
« niere sourde, ce qui produit un effet tout-à-fait mysté-
« rieux et pittoresque. La seconde église fut élevée où est
« à présent la cathédrale, sous l'invocation de *san Mat-*
« *theo*. Dans le neuvieme siecle elle fut détruite par les

« Sarrasins, rétablie par Robert dans le onzieme, et res-
« taurée dans le nôtre. Mais il n'y a pas de quoi se van-
« ter, car rien n'y est de bon goût que ce qui est anti-
« que; et même le gothique qui y est resté, fait regretter
« qu'on y ait introduit du moderne. Dans la cour qui fait
« péristyle à l'église, il y a une galerie couverte, portée
« par des colonnes de marbre blanc et de granit, de toutes
« formes et de tous genres. Celles en marbre sont d'un
« style et d'un travail qui font penser qu'elles ont dû
« appartenir à quelque belle fabrique romaine. Sous cette
« galerie on a rassemblé quatorze tombeaux en marbre,
« les uns grecs, les autres romains, qui ont tous été res-
« taurés, et ajustés à l'usage des catholiques, qui se sont
« toujours arrangés de tout, mêlant des figures de Vierge
« ou de Saints aux Vénus et aux bacchanales. Le plus
« important de ces tombeaux représente la chasse de
« Calydon, allégorie si souvent employée sur les tombeaux
« antiques, sans qu'on puisse en deviner le motif. Un
« autre est décoré de têtes de victimes bandelettées et
« guirlandées, dans un excellent goût et d'une belle exé-
« cution. Au milieu de la cour est un jet d'eau reçu dans
« une cuvette de granit de treize pieds de diametre, d'une
« seule piece. On voit encore dans cette cour plusieurs
« colonnes renversées de granit gris et rouge d'Égypte,
« d'une taille et d'un prix qui annoncent qu'elles ont
« appartenu à de grands édifices. Les portes en bronze
« sont riches, et d'un style assez mâle pour le temps où
« elles ont été faites. Sous le fronton du portail, on a re-
« placé une inscription du même temps, qui tient toute
« la longueur de la frise :

MATT. EVANGELISTAE PATRONO VRBIS
ROBERTVS DVX R. IMP. MAXIMVS TRIVMPHATOR
DE AERARIO PECVLIARI.

« Dans l'église, on trouve une chaire à prêcher et un
« jubé en mosaïque, très riches, et d'un travail très pré-
« cieux. Ces monuments du onzieme siecle ont vraiment
« un style qui ne manque ni de noblesse ni d'élégance,
« et portent en eux un caractere particulier et original
« que n'a pas l'architecture du commencement du nôtre,
« où elle n'avoit que de la prétention. Le pavé du chœur,
« les côtés de l'autel, et la niche de la chapelle de
« S. Grégoire, sont du même temps. Les piliers des bas
« côtés, restaurés maintenant en pilastres, étoient autre-
« fois des grouppes de colonnes, comme à l'église de Pa-
« lerme.

« On a trouvé, en rétablissant l'église, deux belles
« colonnes de verd antique, que l'on a arrangées assez
« mal-adroitement pour en faire deux candelabres dans le
« chœur. Il y a aussi dans l'église trois tombeaux avec
« des bas-reliefs qui sont antiques : l'un deux représente
« un triomphe. Il y a une figure assise, une autre qui lui
« baise les pieds, des soldats qui conduisent des esclaves
« enchaînés, d'autres figures portant des vases sur un
« brancard ; sous la chaise du héros est un tigre, ce qui
« peut le faire prendre pour Bacchus ou pour Alexandre
« triomphant de l'Inde. Le travail et le dessin n'en sont
« pas purs, mais la composition en est noble et a le style
« antique. Un autre tombeau en cuvette représente le
« triomphe d'Ariane; et un troisieme bas-relief attaché
« au tombeau d'un évêque a pour sujet l'enlevement de

« Proserpine, et la course de Cérès cherchant sa fille. Le
« travail de celui-ci est plus recherché, mais non pas
« d'un meilleur dessin; et je trouvai la même composi-
« tion à un tombeau dans l'église de *Mazzara* en Sicile.

« Sous cette église il y en a une autre, gâtée aussi
« par la restauration qui couvre des colonnes antiques.
« On est mené à une colonne tronquée, sur laquelle a
« été martyrisé un saint; et l'on fait mystérieusement révé-
« rer un miracle perpétuel, absolument physique, mais
« tout à fait ingénieux et neuf. On a entaillé la tranche
« de la colonne, de maniere qu'en adaptant l'oreille à ce
« trou, il se fait le même bruit que dans une conque
« marine, ce que l'on donne pour le bouillonnement du
« sang du saint.

« Dans la rue *san Benedetto*, vis-à-vis l'église *san*
« *Martino*, on trouve dans la cour d'une maison parti-
« culiere un bas-relief qui avoit sans doute appartenu à
« quelque palais de consulaire, car on y voit des faisceaux
« en sautoir, les uns ronds, les autres quarrés, avec les
« haches attachées de côté. On rencontre de toutes parts
« des fragments de colonnes, des autels en marbre du
« temps des Romains. J'en trouvai trois dans une place,
« dont je copiai ce que je pus de l'inscription de l'un
« d'eux :

REPARATORI ORBIS SVI
D. N. FLAVIO VALERIO
CONSTANTINO PIO
FELICI INVICTO
AVGVSTO
ORDO POPVLVS SALERNVM.
(cette ligne est indéchiffrable.)
PIVS.

« La population actuelle de Salerne est de dix-huit
« mille ames. Il y a vingt-quatre monasteres, des rues
« bien pavées, des auberges propres, une petite jettée qui
« abrite de petits bâtiments, et assez de mouvement et
« de bruit parmi la populace pour annoncer le voisinage
« de Naples ». (Journal de M. de Non.)

(26) « Nous partîmes d'*Evoli* à la pointe du jour,
« dans deux caleches, par un temps déplorable. Nous
« primes la route de *Persano*, maison de chasse du roi,
« à quatre milles d'*Evoli*, bâtie par le roi catholique
« au milieu de la forêt : elle n'a rien de remarquable que
« sa commodité pour la chasse. Quatre milles plus loin
« nous passâmes le *Sele* dans un bac; et par un assez
« beau chemin nous arrivâmes à *Pestum*, à six milles du
« fleuve..

« *Pestum*, appellée par les Grecs *Possidonia*, fondée
« par les Doriens, fut entourée de murs par les *Sybarites*,
« lorsqu'ils furent chassés de *Sybaris* par les *Thuriens*,
« et qu'ils vinrent chasser les *Doriens* de leur ville ou la
« partager avec eux. Les *Lucaniens* l'enleverent aux *Syba-*
« *rites* ; et les Romains la prirent sur ceux-ci, et y en-
« voyerent une colonie l'an de Rome 479. Elle fut une
« des premieres villes épiscopales dans les premiers siecles
« de la chrétienté, et fut ruinée par les Sarrasins. Le
« siege de son évêché fut transféré à *Capaccio*, ville céle-
« bre par l'abondance des roses qui fleurissoient deux fois
« par an dans cet heureux climat. Je n'y vis point de
« roses; mais le 15 de décembre l'arbre de Judée y étoit
« déja ou encore en fleurs.

« On fait des descriptions si étranges, et on prend des
« idées si monstrueuses d'après ce qu'on lit, et ce qu'on

« entend raconter, que je croyois trouver *Pestum* dans un
« désert marécageux, ses temples perdus ou enfouis dans
« les joncs ou les broussailles, son air infect et exhalé
« de la fange ; au lieu de cela, je trouvai une belle
« situation, un golfe, une belle plaine entourée de belles
« montagnes, un pays cultivé en vignes et en bleds, des
« habitations qui n'annoncent rien moins que la misere,
« des habitants qui ne souffrent que de la mauvaise eau
« qu'ils sont obligés de boire : le petit fleuve *Salso*, qui
« coule sous les murs de la ville, étant salé, donne du
« mauvais air pendant les trois mois d'août, septembre,
« et octobre. On raconte en France que *Pestum* fut décou-
« verte par un chasseur égaré, qui rencontra ces temples
« en cherchant son chemin. Cependant cette contrée est
« très découverte, cultivée, comme je l'ai dit, sous les
« yeux des habitants d'une petite ville très peuplée, dont
« l'évêque ne peut ignorer que son évêché tire son origine
« de *Pestum*; qu'il y a encore sa primitive église avec
« une maison très considérable, où il faut qu'il vienne
« prendre possession ; que cette église est presque atte-
« nante aux temples qui sont si isolés, si conservés, si
« apparents, qu'ils n'ont jamais pu être long-temps incon-
« nus ni cachés, que par les ténèbres des siecles d'igno-
« rance, où l'on ne voyoit, dans ces beaux restes de la
« plus noble architecture, que des masses de pierres qui
« ne méritoient pas l'admiration qu'avec plus de con-
« noissances nous leur accordons maintenant. Ce qui
« reste des murs fait voir très distinctement la forme de
« la ville, qui étoit un quarré irrégulier d'à-peu-près
« quatre milles de tour, sur un terrain parfaitement

« uni; les murailles conservées à de certains endroits
« de vingt pieds de hauteur et de six pieds d'épaisseur,
« bâties de grosses masses de pierres posées à sec,
« flanquées de tours quarrées d'espace en espace, avec
« des portes.

« Nous entrâmes par celle du nord, et apperçûmes
« les trois grands temples rangés en flanc, qui partagent
« un peu obliquement toute la largeur de la ville. Le
« premier a six colonnes de face sur treize de profon-
« deur, et conserve seulement son architrave avec ses
« deux frontons, qui sont moins surbaissés que ceux de
« Sicile, et font un moins bon effet. Il ne reste rien de
« son mur intérieur, et la ruine n'est plus qu'une cage,
« comme celui de *Segeste*, avec cette différence, que
« celui-ci est moins grand, moins élevé, et qu'il a été
« achevé. Le chapiteau de celui-ci a quelques particula-
« rités dans ses ornements, et la cannelure se termine
« différemment que dans les autres colonnes du même
« ordre. J'ai trouvé aussi, à l'endroit où étoit la porte du
« temple, un morceau de colonne avec une base formée
« d'une *doucine* (*a*) où venoit mourir la cannelure, un
« *tore* (*b*), et un socle rond qui n'avoit point de saillie
« sur le tore, et celui-ci presque point sur le diametre de
« la colonne. Je remarquai aussi une richesse que je n'a-

(*a*) Moulure concave par le haut, et convexe par le bas, qui sert ordinairement de cymaise à une corniche délicate. On sait que la cymaise est une moulure ondée par son profil. On l'appelle ainsi parce-qu'elle est à la cime d'une corniche.

(*b*) C'est une grosse moulure ronde, servant aux bases des colonnes.

« vois point trouvée dans les temples de ce genre ; c'étoient
« des *caissons* (*a*) sous les bandes du *fronton* (*b*) : bien
« qu'élevées sur trois gradins, et que les colonnes n'en
« soient pas trop massives, le grand espacement des co-
« lonnes, l'élévation du fronton et de l'entablement lui
« ôtent de l'effet. Tout près de là on trouve quelques vesti-
« ges de l'amphithéâtre fort petit, et dont ce qui reste de
« fabrique annonce que ce ne fut jamais un édifice consi-
« dérable : je ne pus en découvrir aucun des gradins. Je
« mesurai à-peu-près la grandeur totale, qui étoit de
« deux cents cinquante pieds de long, sur cent quatre-
« vingt-dix de large. Il fut sans doute bâti par la colonie
« romaine, les Romains ne pouvant se passer de ce genre
« de spectacle. Tout à côté et sur une même ligne, on
« voit les ruines d'un édifice où il ne reste que les fonda-
« tions. Il est de forme quarrée à l'extérieur, et il m'a
« paru par un côté prendre intérieurement celle d'un
« demi-cercle. Il avoit un péristyle au couchant, décoré
« en colonnes cannelées, avec des chapiteaux que je n'ai
« vus qu'ici ; de courtes *feuilles* (*c*) et de grandes *volu-*

(*a*) Ou *caisses*, renfoncements quarrés qui renferment une rose ; on les place dans l'intervalle des modillons du plafond de la corniche corinthienne. Les modillons sont de petites consoles renversées sur les plafonds des corniches ioniques, corinthiennes et composites.

(*b*) Le fronton est un triangle, ou segment de cercle, qui sert d'ornement sur les portes, les fenêtres, les niches, etc. Il y en a de dix ou douze especes.

(*c*) Les feuilles dont on orne les chapiteaux sont de quatre sortes, d'*acanthe*, de *persil*, de *laurier*, et d'*olivier*.

« tes (*a*) faisant l'oreille ; l'*architrave* (*b*) ornée de filets ;
« des *triglyphes* (*c*) dans la *frise* (*d*), avec des figures en-
« tre les triglyphes. Je ne trouvai rien de la corniche,
« mais des chapiteaux de pilastres du même genre, avec
« des bases de colonnes tout aussi extraordinaires. Je
« croirois cette ruine être celle d'un petit théâtre : il fau-
« droit pouvoir fouiller pour s'en assurer en cherchant
« les gradins. Mais ces licences en architecture, qui se
« permettoient plus dans un édifice de ce genre que dans
« un temple, ainsi qu'on peut le remarquer à *Hercu-*
« *lanum*, cette entrée au couchant, la grandeur de l'édi-
« fice, qui, comme théâtre, se trouvoit proportionné à la
« ville qui étoit petite, tout cela me fait pencher pour
« mon opinion.

« Un peu plus loin, toujours dans la même ligne, on
« trouve les vestiges encore plus ruinés d'un édifice dont
« on voit encore un chapiteau corinthien assez considé-
« rable. Après cela vient le grand temple, le plus beau

(*a*) La volute est un enroulement en ligne spirale, qui fait le principal ornement des chapiteaux ionique, corinthien et composite.

(*b*) Principale poutre qui porte horizontalement sur des colonnes,
et fait la premiere partie de l'entablement.

(*c*) Espece de bossage, (ou pierres avancées) par intervalles égaux.
Dans la frise dorique, le *triglyphe* a des gravures entieres en anglet (petite
cavité fouillée en angle droit) appellées glyphes ou canaux, et séparées par
trois côtes d'avec les deux demi-canaux des côtés. Il a dans le milieu
deux cannelures ou coches en triangle, et deux demi-cannelures sur
les deux côtés. On appelle côte ou listel, chaque espace qui est entre
les deux cannelures.

(*d*) Grande face plate, qui sépare l'architrave d'avec la corniche.
C'est la partie du milieu d'un entablement. Les frises sont souvent ornées
de sculpture en bas-relief.

« et le mieux conservé, et certainement un des plus
« magnifiques de ceux qui existent en ce genre. Il est
« composé de six colonnes de face, sur quatorze de pro-
« fondeur ; ses trois gradins bien exhaussés ; une belle
« proportion dans son entablement (*a*) et ses frontons,
« dans la grosseur, l'élévation et l'espacement de ses
« colonnes, tout ce qui rend un édifice noble et impo-
« sant. Son plan est une galerie tournante en colonnes,
« des murs intérieurs en tout détruits, des pilastres aux
« angles du mur, avec deux colonnes à l'entrée. Celui-ci
« a cela de particulier, qu'intérieurement il y a un se-
« cond péristyle rehaussé de deux pilastres, avec deux
« rangs de sept colonnes plus petites, sur le chapiteau
« desquelles pose une simple architrave, et sur cette archi-
« trave s'élève un second rang de petites colonnes de même
« ordre, dont l'architrave, arrivant à la hauteur de l'en-
« tablement extérieur et du mur intérieur, recevoit la
« charpente qui couvroit l'édifice, et dont on voit encore
« les mortaises (*b*) entaillées dans la partie intérieure de
« l'entablement. Cette décoration intérieure est plus riche
« que noble, d'un meilleur effet dans la ruine que dans
« le rétablissement, le second ordre n'ayant été fait que
« pour aller chercher la charpente qui couvroit le temple,
« l'usage des voûtes de cette portée étant, suivant toute
« apparence, peu connu dans ce temps.

(*a*) Troisieme et supérieure partie d'un ordre, qui repose sur la colonne. Elle renferme l'architrave, la frise et la corniche : elle a le quart de la hauteur de toute la colonne.

(*b*) Entailles en longueur dans une piece de *bois*, pour recevoir un tenon, qui est une piece diminuée quarrément du tiers de son épaisseur pour entrer dans la mortaise.

« Près de ce beau monument il y en a un autre du
« même genre, mais bien moins beau dans ses propor-
« tions et dans son effet, paroissant long et écrasé, com-
« posé de neuf colonnes de face sur dix-huit de profon-
« deur, servant de galerie au pourtour : un mur intérieur;
« trois colonnes au péristyle, et un rang de colonnes par-
« tageant l'édifice, et portant sans doute la charpente;
« toutes ces colonnes de la même grandeur; le chapiteau
« dans le même genre que le premier temple, avec cette
« différence qu'il est en retraite (*a*) sur le fût (*b*) de la co-
« lonne, sans triglyphes, avec une doucine posée en re-
« traite sur l'architrave et la frise. Il ne reste rien des
« frontons. La longueur de ce temple, la dimension courte
« de ses colonnes, leur étranglement au chapiteau, cette
« irrégularité dans le nombre impair des colonnes du pé-
« ristyle produisent un effet bien au-dessous de celui auprès
« duquel il est. Vis-à-vis de ce temple sont trois gradins
« qui semblent annoncer un autre édifice dont il n'y a que
« ce vestige.

« Le premier temple a quatre-vingt-dix-sept pieds de
« longueur, quarante pieds de largeur, trois pieds huit
« pouces de diametre de la colonne, et quatre pieds cinq
« pouces d'entre-colonnement. Le grand temple avoit cent
« quatre-vingt-douze pieds de longueur, soixante et treize
« pieds dix pouces de largeur, six pieds cinq pouces de
« diametre de colonne, vingt-quatre cannelures, et sept
« pieds d'entre-colonnement. Le troisieme avoit cent soi-

(*a*) C'est la diminution d'un mur en dehors, au-dessus de son em-
pattement et de ses assises de pierres dures.

(*b*) C'est une colonne sans chapiteau ni base.

« xante et cinq pieds cinq pouces de longueur, soixante-
« onze pieds de largeur, quatre pieds cinq pouces de dia-
« metre de colonne, quatre pieds deux pouces d'entre-
« colonnement. Tous ces temples étoient bâtis de masses
« d'incrustations ressemblant fort à celles du fleuve *Sar-*
« *no,* revêtus en stuc. Près du troisieme temple on trouve
« une des portes avec des morceaux de pilastres, les ves-
« tiges d'une tour d'une forme irréguliere. C'est à cette
« porte que couloit, et coule encore, le petit fleuve *Salso,*
« dont les eaux, quoique très rapides et bien claires, sont
« d'un goût saumâtre. Il faut que ce soit la nature de la
« terre qui lui donne ce goût, car tous les fruits de ce can-
« ton en participent, et le vin même y est un peu salé.
« Le *Salso* se jette dans la mer à moins d'un mille de la
« ville, à l'endroit où étoit autrefois le port, que l'on voit
« encore, dit-on, dans l'eau lorsque la mer est absolu-
« ment calme; ce qui prouve qu'elle a gagné sur ces pa-
« rages, au lieu de s'être retirée, comme le prétendent ceux
« qui assurent qu'elle venoit jusqu'aux murs de la ville;
« ce qui est évidemment faux, puisqu'on verroit sur le
« terrain abandonné les vestiges du port. Je suivis les mu-
« railles; j'entrai dans les tours, sans y trouver aucune
« particularité. Je vins ensuite à la porte qui regarde *Ca-*
« *paccio* et la montagne. Elle est cintrée et sans aucun
« ornement. C'étoit la porte extérieure; il y en avoit une
« seconde intérieure dont on ne voit plus que la naissance
« des chambranles. C'est à côté de cette porte qu'étoit
« l'aqueduc qui amenoit l'eau de la montagne jusqu'au
« milieu de la ville. On en voit encore de grands vestiges
« qui font voir qu'il étoit sans aucune espece de magnifi-
« cence.

« Continuant toujours ma route en suivant les murs en
« dehors, je trouvai à la porte du nord, dans la cour d'un
« particulier, une pierre de quatre pieds quatre pouces de
« long sur un pied dix pouces de large, avec cette in-
« scription en grands caracteres :

   LONGINOPON
   VIXIT ANNO XX
   AGHO   PATRI
   MATRI.

« La nuit nous ramena à la taverne, où, après avoir fait
« un frugal souper, nous nous couchâmes sur les tables
« et sur les bancs, et nous attendîmes ainsi le jour. Nous
« allâmes alors prendre congé du grand temple pour le re-
« voir encore, et nous prîmes ensuite la route de Salerne,
« qui est à vingt-sept milles de *Pestum*.

« Nous vînmes rafraîchir à *Battipaglia*, sur les bords
« du fleuve; puis nous passâmes à *Vicenza*, autrefois
« *Picentia*, dont il ne reste que quelques débris des murs
« d'un château perché sur un rocher. A quatre milles de
« Salerne on apperçoit cette ville dans une des plus belles
« positions du monde, à l'angle d'un golfe profond, et
« sous la chaîne des montagnes de *Gragnano*, aussi éle-
« vées que riches de forme ». (Journal de M. de Non.)

(27) Je ne suivrai point pour la Sicile la méthode
que j'ai employée pour la grande Grece; je rendrai la liberté à M. de Non, qui jusqu'à présent n'a marché et parlé
qu'à la volonté de M. Swinburne, et lorsqu'il a été question de comparer l'opinion de ces deux voyageurs. Je
donnerai le voyage entier de M. *de Non*, imprimé de
suite, après les notes que j'ai cru devoir me permettre sur

celui de M. *Swinburne*; et comme ces deux voyageurs ont été à peu de chose près dans les mêmes lieux, il sera facile aux lecteurs qui voudront comparer chaque article de leurs voyages, de les rapprocher l'un de l'autre.

Celui de M. *de Non* m'a paru trop intéressant pour ne pas en donner une lecture suivie. (Note du traducteur.)

(28) M. Swinburne, passant si près des isles de Lipari, auroit bien dû sacrifier quelques journées de ses observations à un pays le plus singulier et le moins connu de l'univers. Nous allons tâcher d'y suppléer de notre mieux avec le secours de plusieurs voyageurs, et sur-tout de M. le commandeur de Dolomieu, l'un des plus exacts de notre siecle, et par conséquent de tous les autres. Cet ouvrage étant une espece de collection de tout ce qu'il y a de plus intéressant dans les deux Siciles, il m'est impossible de passer sous silence une contrée aussi célebre et aussi intéressante que le sont ces isles. Elles sont au nombre de dix: *Lipari, Vulcano, Salina, Tanaria, Baziluzza, Lisca-bianca, Datoli, Stromboli, Alicuda* et *Felicuda*. On prétend que depuis peu de temps il s'en est formé quatre ou cinq nouvelles; mais jusqu'à ce que quelque voyageur croyable les ait visitées, je m'en tiendrai aux dix qui me sont connues.

Les anciens n'en connoissoient que huit; ce qui fait présumer qu'il y en a deux de formées depuis quelques siecles par les feux souterrains. Voici leurs noms anciens:

Lipara,	Lipari.
Vulcania, ou Thermisa, ou Hiera, ou Therasia, vulgairement	Vulcano.
Evonymos,	Lisca-bianca.
dyDima,	Les Salines.

Strongyle,	Stromboli.
Phœnicodes,	Felicudi.
(a) Ericodes ou Ericusa,	Alicudi.
Hicesia,	Lisca noir.

Ces isles ont presque toujours suivi le sort de la Sicile et appartenu au même souverain. De tout temps elles ont jetté une grande quantité de flammes, et la mer qui les environne s'est trouvée quelquefois en ébullition.

Sous le consulat de *Lépidus* et d'*Orestus* « l'eau étoit « si enflammée et si bouillante, que plusieurs vaisseaux « furent brûlés, dit Strabon; la mer rejetta sur le rivage « une si grande quantité de poissons morts, que les habi- « tants de ces isles qui en mangerent sans précaution, eu- « rent une maladie épidémique qui les dévasta presque « entièrement ».

Elle doivent toutes leur formation aux feux souterrains, quoiqu'elles n'aient jamais été de verre fondu, ainsi qu'on voudroit nous le faire croire; mais les violentes éruptions qui les ont produites ensemble ou successivement sont certainement antérieures aux temps de l'histoire, puisque nous ne savons rien de leur origine. Selon Fazzello, *Vulcano* ou *Hiera* est sortie du sein de la mer l'an 550 de Rome, 204 ans avant Jésus-Christ. Mais il a confondu cette isle avec le petit volcan appellé *Vulcanello*, qui y est joint, et qui sortit de la mer dans ce temps-là. M. le commandeur de Dolomieu assure que ce volcan est maintenant

---

(a) Diodore ne parle point de cette isle, et nomme les sept autres, ou plutôt il fait deux isles différentes d'*Hiera* ou *Vulcani*, et ne parle point d'*Hicesia*. Pline nomme *Ericusa* parmi les sept isles éoliennes.

dans toute son activité; le chevalier Hamilton assure qu'il est dans le même état que la Solfatare, ce qui est absolument le contraire: lequel croire des deux?

Je ne décide point entre Rome et Carthage, mais je penche furieusement pour mes compatriotes.

Cette isle de *Vulcano* (a) a douze milles de tour; il y avoit jadis un petit port, mais il a été comblé par les éruptions du volcan.

Un coup de marteau donné sur la premiere pierre que l'on trouve dans la vallée fait retentir un bruit sourd, si effrayant, qu'il est clair qu'on est alors sur une croûte très mince qui couvre un abyme immense. On y recueille des morceaux de soufre qui sont de la plus grande beauté. Au haut de la montagne est le plus beau, le plus vaste, et le plus magnifique cratere que l'on puisse voir. Sa profondeur est environ d'un mille, et son diametre d'un demi-mille; c'est un des spectacles les plus grands et les plus imposants que la nature puisse présenter. Le cratere de l'Etna est plus vaste, mais moins profond et moins régulier.

Le fond contient deux petits lacs de soufre fondu qui se sublime sans cesse; il est impossible de faire un pas pour y descendre, le cratere ayant absolument la forme d'un entonnoir. La montagne de ce cratere a été formée dans le cratere d'une bien plus grande montagne, et il y a long-temps que le vieux cratere ne jette plus de feux que

---

(a) C'est dans cette isle que Virgile établit une des demeures de Vulcain, et c'est là qu'il fait forger l'armure que Vénus lui avoit demandée pour Énée.

Insula sicanium juxta latus æoliamque

par la bouche du nouveau ; car il est couvert de vieux chênes d'une grandeur prodigieuse. C'est l'unique végétation qu'on y trouve. Presque sur la plage on voit une grotte ouverte du côté de l'ouest. Elle a vingt pas de profondeur, et on y trouve une mare d'eau chaude à 55 degrés, qui a un mouvement violent d'ébullition. Elle exhale une forte odeur de soufre et beaucoup de fumée ; l'eau en est salée et contient de l'alun et du soufre. Toutes les parois de cette grotte sont revêtues d'un beau sel alumineux, soyeux, blanc, et jaunâtre, de deux pouces d'épaisseur. Plus loin que cette montagne, on arrive au *Vulcanellu*, sorti de la mer 204 ans avant l'ere chrétienne. Autrefois c'étoit une petite isle séparée du *Vul-*

  Erigitur Liparen, fumantibus ardua saxis,
  Quam subter specus et Cyclopum exesa caminis
  Antra ætnæa tonant, validique incudibus ictus
  Auditi referunt gemitum, striduntque cavernis
  Stricturæ chalybum, et fornacibus ignis anhelat :
  Vulcani domus, et Vulcania nomine tellus.
  Huc tunc ignipotens cœlo descendit ab alto.
  Ferrum exercebant vasto Cyclopes in antro,
  Brontesque, Steropesque, et nudus membra Pyracmon.
  His informatum manibus, jam parte politâ,
  Fulmen erat, toto genitor quæ plurima cœlo
  Dejicit in terras, pars imperfecta manebat.
  Tres imbris torti radios, tres nubis aquosæ
  Addiderant, rutili tres ignis, et alitis austri.
  Fulgores nunc terrificos, sonitumque, metumque
  Miscebant operi, flammisque sequacibus iras.
     Virg. Æneid. lib. viii, v. 416.

* Entre la Sicile et Lipari, l'une des isles éoliennes, s'élèvent des

cano par un petit bras de mer, mais l'éruption de 1550 a comblé le canal étroit qui les divisoit.

On lit dans la vie de saint Calogero que les diables qui causoient toutes les éruptions de l'isle de *Lipari* ayant été chassés par le saint, elle fut ainsi délivrée des feux souterrains, et qu'ils s'établirent à *Vulcanello* ; mais que leurs feux étant trop voisins de *Lipari*, le saint les repoussa jusqu'à *Vulcano*, et que depuis cette époque il n'y a point eu d'éruption à *Vulcanello*.

Les laves de ces isles ont un degré de vitrification de plus que les laves de Sicile.

Lipari est à un mille de *Vulcano*; c'est la plus grande de toutes ces isles, elle a dix-huit milles de tour. Elle

---

« rochers toujours fumants, sous lesquels sont les cavernes des Cyclo-
« pes, et leurs antres aussi enflammés et aussi bruyants que le mont
« Etna. On entend sans cesse les enclumes gémir sous les coups de
« marteaux. Les étincelles d'un acier enflammé voltigent en pétillant
« dans ces cavernes; et le feu, à l'aide des soufflets, s'anime de plus en
« plus dans les fourneaux. C'est le palais de Vulcain, et l'isle porte le
« nom de Vulcanie. Le dieu du feu descendit donc alors du haut du
« ciel dans ces ardents souterrains. Les Cyclopes Brontes, Stéropes,
« et Pyracmon (ces noms sont formés des mots grecs tonnerre, éclair,
« enclume), les membres nuds, battoient le fer au fond d'un antre spa-
« cieux. Ils tenoient dans leurs mains un de ces foudres que Jupiter
« lance souvent du haut des cieux sur la terre. Une partie de l'ouvrage
« étoit finie, et l'autre encore informe. Ils y avoient fait entrer trois
« rayons d'une grêle foudroyante, trois d'une pluie orageuse, trois d'un
« feu étincelant, et trois d'un vent impétueux. Ils y ajoutoient alors la
« lueur effrayante des éclairs, la peur tremblante, et les flammes ven-
« geresses ».

M. Brydone prétend que Virgile commet une faute de chronologie très grossiere « en envoyant Vulcain dans un endroit qui n'existoit pas

contient plusieurs montagnes, dont *monte Sant-Angelo* est la plus élevée, et le double environ de *monte Vulcano*. Cette montagne a encore les vestiges d'un cratere situé au-dessous d'une petite église bâtie sur ses bords.

En parcourant cette isle, on reconnoît dans une infinité d'endroits des crateres plus ou moins grands. Sur la montagne nommée *della Guardiaz*, on trouve beaucoup de morceaux de beau verre noir ou pierres obsidiennes.

Les étuves sont une des singularités les plus remarquables de *Lipari*. Elles sont très élevées au-dessus de la mer, dont elles sont peu éloignées. Tout le terrain sur lequel elles sont placées est pénétré par des vapeurs brûlantes; les unes seches, et les autres humides. Il y a cinq étuves, dont trois sont abandonnées parcequ'elles sont trop chaudes, et il n'est pas aisé de demeurer long-temps dans les deux autres, quoique la chaleur n'y soit qu'à 45 ou 46 degrés. Quoique ces étuves soient excellentes pour plusieurs maladies, elles ne sont fréquentées que par quelques Calabrois, et par les Siciliens de la côte voisine.

A trois cents pieds à-peu-près au-dessous des étuves, il sort de la montagne une source considérable d'eau presque bouillante qui fait mouvoir trois moulins ; et lorsqu'elle est refroidie, elle sert à la boisson des habitants, qui n'en ont point d'autre. Cependant elle a un goût fade

---

« alors, et qui n'est sorti de la mer que plusieurs siecles après ». M. Brydone s'exprime ainsi parcequ'il a cru *Fazzello* sur sa parole. Il auroit dû savoir que ce n'est pas *Volcano*, mais le volcan de *Volcanello*, qui s'est élevé de la mer deux cents quatre ans avant Jésus-Christ. *Vulcano* existoit dans le temps du siege de Troie, et probable-

et désagréable, car elle contient de l'alun et du sel ammoniac.

Des étuves j'allai aux bains chauds qui en sont éloignés d'un mille, et qui sont dans une espece de vallon peu éloigné de la mer. Les eaux sont aussi chaudes que celles d'Aix-la-Chapelle, et il faut les couler de la veille pour pouvoir s'y baigner le lendemain. Ces bains étoient connus des anciens, car Diodore de Sicile en parle.

Lipari est l'immense magasin qui fournit de pierres ponces toute l'Europe; et malgré la quantité énorme de ces pierres qui se distribuent tous les ans, il n'est peut-être pas de substance moins connue des naturalistes.

M. d'Aubenton est le premier qui ait observé que les filets soyeux des pierres ponces légeres étoient un verre presque parfait. Il est bien singulier que *Lipari* et *Vulcano* soient les seuls volcans de l'Europe qui produisent en grande quantité la pierre ponce. L'Etna n'en donne point, le Vésuve très peu, et le mont Hécla est trop peu connu pour que l'on sache certainement s'il en donne ou non.

Il y a long-temps que l'isle de *Lipari* n'est plus sujette aux éruptions, et que les feux qui subsistent encore n'y brûlent que pour procurer à ses habitants des soulagements dans leurs maladies.

Cette isle est très fertile et produit sur-tout une grande

---

ment long-temps avant; du moins il n'y a aucune preuve que cela ne fût pas. Pardonnons à Virgile son anachronisme sur Didon, à cause des beautés qui en sont résultées; mais ne lui prêtons pas des fautes qu'il n'a point faites, sur-tout quand nous en faisons presque à chaque page de nos ouvrages.

abondance de fruits délicieux, quoique Cicéron l'appelle *insula inculta*. Les figues y sont délicieuses, et y sont en si grand nombre qu'on les fait sécher pour les exporter à l'étranger. Il y croit du bled, mais sur-tout beaucoup de raisin dont on fait des vins excellents de plusieurs espèces, entre autres celui de Malvoisie, dont on boit dans toute l'Europe. Cependant la végétation n'y a pas cette vigueur qui étonne et que l'on admire sur la croupe et à la base de l'Etna.

Les habitants recueilloient jadis une grande quantité d'alun, mais ce commerce est absolument tombé.

Lipari est le siege d'un évêque, et la demeure d'un gouverneur. Cette ville est petite et mal bâtie; sa population est d'environ quatorze mille ames, dont les trois quarts habitent la ville, et le reste la campagne. Elle a un château assez fort pour en imposer aux Barbaresques, et deux petits ports où les bâtiments sont exposés à tous les vents, excepté les très petits qui vont se réfugier sous le château.

Les Liparotes sont braves, actifs, affectionnés à leur pays, prompts, vindicatifs, et superstitieux. Les femmes y sont fécondes, et si précoces, qu'elles se marient ordinairement avant douze ans.

L'isle des Salines a quinze milles de tour, et est à-peu-près ronde. Elle contient trois montagnes, dont l'une nommée *Malapina* est un cône absolument parfait, et élevé perpendiculairement de plus d'un mille. Cette montagne ne produit rien, mais les deux autres sont couvertes de vignes jusqu'au tiers de leur hauteur. Je montai sur celle que l'on nomme *Fossa felice*, et que je crois la plus haute de toutes les montagnes éoliennes. Son cratere est un bassin rond et plat, profond de trente pieds, et ayant trois cents pas de circonférence. Comme je dominois absolument les deux autres montagnes, je vis un cratere bien caractérisé sur le mont *del Capo*.

Cette isle doit son nom à une petite plage où l'on fait du sel pour la consommation des isles éoliennes. Ses habitants sont au nombre de quatre mille, qui ne recueillent point de bled, mais beaucoup de raisins. Il y a plusieurs villages dans cette isle, entre autres *Amalfa* et *santa Marina*.

Alicudi, *Ericusa*, ou *Alicurim*, est à vingt milles de *Lipari*, et à cinq milles de *Félicudi*. Elle est couverte d'arbres, et peu cultivée, quoiqu'habitée d'environ deux cents personnes.

Félicudi, *Phénicusia*, ou *Filucurim*, n'est éloignée que de dix milles des Salines. Elle a aussi deux cents habitants, qui y cultivent du bled et des vignes. Elles ont chacune environ dix milles de tour.

L'isle *Panaria* est à quinze milles des Salines, n'a que huit milles de tour, et n'est qu'une portion d'un vaste cratere. C'est un composé de cendres, de scories et de laves. Au nord de *Panaria* on trouve plusieurs petites isles en grand nombre, mais qui ne sont que des rochers à fleur d'eau, tous formés par la même cause.

Le cratere qui réunissoit toutes ces isles devoit avoir un diametre au moins de six milles. Sa vaste étendue peut avoir été la cause de sa destruction, et il n'aura pas été assez fort pour résister au choc de la mer agitée.

Panaria est habitée par trois cents personnes, qui cultivent du bled, des vignes, des légumes et du coton.

Stromboli est éloignée de *Panaria* d'environ douze

milles. Je jouis pendant toute la nuit du spectacle de son inflammation. Je la vis lancer des pierres enflammées à plus de cent pieds d'élévation, qui retomboient ou dans son cratere ou dans la mer. Chaque explosion étoit accompagnée d'une bouffée de flammes rouges, semblables à celles que l'on produit à l'opéra par le moyen du camphre et de l'esprit de vin.

L'isle est escarpée et inabordable dans les trois quarts de son tour qui a près de douze milles.

Dès que j'eus mis pied à terre, je me trouvai entouré de gens obligeants (*a*) qui m'offrirent tout ce qui dépendoit d'eux, et se présenterent pour me servir de guides. Mon premier soin fut de courir au plus vîte au sommet de la montagne, et ce ne fut pas sans peine que j'y arrivai. De là on domine sur le cratere enflammé, on découvre tout son intérieur, et on voit les éruptions au-dessous de soi. J'avoue que la premiere que je vis m'effraya; mais je fus rassuré lorsque je vis qu'il s'en falloit de plus de cent pieds que les pierres enflammées ne vinssent jusqu'à moi. Ce cratere est très petit, et n'a pas plus de cinquante pas de diametre; il a la forme d'un entonnoir. Les éruptions étoient intermittentes, et se renouvelloient de sept en sept minutes. C'étoit alors son état le plus calme, car il est des temps où il seroit impossible de l'approcher; et il jette bien plus en hiver qu'en été.

(*a*) On doit juger de la vérité qui regne dans le voyage de M. Brydone, par ce qu'il dit sur les isles de Lipari (page 38 du tome 1). Il assure qu'il *n'osa pas descendre à Stromboli, parcequ'il auroit couru un grand danger d'être attaqué par les naturels de l'isle, dont la vie est presque sauvage.* Voilà ces pauvres Liparotes réputés des barbares dans toute l'Europe, quoiqu'ils soient les meilleures gens du monde, et cela, par

En descendant la montagne, je trouvai une source d'eau froide, douce, légere, excellente à boire, qui ne tarit jamais, et est la seule ressource des habitans. Cette source est un phénomene qu'il n'est pas aisé d'expliquer.

La population de l'isle est à-peu-près de deux cents personnes.

Ce volcan est le seul connu qui n'ait aucun temps de repos.

Les poëtes en ont fait la demeure d'Éole, parceque les habitants par l'activité du volcan prédisoient les vents qui devoient souffler, et annonçoient trois jours d'avance les changements de temps.

Deux autres isles doivent encore leur formation aux feux souterrains, *Ustica* et *Pentellaria*. La premiere est située en face de Palerme, à trente milles de la côte. Son circuit est de douze milles. Quoiqu'elle soit fort basse, elle n'est pas absolument plane, puisqu'elle contient trois montagnes ou monticules qui furent jadis les soupiraux des feux souterrains. Toutes sont formées de scories, mais aucune ne conserve les vestiges de son cratere. Le sol de toute l'isle est noir et pierreux : on y rencontre des laves de plusieurs especes, poreuses et compactes, la plupart avec des schorls.

Cette isle est fertile, et propre à la culture du coton, des vignes et des oliviers. Il n'y a d'eau que celle des ci-

---

cequ'un voyageur, ou paresseux ou effrayé, n'a pas osé aller les visiter.

Il dit que le cratere de *Stromboli* est inaccessible. On va voir qu'il est possible d'y monter, et même avec assez de facilité. Tout son voyage est à-peu-près du même genre, et on en aura la preuve lorsque l'on voudra comparer avec le sien ceux de MM. de Non et Swinburne.

ternes. Jadis habitée par les Phéniciens, elle passa au pouvoir des différents maîtres de la Sicile, et, vers 1500, elle fut abandonnée, à cause des incursions des Barbaresques. En 1765 le gouvernement y a fait bâtir une espece de fort, et il y envoie un détachement de la garnison de Palerme, qui y protege trois ou quatre cents habitants qui en font maintenant la population.

Le volcan de cette isle doit remonter à une bien haute antiquité, puisque les Phéniciens ignoroient en quel temps il avoit existé.

Pentellaria est située au sud de *Trapano*, à soixante et dix milles entre la pointe de Sicile et le cap *Bon* en Barbarie. Elle peut avoir vingt-cinq à trente milles de circuit. Elle s'éleve de la mer en ne présentant de tous côtés qu'escarpements, précipices, grottes et cavernes de toute espece, et n'est abordable qu'en trois endroits; un seul petit port peut recevoir des barques, qui font le commerce entre elle et la Sicile.

Cette isle est un grouppe de montagnes fort élevées, qui portent de tous les côtés des vestiges du feu qui les a produites. Quoique le volcan qui leur a donné l'existence ne fasse plus d'éruption depuis un nombre infini de siecles, il conserve encore toute l'aspérité et l'aspect noir, aride et brûlé des volcans modernes; presque toutes les hauteurs se refusent encore à la végétation; et vers le pied des montagnes le lentisque joue le premier rôle. Un lac nommé *Bain* occupe la coupe d'un ancien cratere, situé au milieu de l'isle; la profondeur en est immense, et les eaux en sont tiedes; il ne contient aucun poisson, mais il est couvert d'oiseaux pendant l'hiver. Il sort du pied des montagnes plusieurs sources d'eau chaude, qui sont probablement fournies par ce lac. Il y a aussi plusieurs étuves dans cette montagne.

On y trouve en grande quantité la pierre obsidienne, et même en blocs d'un fort gros volume. C'est de toutes les matieres volcaniques la plus agréable, et celle qui prend le poli et le lustre de l'agate la plus fine ; sa couleur noire fait un très bel effet avec les taches blanches de feld-spath.

Il y a environ quatre mille habitants à *Pentellaria*, et ils sont rassemblés dans une petite ville mal bâtie, dominée et défendue par un château assez fort où l'on envoie de Naples les prisonniers d'état. On cultive dans cette isle un peu de bled, beaucoup de coton, des vignes et des oliviers.

Ils ont imaginé depuis peu de faire sur les rochers la récolte d'une espece de lichen, dont la fermentation avec l'urine produit une couleur violette, nommée *orseille*.

Les anciens regardoient cette isle, nommée *Cosyra*, comme la plus aride et la plus stérile de la nature. Ovide, en la comparant à Mélite, aujourd'hui Malte, dit :

> Fertilis est Melitæ sterili vicina Cosyræ
> Insula, quam libyci verberat unda freti.

Séneque la nomme *deserta loca et asperrima*. Elle fut d'abord habitée par les Phéniciens, puis par les Carthaginois, et ensuite par les maîtres de la Sicile.

(Note du traducteur.)

(29) M. Brydone rapporte qu'un évêque de Lucera croit que Palerme fut fondée au temps des patriarches. Voici ce qui a donné lieu à cette opinion.

On découvrit il y a six cents ans environ une inscription chaldéenne sur un bloc de marbre blanc. Guillaume II, qui régnoit alors (depuis 1166 jusqu'en 1189), la fit traduire en latin et en italien : la voici en françois :

« Pendant qu'Isaac fils d'Abraham régnoit dans la
« vallée de Damas, et qu'Ésaü fils d'Isaac gouvernoit
« l'Idumée, un grand nombre d'Hébreux suivis de plu-
« sieurs habitants de Damas et de la Phénicie aborderent
« sur cette isle triangulaire, et choisirent leur habitation
« dans ce bel endroit, auquel ils donnerent le nom de
« *Panormus* ».

Une autre inscription chaldéenne est aussi conservée à Palerme sur une des portes de la ville ; en voici la traduction :

« Il n'y a d'autre Dieu qu'un seul Dieu : il n'y a pas
« d'autre puissance que ce même Dieu : il n'y a pas d'au-
« tre conquérant que ce Dieu que nous adorons. Le com-
« mandant de cette tour est Saphu, fils d'Éliphar, fils
« d'Ésaü, frere de Jacob, fils d'Isaac, fils d'Abraham.
« Le nom de la tour est Baych, et celui de la tour voi-
« sine est Pharat ».

Une partie des ruines de cette tour subsiste, et on y trouve d'autres inscriptions chaldéennes ; mais on n'a pu en tirer aucun sens. M. *de Non* ni M. *Swinburne* ne parlent point de ces deux inscriptions, qui cependant paroissent un objet de curiosité.

(Note du traducteur.)

(30) Cette célebre courtisanne naquit à *Hyccara*, en Sicile, environ quatre cents ans avant Jésus-Christ, et fut transportée en Grece lorsque *Nicias*, général des Athéniens, ravagea sa patrie. Elle passa à Corinthe la plus grande partie de sa vie. Elle vendoit cher ses faveurs, et de-

manda pour une nuit dix mille drachmes à Démosthene, qui, quoiqu'il eût fait exprès le chemin d'Athenes à Corinthe, répondit qu'il *n'achetoit pas si cher un repentir*. Le prix excessif qu'elle mettoit à ses faveurs donna lieu à ce proverbe fameux : *Non licet omnibus adire Corinthum*. Le philosophe Aristide fut du nombre des heureux ; et quelqu'un l'en plaisantant un jour : « Il est vrai, « dit-il, que je la possede ; mais elle ne me possede pas ». Croiroit-on que cette charmante femme fut la proie du dégoûtant Diogene le cynique ? tant elle aimoit la philosophie ! Aussi disoit-elle : « Je ne sais ce qu'on entend « par l'austérité des philosophes ; mais avec ce beau « nom ils ne sont pas moins que les autres à ma porte ».

Étant devenue amoureuse d'un jeune Thessalien, elle abandonna Corinthe pour le suivre ; mais les Thessaliennes, jalouses de sa beauté, quoiqu'elle eût alors plus de cinquante ans, l'assassinerent dans un temple de Vénus, et son tombeau se voyoit encore sur les bords du Pénée dans le temps d'Athénée. On y lisoit cette épitaphe :

« La Grece est forcée de pleurer la mort de cette Laïs, « aussi belle que les déesses qui disputerent le prix de la « beauté. Fille de l'Amour, elle fit la gloire de Corinthe « sa patrie (*a*) ; et dans ces champs thessaliens elle n'a eu « qu'un sépulcre, lorsqu'on lui devoit des autels ».

(Note du traducteur.)

(31) M. Swinburne a pris ceci dans Tacite ; mais il

(*a*) L'auteur de l'épitaphe ignoroit apparemment qu'elle étoit née à *Hyccara*. Elle étoit venue si jeune à Corinthe, que cette ville a pu passer pour sa patrie.

confond le temple de Ségeste avec celui d'Éryx. Voici les paroles de Tacite :

« Et Segestani ædem Veneris, montem apud Erycem, « vetustate dilapsam, restaurari postulavere, nota memo- « rantes de origine ejus et læta Tiberio. Suscepit curam « libens, ut consanguineus ».

C'est-à-dire :

L'ancien temple de Vénus sur le mont Éryx tomboit en ruine, et les Ségestins, après avoir rapporté des faits aussi célebres que flatteurs pour le prince sur l'origine de ce temple, demanderent qu'il fût rebâti. L'empereur, comme issu de la déesse se chargea volontiers de ce soin.

Ce passage, qui est le seul de Tacite ayant quelque rapport avec les Ségestins, ne parle point du tout du temple de Ségeste, mais de celui d'Éryx qui appartenoit aussi aux Ségestins, leur territoire s'étendant l'espace d'environ vingt milles, que l'on compte de l'un de ces temples à l'autre. Celui de Ségeste n'est donc pas *peut-être le même que Tibere leur permit de rebâtir*, puisque *sûrement* il n'est parlé que de la permission qu'il donna pour celui d'Éryx. (Note du traducteur.)

(32) Ces cavernes ont été creusées par Dédale, qui vint se réfugier en Sicile pour se dérober à la colere de Minos, roi de Crete. Voici ce que dit Diodore de Sicile, livre 4 :

« Dédale creusa ensuite une caverne dans le territoire « de Sélinonte, où il employa avec tant d'art et de bon- « heur les vapeurs des feux souterrains, que les malades « qui y entroient se sentoient peu-à-peu provoquer à une

« sueur douce, et guérissoient insensiblement, sans
« éprouver même l'incommodité de la chaleur ».

Il est bien certain que cette description est celle de la caverne du mont *san Calogero*, à l'exception de la chaleur que l'on y éprouve au moment où on y entre, et qui n'existoit pas du temps de Dédale. Ce changement est sans doute causé par la destruction des moyens que cet habile méchanicien avoit employés pour produire une chaleur douce au lieu d'une chaleur étouffante. Il seroit donc possible de les rétablir tels qu'ils étoient de son temps.

Dédale fit plusieurs autres travaux, de la plus grande utilité pour la Sicile. Il creusa, près de *Mégare* l'hybléenne, une piscine à travers laquelle le fleuve *Alabus* se déchargeoit dans la mer. Il bâtit sur le haut d'un rocher, dans le Camique, une citadelle très forte, autour de laquelle on bâtit depuis Agrigente. L'emplacement de cette citadelle est celui où l'on a bâti la ville de *Girgenti*. Les avenues en étoient si étroites et si obliques, que du temps de Diodore il ne falloit que trois ou quatre hommes pour les garder. Cette situation engagea Cocalus à y placer son palais, et à y mettre ses richesses en sûreté.

Le mont Éryx étoit si escarpé, et d'ailleurs si entrecoupé dans toute sa hauteur, que les maisons qu'on avoit bâties autour du temple de Vénus, situé sur ce mont, paroissoient prêtes à tomber à chaque moment dans le précipice. Dédale augmenta beaucoup la largeur du sommet par des terres soutenues d'une muraille. Il fit encore beaucoup d'autres ouvrages qui rendirent son nom fameux dans toute la Sicile.

Il est à remarquer que quoique les anciens historiens

fassent Dédale arriere-petit-fils d'Érechthée, sixieme roi d'Athenes, Socrate assure qu'il descendoit de Vulcain, et que lui Socrate descendoit de Dédale.

Cet habile homme inventa la hache, le vilebrequin, le niveau (appellé *perpendiculum* par les Latins), la colle forte, la colle de poisson, etc. et fit des ouvrages de sculpture qui parurent des prodiges aux Grecs de ce temps-là, qui probablement n'étoient pas fort habiles. La preuve en est qu'on lit dans Platon : « Nos statuaires « se rendroient ridicules, s'ils faisoient aujourd'hui des « statues comme celles de Dédale ». Cependant il fut le fondateur de l'école d'Athenes, et tous les plus grands sculpteurs grecs sortirent de cette école.

Après plusieurs années de séjour en Sicile, Dédale retourna en Grece, et y mourut, selon quelques auteurs ; mais ni le lieu ni le temps de sa mort ne nous sont point connus. On sait seulement qu'il eut un fils nommé *Iapyx*, qui donna son nom à cette contrée de la grande Grece connue sous celui de *Iapygie*, puis de *Terre des Salentins*, et maintenant de *Terre d'Otrante*.

(Note du traducteur.)

(33) Les Romains éprouverent en Sicile deux révoltes des esclaves, qui causerent des maux infinis dans cette malheureuse contrée.

La premiere éclata vers l'an 139 avant Jésus-Christ. Un esclave nommé *Eunus* trouva le moyen de rassembler soixante et dix mille de ses compagnons. Il prit d'abord *Taurominium*, et résista au consul Caius Fulvius Flaccus, collegue de Scipion l'Africain le jeune, qui vint l'attaquer l'an 134. L'année suivante le consul Calpurnius Piso battit son armée, l'obligea de fuir, et de lever le siege de Messine. Rupilius Nepos, qui lui succéda, eut la gloire de terminer cette guerre en 132. Il assiégea *Taurominium*, et la prit, par la trahison d'un esclave nommé *Sérapion*. Le gouverneur et toute la garnison furent précipités du haut d'un rocher. *Eunus*, qui s'étoit fait nommer roi par ses troupes, se retira dans *Enna*; mais cette ville fut aussi livrée par des traîtres, et tous les esclaves, au nombre de plus de vingt mille, furent passés au fil de l'épée. *Eunus* se cacha dans une caverne, d'où il fut tiré avec quatre compagnons de sa fortune. En attendant qu'il pût servir d'ornement au triomphe de *Rupilius*, on le mit dans un cachot, où il mourut de la maladie pédiculaire. Après avoir appaisé tous les troubles de la Sicile, *Rupilius* revint à Rome, où il refusa l'honneur du triomphe, parcequ'il n'avoit vaincu que des esclaves.

Voici l'origine de la seconde guerre.

Les Cimbres qui ravageoient l'Espagne, se préparoient à passer en Italie, lorsque *Marius* ne croyant pas que ses troupes fussent en état de résister à cette prodigieuse armée de Cimbres, de Teutons, et de Gaulois, demanda du secours jusques dans les pays les plus reculés. Nicomede, roi de Bithynie, répondit que ses états étoient épuisés d'hommes, par la quantité incroyable de ses sujets que les chevaliers romains qui affermoient les revenus de la république dans le levant avoient emmenés en esclavage. Le sénat, ayant égard à une excuse aussi légitime, ordonna par un décret que tout homme de condition libre emmené du pays de quelque peuple allié seroit remis en liberté. Ce décret, quoique juste, donna lieu à deux guerres qui ont porté le nom de guerres des esclaves.

La premiere fut causée par un chevalier romain, nommé *Vettius*, et arriva à Capoue. *Vettius*, ruiné par ses débauches, devint éperdument amoureux d'une esclave charmante, qu'il acheta à crédit sept talents attiques ; mais n'ayant pu les payer au temps convenu, il excita une révolte parmi les esclaves, qui, à la premiere nouvelle de l'édit du sénat, rompirent leur chaîne sans attendre qu'on les mît en liberté. Cette émeute fut bientôt appaisée par la mort de *Vettius*, qui, se voyant trahi par les siens, se tua lui-même.

La seconde fut beaucoup plus sérieuse, et dura plusieurs années.

Licinius Nerva, préteur en Sicile, homme foible et timide, obéit d'abord au décret du sénat, rendit la liberté à quatre cents esclaves, et ordonna que ceux qui auroient quelque représentation à lui faire vinssent le trouver à Syracuse. Le nombre de ces infortunés fut plus grand qu'il n'avoit cru. Il trouva que les publicains avoient réduit en esclavage plusieurs milliers d'hommes libres, sur-tout en orient, et les avoient envoyés en Sicile pour cultiver les terres qu'ils affermoient à la république. Le préteur indigné résolut d'exécuter à la lettre les ordres du sénat ; mais les sollicitations et les présents le firent changer d'avis, et il déclara qu'il alloit renvoyer à leurs différents maîtres les esclaves qui avoient été transportés en Sicile.

Ces malheureux, effrayés du sort qui les attendoit, se retirerent en foule dans un bois sacré, et s'étant emparés d'un château, mirent à contribution tout le pays. Le préteur marcha contre eux ; mais ne se trouvant pas assez fort, il eut recours à la ruse, et gagna un de leurs chefs nommé *Caius Titinius*, qui lui livra le château pendant la nuit. Les esclaves, quoique surpris, se défendirent vaillamment, et périrent tous, jusqu'au dernier. Mais Licinius ayant fait la faute de licencier ses troupes, d'autres esclaves se réunirent au nombre de 6000, et choisirent pour leur chef un joueur de flûte nommé *Salvius*; ils lui donnerent même le titre de roi. Ce monarque musicien eut d'abord de tels succès, que son armée fut composée de plus de vingt mille fantassins, et de deux mille chevaux. Il assiégea *Murgentium*, ville située presque à l'embouchure du *Symaethus*; et après avoir éprouvé quelques échecs par l'armée romaine, il la mit en fuite, et fit quatre mille prisonniers. Cependant il ne put parvenir à prendre *Murgentium*, et se détermina à fixer sa demeure à *Triocola* (maintenant *Calata-Bellota*), ville située entre *Agrigente* et *Lilybée*. Il y fit construire une forte citadelle, s'y bâtit un beau palais, et se forma un conseil composé de ses amis et de ses plus habiles sujets.

Pendant ce temps-là, un esclave sicilien nommé *Athénion* avoit causé un autre soulevement dans les environs d'*Egeste* et de *Lilybée*, et s'étoit formé un parti de plus de dix mille esclaves. Le roi *Salvius* le fit inviter de venir le trouver et de se joindre à lui. *Athénion* y consentit; mais à peine fut-il entré dans *Triocola*, qu'on l'arrêta, et qu'il fut renfermé dans la nouvelle citadelle.

Les Romains venant alors de terminer la guerre contre les Cimbres, qui couvrit de gloire Marius, envoyerent quatorze mille hommes en Sicile, commandés par Lucius Licinius Lucullus. Salvius effrayé rendit la liberté à Athénion, et le nomma général. Aussitôt Athénion rassembla quarante mille hommes, et alla au-devant des Romains, tandis que Salvius se préparoit à soutenir leurs attaques en cas de siege.

Lucullus livra bataille aux esclaves, près de la ville de *Crastus* ou *Scertœum*, située à quelques lieues au nord-est de Triocola. Il remporta une victoire complete malgré la vigoureuse résistance d'Athénion, qui ne fut vaincu que parcequ'il fut mis hors de combat. Les esclaves eurent vingt mille morts et beaucoup de blessés.

Dès que la nouvelle en fut arrivée à Triocola, le lâche Salvius s'enfuit et abandonna ses sujets ; mais Athénion, tout blessé qu'il étoit, la défendit si bien, que le préteur fut obligé de lever le siege en essuyant les huées des esclaves. Il alla passer le reste de l'année à Syracuse, où il se consola de cette avanie par les richesses qu'il acquit aux dépens de tous ceux qu'il dépouilloit. Ses exactions le firent rappeller et exiler.

Servilius lui succéda, et fut battu par Athénion devenu seul chef par la mort de Salvius. Athénion, fier de sa victoire, assiégea Messine, mais en vain ; en se retirant vers Triocola, il prit *Marcella*, ville forte pour ce temps-là. Ses succès firent ouvrir les yeux au sénat, qui envoya en Sicile le consul Aquilius, collègue de Marius. Cet habile général, après avoir employé l'année de son consulat à couper les vivres aux rebelles, les extermina entièrement l'année suivante. Après plusieurs combats indécis de part et d'autre, les deux généraux convinrent de décider la querelle par un combat singulier en présence des deux armées. Aquilius tua Athénion, et à l'instant même les Romains, profitant de la consternation des esclaves, les chargerent vigoureusement, et leur tuerent tant de monde, qu'il y en eut à peine dix mille qui purent se sauver dans leur camp, où ils aimerent mieux s'entre-tuer que de se rendre aux Romains.

Ainsi finit la guerre des esclaves, qui dura quatre ans, et coûta la vie à plus d'un million de ces malheureux, à ce que disent plusieurs historiens. Elle avoit commencé l'an 105 avant J. C., et fut terminée l'an 101.

(Note du traducteur.)

(34) Assez près de Girgenti, entre cette ville et celle d'*Aragona*, on trouve, en s'écartant un peu du chemin, un lieu nommé *Macaluba*, où l'on observe un des plus singuliers phénomenes de la nature.

On y trouve une montagne à base circulaire, représentant imparfaitement un cône tronqué; elle peut avoir cent cinquante pieds d'élévation, prise d'un vallon qui en fait le tour, et est terminée par une plaine un peu convexe qui a un demi-mille de tour. Cette montagne est de la plus grande stérilité, et ne produit pas la moindre végétation.

Sur son sommet, on voit un très grand nombre de cônes tronqués de différentes hauteurs, dont le plus grand a deux pieds et demi, et il y en a qui n'ont que quelques lignes. Tous ont de petits crateres en forme d'entonnoirs proportionnés à leurs monticules, et qui ont à-peu-près la moitié de leur élévation pour profondeur. On peut regarder cet amas de cônes comme une collection de volcans en miniature.

Le grand balancement que l'on éprouve en marchant sur cette espece de plaine, annonce que l'on est porté sur une croûte assez mince, appuyée sur un corps mou et demi-fluide. On reconnoît bientôt que cette croûte fragile recouvre réellement un vaste et immense gouffre de boue, dans lequel on court le plus grand risque d'être englouti.

L'intérieur de chaque petit cratere est toujours humecté, et on y observe un mouvement continuel. Il s'éleve à chaque instant de l'intérieur et du fond de l'entonnoir une argile grise, délayée, à surface convexe, qui en s'arrondissant arrive aux levres du cratere, qu'elle surmonte ensuite en forme de demi-globe. Cette espece de sphere s'ouvre pour laisser éclater une bulle d'air qui a fait tout le jeu de la machine. Cette bulle, en se crevant avec un bruit semblable à celui d'une bouteille que l'on débouche, rejette hors du cratere l'argile dont elle étoit enveloppée ; et cette argile coule à la maniere des laves sur les flancs du monticule, elle en gagne la base, et s'étend à plus ou moins de distance. Lorsque l'air s'est dégagé, le reste de l'argile se précipite au fond du cratere, qui reprend et garde sa premiere forme jusqu'à ce qu'une nouvelle bulle cherche à s'échapper. Il y a donc un mouvement continuel d'abaissement et d'élévation qui est plus ou moins précipité, et dont l'intermittence est de deux ou trois minutes. On l'accélere en donnant des secousses à la croûte d'argile sur laquelle on marche.

Lorsqu'on enfonce un bâton dans un de ces crateres, il en ressort peu-à-peu, et par secousses. On trouve sur la surface de quelques unes de ces concavités une pellicule d'huile bitumineuse d'une odeur assez forte, que l'on confond souvent avec celle du soufre.

Tel est l'état de cette montagne pendant l'été et l'automne jusqu'au temps de pluie. Mais pendant l'hiver les circonstances sont toutes différentes; il n'y a plus de cônes, et le tout n'offre plus qu'un vaste gouffre de boue délayée dont on ne connoît pas la profondeur, et dont on ne s'approche qu'avec le plus grand danger. Un bouillonnement continuel se voit sur toute cette surface : l'air, qui le produit, n'a plus de passage particulier, et vient éclater dans tous les endroits indistinctement.

Cette montagne a aussi des moments de grande fermentation, et elle présente des phénomenes qui inspirent la terreur et la crainte dans tous les lieux voisins, et qui ressemblent à ceux qui annoncent les éruptions dans les volcans ordinaires. A une distance de deux ou trois milles on éprouve des secousses de tremblement de terre souvent très violentes. On entend un bruit et des tonnerres souterrains, et après plusieurs jours de travail et d'augmentation progressive dans la fermentation intérieure, il y a des éruptions violentes et avec bruit, qui élevent perpendiculairement, quelquefois à plus de 200 pieds, une gerbe de terre, de boue, d'argile détrempée, mêlée de quelques pierres. Ces explosions se répetent trois ou quatre fois dans les vingt-quatre heures, et sont accompagnées d'une odeur fétide de foie de soufre qui se répand dans les environs; quelquefois, dit-on, il y a de la fumée. Les éruptions de ce singulier volcan arrivent en automne lorsque les étés ont été secs. Il s'écoule souvent un grand nombre d'années sans qu'il y en ait; les dernieres sont arrivées en 1777 et 1779, ou du moins on n'a point entendu parler de celles qui ont pu arriver depuis cette époque. Je vais rapporter ici la relation de celle de 1777, faite par un témoin oculaire. M. le commandeur de Dolomieu, de qui j'emprunte tout ce récit, et qui a examiné ce volcan avec la plus grande attention, s'est assuré que le feu n'en est point l'agent principal. Après la relation de l'éruption de 1777, je rapporterai quelques unes des réflexions que fait à ce sujet cet habile naturaliste.

Relation de l'éruption du volcan de Macaluba en 1777.

« A une lieue de la mer, derriere Girgenti, on trouve
« un lieu nommé *Moruca* par les anciens, et maintenant
« *Macaluba*, où sur une hauteur, dans l'étendue d'une
« salme de terre stérile, on voit différentes bouches, qui,
« avec un bouillonnement lent, rejettent au-dehors de la
« boue et de l'eau trouble. Le 30 du mois de septembre
« 1777, une demi-heure après le lever du soleil, on en-
« tendit dans ce lieu un bruit sourd, qui, croissant à cha-
« que moment, surpassa le bruit du plus fort tonnerre :
« on vit ensuite trembler la terre voisine ; et la bouche
« principale, par laquelle sortent ordinairement la boue
« et l'eau trouble, s'élargit jusqu'à acquérir dix palmes
« de diametre. Il s'en éleva quelque chose qui ressembloit
« à un nuage de fumée, et qui parvint en peu d'instants
« à la hauteur de quatre-vingts palmes. Quoique cette ex-
« plosion eût une couleur de flamme dans quelques par-
« ties, elle contenoit cependant de la boue liquide et des
« morceaux d'argille, qui en retombant s'étendoient éga-
« lement sur toute la salme de terre. La majeure partie
« rentroit dans la grande ouverture dont elle étoit sortie.
« Cette éruption dura une demi-heure, et elle se répéta
« trois autres fois avec l'intermittence d'un quart d'heure,
« et la durée d'un quart d'heure. Cependant on entendoit

« sous le terrain le mouvement et l'agitation de grandes
« masses; à la distance de trois milles on entendoit un
« bruit semblable à celui de la mer en fureur. Pendant ces
« terribles phénomenes, les personnes qui étoient pré-
« sentes crurent que la fin du monde arrivoit, et crai-
« gnoient d'être ensevelies sous l'argille vomie par la prin-
« cipale bouche. Cette vase recouvroit tout le terrain à
« l'élévation de six palmes, et en outre applanissoit les val-
« lées voisines; et quoique cette argille ait été liquide le
« jour de l'éruption, elle parut le lendemain avoir repris
« sa premiere consistance, et permit aux curieux de s'ap-
« procher de la grande bouche située au milieu, pour l'ob-
« server. Cette vase conserve encore l'odeur du soufre,
« qui étoit plus forte dans le temps de l'éruption. Les bou-
« ches, qui étoient fermées lors de l'explosion, reparurent
« de nouveau, et on entend encore un petit murmure
« souterrain qui fait craindre une autre éruption ». (Effectivement il y en eut une dix-huit mois après.)

M. le commandeur de Dolomieu, marchant d'abord
avec crainte sur la surface tremblante du cratere, parvint
cependant jusqu'au centre; et pour s'assurer si le feu étoit
le principe de ce phénomene, il plongea sa main dans la
vase délayée des crateres, et dans les creux pleins d'eau
qu'il voyoit bouillonner: mais il n'y ressentit qu'un grand
froid; et le thermometre, qui à l'air libre étoit à vingt-
trois degrés, y descendit de trois. Plus il enfonçoit son
bras, plus le froid augmentoit; il n'y avoit nulle odeur de
soufre, et point de fumée, en un mot aucun symptome
de feu.

En parcourant la plaine dans toutes ses parties, et la
montagne dans tout son pourtour, il ne trouva rien sur

quoi le feu eût agi. Au contraire, il trouva des preuves qu'il n'y en avoit point eu : car des argilles boueuses contenoient du spath calcaire sans aucune altération; des pierres calcaires étoient absolument intactes, avec des crystaux réguliers de spath, des fragments de sélénite écailleuse ou gypse spéculaire, toutes matieres altérées par le moindre feu.

Ayant été ainsi convaincu que le feu n'entroit pour rien dans la formation de ce volcan aérien, M. le commandeur de Dolomieu prouve ainsi la cause de ces phénomenes :

« J'avois recueilli, dit-il, dans une bouteille une por-
« tion de l'air qui se dégage, tant de la vase délayée que
« de l'eau; j'y plongeai une bougie allumée qui s'étei-
« gnit dans l'instant. Cet air, mêlé avec l'air atmosphéri-
« que, n'eut ni inflammation, ni explosion. Je n'avois
« pas la faculté de faire d'autres expériences, mais celle-
« ci me suffisoit pour reconnoître l'air fixe, et pour voir
« qu'il est l'unique agent de tous ces phénomenes ».

L'habile naturaliste donne ensuite une démonstration qui me paroît évidente, et qui résout toutes les difficultés, de la maniere la plus simple. Il ajoute qu'il y a plusieurs autres lieux en Sicile sujets à des éruptions produites par la même cause, mais différemment modifiée : une montagne entre autres, entre *Sierra di Falco* et *Musulmeli*.

Le rédacteur du Voyage pittoresque des deux Siciles, dans le quatrieme volume de cet ouvrage, page 231, rapporte la description de ce volcan faite par M. le commandeur *de Dolomieu*, et en cela il a eu raison; mais n'auroit-il pas dû rapporter celle de M. *de Non*, qui a été aussi visiter ce volcan ? Il s'est contenté de dire dans une note que la description de M. *de Dolomieu* lui a paru préférable à l'autre. Cela est possible : mais il me semble qu'il étoit d'autant plus nécessaire de les comparer, que ces deux véridiques voyageurs se contredisent entièrement sur un fait principal, M. *de Dolomieu* assurant qu'ayant plongé son bras dans le fond d'un petit cratere, il le trouva froid comme de la glace, et M. *de Non*, qui voulut faire la même épreuve, assurant au contraire qu'il le trouva aussi tiede qu'un bain. Il ne faut point inférer de là que l'un des deux se soit trompé, mais en conclure que la température de ces crateres n'est pas toujours la même ; et c'est un fait très intéressant à savoir pour qui s'occupe à découvrir si l'effet de ce volcan est causé par l'air ou par le feu.

(Note du traducteur.)

(35) Nous savons par Thucydide que les habitants de *Géla* fonderent *Agrigente* cinq cents cinquante-six ans environ avant Jésus-Christ. On peut juger de sa situation et de sa beauté par ce passage de Polybe :

« Elle surpasse la plupart des villes de la Sicile par
« ses fortifications, ses dehors, et la magnificence de ses
« bâtiments. Elle est éloignée de cent dix-huit stades de
« la mer, mais peut cependant recevoir commodément
« par eau toutes sortes de provisions. Sa situation et
« la maniere dont elle est fortifiée, la rendent une des
« plus fortes places de toute l'isle. Ses murs sont bâtis
« sur un roc que l'art a rendu inaccessible. La riviere
« dont elle tire son nom lui sert de rempart du côté du
« midi, et celle d'*Hypsa* du côté de l'occident : à l'orient

« elle est défendue par une forteresse bâtie sur le bord
« d'un précipice qui tient lieu de fossé ».

Cette citadelle étoit beaucoup plus ancienne que la ville ; elle étoit à une très petite distance de l'embouchure de l'*Acragas*, s'appelloit *Omphace*, et étoit la plus forte place des états du roi *Cocalus*.

L'histoire ne nous a fait connoître que quatre rois ou tyrans d'*Agrigente* :

Cocalus, qui vivoit environ treize cents cinquante ans avant Jésus-Christ ;

Phalaris, qui devint tyran en 572 ;

Théron vers cinq cent (*a*) ;

Thrasylle, son fils, qui ne régna qu'un an ou deux après son pere.

Agrigente jouissoit d'une heureuse liberté depuis quatre-vingt-dix ans environ, lorsque les Carthaginois ayant pris et détruit entièrement les deux villes d'*Hymere* et de *Sélinonte*, l'an 409 avant Jésus-Christ, vinrent mettre le siege devant *Agrigente*, l'an 406, et, après un siege de huit mois, s'en emparerent, et la firent raser. Le peu d'habitants échappé aux horreurs du siege se retira à *Géla*, et fut ensuite transporté à *Leontium*, que les Syracusains leur donnerent pour habitation. Les Carthaginois trouverent des trésors immenses dans cette ville,

---

(*a*) M. Swinburne prétend que les Agrigentins jouirent de leur liberté pendant cent cinquante ans après la mort de Phalaris ; mais cela ne se peut. Phalaris devint certainement tyran d'*Agrigente* l'an 572 avant Jésus-Christ, et étoit contemporain d'Ésope. Théron régnoit certainement vers 500, puisque la bataille d'*Hymere*, que gagna Gélon, roi de *Syracuse*, gendre de Théron, qui régnoit alors à *Agrigente*, se

qui étoit l'entrepôt du commerce de l'Europe, de l'Afrique, et d'une partie de l'Asie. Les vainqueurs emportèrent dans leur patrie un nombre infini d'excellents tableaux et de statues admirables ; ils y firent aussi transporter le fameux taureau de Phalaris, que Scipion l'Africain rendit ensuite à la ville d'*Agrigente*, après la prise de Carthage.

Agrigente se rétablit dans la suite, mais elle n'eut jamais sa premiere splendeur. Elle fut prise et reprise plusieurs fois par les Romains et les Carthaginois. Enfin elle resta aux maîtres de la terre, et depuis ce moment l'histoire n'en fait plus mention. Ce temps a peut-être été celui où ses habitants ont joui du bonheur le plus véritable. (Note du traducteur.)

(36) *Géla* étoit une grande et puissante ville, fondée par des Rhodiens commandés par Antipheme, et par les Crétois, sept cents vingt-trois ans avant Jésus-Christ. On a prétendu qu'il y avoit dans cette ville un étang qui jettoit une odeur si forte, qu'on ne pouvoit en approcher; et deux sources, dont l'une rendoit les terres fertiles, et l'autre les rendoit stériles.

Les Carthaginois étant venus assiéger *Géla* l'an 405, et Denys l'ancien ayant promis de secourir les habitants, ils se défendirent comme des lions : les femmes et les enfants rétablissoient pendant la nuit ce qui avoit été abattu pendant le jour.

---

donna, selon Diodore de Sicile, le même jour que Léonidas fut tué aux Thermopyles, en 481, et selon Hérodote, le même jour que la bataille de *Marathon*, en 490. Phalaris ne précéda donc Théron que d'environ soixante ans, en comptant le temps de son regne.

(Note du traducteur.)

Denys vint effectivement à leur secours ; mais ayant attaqué les ennemis, il fut repoussé, et obligé de se renfermer dans la ville. Pendant la nuit il trouva le moyen de sortir de *Géla*, ainsi que tous les habitants, qu'il emmena à *Syracuse*. Les Carthaginois ne s'apperçurent que le lendemain qu'ils n'avoient plus d'ennemis à combattre ; ils pillerent la ville, et la saccagerent. Ils la gardoient depuis environ cent ans, lorsqu'Agathocle, à la tête de mille hommes, entreprit de la reprendre ; mais il n'y réussit pas, et ce ne fut que quatre ans après qu'il parvint à s'en rendre maître. Il fit égorger quatre mille habitants, dont il s'appropria les biens ; et depuis ce temps *Géla* fut toujours sous la domination des Syracusains, jusqu'à ce qu'elle passa avec *Syracuse* sous celle des Romains. Ensuite les Sarrasins la détruisirent entièrement, et on ignore aujourd'hui l'endroit précis où elle étoit située.

Les uns prétendent qu'*Alicata* est bâtie sur ses ruines ; d'autres veulent, avec plus de raison, que ce soit *Terra nova* : mais je crois que tous se trompent. *Géla* étoit plus dans les terres, éloignée de la mer d'environ deux lieues, et à une demi-lieue de la principauté de *Biscaris*, sur la rive droite de *Fiume Dirillo*. L'endroit où est aujourd'hui *Terra nova* est ce qui étoit appellé chez les anciens *Refugium Chalis*, et *Alicata* remplace aujourd'hui l'ancienne ville de *Phintia*.

(Note du traducteur.)

(37) Il y avoit en Sicile trois villes d'*Hybla* : la première, nommée *Hybla major*, étoit au pied du mont Etna, entre *Catana* et *Centuripe* ; la seconde, nommée *Hybla minor* ou *Heraea*, étoit à quelques lieues au sud-

est de *Géla*; et la troisieme, *Hybla Mégaréenne* ou *Ga-leotis*, étoit un peu plus au nord de *Syracuse*, entre les promontoires *Taurus* et *Tapsus*.

L'une d'elles étoit renommée pour son miel. M. Brydone (tome 1, pag. 190) assure que c'étoit dans les champs d'*Hybla major* que l'on recueilloit ce miel si vanté par Virgile et par d'autres auteurs. M. Swinburne croit que c'étoit aux environs d'*Hybla minor*. M. de Non et moi croyons qu'ils se trompent tous les deux, et que l'excellent miel d'*Hybla* se recueilloit aux environs de *Mégare Hybléenne*. Servius (*a*), en expliquant ce vers de Virgile,

Hyblæis apibus florem depasta salicti,

fait cette remarque : « *Hybla*, petite ville de Sicile, présentement appellée *Mégara* ». Strabon parle aussi de l'excellent miel qu'on ramassoit aux environs de cette ville. (Note du traducteur.)

(38) Ce célebre sophiste, surnommé le Léontin, étoit fils de Carmentide, et naquit vers l'an 480 avant J. C. Quoiqu'à-peu-près de l'âge d'Empédocle, il étoit son disciple.

Gorgias embrassa la rhétorique dans toute son étendue, et fut un des auteurs les plus éloquents de la Grece; il s'annonça toujours comme un maître d'éloquence, également capable de bien parler et d'instruire des moyens de bien parler.

Les Léontins furent si flattés de l'avoir pour compa-

(*a*) Honoratus Maurus Servius, grammairien latin du quatrieme siecle, a laissé d'excellents commentaires sur Virgile. On les trouve imprimés dans le Virgile d'Étienne, in fol. de 1532.

triote, qu'ils consacrerent son nom sur leurs monnoies. Il nous en reste une ayant d'un côté la tête d'Apollon, et au revers un cygne, symbole de l'éloquence, avec le mot ΓΟΡΓΙΑΣ. Cette médaille fut sans doute frappée en reconnoissance des services que Gorgias leur rendit. Ce fut lui qui détermina les Athéniens à venir secourir les Léontins contre les vexations des Syracusains. Il fut envoyé par eux à Athenes, et son discours parut si admirable aux Athéniens, et d'un genre si neuf pour eux, qu'ils crurent entendre le dieu de l'éloquence. Ils accorderent aux Léontins les troupes qu'ils leur demandoient, à condition que Gorgias s'établiroit pour toujours à Athenes, ce qu'il fit en effet. Les plus distingués des Athéniens s'empresserent à prendre de ses leçons, et ne goûterent plus d'autre éloquence que la sienne. On renonça même aux études ordinaires, jusqu'à celle de la philosophie, pour s'appliquer uniquement à l'art de parler, et ce fut le principal motif qui excita Platon à fronder la rhétorique.

Ce célebre orateur vécut plus de cent ans, et jouit jusqu'à sa mort de la santé la plus vigoureuse. Quelqu'un lui ayant demandé par quelle merveille il avoit conservé si long-temps une telle force: « C'est, répondit-il, par-« ceque je n'ai jamais rien fait pour le plaisir ». On dit que, s'ennuyant de ne pas mourir, il s'abstint de toute nourriture. (Note du traducteur.)

(39) Le *triticum sylvestre* est le bled ou froment sans barbe. Il y a encore trois especes de bled : 1°. le bled rouge à branches ; 2°. le froment à épis blancs et à longue barbe; et 3°. le bled romain.

(40) On peut voir une assez belle tête de cette princesse, gravée sur une agate-onyx, qui est maintenant

dans le cabinet de M. le duc d'Orléans, et qui ressemble assez aux médailles que l'on connoît de Philistis.

Il est singulier que l'histoire ne dise rien de cette reine de Syracuse, et que tout ce que nous en savons nous soit parvenu par ses médailles, et par une inscription nouvellement trouvée sur les degrés de l'ancien théâtre de Syracuse. On y lit ces mots:

ΒΑΣΙΛΙΣΣΑΣ ΦΙΛΙΣΤΙΔΩΣ.

Hardouin et Baudelot en avoient fait une reine d'Épire; Havercamp l'a crue reine de Syracuse, mais il pensoit qu'elle étoit la même que Démarate, épouse de Gélon. L'histoire de la Sicile antique nous est si peu connue, qu'il n'est pas surprenant qu'on n'ait aucune notion sur cette princesse. Cicéron fait mention d'un temple de Minerve où l'on voyoit vingt-sept tableaux représentant les rois ou tyrans de la Sicile; et de ces vingt-sept princes, il n'y en eut que seize dont les noms nous furent transmis.

M. l'abbé de la Chaux rapporte dans l'histoire des pierres gravées de M. le duc d'Orléans une anecdote singuliere, tirée de Valere Maxime, qui prouve qu'entre Thrasybule et Denys le tyran il y a eu deux tyrans dont l'histoire n'a point parlé. Une vieille femme de Syracuse faisoit tous les jours des vœux pour la santé de Denys, tandis que tous les autres citoyens desiroient sa mort. Le tyran lui en ayant demandé la raison, elle répondit: « Dans mon enfance ma patrie étoit gouvernée par un « tyran; je desirai sa mort, il fut assassiné, et eut pour « successeur un homme encore plus méchant. Je fis des « vœux pour que ma patrie en fût délivrée: mes vœux fu-

« rent encore exaucés. Nous t'eûmes pour maître ; et tu
« nous gouvernas d'une maniere encore plus cruelle que
« n'avoient fait les deux premiers : ainsi, craignant que,
« si tu viens à mourir, celui qui prendra ta place ne vous
« surpasse tous en méchanceté, je sacrifierai volontiers
« ma vie pour la conservation de la tienne ».

Deux prédécesseurs de Denys sont clairement indiqués dans ce récit ; et les seuls prédécesseurs immédiats de ce tyran qui nous soient connus, sont Gélon, Hiéron et Thrasybule. Les deux premiers terminerent tranquillement leur vie sur le trône ; et le troisieme, ayant été chassé, mourut chez les Locriens. Depuis son expulsion, jusqu'au regne de Denys, il se passa soixante ans, intervalle qui vraisemblablement aura été rempli par le regne des deux tyrans dont parle cette vieille femme dans Valere Maxime.

On peut voir une précieuse médaille de la reine Philistis, publiée par M. Swinton dans les Transactions philosophiques. (Note du traducteur.)

(41) A l'occasion du miroir d'Archimede qui brûloit les vaisseaux des Romains à une distance très considérable, M. Brydone fait semblant d'en imaginer un grand, composé d'un nombre considérable de petits, dont les rayons en se rassemblant dans un même point produiroient le même effet que celui du célebre géometre de Syracuse. M. de Buffon a positivement fait construire ce miroir il n'y a guere que quarante ans, et cette expérience a été sue et admirée de toute l'Europe ; ainsi il est bien étonnant que M. Brydone n'en ait pas eu connoissance. Il est vrai que dans une note (page 343, vol. I) il avoue qu'il vient d'apprendre par le dernier courier que

M. de Buffon a fait cette expérience avec une machine composée de quatre cents miroirs; qu'elle fond du plomb à cent vingt pieds, et met le feu à une meule de foin à une plus grande distance. Il résulte de là qu'avec une note placée à propos on peut inventer tout ce qu'ont inventé les autres avant nous, et puis faire arriver le courier quand on veut pour nous apprendre que d'autres ont été plus diligents que nous. Mais comme il faut toujours rendre à chacun la justice qui lui est due, je dois convenir ici qu'il y a dans la trouvaille de M. Brydone une idée sublime qui lui appartient en propre, et que je ne crois pas que M. de Buffon revendique jamais ; c'est le moyen de rassembler en un seul point les rayons de mille miroirs, qui alors pourroient brûler toute une armée à la fois. Voici comment ce grand méchanicien veut qu'on opere. Mille soldats ayant chacun un miroir au lieu de fusil, seront tant de fois exercés à faire porter le rayon de leur miroir sur une planche placée à deux ou trois cents verges, qu'on les accoutumera à le porter au premier coup de tambour dans l'endroit indiqué par le commandant. Ensuite M. Brydone compare poétiquement cette nouvelle maniere de combattre, ou plutôt d'incendier, à des chasseurs qui prennent des alouettes au miroir. Il faut avouer que cette plaisanterie seroit de bon goût si ce n'en étoit qu'une, mais vraiment c'est bien pis: on ne se douteroit pas que c'est une épigramme sanglante pour punir les officiers françois petits-maîtres de ce qu'ils ont des miroirs en campagne; tandis que les officiers anglois, tout unis, ont, dit-il, le *malheur de ne pas connoître cet usage.*

Archimede, né en 287 à Syracuse, étoit parent du roi

Hiéron, et fut le plus habile géometre de son temps. On sait que Marcellus ayant pris Syracuse, ordonna qu'on épargnât Archimede; mais fortement occupé de résoudre un problême, il ne sut la prise de la ville que lorsqu'un soldat se présenta devant lui pour lui ordonner de venir parler à son général. Le philosophe le pria d'attendre un moment jusqu'à ce qu'il eût fini son opération géométrique; mais le soldat, pressé d'aller piller, et ne comprenant pas ce qu'il lui disoit, le perça de son épée l'an 211 avant Jésus-Christ. La mort de ce grand homme causa une vive douleur à Marcellus, qui lui fit élever un tombeau sur lequel on voyoit un cylindre et une sphere. Cicéron, étant questeur en Sicile, découvrit ce tombeau, et je vais rapporter l'endroit du cinquieme livre des Tusculanes où il raconte ce fait.

« Dans le temps que j'étois questeur en Sicile (*a*), la
« curiosité me porta à chercher le tombeau d'Archimede;
« je le démêlai malgré les ronces et les épines dont il étoit
« presque entièrement couvert, et malgré l'ignorance des
« Syracusains, qui me soutenoient que ma recherche se-
« roit inutile, et qu'ils n'avoient point chez eux ce monu-
« ment. Je savois par cœur certains vers sénaires que l'on
« m'avoit donnés pour ceux qui étoient gravés sur ce tom-
« beau, et où il étoit fait mention d'une figure sphérique
« et d'un cylindre qui devoient y être. Étant donc un jour
« hors de la porte qui regarde Acragas (Agrigente), et
« jettant les yeux avec soin de tous les côtés, j'apperçus

(*a*) En 76 avant Jésus-Christ. Il avoit alors quarante et un ou quarante-deux ans, et il y avoit cent trente-cinq ans qu'Archimede étoit mort.

« parmi un grand nombre de tombeaux qui sont dans cet
« endroit une colonne un peu plus élevée que les ronces
« qui l'environnoient, et j'y remarquai la figure d'une
« sphere et d'un cylindre. Aussitôt adressant la parole
« aux principaux de la ville qui étoient avec moi, je leur
« dis que je croyois voir le tombeau d'Archimede. On en-
« voya sur-le-champ des hommes qui nettoyerent la place
« avec des faux, et nous firent un passage. Nous appro-
« châmes, et nous vîmes l'inscription, qui paroissoit en-
« core, quoique la moitié des lignes fût effacée par le
« temps. Ainsi la plus grande ville de Grece, et qui an-
« ciennement avoit été la plus florissante par l'étude des
« lettres, n'eût pas connu le trésor qu'elle possédoit, si
« un homme né dans un pays décrié pour la grossièreté
« de ses habitants n'eût été leur découvrir le tombeau
« d'un de ses citoyens si distingué par la justesse et par
« la pénétration de son esprit ».

(Note du traducteur.)

(42) *Icetes*, ou *Icetas*, ou *Hycetas*, étoit roi des Léontins. Les Syracusains, ne pouvant plus supporter la dure servitude dont Denys le tyran les accabloit, eurent recours à Icetas qui ne valoit guere mieux que Denys, et qui, saisissant cette occasion de se rendre maître de Syracuse s'il le pouvoit, traita sous main avec les Carthaginois, qui firent alors une descente en Sicile.

Les Syracusains ayant envoyé une ambassade à Corinthe pour lui demander du secours, Timoléon leur fut envoyé avec mille soldats et dix vaisseaux. Avec ce peu de monde, il mit en fuite l'armée d'Icetas qui vouloit s'opposer à ses desseins, et força Denys à lui remettre la citadelle de Syracuse, où il s'étoit enfermé avec le peu de troupes qui lui étoient restées fideles. Timoléon se trouva maître de Syracuse, et Denys se retira à Corinthe.

Icetas ayant employé inutilement le secours de quelques assassins pour tuer Timoléon, appella les Carthaginois en Sicile, et vint avec eux attaquer Timoléon, qui les battit, et força Icetas à raser les fortifications de Léontium, et de vivre en simple particulier.

Dans la suite Icetas ayant repris les armes contre Timoléon, il fut vaincu et pris, ainsi que son fils Eupolémus, et tous deux furent mis à mort. Sa femme et ses filles ayant été conduites à Syracuse et présentées à l'assemblée du peuple, elles furent aussi condamnées et exécutées; sans doute pour venger la mort d'Arete, femme de Dion, d'Aristomaque sa sœur, et de son fils encore enfant, qu'Icetas avoit lui-même précipités dans la mer.
(Note du traducteur.)

(43) Il mourut peu de mois après mon départ de Sicile. (Note de l'auteur.)

Dans la premiere note du second volume, page 71, j'ai raconté l'histoire qui a fait renfermer ce malheureux chanoine, et je crois que M. Swinburne n'est pas bien informé de son sort. Je sais que toutes les apparences font croire qu'il n'existe plus: M. le prince de Biscaris l'a écrit à M. de Non, et m'a fait aussi l'honneur de me le mander. Mais j'ai de si fortes raisons de croire qu'on le fait passer pour mort, dans la résolution où l'on est de le tenir toute sa vie en prison, que je ne puis me rendre à toutes les preuves presque évidentes. S'il n'est pas mort, c'est donc pour avoir cru le monde beaucoup plus ancien qu'on ne le croit ordinairement, qu'il est détenu dans une prison perpétuelle. Je vais rapporter ici une preuve de l'injustice de ceux qui l'ont condamné.

Il n'est plus douteux que l'Etna, le Vésuve, et tous les volcans de l'univers, n'ont jamais été des montagnes primitives, mais qu'elles ont pris naissance au fond de la mer. Leur sol même, à une grande profondeur au-dessous du niveau des eaux, est composé de différentes couches des matieres produites par leurs propres éruptions. Dans tous les environs de ces volcans, la premiere couche, qui est de terrain végétal, est presque par-tout épaisse de quatre ou cinq pieds; au-dessous on trouve une profonde couche de cendres, de pierres ponces, de fragments de lave, et de cette matiere brûlée qui abonde dans tous les environs, et que l'on appelle *tuf*. On trouve ensuite un nouveau terrain végétal, puis des cendres, puis des laves; et ces trois différentes couches se perpétuent alternativement, peut-être à l'infini.

Le chanoine Récupero, qui avoit observé dans les environs de l'Etna ces effets du feu et du temps, en conclut qu'il falloit que l'univers, ou au moins la terre, fût créé depuis plus de vingt mille ans, pour que ces différentes couches eussent pu avoir le temps d'éprouver leurs différentes métamorphoses. On a conclu de son raisonnement, que ce malheureux chanoine avoit plus de foi en la nature qu'en la Genese, qui ne donne pas six mille ans d'antiquité à la terre, du moins de la maniere dont on nous l'a expliquée; et on l'a puni de cette confiance indiscrete, en l'enfermant pour le reste de ses jours. Mais l'assertion de cet infortuné ne méritoit pas un pareil traitement; car, quoique les livres saints aient certainement raison, le pauvre chanoine peut n'avoir pas tort.

Le célebre P. Boscowich, l'un des hommes les plus religieux de son siecle, m'a appris, en voyageant avec lui

en Italie, comment il est possible de concilier deux opinions si différentes. « Si, en faisant de profondes fouilles,
« m'a-t-il dit, on a trouvé des couches qui, par un travail
« successif, et qui n'a pu avoir lieu que dans un espace
« immense de plusieurs milliers de siecles, prouvent in-
« failliblement, par les loix reconnues de la saine physi-
« que, qu'il est impossible que notre globe n'ait pas cette
« énorme antiquité, quoiqu'en effet il n'ait pas encore six
« mille ans, qui nous empêche de penser que l'Être su-
« prême, à qui tout est possible, au lieu de créer un
« monde tout neuf et jeune dans toutes ses parties, a pu
« en former un dans l'état où il auroit été, si, à cette épo-
« que, il eût eu réellement tous ces milliers de siecles ?
« De là il est aisé de voir que dès le jour de la création
« notre globe a pu renfermer dans son sein des terres de-
« venues tout-à-coup végétatives ; tandis que dans la suite
« des temps les terres de cette même espece ne sont plus
« que le fruit d'une longue et laborieuse destruction ».

Je ne crois pas qu'il y ait de réponse à faire à cet argument aussi physique qu'orthodoxe.

Récupero ne devoit donc pas être puni pour avoir risqué une opinion qui, loin d'attaquer les vérités incontestables de la religion, agrandit encore à nos yeux (s'il est possible) la puissance sans bornes de la divinité.

(Note du traducteur.)

(44) Je ne puis m'empêcher de rapporter ici un conte que fait à ses lecteurs M. Brydone pour tâcher de les amuser, toutefois en profitant d'une occasion d'injurier les reines d'Angleterre, ce que les Anglois ne négligent pas ordinairement. Il prétend que les habitants de l'Etna l'assurerent qu'il y avoit une reine d'Angleterre enterrée dans la montagne depuis un grand nombre d'années, et

qu'ils supposoient que, par respect pour sa mémoire, lui et ses compagnons venoient lui rendre visite. Le doux républicain leur répondit ingénieusement que *les Anglois n'avoient pas beaucoup d'égards pour leurs reines pendant la vie, et qu'après leur mort ils ne s'en embarrassoient en aucune maniere.* Les Siciliens durent être enchantés de l'amour que les Anglois portent au fond de leur cœur à leurs souverains.

M. Brydone ne concevoit pas quelle pouvoit être cette reine bretonne enterrée dans l'Etna ; à la fin ayant appris qu'elle s'appelloit *Anne*, et étant doué d'une grande sagacité naturelle, dès qu'on eut ajouté qu'elle étoit femme d'un roi qui avoit été catholique, qu'elle rendit hérétique, et qu'elle est condamnée pour cela à brûler éternellement, il ne put s'empêcher de deviner que c'étoit *Anne de Boulen*. (Note du traducteur)

(45) Ne se contentant pas apparemment de l'intérêt que son ouvrage pourroit inspirer à ses lecteurs, M. Brydone a voulu qu'ils en éprouvassent aussi pour sa personne, et pour cela il a fait les frais d'imaginer le petit épisode dramatique d'une entorse qu'il se donna, dit-il, « au moment où je quittois les sentiments bas et vul-
« gaires, en m'élevant au-dessus des habitations des hom-
« mes, et que mon ame, en approchant des régions éthé-
« rées, se dépouilloit de ses affections terrestres, et con-
« tractoit d'avance quelque chose de leur inaltérable pu-
« reté ». Enfin au moment où, par tout ce galimatias prétendu poétique, il veut seulement dire qu'il commençoit à devenir une espece de dieu, il s'est cruellement apperçu qu'il n'étoit qu'un homme. Sa philosophie s'est éclipsée, et il a été obligé d'avouer que la douleur étoit le

plus grand des maux, en éprouvant celle de cette entorse qui fut terrible.

Assurément rien n'est plus simple que d'éprouver cet accident ; mais ce qui ne le paroîtra pas tant, c'est que ce pauvre philosophe (c'est ainsi qu'il se qualifie lui-même) fut obligé, malgré sa douleur insoutenable, de sauter sur une jambe pendant plusieurs milles, et *les gens badins*, ajoute-t-il, *disent qu'il laissa derrière lui la plus grande partie de sa philosophie à l'usage des héritiers et successeurs d'Empédocle.* Ces petits badins-là s'amusent d'un rien, car je leur défie de donner un sens à cette ingénieuse plaisanterie. Ce qu'il y a de plus curieux dans ce drame, c'est que les douleurs effroyables que M. Brydone souffrit dans une petite grotte, qu'il trouva apparemment au bout de *ces milles*, lui causèrent une *sueur abondante et une fièvre considérable ; ce qui l'endormit tout d'un coup pendant une heure et demie, et le réveilla ensuite en parfaite santé.* Si tout ce beau récit n'est pas vrai, il faut au moins avouer qu'il est bien vraisemblable.

Cependant une remarque aussi curieuse qu'utile que ce récit engage à faire, c'est que les entorses du mont Etna ne sont pas de la nature des nôtres, qui ont la mal-adresse d'empêcher que pendant au moins six semaines on ne puisse poser le pied à terre, au lieu que celles de l'Etna procurent une *parfaite santé* au bout de quelques heures de sommeil. (Note du traducteur.)

(46) M. Brydone auroit pu se dispenser de raconter l'imbécille anecdote que l'on trouve par-tout sur le philosophe Empédocle. Son compatriote a eu le bon esprit de n'en pas parler ; aussi ne s'est-il permis, dans tout le

cours de son estimable ouvrage, aucun de ces contes puériles, ni de ces traits de forfanterie ou de satyre de mauvais goût sur les François et sur les Siciliens, qu'on trouve à chaque page dans celui de M. Brydone. Cependant, pour donner un peu plus de vraisemblance à ce conte sur Empédocle, il ajoute que ce philosophe s'étant jetté dans l'Etna, afin de passer pour un dieu, en persuadant aux hommes qu'il avoit été enlevé au ciel, n'imaginoit pas que sa mort pût jamais être découverte, mais que la perfide montagne revomit ses sandales qui *étoient de cuivre*. Il y a ici deux erreurs, l'une de fait, l'autre de raisonnement : d'abord, en ce qu'il ne seroit pas possible que le volcan revomît des sandales de cuivre ayant conservé leur forme ; car si on en jettoit dans ce gouffre, elles seroient fondues l'instant d'après qu'elles auroient touché le fond, et la matiere ne pourroit être revomie qu'en scories, ce qui ne donneroit pas de grands éclaircissements pour reconnoître des sandales : et puis admettant même (ce qui est impossible) que les sandales d'Empédocle eussent été rejettées sur la montagne, auroit-on pu raisonnablement en conclure que ce philosophe se seroit jetté exprès dans le volcan, afin de passer pour un dieu ? N'auroit-il pas pu s'y être laissé tomber par accident, ainsi que malheureusement cela est arrivé à plusieurs voyageurs imprudents ou mal-adroits ? Il y a long-temps que les gens sensés ne croient pas plus à la fable d'Empédocle, qu'à celle d'Aristote, qui se jetta, dit-on, dans l'Euripe, n'ayant pu concevoir son singulier reflux. Les voyageurs philosophes doivent reléguer de pareils contes avec ceux de peau d'âne ou de ma mere l'oie. (Note du traducteur.)

(47) Charybde est un écueil fameux, sur-tout dans l'histoire ancienne; il est situé sur la côte de Sicile, près de la ville de Messine. On connoît le proverbe auquel cet écueil et celui de Scylla avoient donné naissance :

Incidit in Scyllam cupiens vitare Charybdim.

« Si quelque vaisseau, dit Homere, a le malheur de
« s'en approcher, il n'y a plus pour lui d'espérance. Il
« est d'abord fracassé; et ses débris, ainsi que les hom-
« mes qui le montoient, sont emportés pêle-mêle par les
« vagues et par les tempêtes mêlées de tourbillons de feu.
« Il n'y a jamais eu qu'un seul vaisseau qui se soit tiré
« de ces abymes; c'est le célebre navire *Argo* (a), qui,
« chargé de la fleur des héros de la Grece, passa par là
« en revenant de la Colchide, où régnoit le roi Ætès. Il
« ne faut pas douter que les courants ne l'eussent emporté

(a) « Plusieurs historiens, tant modernes qu'anciens, entre lesquels
« est Timée (nous dit Diodore de Sicile), ont prétendu qu'après que
« les Argonautes eurent enlevé la toison d'or, ils apprirent qu'Ætès
« tenoit l'embouchure du Pont fermée par ses vaisseaux. Cet obstacle
« leur donna lieu de faire une action mémorable ; car remontant jus-
« qu'aux sources du Tanaïs, et traînant leur vaisseau sur terre pendant
« un assez long chemin, ils se rembarquerent sur un autre fleuve qui
« se déchargeoit dans l'Océan. Laissant toujours la terre à gauche, ils
« continuerent leur route du septentrion au couchant; et enfin, arrivés
« près de Cadix, ils passerent de l'Océan dans la Méditerranée. Pour
« preuve de cette navigation, ils rapportent que les Celtes qui habitent
« le long de l'Océan réverent sur-tout les Dioscures, et que leurs tra-
« ditions portent que ces dieux vinrent autrefois dans leur pays par
« l'Océan ; qu'il y a encore le long de cette mer plusieurs rivages qui
« retiennent le nom ou des Argonautes ou des Dioscures; qu'on voit
« particulièrement à Cadix des marques évidentes de leur passage; que

« contre ces roches, si Junon ne l'eût conduit elle-même,
« et ne l'eût fait passer sans danger, parcequ'elle aimoit
« et protégeoit Jason.... Il n'y a point de mortel qui pût
« y monter, quand il auroit vingt mains et vingt pieds ;
« car c'est une roche unie et lisse, comme si elle étoit
« taillée et polie. Au milieu il y a une caverne obscure
« dont l'ouverture est tournée vers le couchant et vers
« l'Érebe; et cette caverne est si haute, que le plus habile
« archer passant près de là sur son vaisseau, ne pourroit
« pousser sa fleche jusqu'au sommet... C'est la demeure
« de la pernicieuse Scylla, qui pousse des hurlements hor-
« ribles; sa voix est semblable au rugissement d'un jeune
« lion. C'est un monstre affreux dont les hommes ni les
» dieux mêmes ne peuvent soutenir la vue : elle a douze
« griffes qui font horreur, six cous d'une longueur énor-
« me, et sur chacun une tête épouvantable avec une
« gueule béante, garnie de trois rangs de dents qu'habite

« les Argonautes traversant la mer de Toscane, et ayant abordé dans
« le plus beau port de l'isle *Æthalie* (aujourd'hui Elbe), l'appellerent
« *Argo*, du nom de leur vaisseau, et qu'à présent même il retient
« encore ce nom; que pareillement ils ont donné celui de Télamon à
« un port de la Toscane, qui n'est éloigné de Rome que de huit cents
« stades ; et qu'enfin à *Formies*, ville d'Italie, il y a un petit port qu'ils
« nommerent Æte (aujourd'hui Gaëte) ».

Diodore, Timée, et les autres historiens qui ont parlé du voyage des Argonautes, étoient de très mauvais géographes. S'ils avoient su que les sources du *Don* ou *Tanaïs* étant à vingt-cinq lieues méridionales de Moskou, leur proximité la plus grande avec la mer est de plus de deux cents lieues de deux mille cinq cents toises, ils ne leur auroient pas fait traîner le vaisseau Argo sur terre pendant ce long trajet, sur-tout à travers des montagnes et des précipices horribles. Ce voyage doit être mis au rang des contes les plus apocryphes.

« la mort. Elle a la moitié du corps étendu dans sa ca-
« verne; elle avance dehors ses six têtes monstrueuses ;
« et, en alongeant ses cous, elle sonde toutes les ca-
« chettes de sa caverne, et pêche habilement les dau-
« phins, les chiens marins, les baleines mêmes, et les
« autres monstres qu'Amphitrite nourrit dans son sein.
« Jamais pilote n'a pu se vanter d'avoir passé impuné-
« ment près de cette roche; car ce monstre ne manque
« jamais, de chacune de ses six gueules toujours ouvertes,
« d'enlever un homme de son vaisseau.

« L'autre écueil n'est pas loin de là; mais il est moins
« élevé, et on pousseroit fort aisément une fleche jusqu'à
« son sommet. On y voit un figuier sauvage dont les
« branches chargées de feuilles s'étendent fort loin. Sous
« ce figuier est la demeure de Charybde qui engloutit les
« flots; car chaque jour elle les engloutit par trois fois,
« et par trois fois elle les rejette avec des mugissements
« horribles. Si on se trouvoit auprès dans ce moment,
« Neptune même ne pourroit préserver du danger, et l'on
« seroit immanquablement entraîné dans l'abyme ».

Virgile fait aussi une description de ces deux écueils,
mais elle est sensiblement imitée d'Homere.

On prétend que le mot punique *chorobdam*, qui signifie *abyme*, est l'origine du nom de Charybde.

Le P. Kircher rapporte que Frédéric, roi de Sicile,
ayant engagé un habile plongeur, nommé *Pescecola*, à
descendre dans ce gouffre, il assura 1°. qu'il y avoit reconnu une si grande violence de flots, qu'aucun homme,
quelque robuste qu'il fût, ne pouvoit tenir contre, et
qu'il fut tellement empêché par cette violence, qu'il fut
obligé de chercher plusieurs détours pour arriver jusqu'au

fond ; 2°. il vit un grand nombre de rochers de tous les côtés ; 3°. il sentit plusieurs courants d'eaux contraires les uns aux autres qui s'entre choquoient, et qui étoient effroyables ; 4°. il avoit rencontré par troupeaux une sorte de poissons nommés *polypes*, qui, lorsqu'ils viennent à serrer un homme avec leurs filets, le font mourir en peu de temps ; 5°. enfin, il avoit reconnu une grande quantité de *carcharis*, espece de chiens de mer très grands, très méchants, ayant trois rangées de dents.

Frédéric eut la barbarie de forcer le pauvre Pescecola à retourner dans cet abyme, et ce malheureux ne reparut plus.

Cependant malgré toutes les frayeurs que l'on cherche à inspirer sur cet écueil, plusieurs navigateurs rapportent que ce prétendu danger ne mérite pas la moindre attention, et que dans de certains temps on le passe sans s'en appercevoir. Un voyageur nommé *Jouoin*, de Rochefort, assure s'être promené sur Charybde dans une simple barque. Elle y fut d'abord entraînée par les courants, et tourna plusieurs fois avant que d'arriver au milieu, qui lui parut un peu plus bas que les bords, et d'où il ne put se retirer qu'en faisant ramer vigoureusement ses matelots. Un d'eux se précipita dans cet abyme, et revint sur l'eau après avoir plongé près d'un demi-quart d'heure. Il assura qu'on ne peut aller au fond, et qu'il avoit eu beaucoup de peine à remonter sur l'eau, parcequ'elle alloit en tournoyant, et comme en s'abymant dans un grand trou. (Note du traducteur.)

(48) Voici l'histoire de cette lettre. Après que S. Paul eut fait quelque séjour à Messine (notez que S. Luc ne parle point de son voyage en Sicile), les habitants l'en-

gagèrent à retourner à Jérusalem avec une ambassade composée de quatre personnes envoyées de la part des Messinois à la Vierge. Leurs excellences furent très bien accueillies, et apporterent de la part de la Vierge une lettre écrite de sa main en langue hébraïque, traduite depuis par S. Paul en grec. Ce trésor inestimable fut perdu lors de l'irruption des Sarrasins, et totalement oublié jusqu'à l'an 1467, que Constantin Lascaris, réfugié grec, en retrouva une copie qu'il traduisit en latin; et par là il la fit connoître aux Messinois, et ensuite au reste du monde chrétien. L'authenticité de cette lettre est maintenant si bien établie à Messine, que l'historien *Regna* avoue franchement que quiconque témoigneroit dans cette ville le moindre doute à ce sujet, y seroit traité comme infidele.

Cette épître curieuse est ainsi conçue : « Maria Virgo, « Joachim filia, Dei humillima, Christi Jesu crucifixi ma- « ter, ex tribu Juda, stirpe David : Messanensibus omni- « bus salutem, et Dei patris omnipotentis benedictio- « nem. Vos omnes, fide magnâ legatos ac nuncios per « publicum documentum ad nos misisse constat. Filium « nostrum Dei genitum, Deum et hominem esse fatemi- « ni, et in cœlum post suam resurrectionem ascendisse, « Pauli apostoli electi prædicatione mediante viam veri- « tatis agnoscentes. Ob quod vos et ipsam civitatem be- « nedicimus, cujus perpetuam protectricem nos esse vo- « lumus. Anno filii nostri XLII, indictione primâ, III no- « nas junii, lunæ XXVII, feriâ V, ex Hierosolymis ».

« La Vierge Marie, fille de Joachim, très humble ser- « vante de Dieu, mere de Jésus-Christ crucifié, de la tribu « de Juda, issue de David; à tous les Messinois salut, et « bénédiction de Dieu le pere tout-puissant ».

« Il est de notoriété publique qu'excités par votre
« grande foi, vous avez envoyé vers nous des ambassa-
« deurs et des députés. Vous confessez que notre fils en-
« gendré de Dieu est Dieu et homme, et est monté au
« ciel après sa résurrection, reconnoissant la voie de la
« vérité qui vous a été prêchée par Paul, apôtre choisi.
« C'est pourquoi nous bénissons vous et votre ville,
« dont nous voulons être à perpétuité la protectrice.

« A Jérusalem, l'an de notre fils XLII, indict. 1re, IIIe
« des nones de juin, de la lune XXVII, férie V ».

Pour ne pas nous arrêter aux erreurs chronologiques, il doit suffire d'observer que Lascaris ignoroit que Denys le petit, moine syrien, qui vivoit dans le sixieme siecle, fut le premier qui se servit de l'ere qui commence à la naissance de J. C. (Note de l'auteur.)

(49) Le cruel événement qui a détruit une grande partie de la Calabre, a rejetté bien loin l'état florissant que la ville de Messine commençoit à reprendre, après avoir éprouvé tant de calamités par la guerre, la peste, les tremblements de terre, &c.

Ce fut le 5 février 1783 qu'arriva ce fléau terrible qui a détruit tant d'hommes et de superbes bâtiments. La terre trembla si violemment vers midi et demi, que presque tous les édifices furent renversés en moins de trois minutes.

Les fortes secousses durerent environ quatre heures et demie, et se ralentirent un peu vers les cinq heures. Les habitants se croyant débarrassés de cette horrible destruction, rentrerent dans la ville pour secourir leurs parents blessés, enlever leurs effets, et plusieurs d'entre eux y vinrent pour piller les maisons abandonnées.

A une heure du matin les secousses reprirent avec plus de violence, et firent écrouler les maisons qui n'étoient qu'ébranlées. Ce fut alors qu'il périt beaucoup de personnes qui n'eurent pas le temps de se sauver. Depuis ce jour, jusqu'au 28 mars, des secousses médiocres se sont fait sentir de temps en temps.

Le feu a pris à plusieurs endroits, et a dévoré une infinité de choses épargnées par le tremblement de terre.

Cependant il semble que la Providence ait veillé sur les habitants, en ne permettant pas que les magasins de bled aient été endommagés.

Le nombre des morts n'a pas monté à plus de mille; mais on estime à plus de trente millions la valeur des bâtiments détruits, sans compter les meubles et bijoux brûlés, perdus, volés par les scélérats. Le tremblement de 1693 qui ravagea la Sicile avoit épargné Messine; mais cette ville infortunée l'a payé chèrement dans cette occasion.

Le chevalier Hamilton, qui partit exprès de Naples pour examiner les ravages éprouvés par la Calabre et la Sicile, assure que Messine a moins souffert que *Reggio* et les plaines de la Calabre.

Il trouva cette magnifique façade de bâtiments appellée *la palazzata*, qui s'étendoit en forme de croissant autour du port, presque totalement renversée en plusieurs endroits; plusieurs maisons étoient restées sur pied sans être endommagées, et une grande quantité l'étoit peu. Le couvent de *santa Barbara* et le noviciat des jésuites, quoique sur des hauteurs, ne l'ont point été du tout. L'horloge même de cette maison n'en a pas été dérangée.

Des rues entières étoient inhabitées, la frayeur avoit

contraint les habitants à se baraquer sous des tentes dans les champs autour de la ville.

Une remarque singuliere de M. Hamilton, c'est que les religieuses qui étoient baraquées comme les autres avoient toutes un air de gaieté que les autres habitants n'avoient pas. C'étoit sans doute la liberté dont elles jouissoient alors, et dont elles avoient été privées avant ce malheur, qui causoit l'air de contentement qui brilloit sur leurs visages.

Une autre observation curieuse, c'est que deux mulets appartenants au duc de *Belviso* ont été ensevelis l'un pendant vingt-deux jours, et l'autre pendant vingt-trois, sans prendre aucune nourriture; ils ont été ensuite quelques jours sans vouloir manger, mais buvant considérablement; et ils sont aujourd'hui tout-à-fait rétablis. Des chiens et des poules ont fait aussi une abstinence de vingt-deux jours sans mourir. Il résulte de ces faits, que des jeûnes si horriblement prolongés sont toujours accompagnés d'une soif cruelle, et de la perte totale de l'appétit.

La citadelle n'a reçu aucun dommage considérable. Le lazaret a beaucoup souffert. L'officier qui commandoit assura M. Hamilton que la mer, à trois quarts de mille de cette forteresse, s'étoit élevée avec un bouillonnement très extraordinaire, faisant un bruit horrible et très alarmant; mais que dans les parties les plus éloignées du phare, elle étoit presque dans un calme parfait. Cette observation prouve que ce sont les éruptions volcaniques du fond de la mer qui ont causé la plus grande violence de ces tremblements de terre.

M. Hamilton croit que les derniers tremblements de

la Calabre et de la Sicile n'ont été occasionnés que par un volcan nouveau, dont le foyer est placé au fond de la mer, entre l'isle de *Stromboli* et la côte de Calabre, vers *Oppido* et *Terra nova*.

Il assure qu'en prenant une ouverture de compas de vingt-deux milles italiens, et que, prenant pour centre la ville d'*Oppido* où le tremblement a exercé sa plus grande force, on décrive un cercle, on aura tous les lieux ruinés ou désolés par le tremblement de terre, et où il a péri le plus de monde. Étendant ensuite le compas jusqu'à soixante et douze milles, et traçant un autre cercle, on aura dans cette étendue tous les lieux qui auront plus ou moins souffert à proportion de leur éloignement de ce centre. Probablement le cratere qui s'est ouvert au fond de la mer aura été bouché par l'eau qui se sera engloutie dans ce gouffre, et qui ayant produit un effet semblable à celui d'une pompe à feu, aura causé ces violentes secousses si effrayantes et si destructives.

(Note du traducteur.)

(50) DU COMMERCE DE LA SICILE.

Le commerce des habitants des deux Siciles est presque absolument passif, et consiste à échanger le superflu de leurs denrées contre celles des pays étrangers, que l'habitude et le luxe leur a rendues nécessaires, non seulement pour les besoins, mais pour les agréments de la vie. On ne fabrique dans le pays qu'une très petite quantité de ces productions qui servent aux besoins les plus ordinaires ; et ce genre de commerce qui consiste à acheter des marchandises des pays étrangers pour les revendre à profit dans un autre, est absolument inconnu dans ce royaume. Le peu de vaisseaux qui appartient aux Napolitains en est une preuve : d'ailleurs, l'espece de guerre qui subsiste perpétuellement entre eux et les puissances barbaresques, fait qu'ils préferent de se servir de vaisseaux étrangers. Cependant on peut assurer que presque toutes les marchandises étrangeres que l'on introduit dans ces deux royaumes sont bien plus des objets de luxe que de besoins réels, et avec un peu d'activité et d'encouragement il leur seroit facile de se les procurer pour la plupart chez eux. Il faut excepter de ce nombre le fer, le plomb, et quelques autres articles qu'ils seroient toujours forcés de tirer du dehors. Tout ce qu'ils exportent est dû aux productions brutes de leur sol ; par conséquent dans les mauvaises années où la somme des productions ne balance pas celle des marchandises étrangeres, cet inconvénient doit être vivement senti.

La Sicile, à bien des égards, a l'avantage sur Naples ; mais quant à son commerce en général, elle a le désavantage de ne le faire que par le canal des négociants de cette ville. Il arrive cependant quelquefois que les étrangers viennent vendre directement en Sicile, et cela arrive principalement dans les années où la récolte manque dans d'autres pays. Alors la Sicile, qui est le grenier inépuisable de l'Europe, vient au secours des autres nations, et devient comme le magasin général où celles qui souffrent de la disette viennent chercher leur ressource. Alors la balance du commerce est très avantageuse à la Sicile, sur-tout avec l'Espagne, et l'argent y est très commun.

L'abondance de denrées précieuses que produit la Sicile est si nécessaire aux autres nations, que sa prospérité et son opulence ne connoîtroient point de bornes sans le mauvais arrangement et les entraves qui gênent et ruinent son commerce. Je tâcherai d'en faire connoître les plus onéreuses lorsque j'aurai présenté le tableau des diverses denrées que cette isle pourroit fournir aux étrangers, sans préjudicier à ses propres besoins. On y trouve, à la vérité, peu de ports qui soient absolument sûrs dans une tempête ; mais il y a une quantité de rades où des vaisseaux peuvent mouiller en sûreté pendant la belle saison, et se faire apporter les marchandises sur des *bélandres* ou des bateaux sans le plus petit danger.

Le commerce de la Sicile se fait principalement à Palerme et à Messine. La premiere de ces villes consomme trois ou quatre fois plus de marchandises étrangeres que l'autre ; mais comme les droits sont beaucoup moins considérables dans cette derniere, elle en fournit beaucoup davantage aux villes de l'intérieur, et exporte plus de soies. Le commerce des autres villes situées sur la côte ne consiste qu'en vin, bled, sel, etc., qu'elles vendent. *Trapani* est une de celles qui en font le plus, à cause de ses salines renommées et la quantité de vaisseaux qu'elle a.

EXPORTATION.
Bled.

Nul bâtiment ne peut charger du bled dans aucun port ou rade de la Sicile, sans avoir préalablement touché à Palerme, et s'y être muni d'un *permis* qui se paie sur le pied d'un *tari* par charge. Il n'est pas permis de charger du froment sans une permission du *real patrimonio*, tribunal qui est chargé de former un état de la récolte chaque année et des besoins intérieurs, avant d'en permettre l'exportation. Ces permissions ne sont pas difficiles à obtenir; et je n'oserois pas certifier, quoiqu'on me l'ait donné à entendre, que les grands font un monopole sur ces permissions, et obligent par là les fermiers et petits propriétaires de leur vendre leur bled.

Pour faciliter un commerce aussi lucratif, on a jugé nécessaire de suppléer au petit nombre de ports qui se trouvent dans la partie du sud de l'isle, par des établissements nommés *caricatori*, qu'on a formés dans les endroits les plus commodes. On y a établi des magasins publics où les fermiers peuvent apporter et déposer leurs denrées, en attendant qu'il s'offre une occasion de les vendre; on leur en délivre un reçu, qui se négocie comme une lettre de change pendant un an. Les denrées sont bien soignées, et on en tient compte au propriétaire, qui est libre de les vendre en telle quantité qu'il juge à propos. Les profits du *caricatore* consistent en un droit de dix-huit *tari* par charge de bled exporté, et dans l'augmentation de poids qu'il acquiert. Les bleds qui se vendent immédiatement après la récolte, paient un supplément de droit d'un *tari* pour tenir lieu de cette augmentation de poids. *Girgenti, Termini, Sciacca* et *Licata* sont les quatre principaux *caricatori*. Les moindres sont ceux de *Marsala, Castel-a-mare, Siculiana, Terra nova, Scoglietti, Cefalu, Oliveri*, et un petit nombre d'autres peu considérables.

La Sicile produit une grande quantité d'orge et de pois, mais très peu d'avoine et de millet. Elle exporte pour une somme considérable de *graine de canaries*, qui est en quelque sorte particuliere à cette isle.

A Palerme et à *Scoglietti* on exporte beaucoup de haricots; de l'orge à *Sciacca*, *Girgenti*, *Licata* et *Scoglietti*; des feves et des pois à *Catane*, à *Girgenti*, à *Licata* et *Sciacca*. Cette isle produit fort peu de bled de Turquie.

Huile.

Melazzo, *Oliveri*, *Pitinio*, *Cefalu* et *Palerme*, villes qui sont toutes situées au nord de l'isle, exportent ensémble environ 4800 charges annuellement.

Vins.

Syracuse, *Catane*, *Castelvetrano*, *Marsala*, *Castel-amare* et *Melazzo* exportent une grande quantité de vins de différente espece.

Eaux-de-vie.

On en exporte beaucoup, attendu que ce commerce n'est pas gêné comme à Naples.

Fromages.

On en fait de deux especes; le blanc avec du lait de chevre; et le jaune, appellé *Cascio cavallo*, avec du lait de vache.

Poissons salés.

Les pêcheries sont très abondantes dans les environs de ces villes: on sale une grande quantité de thons, d'anchois et de sardines.

Soies.

Procope dit que l'art d'élever les vers à soie et de fabriquer la soie est venu des parties orientales de l'Asie, et fut apporté à Constantinople par un moine sous le regne de Justinien premier, dans le sixieme siecle. Georges d'Antioche, qui commandoit la flotte de Roger, roi de Sicile, après une croisiere heureuse sur la côte de Négrepont, enleva plusieurs ouvriers très experts dans l'art de fabriquer la soie et d'élever les vers. Il les établit en Sicile, d'où cet art s'est répandu dans les autres royaumes de l'Europe.

La soie est regardée comme l'objet le plus important du commerce de la Sicile, après le bled, qui est sans contredit le premier. On en exporte annuellement pour un million de ducats. Palerme et Messine sont les seules villes qui en exportent, et on en fabrique aussi beaucoup dans ces deux endroits. Mais quoique les manufactures de soie de Palerme emploient neuf cents métiers, elles exportent très peu d'étoffes de soie, attendu que la meilleure partie se consomme dans le pays. Messine emploie douze cents métiers, et Catane encore davantage. On fabrique à Messine une grande variété d'étoffes de soie; mais comme il est rare qu'elle soit bien filée, bien assortie et bien teinte, l'étoffe est ordinairement roide et sujette à se cotonner. Elles se vendent pour la plupart dans le levant.

Fruits.

Les environs de *Girgenti* sont très abondants en amandes; mais d'autres ports en fournissent aussi beaucoup. *Lipari* fournit des raisins de Corinthe, mais d'une qualité inférieure à ceux de la Calabre. La Sicile est le seul pays de l'Europe qui produise des pistaches. Les carouges sont aussi un article important d'exportation. Enfin Messine exporte annuellement deux mille caisses d'oranges.

Cette isle produit fort peu de lin, de chanvre et de coton.

La manne que produit la Sicile n'est pas aussi estimée que celle de *monte Gargano*; elle se récolte pour la plupart aux environs de *Carini*, de *Favarotta*, etc., et s'exporte à Palerme. Messine en exporte aussi considérablement ; et comme il n'y a ni prohibitions ni monopole pour cette denrée, et que le droit qu'elle paie est réglé, l'arbre qui la produit y est cultivé avec plus d'ardeur et d'intelligence que dans le royaume de Naples, où la manne est affermée, et le commerce gêné par des priviléges exclusifs et des prohibitions.

Barilla ou Soude.

Les côtes méridionales de la Sicile en exportent beaucoup : elle en fournit à l'Angleterre environ le tiers de sa consommation ; l'Espagne lui fournit les deux autres tiers.

Sel.

Trapani produit le meilleur et le plus pesant. *Augusta*, *Camarata* et *Spaca Furno* en fournissent beaucoup. Il ne paie aucun droit, la nation s'étant toujours opposée avec vigueur à toutes les tentatives qu'on a faites pour en établir un, excepté sur le poisson salé et sur la nourriture des bestiaux.

Sumac.

Le plus estimé vient d'*Alcamo*, *Castel-a-mare* et *Montréale*. Ensuite vient celui de *Termini* et de *Girgenti*.

Limons.

Messine exporte environ six mille caisses de limons corfins, et le reste de l'isle environ autant. Elle exporte aussi deux cents quatre-vingts bariques de jus de citron, de dix salmes chaque barique, et vingt-sept quintaux de jus de bergamotte.

Peaux de lievres et de lapins.

Les dernieres en plus grande quantité, parcequ'elles ont un meilleur débit.

Guenilles.

Les Siciliens ont la mal-adresse de les vendre aux Génois, qui en font du papier et le leur revendent, quoiqu'ils aient sous leurs yeux l'exemple des Napolitains, qui ont établi des manufactures de papier.

Soufre.

Les environs de *Mazzarino* en produisent de très bon, et en grande abondance, qui s'exporte à *Terranova*.

Il y a quelques autres articles d'exportation, mais qui ne sont pas assez considérables pour qu'on en fasse mention ici. Les principaux sont l'huile de lin, la térébenthine, la noix de galle, des meubles grossiers, etc.

IMPORTATION.

Comme presque toutes les marchandises qu'on fait entrer dans le royaume de Naples sont les mêmes qui se vendent en Sicile, la liste que j'en ai donnée dans le premier volume me dispense d'en parler ici. La différence du commerce d'importation des deux royaumes consiste en ce que les négociants de la Sicile, au lieu de faire venir leurs marchandises de la premiere main d'Angleterre, de France, d'Allemagne ou d'Amérique, les achetent toujours des Génois, des Vénitiens ou des Livournois. A la vérité, il faut considérer que n'ayant pas de vaisseaux à eux, ils sont obligés de fréter des bâtiments étrangers pour enlever leurs productions, sans quoi elles se pourriroient. Ainsi, si l'on en excepte ceux de *Trapani*, qui montrent un peu d'activité et quelques idées du commerce, tout le reste de la nation se laisse piller par les étrangers. Depuis que les négociants de Naples ont commencé à leur faire crédit pour plus long-temps, ils préferent d'avoir affaire à eux plutôt qu'à ceux de Livourne. La douane de Palerme met tant d'entraves au commerce, qu'un négociant dont les fonds ne seroient pas considérables n'oseroit se livrer à aucune spéculation.

DES DROITS ET IMPOSITIONS SUR LES MARCHANDISES.

La maniere de percevoir ces droits, et les tarifs qui en reglent la quantité, different tellement dans chaque douane, qu'il seroit bien difficile d'en donner une notion précise : ainsi il faut se borner à une évaluation moyenne. La seule chose en quoi ces douanes s'accordent, c'est dans le système pernicieux de taxer les marchandises suivant leur estimation, et non suivant un tarif réglé. Il est d'usage dans tous les ports de l'isle, excepté Messine, de taxer toutes les marchandises qui passent à la douane d'après l'estimation d'un courtier de change et des prix courants; de sorte que ces droits varient chaque jour, au grand détriment des propriétaires.

Quelque difficile qu'il soit de traiter avec exactitude une matiere aussi compliquée, je tâcherai de donner un tableau abrégé des principaux droits qui se perçoivent à Palerme et par toute l'isle, excepté à Messine, et j'en ferai un article à part.

Droits sur l'importation.

Toutes les marchandises importées sont évaluées par une déposition par serment. Si ces marchandises doivent passer dans quelque autre port de l'isle, elles ne paient rien, pourvu cependant que ce soit dans un port dont le roi soit seigneur; mais si elles sont destinées pour les lieux dont les seigneurs particuliers ou les ecclésiastiques sont propriétaires, elles sont livrées à la merci d'un tarif particulier. Si elles entrent par un autre port que celui de Palerme, elles paient, en sus des droits prélevés pour le compte du roi, des impositions locales qui varient beaucoup. Le sucre et les draps fins ne peuvent entrer qu'à Palerme et à Messine.

Il y a vingt-quatre villes ou bourgs qui jouissent du privilege de payer moins de droits d'entrée que le reste des habitants de l'isle; mais on a trouvé moyen d'annuller en quelque sorte ce privilege, en les faisant payer sous d'autres dénominations: d'ailleurs la foire de sainte Christine qui se tient à Palerme, pendant laquelle les étrangers et le reste des habitants de l'isle peuvent faire entrer tout ce qu'ils veulent sans payer, met tout le monde à-peu-près de niveau.

Toute espece de marchandise paie deux *tari* par once de leur valeur, deux *grana* et demi par *cantaro* pour le poids, et cinq *tari* pour le *permis*. Chaque piece de drap, de toile ou d'étoffe de soie, paie en sus dix *grana* pour l'aunage, et depuis un *tari* jusqu'à quatre, suivant la qualité de l'étoffe.

Le sucre raffiné paie trente *tari* par *cantaro*, le sucre *muscavado* vingt et demi pour le poids, et le poisson séché paie douze pour cent en nature. La cire est la seule marchandise qui ait un tarif réglé : elle paie quatorze onces par *cantaro*.

N. B. Il y a une augmentation de droits sur les étrangers et les habitants non exempts, qui les fait monter de six trois quarts pour cent à huit un tiers. Les marchandises ne peuvent rester que quinze jours dans les magasins publics, avant d'être envoyées dans l'intérieur de l'isle.

Droits d'exportation.

Le bled est exempt de toute autre taxe que celle du *permis* pour son exportation. Rien ne varie autant que la maniere de taxer qui est d'usage dans les différents ports, de sorte qu'il seroit impossible de les faire connoître sans entrer dans de trop grands détails. La regle générale est de les imposer d'après l'estimation du courtier.

D'après une évaluation moyenne, le droit d'exportation sur les marchandises se monte à trois pour cent pour les droits du roi, et de trois et un tiers pour les droits locaux. Les étrangers et les habitants non privilégiés paient un et un tiers en sus.

Il y a environ cinquante-cinq ans que les négociants de Messine, frappés des inconvénients de la maniere vague et embrouillée de percevoir les droits dans les douanes, s'adresserent au gouvernement pour qu'il leur fût permis de faire un nouveau réglement; et l'ayant obtenu, ils en ont dressé un simple, équitable et expéditif.

Toute espece de marchandises paie, une fois pour toutes, un pour cent de leur valeur, suivant une estimation très raisonnable; après quoi on peut les faire voyager sans payer de nouveaux droits : mais si on les débarque, même à Palerme, elles paient un droit de trois un tiers pour cent.

Toutes les marchandises qui sont des productions de la Sicile peuvent s'importer aux mêmes conditions, à quelques exceptions près, qui regardent les provisions, le poisson salé et le sucre.

Les soies écrues ne paient rien dans les lieux où on les fabrique, devant acquitter les droits à Palerme ou à Messine. Dans cette derniere ville elles paient six un tiers pour cent d'après le tarif, six pour cent pour la gabelle, et quatre pour cent pour les autres dépenses à faire jusqu'au départ du vaisseau.

Les étoffes de soie sont exemptes de la gabelle; mais toutes les marchandises importées ou exportées dans toute l'isle paient vingt-cinq grains par *cantaro* pour le poids. (Texte de l'auteur mis en note.)

(51) Près de cet endroit étoit jadis le temple de Neptune, bâti par Orion. Ce géant étoit fils de Neptune et d'Euryalé, et fut tué par Diane. Il se rendit fameux par son amour pour l'astronomie, et il étudioit cette science sur une montagne située dans l'isle de Calypso sa fille. Il aimoit aussi la chasse, ce qui donna lieu à la fable de ses amours avec Diane, qui le tua de dépit de ce qu'il lui avoit fait une infidélité pour Opis, nymphe de sa suite. Du temps de Pausanias, on voyoit encore son tombeau à Tanagre en Béotie. C'étoit probablement un cénotaphe, car il avoit été enterré dans l'isle de Délos.

Diodore de Sicile nous apprend qu'il étoit de la plus haute taille, et d'une force extraordinaire. Comme il s'entendoit très bien en bâtiments, il aida *Zancle* à bâtir la ville de Messine, et donna le plan du port, qui alors s'appelloit *Acté*. Il fit aussi construire sur le cap Pelore un temple de Neptune, dont il ne reste plus de vestiges. Homere dit qu'à neuf ans, ainsi que les Aloïdes, Orion avoit déja neuf coudées; et Pline (livre VII) dit qu'on trouva en Crete un corps humain de quarante-six coudées de long, dans une montagne entr'ouverte par un tremblement de terre, et qu'il fut pris par les uns pour le corps d'Orion, et par les autres pour celui d'Otus, l'un des Aloïdes, fils d'Aloeus et d'Iphimédie.

L'antiquité a cru aux géants les plus démesurés. Nous ne croyons maintenant qu'à ceux de dix pieds au plus. La plupart de ces prétendus squelettes humains, d'une grandeur excessive, sont justement révoqués en doute par les naturalistes; et leurs os, s'ils existent, peuvent être ceux de quelque monstre marin.

Lorsqu'on trouva le squelette de Crete dont je viens de parler, le consul Métellus et son lieutenant Lucius Flaccus se transporterent sur les lieux pour juger par eux-mêmes ce prodige de la nature; mais ils purent se tromper.

Ce qui semble devoir appuyer la croyance des anciens à ce sujet, c'est que l'écriture sainte le dit positivement. On lit dans la Genese (ch. 6, v. 4) qu'après les mariages que les enfants de Seth contracterent avec ceux de Caïn, il y eut des géants sur la terre. Dans le Deutéronome (ch. 3, v. 11) Moïse dit que Og, roi de Basan, étoit le seul qui restât de la race des géants, et que l'on montroit à Rabbath, capitale des Ammonites, son lit de fer, qui avoit neuf coudées de long sur quatre de large.

David tua Goliath et trois autres géants de Rapha, et

l'écriture dit que Goliath avoit près de treize pieds (six coudées et un palme). Cent autres passages des livres saints prouvent l'existence des géants.

L'histoire fait aussi mention de quelques géants fameux. *Teuto-Bochus*, roi des Cimbres et des Teutons, fut vaincu par Marius, près d'Aix en Provence, et fut mené en triomphe à Rome derriere le char de son vainqueur. Le 11 janvier 1613, on découvrit près de Lannion en Dauphiné un tombeau de brique, qui renfermoit un squelette humain de vingt-cinq pieds et demi de longueur sur dix de largeur entre les deux épaules : la tête avoit cinq pieds de longueur et dix en rondeur. On trouva dans ce même tombeau des médailles d'argent, ayant d'un côté la figure de Marius, et de l'autre côté une grande M avec un A, et une inscription sur une pierre grise, qui portoit le nom de ce roi, *Teuto-Bochus, rex*. Le procès-verbal de cette découverte fut envoyé à Louis XIII, qui régnoit alors. Mais M. de Sivry trouve avec raison qu'il est bien étonnant que ce roi soit venu se faire enterrer à Lannion, ou que son corps y ait été transporté, après avoir orné le triomphe de Marius à Rome.

On a trouvé dans une caverne sépulcrale du Pic de Ténériffe la tête d'un Guanche qui avoit quatre-vingts dents, et son corps avoit au moins quinze pieds. Cette caverne étoit le lieu de la sépulture des rois de Quimart.

L'histoire assure que Ferragus, tué par Roland neveu de Charlemagne, avoit dix-huit pieds de haut. Riolans, auteur célèbre, assure avoir vu en 1614, près de la chapelle saint Pierre, dans le fauxbourg saint Germain, à Paris, la tombe du géant Porel, dont le squelette avoit vingt pieds.

En 1509 on trouva à Rouen un tombeau avec cette inscription :

« Dans ce tombeau gît noble et puissant seigneur le « chevalier *Riconel Vollemont* et ses ossements ».

L'os de sa jambe avoit quatre pieds, ce qui fait juger que sa taille étoit de dix-sept ou dix-huit.

Le géant Bucart, tyran du Vivarais, avoit, dit-on, vingt-deux pieds et demi. On trouva en 1405 ses os ensevelis dans un immense cercueil, près du rivage de *Médéri*, petite riviere qui passe au pied de la montagne de Crussol.

Fazzello, historien très estimé de la Sicile, rapporte qu'en 1516 on découvrit dans cette isle le squelette d'un géant de trente pieds : sa tête étoit grosse comme un muid, et ses dents pesoient cinq onces. En 1548 on en trouva un autre de trente-trois pieds dans la vallée de Mazara, aussi en Sicile.

Si tous ces exemples sont des fables, quel nom donner au rapport de Bocace, qui assure qu'un squelette trouvé près de *Trapani* avoit trois cents pieds de haut? Ce qu'il y a de plus incroyable encore que ce conte, c'est que tous les savants de ce temps s'accorderent à dire que c'étoit le squelette de Polyphême.

(Note du traducteur.)

(52) La spada, ou espadon, que quelques auteurs croient être le même poisson que la scie, est un des ennemis de la baleine. Sa tête est armée d'une sorte de défense osseuse, longue, plate, et dentée. Les baleines, malgré leur force, tremblent à l'aspect de la spada. Elle a environ dix pieds de long, et son arme a plus d'une aune ; chaque pointe de sa scie a un pouce et demi.

Cet animal poursuit la baleine par-tout où il la rencontre. La baleine, qui n'a que sa queue pour défense, tâche d'en frapper son ennemi. Si elle l'attrape, elle l'écrase d'un seul coup; mais plus agile qu'elle, il évite ordinairement le coup mortel, bondit en l'air, retombe sur son ennemie, et tâche non de la percer, mais de la scier avec les dents dont sa scie est armée. On voit en cet endroit la mer teinte du sang qui sort à gros bouillons des blessures de la baleine, qui entre dans une telle fureur, qu'elle frappe l'eau avec un fracas si épouvantable, qu'elle fait frémir les navigateurs.

Lorsque les Negres attrapent une spada, ils coupent cette scie qu'ils honorent comme une fétiche.

(Note du traducteur.)

(53) La pelamide, ou liche, ou glaucus, est une espece de chien de mer : elle a sept aiguillons sur le dos, est fort tortueuse depuis les ouies jusqu'au milieu du corps, qui devient ensuite droit jusqu'à la queue. Ce corps est long, sans écailles, et cendré; sa peau est rude; son ventre est blanchâtre et moins rude que le reste; sa tête est en pointe; ses yeux sont grands; sa gueule est en-dessous, faite en demi-lune, et toujours ouverte; elle est armée de deux files de bonnes dents. Sa femelle contient des œufs plus gros que les œufs de poule. Ils éclosent dans la matrice, puisque les petits sortent du ventre de leur mere déja garnis de leurs aiguillons, d'abord mous, ensuite durs. La chair de ce vivipare est fort peu estimée. Sa peau a le grain fort dur, mais moins que celui du chagrin : on en fait ce que l'on connoît sous le nom de *galuchat*.

Pline a cru que les pelamides étoient les petits des

thons, car il dit (livre 9, ch. 15) : « Cum thynnis hæc et « pelamides in Pontum ad dulciora pabula intrant grega- « tim cum suis quæque ducibus, etc. » (Le poisson amia) entre par troupes dans le Pont-Euxin avec les thons et leurs pelamides, pour y chercher une nourriture plus douce, etc. (Note du traducteur.)

(54) Il y avoit jadis des *orques* dans la mer méditerranée. L'orque, le dorque, ou l'épaulard, est une espece de baleine, mais beaucoup plus petite même que le cachalot, et mortelle ennemie des baleines femelles dont elles mettent en pieces les petits. Pline rapporte qu'une orque entra dans le port d'Ostie, dans le temps que l'empereur Claude faisoit construire ce port. Ayant été pressée par les flots sur le rivage, son dos se trouva si fort élevé au-dessus de la surface de la mer, qu'il ressembloit à un navire renversé. Alors l'empereur fit tendre quantité de filets à l'entrée du port, et s'étant avancé en personne avec les cohortes prétoriennes, il donna aux Romains un spectacle remarquable; car il fit attaquer l'animal à coups de lances par des soldats placés sur des vaisseaux, un desquels coula à fond devant mes yeux, dit Pline, ayant été rempli de l'eau que l'animal souffla dessus.

Probablement le monstre qui devoit dévorer Andromede étoit une de ces orques; car entre les merveilles que Marcus Scaurus fit voir à Rome pendant son édilité, on remarqua les os d'un poisson monstrueux qu'on disoit être celui auquel avoit été exposée Andromede. Ils furent apportés de Joppé, ville de Judée. Leur longueur étoit de quarante pieds. Les côtes étoient plus hautes que celles des éléphants des Indes, et l'épine du dos avoit un pied et demi d'épaisseur. C'est Pline qui rapporte ce trait (livre 9, ch. 5). (Note du traducteur.)

(55) Ce saint personnage commença par voyager dans la terre sainte, et à son retour en Calabre, prit l'habit de Cîteaux dans le monastere de Corazzo, dont il fut prieur et abbé. Avec la permission du pape Luce III, il quitta son abbaye en 1183, et alla demeurer à *Flore,* où il fonda une célebre abbaye dont il fut le premier abbé. Il eut sous ses ordres un grand nombre de monasteres qu'ils gouverna avec la plus grande sagesse. Il mourut en 1202, à 72 ans, laissant un grand nombre d'ouvrages, dont quelques propositions furent condamnées au concile de Latran en 1215, et au concile d'Arles en 1260. Par exemple, il reconnoissoit que le Pere, le Fils et le Saint-Esprit faisoient un seul être, non parcequ'ils existoient dans une substance commune, mais parcequ'ils étoient tellement unis de consentement et de volonté, qu'ils l'étoient aussi étroitement que s'ils n'eussent été qu'un seul être. C'est ainsi qu'on dit que plusieurs hommes sont un seul peuple. Ses disciples prétendoient qu'il ne falloit pas se borner aux préceptes de l'évangile, parceque le nouveau testament étoit imparfait : ils assuroient que la loi de Jésus-Christ seroit suivie d'une meilleure loi, qui seroit celle de l'esprit, et qui dureroit éternellement.

J'ignore pourquoi M. Swinburne fait un *grand saint* d'un homme condamné par deux conciles.

(Note du traducteur.)

(56) François de Paule mourut le 2 avril 1507 au Plessis-du-Parc, et fut canonisé en 1519 par le pape Léon X. Le nom de *Bonhomme* que les courtisans de Louis XI lui donnerent, passa aux minimes, et de là vient le nom du couvent des Bonshommes de Chaillot. Philippe de Comines vante sa sagesse, *et ne pense*, dit-il,

avoir jamais vu un homme de si sainte vie, ni où semblât mieux que le Saint-Esprit parlât par sa bouche; car il n'étoit clerc ni lettré, et n'apprit jamais rien.

(57) La racine de champignon abonde dans la Pouille, d'où elle se transporte aisément dans d'autres pays. On en a vu en France végéter pendant quelques années, et produire des champignons. Ils sont poreux en dessous; leur tête est convexe, et soutenue par un pédicule d'environ cinq pouces de haut. Ce champignon est charnu et bon à manger, au moins pour le goût. On a cru long-temps que le champignon n'étoit point une plante, mais une simple excroissance; on ne doute plus maintenant que ce ne soit une plante que l'on divise en deux classes, dont l'une ne porte que des graines, et l'autre des fleurs et des graines.

Il y en a de deux especes, les nuisibles, et les bons à manger; mais encore faut-il user très moderément de ceux-ci, car leur nature spongieuse les rend d'une très difficile digestion.

Si on a le malheur d'en manger trop, ou d'en manger de dangereux, il faut, aussitôt qu'on s'en apperçoit, avoir recours aux vomitifs. Si on n'en a point sous sa main, comme la guérison ne dépend que de la promptitude du secours, il faut mettre du sel marin dans de l'eau tiede, et en faire boire coup sur coup au malade. Cette eau dissout le champignon, irrite l'estomac, et provoque au vomissement. Après le vomissement, on fait succéder les savonneux, les adoucissants, comme le lait, l'huile, à grandes doses.

Une chose fort singuliere, c'est qu'à l'Hôtel-Dieu on a vu croître des champignons plats et blanchâtres sur des bandes qui avoient été trempées dans l'oxycrat, et ensuite appliquées sur les membres fracturés des malades.

M. de Fougeroux a communiqué à l'académie des sciences un champignon qui avoit pris sa croissance sur un autre en sens renversé, en sorte qu'il étoit adhérent par sa partie arrondie, et présentoit au-dehors sa partie concave et feuilletée, surmontée d'un pédicule très net, et qui n'avoit jamais été attaché à aucun corps d'où il pût tirer sa nourriture.

Voyez dans le dictionnaire de M. de Bomare tout ce qu'il dit d'instructif sur les champignons.

(Note du traducteur.)

(58) M. Swinburne n'ayant pas fait le voyage du mont Cassin, je rapporterai à cet endroit le voyage qu'y fit M. de Non.

« Mon projet étant d'aller visiter le mont Cassin, je
« partis dans la nuit avec un carrossin que j'avois pris à
« la journée. J'arrivai le matin à Capoue; et laissant la
« route de Rome à gauche, je suivis celle qui conduit à
« Venafre, par laquelle je fus bientôt rendu à *Calvi*, l'an-
« tique *Caleno*, bâtie au pied des montagnes, dans une
« situation solitaire et triste. Calvi avoit jadis un château;
« ce n'est plus maintenant qu'une taverne, où l'on ne
« trouve même pas à coucher. L'unique ressource des
« passagers est un pauvre séminaire, où soixante, tant
« séminaristes que professeurs, sont nourris avec moins
« de deux mille ducats de revenu. L'église collégiale est
« desservie par des chanoines qui s'y rendent à cheval des
« villages où ils sont logés. Nous arrivâmes à moitié du
« jour; et le supérieur du séminaire, qui avoit bien voulu
« nous recevoir, quoique nous ne lui fussions pas recom-

« mandés, nous mena voir les antiquités, quoiqu'il n'y
« entendît pas grand'chose : mais tout cela est si ruiné,
« qu'il est impossible de se former une idée du plan de
« cet édifice. Tout auprès on trouve les restes d'un petit
« amphithéâtre d'une construction misérable, avec une
« seule galerie basse, étroite, voûtée à pierre perdue, et
« dont rien n'est intéressant. On voit aussi quelques frag-
« ments de grosses colonnes cannelées en pierres, qui ap-
« partenoient sans doute à un petit théâtre dont les voûtes
« qui soutenoient les gradins sont assez bien conservées.
« Ces gradins sont entièrement usés, et la partie de la
« scene est absolument détruite ; toute cette construction
« étoit en ouvrage réticulaire.

« Dans une autre ruine voisine de celle-là, on voit
« quelques bas-reliefs en stuc, qui, quoique fort usés,
« laissent encore appercevoir qu'ils étoient d'un bon style :
« on y distingue de grands vases de belle forme, des
« tripodes, des trépieds, des instruments pour les sacri-
« fices, des gaînes portant des bustes, et plusieurs figures
« du dieu Terme. Je crois que ces vestiges appartenoient
« à des thermes, car on trouve de tous les côtés des aque-
« ducs (*a*) souterrains qui y conduisoient des eaux, et
« ces décorations sont du même genre et ressemblent
« beaucoup aux chambres des nymphes que l'on voit
« à Baies.

« Nous allâmes ensuite dans une profonde vallée, où
« nous trouvâmes une fontaine abondante, amenée sans

(*a*) Pendant le temps que nous visitions ces ruines, on travailloit à
détruire un de ces aqueducs, pour se servir des pierres, qui sont
extrêmement belles.

« doute par un de ces aqueducs, mais dont l'embouchure
« est masquée par un bas-relief d'arabesques en marbre,
« avec un masque et des rainceaux de mauvais style. De là
« nous revînmes sur nos pas pour visiter la cathédrale,
« où nous trouvâmes la chaire et le siege épiscopal en
« marbre revêtu de mosaïque, ouvrage du douzieme sie-
« cle. Devant la porte sont des colonnes de marbre cipol-
« lin et de granit gris et rouge ; nous vîmes aussi un cha-
« piteau corinthien de la plus grande beauté.

« Nous partîmes de très grand matin de Calvi, et à un
« mille nous trouvâmes une voie antique, que je crois la
« voie latine ; elle venoit joindre sans doute la voie ap-
« pienne à Capoue. Maintenant on la suit quelquefois,
« on passe dessus, on la laisse à droite, puis à gauche ; en-
« fin on la perd et on la retrouve à plusieurs reprises. Dans
« quelques endroits elle est conservée dans son entier
« avec sa bordure relevée et ses pierres saillantes. Ce qui
« est vraiment merveilleux, c'est que ce monument,
« d'une antiquité aussi reculée, se soit conservé avec
« cette perfection : ses ruptures et sa tranche découvrent
« que les pierres qui la forment ne sont posées le plus
« souvent que sur le terrain, ou quelquefois sur un lit
« de pierres brisées de quelques pouces d'épaisseur.

« Après trois heures de marche, on quitte la route de
« Venafre et le beau chemin ; et tirant à gauche, on tra-
« verse une forêt, au-delà de laquelle on trouve sous la
« montagne de *Pressenzano*, à droite du chemin et en
« plaine campagne, les ruines d'un très petit amphi-
« théâtre bâti en pierres, mais si ruiné, qu'il faut être
« amateur et avoir l'habitude des antiquités pour le re-
« connoître. Cependant en cherchant on découvre quel-

« ques vestiges d'une petite galerie qu'il avoit à son pour-
« tour. Sa forme étoit un ovale bien raccourci. Vis-à-vis
« et très près, au pied même de la montagne, on voit l'em-
« bouchure d'un aqueduc qui y apportoit sans doute les
« eaux, et à côté une voûte et quelques autres vestiges
« d'une construction qui n'annonçoit aucune espece de
« magnificence. J'ignore absolument le nom de la ville à
« qui peut avoir appartenu cet amphithéâtre: mais à quel-
« que distance de là, à une taverne appellée *san Felice*,
« je retrouvai la voie et des ruines de fabriques du même
« genre que celles qui avoisinoient l'amphithéâtre; ce
« qui annonce que la voie traversoit cette ville. Je retrou-
« vai encore plus loin de longs fragments de la même
« voie, jusqu'à deux milles au-delà de *Mignano*, où je
« cessai de trouver des cendres volcaniques, et où il me
« semble que l'on peut assigner les confins des champs
« phlégréens. Alors le pays se rétrécit, on se trouve entre
« deux chaînes de montagnes, ayant celles de l'Abruzze
« en face, ce qui rend le pays sévere et sauvage. Bientôt on
« découvre à gauche le couvent de saint Benoît, bâti sur
« le mont Cassin, et occupant tout le sommet de cette
« montagne élevée. On voit ensuite le village de *san
« Germano*, bâti au bas de cette montagne, et situé à
« un mille de l'antique *Casino*, ville arrosée par le fleuve
« *Rapido*, mais située plus au midi et plus avantageuse-
« ment que *san Germano*, qui ne fut d'abord qu'un hos-
« pice du couvent des bénédictins, et qui devint une
« ville en suivant la fortune de cet ordre qui n'avoit été
« d'abord qu'une société d'hermites.

« J'avois une lettre du nonce pour l'abbé du mont
« Cassin, chef de l'ordre des bénédictins, et qui réside

« à *san Germano*, avec dix moines ses favoris. Il reçoit
« là les étrangers comme les châtelains recevoient jadis
« les paladins, avec cette seule différence qui existe entre
« les manieres monacales et les manieres chevaleresques.

« L'abbé, étant malade, nous mit entre les mains du
« plus grand seigneur de ses moines, qui, à ces deux ti-
« tres, me parut doublement ennuyeux. Ses compagnons
« ne me parurent pas valoir mieux que lui ; et je fus fort
« étonné de ne trouver dans le chef-lieu d'un ordre qui
« passe pour être si généralement savant, que des ventres
« et des gosiers, et pas un homme instruit de l'histoire du
« pays, ni même de celle de saint Benoît, dont ils ne con-
« noissent que quelques ridicules relations de miracles.
« Après un soupé aussi triste que celui qui en faisoit les
« honneurs, nous allâmes nous coucher dans de fort
« bons lits, et le lendemain nous trouvâmes dans la cour
« des mules prêtes à nous porter au couvent supérieur.

« Quoique le rocher soit très escarpé, la route fait tant
« de contours, qu'elle est facile et fort belle. On découvre
« de là les deux beaux vallons qui ceignent le mont, et dans
« lesquels serpente le fleuve *Rapido,* divisé, subdivisé en
« mille canaux qui arrosent les riches possessions de l'ab-
« baye.

« Après avoir monté l'espace de deux milles, on arrive
« à l'entrée du monastere, et on y trouve encore la même
« porte que du temps de saint Benoît. Sa voûte antique
« est encore conservée par respect pour le saint. On entre
« par là dans une cour qui, sans être d'une bonne archi-
« tecture, est d'une disposition si avantageuse, que son
« aspect est superbe, et forme un grand effet de per-
« spective. Cette cour est entourée d'arcades qui laissent

« voir deux autres cours, une à chaque côté, qui sont ab-
« solument de la même ordonnance. En face est une
« rampe magnifique qui monte à une terrasse aussi per-
« cée de trois arcs, laissant appercevoir une cour élevée,
« entourée d'une galerie portée par des colonnes de gra-
« nit, et qui est décorée de niches, dans lesquelles sont
« les statues en marbre de plusieurs papes; et en face est
« l'entrée de l'église, qui occupe la partie la plus élevée
« de la montagne, au même endroit où étoit autrefois le
« temple d'Apollon, que saint Benoît changea en église
« et consacra au vrai Dieu.

« Il ne reste plus rien de la fabrique de ce temple. La
« quantité de colonnes de granit, et les débris d'une co-
« lonne de porphyre rouge, de deux pieds onze pouces
« de diametre dans sa plus grande diminution, ne lais-
« sent aucun doute sur la grandeur, l'élévation et la ma-
« gnificence de ce temple, placé dans la situation la plus
« imposante de tout le pays.

« Nous allâmes voir l'église, qui est magnifique, mais
« de mauvais goût; on y trouve une grande abondance de
« marqueterie en marbre, mais un mauvais emploi d'une
« grande quantité de charmantes colonnes antiques de
« granit gris. Au-dessus de la porte le Giordano a peint
« un tableau aussi grand que magnifique par la composi-
« tion de ce peintre facile. Le sujet de ce tableau est la
« dédicace de l'église par le pape Alexandre II. Tout en
« est charmant, composition, couleur, expression, pin-
« ceau, costumes, perspective aérienne, grouppes, des-
« sin. S'il y a quelque reproche à faire, c'est que les fi-
« gures du premier plan sont peut-être trop petites, et
« grandissent trop celles du second, qui sont admirable-

« ment bien dans le leur par la perspective aérienne. Les
« côtieres des arcades, peintes par le même, sont bien
« inférieures à ce tableau. Il y a dans le chœur quatre
« tableaux de Solimene, dont le premier à droite repré-
« sente saint Rachisio, roi des Lombards, qui prend
« l'habit de clerc des mains du pape Zacharie, en pré-
« sence de sa femme *Tasia* et de *Ratrude* sa fille, qui se
« retirerent humblement près du monastere, et cultive-
« rent une vigne auprès de laquelle elles fonderent le
« monastere de *Puimarola*. Ce tableau est de la plus
« grande beauté, et le plus beau que j'aie vu de Solimene.
« Il a conservé un accord que l'on desire souvent dans
« les tableaux de ce maître si fier dans le dessin, si noble
« dans la composition, et si ferme dans le faire et la ma-
« niere de draper.

« Nous passâmes à la chapelle du chapitre, décorée
« de tableaux de *Conca*, peintre de l'école de *Giordano*,
« mais qu'il faut connoître ici pour lui accorder l'estime
« que méritent sa couleur et l'enthousiasme de son
« pinceau.

« Après cela nous visitâmes les pieces où les moines
« croient conserver une précieuse collection de tableaux.
« Je n'en trouvai qu'un intéressant. Il est de *Fiamingo*,
« et représente la vue des environs du mont Cassin,
« avec celle du couvent et du temple dans le temps de
« S. Benoît. Ce saint y est représenté visité par *Totila*
« roi des Goths. Il est accompagné de ses moines à la
« porte de son couvent, recevant dans ses bras le roi
« goth, qui vient de descendre de cheval, et qui est
« environné de ses pages et des guerriers de sa suite.

« Nous vîmes ensuite les archives, trésor où sont

« renfermées les chartres de ce royaume, seul monument
« respecté depuis le huitieme siecle dans tous les trou-
« bles qui désolerent l'Italie.

« Nous avions trop peu de temps pour examiner toutes
« ces richesses, et je me contentai d'apprendre que le
« premier prince qui dota ce couvent fut Gisulfe II,
« lombard, prince de Bénévent en 747. On ne voit
« de curiosité dans cette archive qu'un siege antique
« trouvé à Minturne dans l'autre siecle. Sa forme demi-
« circulaire est portée sur deux pieds droits et paralleles,
« décorés de pattes de griffons. La partie sur laquelle on
« s'assied est percée circulairement, et ouverte en avant. Il
« est de marbre rouge antique, précieusement travaillé,
« et paroît devoir avoir servi à l'usage des bains ou à
« celui des purificatoires, et est tout-à-fait propice à la
« fabuleuse cérémonie usitée à l'exaltation des papes, qui,
« dit-on, consistoit dans une visite, par laquelle le
« conclave étoit certain qu'il n'avoit point nommé une
« seconde papesse Jeanne.

« Nous quittâmes ensuite le mont Cassin, qui n'a
« d'objets de curiosité que pour les voyageurs qui ne
« cherchent les choses que pour leur célébrité, mais n'en
« a pas pour ceux dont le goût sûr et invariable ne voit
« de véritablement grandes choses que dans celles qui
« sont belles.

« En tournant à droite nous allâmes sur le terrain où
« étoit l'ancienne ville de *Casinum*, dont les ruines con-
« sistent en un théâtre très ruiné, adossé contre la mon-
« tagne. Il existe encore quelques morceaux de la galerie
« supérieure aux gradins. On entrevoit encore que la
« partie intérieure étoit décorée de colonnes en briques

« engagées; mais tout cet édifice, étant petit, est d'une
« fabrique sans magnificence. Au-dessous étoit l'amphi-
« théâtre, mieux conservé, quoique de la même fabrique,
« en ouvrage réticulaire. Toute sa décoration extérieure
« consiste en quatre grandes portes cintrées et rusti-
« quées (*a*), et une cinquieme, qui, je crois, étoit réser-
« vée pour une entrée particuliere. Sous la porte qui
« regarde la plaine, il y a un canal qui servoit, suivant
« toute apparence, à vuider les eaux qu'on y introdui-
« soit par l'autre côté, qui étoit celui de la montagne.
« La décoration intérieure étoit tout aussi simple. Tout
« l'édifice étoit bâti à mi-côte : la partie des gradins qui
« appuyoit sur la montagne, étoit taillée dans le roc ;
« l'autre étoit un massif de maçonnerie sans galerie cir-
« culaire. Au-dessus des gradins s'élevoit un grand mur
« dans l'épaisseur de grosses pierres saillantes qui rece-
« voient les pieces de bois sur lesquelles on tendoit les
« toiles qui couvroient l'édifice. Sa forme étoit d'un
« ovale très arrondi. On y distingue dans l'intérieur une
« particularité, c'est une loge pour un personnage prin-
« cipal, et une petite galerie couverte qui y étoit atte-
« nante. On a trouvé en 1757 cette inscription :

HVMIDIA QVADRATILLA C. F.
TEMPLVM HOC ET AN-
PHITHEATRVM SVA PECVNIA
FECIT.

« Cette *Humidia Quadratilla* mourut vers l'an 110

(*a*) Rustiquer une pierre, c'est la piquer avec la pointe du marteau, entre les ciselures relevées.

« de notre ere, âgée de quatre-vingts ans, à ce que nous
« dit Pline le jeune (liv. 7, let. 24), qui étoit ami de toute
« sa famille, et sur-tout de son petit-fils *Humidius Qua-*
« *dratus*, jeune homme d'un mérite rare et d'une beauté
« singuliere. Pline nous dit que cette *Humidia* avoit
« mené la vie la plus voluptueuse. Un de ses goûts étoit
« d'avoir auprès d'elle de ces bouffons qui s'appliquent à
« tout contrefaire ; et elle aimoit cet amusement plus
« qu'il ne convenoit à une femme de qualité. Mais son
« fils méprisoit de tels plaisirs, et vivoit retiré, ne s'oc-
« cupant qu'à l'étude (a).

« Sans doute *Humidia*, qui étoit fort riche, avoit fait
« construire ce théâtre, et cette loge principale étoit la
« sienne. La cinquieme porte dont je viens de parler
« conduisoit à son palais, qui se trouvoit probablement
« entre le théâtre et l'amphithéâtre. L'inscription disant
« positivement qu'elle avoit fait bâtir un temple, il faut
« croire que c'étoit le monument que l'on trouve encore
« tout près de là, qui est masqué maintenant par un her-
« mitage, et que l'on a érigé en chapelle sous la dénomina-

(a) Pline nous dit que *Quadratilla* occupoit la maison du célebre Caïus Cassius, fondateur et pere de l'école cassienne; qu'elle la laissa à son fils, qui, dit-il, « la remplira dignement, lui rendra toute sa « splendeur et sa gloire; et, à la place d'un célebre jurisconsulte, on « trouvera un excellent orateur ». Ce Cassius, surnommé Longinus, étoit le plus habile jurisconsulte de son temps, et n'en étoit pas moins brave guerrier. Il fut gouverneur de Syrie en 5? de Jésus-Christ. Il fut chargé de conduire sur l'Euphrate le jeune *Méherdate*, qu'on envoyoit de Rome régner sur les Parthes, et s'acquitta dignement de cet emploi.

En 65 Néron exila Cassius et son neveu Silanus, pour avoir gardé

« tion de *S. Crocefillo*. L'extérieur en étoit quarré, cons-
« truit de pierres de huit à neuf pieds d'épaisseur, posées
« à sec. Le plan de l'intérieur est en forme de croix, avec
« une voûte au milieu. On le dit antique, mais je le crois
« seulement construit des pierres du monument de *Qua-*
« *dratilla*, et je soupçonne à sa forme qu'on en avoit
« fait plutôt un tombeau qu'un temple.

« Nous revînmes à *san Germano*; et pendant le soupé,
« qui fut excellent, on ne nous parla que de la misere du
« temps. Ces pauvres moines, avec plus de quatre-vingts
« mille ducats de revenu, craignoient de ne pouvoir aller
« au bout de l'année. Après avoir pris congé de ces
« nouveaux Sybarites, jadis si vertueux et si infatigables
« solitaires, nous nous mîmes en route.

« Le lendemain nous nous rendîmes à Capoue la
« neuve, que l'on croit l'antique *Casilinum* (*a*), bâtie
« sur le bord du Vulturne, mais dont la ruine est si
« absolument effacée, qu'on n'en trouve des vestiges que
« lorsque l'on creuse assez profondément.

---

avec respect et vénération parmi les images de leurs ancêtres, cette inscription rapportée par Tacite : DUCI PARTIUM. « Au défenseur de la liberté »; ou plutôt, « Au chef de parti ». Cassius fut relegué en Sardaigne pour avoir respecté cette inscription en l'honneur de son parent, le meurtrier de César. Son grand âge et l'air mal sain de ce pays avoient fait croire à Néron qu'il n'y vivroit pas long-temps. Cependant il lui survécut, fut rappellé par Galba ou par Vespasien, et mourut à Rome dans un âge très avancé. Ce fut lui qui établit à Rome une école de jurisprudence. (Note du traducteur.)

(*a*) Cette ville étoit à une lieue plus loin, en descendant le Vulturne, sur la rive droite du fleuve ; et la nouvelle Capoue est sur la rive gauche. (Note du traducteur.)

« Toutes les maisons de la ville sont construites des
« dépouilles de l'amphithéâtre de Capoue, et l'on trouve
« çà et là encastrées dans les murs, de grosses têtes qui
« étoient les clefs de voûte des portiques de sa galerie
« extérieure, comme en font foi les deux qui restent
« encore en place, ainsi que je l'ai déja dit. On a aussi
« encastré dans le portique de l'hôtel-de-ville des inscrip-
« tions, dont voici la plus intéressante :

>COLONIA IVLIA FELIX AVGVSTA CAPVA
>FECIT
>DIVVS HADRIANVS AVG. RESTITVIT
>IMAGINES ET COLVMNAS ADDI CVRAVIT
>IMP. CAES. T. ACTIVS. HADRIANVS ANTONINVS
>AVG. PIVS DEDICAVIT.

« Au pilastre de ce même portique on trouve un bas-
« relief représentant un sénateur assis, faisant peser
« devant lui des marchandises dans une balance absolu-
« ment semblable à celle qui a conservé de nos jours le
« nom de romaine. Ce morceau, quoique travaillé assez
« grossièrement, a un genre de curiosité, et peut avoir
« appartenu à quelque édifice servant de douane.

« Nous allâmes voir ensuite l'église, bâtie par les Nor-
« mands, et réparée de nos jours comme celle de Salerne.
« Sous la galerie sont de grands tombeaux consulaires
« en marbre, mal conservés, et d'un travail médiocre. A
« la gauche de la porte de l'église, on s'est servi, pour les
« fonts baptismaux, de la cuvette d'un bain, morceau
« précieux de breche verte antique, d'une bonne forme,
« avec des anneaux sculptés. Les bas côtés de la nef
« sont portés sur dix-huit colonnes de granit dont la

« beauté fait bien regretter le mauvais emploi qu'on en
« a fait. Le *sottocorpo* est de même porté sur de petites
« colonnes antiques. La chapelle est décorée de cette
« charmante et riche mosaïque du douzieme siecle, que
« j'ai décrite à l'article de Salerne. Nous ne trouvâmes rien
« dans les autres églises ; et, après m'être séparé de Renard
« qui partoit pour Rome, je me rendis seul à Averse,
« la premiere ville qu'aient bâtie les Normands en Italie
« dans le onzieme siecle.

« Elle devint à plusieurs reprises le séjour des rois de
« Naples, qui y avoient un château où est actuellement
« le couvent des dominicains. Ce fut dans ce château
« que le roi André de Hongrie, mari de la reine Jeanne,
« fut étranglé et jetté par la fenêtre. J'allai voir le cou-
« vent, où l'on me montra, auprès de l'église, la fenêtre
« par où l'on dit qu'il fut jetté, qui est celle d'une tour
« quarrée plus qu'à moitié démolie. L'histoire rapporte que
« le corps de ce prince fut laissé plusieurs jours dans le jar-
« din, près d'un puits où les complices vouloient le jetter,
« lorsque sa nourrice, qui étoit accourue au bruit, les con-
« traignit d'abandonner leur projet. Je ne trouvai point le
« puits dans le jardin. Les nouvelles constructions ne
« laissent plus distinguer l'ancienne forme du château :
« on voit seulement les fossés qui étoient à l'entour,
« une partie des murs de clôture qui pouvoient servir de
« sûreté, mais sans aucune espece de magnificence.
« Averse fut détruite par Charles d'Anjou, mais a été
« rétablie. L'abondance de son territoire, et son voisi-
« nage de Naples, la rendent riche et peuplée. Il n'y a rien
« de curieux que quelques sculptures en marbre, assez
« précieusement faites, dans l'église cathédrale. On les

« croit du temps des Normands, ce qui en fait le mérite
« et la curiosité.

« Je pris ensuite la route de Rome, et j'allai coucher à
« l'hôtellerie de Sainte-Agathe à un mille de *Sessa*, l'an-
« tique *Suessa*. Je ne trouvai hors de la ville que quelques
« vestiges de murs antiques et sans formes ; et dedans,
« divers autels en pierre et en marbre, dont plusieurs
« étoient élevés par les *Suessoni* honneur de *Ma-*
« *tide* et d'Antonin le pieux. La cathédrale est décorée
« de colonnes antiques de marbre cipollin. La ville mo-
« derne est assez bien bâtie, fort peuplée, avec de grands
« et riches couvents. Son sol élevé est sur une colline
« volcanisée. Le lendemain, après avoir fait douze milles,
« j'arrivai au bac du *Garigliano*, jadis le *Liris*, qui
« descend des montagnes de l'Abruzze, et vient serpen-
« ter dans une belle plaine qu'il arrose et ravage quel-
« quefois. C'est dans les marais qu'il forme que se cacha
« *Marius* défait et poursuivi par *Sylla*; et c'est là qu'il
« fut trouvé par les soldats envoyés pour le tuer. Le *Liris*
« traversoit *Minturne*, où l'on voit encore des vestiges
« considérables, tels qu'un théâtre dont il reste une
« partie des arcs qui portoient les gradins qui recevoient
« les spectateurs ; un amphithéâtre plus ruiné, mais
« dont on distingue cependant encore très bien la forme
« et la grandeur ; et un grand aqueduc qui y apportoit les
« eaux, et est conservé presque dans toute sa longueur,
« qui est immense.

« La grandeur, la magnificence et la richesse des fa-
« briques de ces ruines prouvent que *Minturne* étoit
« une grande, riche et fastueuse ville. Sa situation étoit
« agréable, bâtie sur un fleuve navigable, au milieu

« d'une plaine riante, bordée d'un côté par la mer, et
« terminée de l'autre par de belles et riches montagnes.
« C'étoit sur une de ces montagnes que les Romains re-
« cueilloient le vin de *Massique* qu'Horace a chanté.
« De *Minturne* on arrive à *Mola*, bâtie au fond d'un
« golfe formé par le promontoire de Gaëte, qui selon
« Virgile prit son nom de la nourrice d'Énée, qui y fut
« enterrée. Cette place est une des plus intéressantes du
« royaume. Ferdinand d'Aragon y bâtit le château qui
« existe. Les fonts baptismaux de l'église cathédrale sont
« faits d'un vase antique de marbre de Paros, sur lequel
« est représenté Bacchus venant de naître, que Mercure
« porte aux nymphes. Cet ouvrage, quoique détruit et
« défiguré, conserve encore le trait qui prouve l'élégance
« du style de cette sculpture grecque. On lit le nom de
« son auteur ; c'étoit *Salpion* d'Athenes.

ΣΑΛΠΙΩΝ

ΑΘΗΝΑΙΟ=

ΕΠΟΙΗΣΕ.

« On voit au-dessus d'une montagne une grosse tour
« quarrée, appellée *tour d'Orlando*, qu'on dit être le
« tombeau de *Munatius Plancus*. Derriere cette tour est
« le rocher fendu le jour de la mort de Jésus-Christ.
« J'allai ensuite à *Mola*, l'ancienne *Formies*, où l'on fait
« voir les ruines du *Formianum* de Cicéron, dont on
« montre jusqu'à la chambre où il tenoit ses séances aca-
« démiques. Mais on montre ces ruines entre deux eaux ;
« et la maison de Cicéron ne pouvoit être sur le bord de
« la mer, puisque les émissaires d'Antoine envoyés pour
« le tuer le rencontrerent dans sa litiere à l'instant où,

« ayant quitté sa maison, il alloit vers la mer pour s'em-
« barquer. Il avoit quitté la voie appienne pour prendre
« une petite voie qui conduisoit au rivage. On trouve
« effectivement cette petite voie; et, à un mille de l'en-
« droit où elle se séparoit de la voie appienne, on trouve
« un tombeau qui probablement est celui que les affran-
« chis de Cicéron éleverent à leur maître, à l'endroit où
« il avoit été assassiné. Ce tombeau est encore assez
« conservé : c'est une base quarrée, sur laquelle s'élevoit
« une tour ronde. La partie ronde est absolument dégra-
« dée; l'intérieur est à deux étages, voûté d'une voûte
« circulaire, portée dans le milieu par un massif rond en
« forme de colonne. La partie du bas est presque entiere.
« On n'y découvre ni ornement ni inscription. Ce mo-
« nument étoit isolé, et entouré d'une enceinte de murs
« qui s'est conservée. On voit encore la petite voie qui
« traversoit cette enceinte, ce qui peut faire penser que
« c'est le tombeau de Cicéron. Tous les environs sont
« plantés de vignes, de vergers, et d'orangers qui par-
« fument cette campagne, aussi fertile qu'agréable.

« J'allai coucher à l'antique ville de *Fondi*, qui n'est
« plus recommandable que par l'agrément de sa situa-
« tion, la fertilité de son terroir, et ses jardins, qui la
« rendroient délicieuse, sans l'air mal-sain que causent
« les marais qui sont entre cette ville et la mer.

« Après *Fondi* on suit la voie appienne, qui traversoit
« cette ville, et que l'on reconnoît aux tombeaux qui
« la bordoient.

« On quitte bientôt le royaume de Naples, et on
« trouve *Terracine*, jadis *Anxur*, ville des Volsques.
« C'est là que commencent les marais pontins, qui,

« depuis des siecles, couvroient absolument la voie ap-
« pienne, maintenant entièrement découverte, grace
« aux soins et aux dépenses considérables du pape
« Pie VI. C'est un service inestimable qu'il rend à tout
« ce malheureux pays, qui, grace à lui, peut redevenir
« aussi fertile, aussi sain, et aussi peuplé qu'il l'étoit
« jadis.

« On trouve au milieu de la ville les ruines d'un tem-
« ple qui fut autrefois de la plus grande magnificence.
« On y voit encore deux fûts de grosses colonnes de
« marbre, engagées (a) et cannelées, d'un grand style; un
« rainceau (b) d'un goût exquis, et d'un travail précieux.
« On a attaché à cette ruine une église bâtie dans le goût
« du 12e siecle, et à laquelle on a ajusté des morceaux pré-
« cieux d'antiquité, tels que des chapiteaux ioniques, sur
« des colonnes courtes de granit qui décorent le péristyle.
« Le travail et la pureté du style de ces chapiteaux annon-
« cent de quelle magnificence devoit avoir été l'édifice
« auquel ils avoient d'abord appartenu. Sous le péristyle
« de cette même église on a placé un tombeau ou une
« cuvette de granit oriental d'une belle forme, avec de
« bons ornements quoique frustes. Au-dessus de la ville
« moderne, en montant la montagne qui la domine, on

(a) Les colonnes engagées ou adossées sont celles qui tiennent au mur par le tiers ou le quart de leur diametre.

(b) Espece de branche qui est formée de grandes feuilles naturelles ou imaginaires, et refendues comme l'acanthe et le persil, avec fleu-
.rons, roses, boutons et graines, et qui sert à décorer les frises, gorges, et panneaux d'ornements. Les plus beaux rainceaux antiques en marbre sont à la villa Médicis, à Rome.

(Note du traducteur.)

« trouve l'ancienne enceinte de la ville antique, faite
« de très beaux murs, bâtis à pierre perdue, revêtus en
« pierre de taille, ce qui annonce qu'*Anxur* étoit d'abord
« une très grande ville. On découvre la base d'une des
« portes principales, et, sous les murs en dehors, une
« grande quantité de ruines de tombeaux, dont on recon-
« noît encore la décoration dans quelques uns. Elle con-
« siste à présent en quelques restes de colonnes engagées
« en *mattoni*. L'intérieur est décoré en niches avec des
« urnes toutes ouvertes, et brisées à moitié.

« La premiere enceinte étoit apparemment devenue
« trop grande, car il y en a une seconde flanquée de
« tours assez bien conservées, et qui a l'air d'être un
« ouvrage lombard. C'est dans cette seconde enceinte
« qu'on trouve, tout au sommet de la montagne, la ruine
« d'un grand palais qui avoit cent cinquante pieds de
« face; on en voit encore le soubassement de la face occi-
« dentale, composée de deux galeries parallèles, soute-
« nues de douze belles arcades d'assez belle forme, mais
« d'une fabrique que je jugerois cependant gothique, et
« qui, vu sa position escarpée, me feroit croire que ce
« sont les ruines du palais de Théodoric roi des Goths,
« bâti dans le même temps que la seconde enceinte.

« A côté de ce gros massif quarré on trouve une
« autre ruine de même fabrique, soutenue aussi en ar-
« cades plus petites, sur l'enduit desquelles j'ai décou-
« vert des vestiges de peintures représentant des figures
« de saints de l'église grecque; ce qui viendroit à l'appui
« de mon opinion. De là on a la vue de la plus belle
« étendue de mer, et celle de la côte depuis le *mont*
« *Circello* jusqu'à la pointe de Gaëte, et au-dessous un

« énorme rocher de cent pieds de hauteur, qui aupa-
« ravant alloit jusqu'à la mer et fermoit le passage.
« C'étoit sous ce rocher qu'étoit l'entrée du port antique,
« maintenant comblé de sable. Il s'y amoncele avec le
« temps ; mais la fabrique conservée en laisse voir encore
« toute la forme, qui étoit ronde. Ce port avoit été en-
« tièrement fait en prenant sur la mer, et fermant par
« une jettée qui se ployoit en demi-cercle sur le demi-
« cercle de la plage ; ce qui faisoit un bassin autour
« duquel s'attachoient les bâtiments à de gros anneaux
« de pierre engagés dans la muraille, et dont la plus
« grande partie existe encore ; ce qui devoit produire un
« beau coup-d'œil. Sur cette jettée s'élevoit un mur pour
« défendre les bâtiments du port. Cette muraille est
« abattue.

« En sortant de *Terracine* on trouve la voie appienne,
« et on la suit jusqu'à l'endroit où elle abandonnoit les
« montagnes pour traverser les marais pontins ; route
« plus droite que l'on cherche maintenant à rétablir en
« desséchant ces marais. Cette entreprise, aussi grande
« qu'elle est utile, illustrera le pontificat de Pie VI, en
« donnant un grand et fertile territoire à ses sujets, en
« ôtant les exhalaisons pestilentielles qui dépeuplent le
« pays d'alentour. Ce petit trajet de *Terracine* jusqu'à
« cet angle est un des morceaux de la voie appienne des
« plus longs et des mieux conservés, avec les trottoirs et
« les tombeaux qui la bordoient, qui, bien que ruinés,
« donnent une idée assez complette de leur ancien
« effet.

« Étant déja hors du royaume de Naples, que j'avois
« eu le projet de décrire, la voie antique, qui est celle

« sur laquelle on construit le chemin qui va devenir celui
« des voyageurs, n'étant point encore praticable, je ter-
« mine ici ma description ».

(59) RETOUR DE SICILE A NAPLES,

TIRÉ DU VOYAGE DE M. DE NON.

« Nous partîmes de Messine le 26 novembre à midi,
« et nous arrivâmes au phare une heure et demie après.
« Nous voulions avoir un dessin de *Scylla*; nous nous en
« approchâmes le plus près qu'il nous fut possible, en
« nous tenant cependant hors de portée des coups de fusil
« des gardes-côtes.

« Ce célèbre et terrible écueil est un rocher quarré
« qui s'avance dans la mer, au milieu d'une anse formée
« sous de grandes montagnes à pic. Il y a un château
« bâti sur le rocher, avec un gros village posé sur la
« crête, et descendant la pente rapide jusqu'au bord de
« la mer, où il y a une petite marine sur une plage
« étroite, propre à recevoir seulement les bateaux de pê-
« cheurs. En avant de l'écueil, d'autres roches aiguës et
« déchirantes, où l'onde et les courants viennent se
« briser avec un bruit effroyable, ont donné lieu aux
« fictions des poëtes, qui prétendent que des têtes de
« chiens aboyantes étendent leur cou pour dévorer les
« passants. Un vaisseau entraîné par le courant, quand
« il s'en est approché jusqu'à un certain point, quelque
« forte voile et quelque vent qu'il ait, ne peut éviter
« l'écueil où une force supérieure l'entraîne; et, s'il
« donne sur les rochers, sa perte est aussi prompte que

« certaine. Il ne faut cependant pas croire que *Scylla*
« soit également fatale dans tous les instants; et nous
« avons été témoins, pendant notre séjour à Messine,
« qu'elle a servi de mouillage à un vaisseau mahonois,
« qui, dans un orage épouvantable, et dans un moment
« désespéré, vint y chercher asyle, et l'y trouva, en
« mouillant sous le courant, derriere les roches. L'en-
« trée de ce mouillage, prise en venant de la grande mer,
« n'est ni difficile ni dangereuse. Le danger est seule-
« ment de n'en pouvoir sortir à cause du tournoiement
« de l'eau occasionné par les courants après qu'ils ont
« frappé sur l'écueil sous lequel on se trouve, ainsi que
« l'abri absolu des hautes montagnes, qui ôtent le vent
« dont on a besoin pour être chassé au large. Le mal-
« heureux éprouva le sort ordinaire, car il ne sortit de
« *Scylla* que pour tomber en *Charybde*. Un pirate fran-
« çois qui avoit su son arrivée à *Scylla*, l'attendoit à
« l'autre écueil, et alla le prendre à six milles de Messine,
« sous le cap Scalette.

« Le vent avoit fraîchi, le ciel se couvroit, la vague
« étoit déja forte, le *gregal* qui dominoit, nous poussoit
« sur la funeste côte du golfe de *Gioja*, où la quaran-
« taine nous fermoit des mouillages rares et difficiles,
« dont nous aurions pu avoir besoin pendant la nuit.
« Nous opinâmes tous à retourner au phare, où nous
« abordâmes un instant après; car le détroit, dans cet en-
« droit, n'a pas trois milles de largeur. Nous courûmes
« bien vîte à la chasse sur le lac, où des plongeons plus
« fins que nous se faisoient poursuivre, et nous firent
« tirer toute la soirée pour en attraper un. Nous vînmes
« coucher dans une maison de pêcheur. Le lendemain,

« après un déjeûner-dîner, le vent ayant passé du *gregal*
« au *siroco*, nous mîmes à la voile à une heure après midi,
« et fîmes canal en tirant droit au cap *Vaticano*. Dès que
« nous eûmes dépassé la tour, nous vîmes le *Stromboli*, qui
« paroît n'être qu'une grosse montagne qui sort de la mer
« en forme de cône, dont la double cime envoie tou-
« jours dans l'air des tourbillons de fumée ; plus loin le
« *Banarco*, dans la même forme, mais beaucoup moins
« élevé ; ensuite, *Didyme* ou *Salina*, *Félicudi*, *Alicudi*,
« *Lipari*, *Vulcano* ; enfin les sept Éoliennes, qu'il me
« fâchoit si fort de laisser derriere moi sans les avoir
« visitées, mais que la saison trop avancée, et plus encore
« les quarantaines, sur quoi les habitants sont aussi in-
« traitables que les sauvages, nous obligerent d'aban-
« donner. De l'autre côté nous dépassions *Bagnara*,
« autre village dans le genre de *Scylla*, dont il semble
« que l'on ait versé les maisons du sommet de la mon-
« tagne, et qu'elles soient restées accrochées le long de
« la pente escarpée de la côte. Plus loin *Palmi* est mieux
« assise, sur une terrasse qui me parut très cultivée.
« Notre *siroco* se soutenoit toujours bon frais, et nous
« laissâmes enfin derriere nous toute cette terrible et
« menaçante partie. Du côté de la Calabre nous entre-
« vîmes *Gioja* au fond du golfe auquel il donne son
« nom, dans un pays plus abaissé et moins austere.
« *Nicotera* et le cap *Vaticano* commençoient à se dé-
« couvrir avec leurs détails. Le soleil se couchoit, je me
« détournai afin de voir encore la Sicile et lui faire mes
« adieux ; et pensant au voyage rapide que je venois de
« faire, je m'écriai comme Pyrrhus en la quittant : *Quel*
« *beau champ je laisse aux voyageurs qui viendront*

« *après moi !* Je ne sais si ce fut d'attendrissement, mais
« mes adieux ne furent pas plutôt faits que mon cœur
« se souleva, et je tombai dans l'affaissement ordinaire.
« Je me couvris de mon manteau, et ne voulus pas
« seulement lever les yeux pour voir le cap *Vaticano*,
« contre lequel nous passâmes, et que la lune, qui l'éclai-
« roit, rendoit, me disoit-on, très pittoresque. Le vent
« étoit tombé ; nous fîmes à rames les sept milles qu'il
« y a de ce cap à *Tropea*, où nous arrivâmes à quatre
« heures de nuit : nous en passâmes le reste ballottés
« dans son port, et assez mal à notre aise. A la pointe
« du jour j'apperçus la ville perchée sur un rocher per-
« pendiculairement au-dessus de nos têtes. Il en descendit
« bientôt une députation fort honnête, qui nous plaignit,
« reçut nos lettres de recommandation, s'employa obli-
« geamment à nous secourir. Bientôt le syndic et le
« marquis Pelice, auquel nous étions recommandés, nous
« cherchèrent une retraite, et nous en trouverent une
« tout à fait commode et convenable à notre situation,
« dans un grand hermitage bâti sur une roche escarpée,
« qui ne tient à la terre que par un pont, et qui s'avance
« dans la mer comme Pierre-Encise à Lyon. Je me crus
« dans cette prison ; mais comme Syracuse ne m'avoit
« pas gâté, je trouvai mon lazaret cette fois tout à fait
« beau et commode. Nos gardes nous servoient ; nous
« étions logés ; nous avions un petit jardin ; d'un côté
« la vue de la ville aussi élevée que nous, et de l'autre
« côté la mer qui battoit notre rocher, et en face le
« *Stromboli* à soixante milles de nous. Nous eûmes bien-
« tôt fait notre établissement : la chapelle nous servit de
« sallon d'assemblée, pour recevoir ceux qui venoient

« nous visiter, et le reste de nos passe-temps consistoit
« à faire des mines aux femmes qui nous lorgnoient des
« fenêtres éloignées, et avec lesquelles nous avions des
« conversations suivies; car en Italie on apprend à tout
« dire avec ce moyen, qui ne laisse pas d'avoir ses graces
« et ses finesses.

« Après avoir été les prisonniers de notre château,
« nous en devînmes les gouverneurs. Nous étions visités des
« chevaliers de la ville, qui sont en grand nombre pour sa
« grandeur, attendu qu'elle est ville royale, qu'il y en a
« peu dans la province, et que tous les nobles s'y reti-
« rent, ne voulant point habiter les cités baronnales, où
« leurs enfants naissent vassaux, et, par la tache du pa-
« tronage, sont exclus des grands honneurs de la no-
« blesse, de l'entrée aux chapitres, et de l'ordre de
« Malte.

« Dès que la peste et les orages nous eurent permis
« de quitter notre rocher, nous nous répandîmes dans
« la ville, que nous trouvâmes bâtie sur la plate-forme
« d'un autre rocher qui s'avance aussi dans la mer, for-
« tifiée ainsi de trois côtés; le quatrieme l'étoit autre-
« fois par un château et un fossé creusé dans le roc. Il
« y avoit encore des canons de bronze au commence-
« ment de ce siecle; mais le roi d'Espagne eut soin de
« les changer contre de vieux canons de fonte, qui ont
« écrasé leurs affûts, et ne se releveront jamais de l'af-
« faissement où ils sont. Nous trouvâmes chez les habi-
« tants autant d'affabilité que nous en avions déja éprouvé
« de prévenances et de politesses. Il n'y a à *Tropea*
« aucune espece d'antiquité, et je crois que l'origine
« qu'on lui donne est chimérique. On prétend que

« son nom vien tde *Trophaea*, qui lui fut donné lorsque
« Scipion, revenant en Italie après la conquête de Car-
« thage, triompha dans cette ville. Mais quelle appa-
« rence qu'il eût choisi un lieu sans port, sans espace
« pour y loger une armée? Aussi n'y trouve-t-on rien
« qui vienne à l'appui de cette opinion. Les rues sont
« étroites; on n'y voit que de mauvaises fabriques, et
« pas un vestige de monument, ni aucune tradition qui
« dise qu'on ait seulement trouvé une monnoie romaine
« dans son territoire. Ce territoire consiste dans une
« plate-forme élevée, et dominée par de hautes mon-
« tagnes. Cette terrasse est très cultivée et très fertile; des
« eaux abondantes y arrosent de beaux jardins plantés
« de limonniers et d'orangers, dont les habitants font des
« essences qu'ils portent eux mêmes en France, avec des
« couvertes du coton qu'ils cultivent et travaillent aussi :
« industrie et activité bien rares dans les deux royaumes.

« Nous partîmes de *Tropea* le 5 décembre, après
« avoir monté très rapidement pendant trois milles,
« laissant à main droite l'Apennin que nous cotoyions.
« Nous trouvâmes un beau chemin pour les cavaliers,
« à travers un pays riche, abondant en bled, et très
« bien cultivé. Nous apperçûmes bientôt *Monte-Leone*,
« à dix-huit milles de *Tropea*. *Monte-Leone* est un gros
« bourg, bâti sur le penchant d'un monticule, avec un
« vieux château. On y compte huit mille habitants et
« douze monasteres. Le paysage en est agréable, coupé
« de plantations d'oliviers grands comme des chênes.
« Après avoir rafraîchi un moment, nous nous remîmes
« en chemin, qui se maintint bon et uni pendant trois
« milles, après quoi nous trouvâmes une désastreuse

« descente de trois milles, que nous fîmes par une pluie
« épouvantable.

« Nous arrivâmes à l'entrée de la nuit au *Pizzo*, bâti
« sur le bord de la mer, avec un château et une popula-
« tion de neuf mille habitants, dont la plupart sont ma-
« riniers. Nous allâmes loger chez un d'eux, qui nous
« traita avec toute la cordialité dont nos bons paysans
« sont susceptibles; car les Calabrois, malgré leur mau-
« vaise réputation, n'ont que la barbe et l'habit plus
« noirs que les autres. J'ai remarqué, dans les deux voya-
« ges que j'ai faits chez eux, que ceux qui sont très pauvres
« aiment l'argent, mais le demandent et cherchent à le
« gagner avec des manieres obligeantes, et sont tout à
« vous quand vous les payez, et que ceux qui sont à leur
« aise sont nobles, généreux, empressés et obligeants.
« Nos hôtes donc, contents de nous, ne savoient com-
« ment nous traiter pour que nous le fussions d'eux.
« Tout étoit à nous dans leur maison, et tout s'empres-
« soit à nous servir, enfants, amis, voisins.

« Le lendemain nous descendîmes à la marine pour
« voir l'emplacement de l'antique *Hipponium*, puis
« *Vibo*, et maintenant par corruption *Bivone*, qui
« avoit un port au fond du golfe formé par le cap *Zam-
« brone*. On dit qu'en été, quand la marée est basse et
« tranquille, on apperçoit encore quelques vestiges que
« les sables n'ont pas encore enfouis. La campagne de
« *Bivone* est couverte d'une quantité de *casins* épars
« et de jardins, ce qui, joint à la situation en terrasse,
« ressemble à la campagne de Marseille, avec les avanta-
« ges du couvert des arbres, qui rendent cette côte dé-
« licieuse.

« Nous partîmes de *Pizzo*, remontâmes la montagne, « et fîmes dix milles par un mauvais chemin qui aboutit « à celui que l'on travaille maintenant : ouvrage mémo-« rable, qui va rendre la Calabre praticable, et ouvrira « le commerce pour tout l'intérieur du pays. Nous trou-« vâmes, près du fleuve *Angitola*, une descente taillée en « rampe dans le rocher, et les préparatifs d'un pont sur « le fleuve que nous passâmes à gué ; et nous longeâmes « une grande plaine basse où sont des marais et le lac « *del Fico*, vis-à-vis duquel est la poste, la premiere de « la Calabre que nous eussions rencontrée. C'est là l'en-« droit où l'Italie se trouve le plus resserrée, puisqu'elle « n'a pas dix lieues de traversée. Nous continuâmes par « un beau chemin de sable, jusqu'au bord du fleuve « *Amato*, qui couvre et dévaste un large pays par ses « inondations, ses ramifications, et la rapidité de son « cours. Un des grands travaux du nouveau chemin sera « de lui tracer un cours constant, et de le contraindre « jusqu'au point de pouvoir le passer sur un seul pont. « Nous trouvâmes déja sur place une partie des maté-« riaux de ce pont projetté. Après l'*Amato*, que nous « passâmes aussi à gué, nous trouvâmes une grande « plaine basse et marécageuse, que nous tournâmes avant « de passer encore le petit fleuve de *S. Euphémie*, et « nous entrâmes dans une forêt de beaux oliviers qui a « cinq milles de traversée, et qui fait la richesse de *Ni-« castro*, située à l'angle de deux montagnes couvertes « de bois, qui la défendent des vents du nord et de « l'ouest ; ce qui en rend le climat si doux et si tempéré, « qu'au mois de décembre nous y trouvâmes les arbres « avec la verdure que nous avons en France au mois de

« septembre. L'aspect de la ville est aussi pittoresque
« que la température en est agréable. La grande rue est
« fort belle, bordée d'arbres, et ornée de jolies fabriques ;
« elle est terminée par un monticule couvert de mai-
« sons, et au haut duquel existent encore les ruines d'un
« vieux château, le tout surmonté de deux rideaux de
« bois épais qui portent leur ombre jusques sur les mai-
« sons, et font croire que la ville est située dans un
« parc. Au-dessus de ces bois s'élevent d'autres montagnes
« en amphithéâtre qui achevent le tableau.

« Nous fûmes reçus aux dominicains. Il faisoit si mau-
« vais temps, que nous n'apperçûmes que peu de monde,
« quoiqu'on nous dît qu'il y ait plus de 10000 habi-
« tants. Nous vîmes passer plusieurs dames aux coeffures
« hautes avec la robe de madame d'Escarbagnas, qui
« alloient sans doute à la conversation ; d'autres femmes
« qui leur tenoient lieu de laquais, et qui étoient jambes
« nues et troussées jusqu'à mi-cuisses, portoient, l'une
« la queue, et l'autre un parapluie en avant : cet appa-
« reil, avec la démarche fiere et le salut affecté, me pa-
« rut très plaisant.

« Nous partîmes le lendemain ; et, après avoir monté
« par de périlleux chemins tous ces amphithéâtres de
« montagnes, nous trouvâmes l'hiver au sommet, de
« grandes forêts de châtaigniers deja dépouillés, des
« brouillards, des frimas, ensuite des lieux déserts et
« incultes, puis des nues qui nous couvrirent. Nos gui-
« des, peu instruits, nous égarerent, et nous passâmes la
« journée à être promenés dans de grandes futaies de
« chênes magnifiques, de vallées en vallées et de som-
« mets en sommets. Enfin, après avoir marché jusqu'à la

« nuit, nous nous trouvâmes à quatre lieues de *Nicastro*,
« dans un hameau appellé *Nicolosimi*, où on nous prit
« pour de mauvais sujets qu'il n'étoit pas sûr d'héberger.
« Tous les hommes étant dehors pour leur commerce,
« nous ne trouvâmes que des femmes qui se sauvoient
« dans leurs maisons, et ne nous parloient que par la fe-
« nêtre. Cependant nous parvînmes à en rassurer quel-
« ques unes, qui s'apitoyerent sur notre sort et nous ame-
« nerent le curé, qui nous fit donner une chambre; et
« quand elles se furent bien assurées que nous étions de
« braves gens qui voyageoient sans mauvais projets, elles
« nous dirent que, quoiqu'il n'y eût rien dans le village,
« nous pouvions être assurés de ne pas mourir de faim
« pour ce soir. Effectivement, sans vouloir recevoir d'ar-
« gent, chacun contribua à nous former une petite colla-
« tion fort proprement servie. Les hommes, qui étoient
« en petit nombre, voulurent nous verser leur vin, tandis
« que les femmes, qui étoient toutes jolies, nous prépa-
« roient des lits durs avec des draps blancs.

« La conversation s'établit après le souper. On parla
« littérature, et on connoissoit Voltaire à *Nicolosimi*.
« Nous nous fîmes mutuellement beaucoup de ques-
« tions, auxquelles nous répondîmes gaiement de part et
« d'autre. On ne nous laissa que par discrétion, et nous
« eûmes le plaisir d'entendre qu'en se retirant ils se di-
« soient entre eux : *Nous nous sommes pourtant bien*
« *divertis ce soir*.

« Nous partîmes le lendemain à la pointe du jour,
« pour nous rendre à *Cosenza*, à dix-huit milles de *Ni-*
« *colosimi*. Nous nous enfonçâmes de nouveau dans de
« grandes forêts de chênes et de châtaigniers, à travers

« les torrents, les roches, et dans des chemins si épou-
« vantables, que c'étoit plutôt une collection de préci-
« pices qu'une route.

« Nous nous voyions sans cesse en danger ou d'être
« précipités, ou que le cheval ne nous écrasât en tom-
« bant sur nous, et à tout moment encore dans l'incer-
« titude de n'être pas arrêtés tout à fait, et dans la déses-
« pérante nécessité de retourner sur nos pas et de repas-
« ser par les mêmes épreuves. Dans ce passage de l'Apen-
« nin je retrouvai les torrents des Alpes avec la propor-
« tion qu'il y a de ces montagnes aux autres. Nous arri-
« vâmes à *Rogliano*, gros village dépendant de *Cosenza*
« et de la Calabre citérieure.

« Nous étions recommandés à un couvent de domi-
« nicains, qui nous firent attendre long-temps pour nous
« donner à déjeûner, voulant, disoient-ils, penser à la
« maniere de nous traiter selon notre grand mérite. A
« la fin ils nous donnerent du pain vieux et du vin
« nouveau.

« Pendant ce temps-là nos muletiers s'étoient enivrés
« sur la bonne foi que les huit milles qui nous restoient
« à faire étoient le plus beau chemin du monde. Mais
« nous ne fîmes que changer de précipices : ceux du
« matin étoient en rochers; ceux-ci étoient en terre dé-
« layée, où à tous moments nos mules restoient sans
« vouloir avancer; et nos muletiers, se croyant ensor-
« celés, s'en prenoient aux moines, et juroient en tirant
« leurs mules par la tête et par la queue. C'est cependant
« à travers ces montagnes de terre molle, que l'on se
« propos e de faire la grande route que l'on a déja com-
« mencée. Nous regrettions bien d'être obligés d'avoir

« toujours les yeux entre les oreilles de nos montures ;
« car rien n'est plus beau, plus riche, plus peuplé, plus
« cultivé, que la mi-côte à droite et à gauche. Les villages
« les mieux bâtis s'y touchent tous, et nous n'avons
« point de pays en France plus habité et plus abondant
« en toutes sortes de productions, que les environs de
« *Cosenza*. On n'apperçoit cette ville que lorsqu'on y
« entre. Elle est située au bas d'une montagne, au
« confluent du *Baziento* et du *Crati*, dans une position
« incommode, mais pittoresque. Cette capitale de la
« Calabre citérieure, bâtie par les esclaves fugitifs des
« Lucaniens, prise par eux, puis sur eux par les Brutiens,
« soumise par Annibal et dévastée par les Romains, et
« qui vit mourir devant ses murs Alaric, le vainqueur
« des vainqueurs de la terre, ne conserve rien, mais
« absolument rien, ni de ses antiquités, ni de sa splen-
« deur ancienne. Elle est sans richesses, malgré la bonté
« de son territoire ; et sans population, car le nom-
« bre de ses habitants ne va pas à dix mille. Ne trou-
« vant point d'antiquités, je demandai si on trouvoit
« quelques monnoies des Lucaniens ; mais je ne fus pas
« plus heureux. Enfin nous allâmes au confluent des
« deux rivieres, où Alaric, ce roi goth, ce torrent du
« nord, qui, dans le cinquieme siecle, après avoir con-
« quis l'Europe, se disposoit à porter ses conquêtes et ses
« ravages en Afrique, ayant été surpris par une mort
« subite devant *Cosenza*, fut enterré, avec les riches
« dépouilles qu'il apportoit du sac de Rome, dans le lit
« du fleuve, dont on avoit détourné les eaux. Il n'auroit
« pas été malheureux de retrouver cet endroit si inté-
« ressant ; mais probablement nous en passâmes fort

« près sans nous en douter, et le hasard seul pourra
« quelque jour en procurer la découverte.

« Après avoir rendu nos lettres du ministre au *Pre-
« side*, et qu'il nous en eut donné d'autres pour les
« syndics de son district, il nous mena à l'opéra, qui
« n'étoit pas trop mauvais; et le lendemain nous nous
« remîmes en route par un fort beau temps.

« Nous descendîmes dans le vallon formé de droite et
« de gauche par les montagnes de l'Apennin, dont celle
« de la gauche étoit couverte de neige. Nous suivîmes
« le *Crati*, qui coule dans une plaine d'une lieue de lar-
« geur : ce n'est qu'un potager planté d'arbres fruitiers,
« d'oliviers, de mûriers, sous lesquels on fait les récoltes
« les plus abondantes de toutes sortes de grains. La côte,
« couverte encore des plus beaux *casali*, a toutes les
« apparences du plus riche, du plus peuplé et du plus
« commerçant de tous les pays. Il faut se répéter que l'on
« est en Calabre, pour ne pas se croire sur les rives de la
« Seine ou de la Loire, et pour perdre l'idée que l'on
« porte dans cette province que c'est un pays sauvage,
« désert et pauvre, tandis qu'il n'y manque que des
« chemins qui l'ouvrent au commerce pour en faire un
« Pérou et de nouvelles Indes. Mais il semble qu'une
« fatalité ait été attachée à cette contrée pour la tenir
« sous le voile de la barbarie.

« La Calabre fut d'abord habitée par les Brutiens,
« hommes rudes et farouches, qui, prévoyant l'ambition
« des Romains, avoient pris le parti d'Annibal, afin
« d'échapper à leurs armes toujours victorieuses, et
« s'étoient attachés au parti du seul ennemi qui les eût
» attaqués avec succès; mais après la retraite de ce grand

« général, vaincus, punis, rebelles et punis de nouveau,
« ils éprouverent le sort des peuples qu'on ne peut ré-
« duire qu'en les détruisant.

« Les Goths et les Sarrasins, ces conquérants qui pas-
« soient comme des torrents, furent remplacés par les
« Normands, vengeurs en apparence, mais qui, plus
« cruels que tous les autres, firent tomber ce pays sous
« le joug des loix féodales et de l'anarchie, et le ren-
« dirent la proie des prêtres et des barons. Ce gouverne-
« ment, qui a tenu jusqu'à nos jours cette nation dans
« un appauvrissement soporifique, qui détruit toute ému-
« lation, a fait que les Calabrois, qui conservent peut-
« être encore quelque chose de leur caractere primitif,
« murmurant des chaînes qu'ils ne s'accoutument pas à
« porter, semblent ne s'occuper qu'à gâter tout ce que
« la plus belle et la plus féconde nature produit comme
« en dépit d'eux dans cette heureuse partie de l'univers,
« et offrent encore à présent l'image de la France dans le
« onzieme siecle; si ce n'est cependant que les barons
« n'ont plus de ponts-levis, que leurs creneaux sans ca-
« nons se ruinent, tandis qu'ils se ruinent eux-mêmes à
« la cour de Naples, et que les moines paient déja les
« grands chemins que l'on travaille pour ouvrir le pays
« au commerce, et peut-être un jour à la liberté.

« Nous passâmes deux fois le *Crati* à gué : c'est un
« torrent qu'il sera bien difficile de contenir et de con-
« traindre à couler sous un seul pont. Maintenant vaga-
« bond, il couvre à tout moment un grand pays, menace
« les habitants et les habitations, arrête les voyageurs,
« et les met quelquefois en danger par la profondeur
« du lit qu'il se creuse d'un moment à l'autre. Nous

« vînmes rafraîchir à une fontaine appellée *Fontana di*
« *Scipione*. Je ne sais d'où lui peut venir ce beau nom :
« au reste elle n'a rien de recommandable à présent,
« que la fraîcheur et la bonté de ses eaux.

« Nous apperçûmes bientôt, et laissâmes à notre droite,
« *Bisignano*, autrefois *Bisidia*, bâtie autour d'un rocher;
« ce qui nous avertit que nous avions quitté le pays des
« Brutiens, et que nous entrions dans la Lucanie. Nous
« continuâmes de côtoyer la gauche du *Crati*; et après
« avoir fait vingt-quatre milles dans la vallée, elle se
« trouva terminée par la montagne sur laquelle est bâtie
« la scabreuse ville de *Tarsia*. Malgré son élévation et
« l'écoulement qu'elle pourroit se procurer, nous trou-
« vâmes les rues remplies d'une fétide fange si épaisse,
« que les cochons, plongés jusqu'au ventre, y ressem-
« bloient à des poissons nageant dans le limon. Nous
« crûmes avoir tout gagné en sortant de ce cloaque,
« et en allant nous loger dans un couvent hors de la ville.
« Mais quelles autres horreurs ! un cloître délabré, dont
« les murs s'ouvrant de toutes parts soutenoient à peine
« un toit menaçant; un corridor que les cochons ache-
« voient de parer, où nous ne trouvâmes qu'un chien
« maigre et un triste chat que la misère rendoit amis;
« des portes fermées, auxquelles nous n'osions heurter,
« dans la crainte de les enfoncer. Cependant nous vîmes
« venir à nous un homme à cheveux ronds, veste rouge,
« culotte bleue, sur quoi un haillon noir étoit attaché par
« quelques épingles; il nous assura que le couvent étoit
« à nous, qu'il en étoit le prieur, et que sa chambre,
« le réfectoire et la cuisine étoient à notre disposition.
« Le reste de la communauté étoit composé d'un pa-

« ralytique, d'un jeune étudiant, et d'un autre religieux
« hépatique, qui ne prenoit plus la peine de remettre sa
« culotte, soit d'ennui d'avoir toujours à recommencer
« la même chose, soit crainte de n'être pas à temps au
« service qu'exigeoit sa maladie. Chacun étoit costumé à
« sa maniere, avec des loques noires ou blanches ; et ils
« avoient pour serviteurs cinq freres, que je pris d'abord
« pour des mendiants de passage que l'on abritoit comme
« nous pour une nuit. Nous avions froid ; nous allâmes
« droit à la cuisine, qui n'étoit qu'une grande cheminée
« quarrée, où le feu au milieu livroit trois faces aux
« assistants sans gêner le cuisinier, qui dressoit le chétif
« souper de ces peres. Ils nous dirent poliment qu'ils
« alloient manger bien vîte, pour nous laisser le réfec-
« toire libre. Après qu'on leur eut servi, à deux reprises,
« des haricots à l'eau et des haricots à l'huile, et que,
« sans déroger à la regle, ils en eurent mangé pendant
« une heure, on vint nous avertir que tout étoit prêt.
« Nous allâmes donc nous emparer du sanctuaire. Mais
« quel sanctuaire ! un pavé humide, des murs noirs,
« une seule lampe, des tables qui ressembloient à autant
« de cénotaphes. Nous entrâmes avec le silence de l'ef-
« froi. Je marchois le premier dans ce vaste tombeau,
« et m'acheminois où je croyois découvrir une nappe. Je
« ne sais tout-à-coup dans quoi j'allai poser mon pied ;
« mais une longue glissade m'obligea, pour me retenir,
« à poser la main sur la table où nous allions manger.
« Elle y resta collée par le glutineux mélange formé
« des libations réitérées de vin et d'huile sur une nappe
« qui n'avoit jamais été lavée. Je ne savois que faire

« de mon pied, de ma main ; je ne savois où m'asseoir,
« et n'osois toucher rien : jamais je n'avois éprouvé un
« semblable dégoût, il m'oppressoit, je n'osois respirer ;
« et fixant mes yeux sur l'œuf que je mangeois, je le
« soupçonnois encore sale pour avoir été fait dans le
« couvent. Enfin, pour fermer les yeux sur de pareilles
« horreurs, nous allâmes bien vîte chercher nos lits. Mais
« c'étoit où nous attendoit la derniere. Dans une obscure
« cellule, décorée des seuls haillons du dernier mort de
« la communauté, deux matelas étoient destinés à re-
« poser cinq personnes que nous étions. Nous voulûmes
« les retourner : mais la toile du dessous, qui nous resta
« à la main, nous apprit qu'ils étoient devenus insé-
« parables ; et l'exhalaison épouvantable qu'excita la
« violence que nous venions de leur faire, nous fit naître
« l'idée qu'ils n'avoient point été remués depuis l'agonie
« du défunt, dont la dépouille pendoit à la muraille.
« Nous nous sauvâmes de nouveau à la cuisine, où,
« sans feu, sans lumiere, enveloppés dans nos man-
« teaux, couchés sur l'âtre de la cheminée, nous atten-
« dîmes le jour, qui ne nous sembla jamais plus long à
« paroître.

« Nous n'eûmes pas plutôt descendu la montagne de
« *Tarsia*, que nous entrâmes dans une grande forêt,
« où nous passâmes quatre petits torrents. Nous arrivâ-
« mes à la *masseria* de *Saraccine*, où nous rafraîchîmes ;
« ensuite nous commençâmes à monter, et bientôt nous dé-
« couvrîmes le golfe de Tarente, et la belle plaine de Syba-
« ris, ainsi que les beaux côteaux qui la bordent. Quoique
« nous ne la vissions que de très loin, sa vue me fit

« encore un grand plaisir; et, m'élevant jusqu'au village
« de S. Basile, je découvris tout à la fois cette superbe
« vallée et celle de *Cosenza*, séparées par un beau grouppe
« de montagnes. Sous mes pieds étoit le territoire abon-
« dant et riant du riche bourg de *Castro Villari*, et
« par conséquent le point de vue d'un des plus beaux
« pays de l'univers. Puis entrant dans un chemin creux
« sous la haute montagne de *Celerita*, j'apperçus *Mu-
« rano*, bâtie en pyramide sur une roche pointue, res-
« semblant à ces villes enluminées que l'on fait voir dans
« les optiques ; aussi n'est-elle bonne à voir que de cette
« maniere, ses maisons n'ayant qu'un côté, parceque le
« revers de la couverture porte sur la roche contre la-
« quelle elles sont toutes appuyées. Les portes des mai-
« sons sont de plain-pied au toit de celles qui sont vis-à-
« vis, et des escaliers rustiquement taillés servent de
« rues, ou plutôt de communication d'une habitation à
« l'autre ; car en traversant la ville on croit être entré
« chez tous les habitants, et l'on a vu effectivement
« l'intérieur de chaque habitation, qui sont toutes
« effroyables : mais le souvenir du couvent de *Tarsia*,
« et les draps blancs que nous trouvâmes à *Murano*,
« nous firent trouver notre auberge magnifique.

« Le lendemain nous partîmes avant le jour, et mon-
« tâmes quatre milles assez rapidement, et trouvâ-
« mes une plaine de quatre autres milles de longueur,
« appellée *Campo di neve*, ou *Tenese*, entourée de
« hautes montagnes qui forment un bassin triste et
« sauvage, si élevé, que nous y trouvâmes de la glace,
« et que la terre gelée portoit nos chevaux. On dit qu'il

« s'y amasse quelquefois une si grande quantité de
« neige, que le passage en devient impossible ; ce que
« je crois d'autant plus volontiers, que nous y trouvâmes
« très conservé le peu qui étoit déja tombé de l'année.
« Ensuite descendant dans une vallée étroite par un
« chemin fatigant et périlleux, et laissant derriere nous
« le mont de *Malaspina*, nous arrivâmes au bord du
« *Nerino*, qui sépare la Calabre de la Basilicate. Nous
« quittâmes donc cette sauvage province sans changer
« de pays. Nous vînmes dîner à la Rotonde, bâtie sur
« un rocher en pain de sucre, et terminée par les ruines
« d'un château. Nous en partîmes bien vîte après dîner,
« et continuâmes notre route entre les montagnes de
« l'Apennin, plus ou moins élevées.

« Nous traversions et retraversions à chaque instant
« de petits torrents dans des forêts ou des campagnes
« arides, et toujours par de mauvais chemins. Nous
« arrivâmes au bourg de *Castelluccio*, où nous ne nous
« arrêtâmes point, et qui me parut fort considérable,
« divisé en deux parties ; la plus grande accrochée con-
« tre une roche inaccessible, et l'autre mieux bâtie.
« Le grand chemin, auquel on travaille, passera par
« cette ville. Nous doublâmes le pas pour arriver à *Lao-*
« *ria*, que nous ne pûmes atteindre qu'à une heure de
« nuit, avec beaucoup de peine, à cause des difficultés du
« chemin qu'augmentoit l'obscurité. Il faisoit si noir
« lorsque nous y arrivâmes, qu'à peine pus-je distin-
« guer sa situation ; je sais seulement qu'il faut beaucoup
« descendre pour y arriver, et qu'elle est dominée par
« une roche à pic que j'entrevis. Nous y trouvâmes une

« auberge où il n'y avoit que des haricots; mais la cham-
« bre étoit propre et les lits étoient blancs. Nous partî-
« mes de *Laoria* trop matin pour en savoir plus que la
« veille. Nous avions fait vingt-huit milles le jour précé-
« dent, en marchant une heure avant le jour et une
« heure après; nous en avions autant à faire pour arriver
« à la *Sala*, où nous voulions coucher. Nous partîmes
« donc deux heures avant le jour, regrettant de ne pouvoir
« appercevoir le pittoresque du chemin scabreux que nous
« faisions. Au crépuscule, nous nous trouvâmes dans
« une belle forêt, entre les arbres de laquelle nous dé-
« couvrîmes la cime dorée de l'Apennin, qui, dans cet
« espace, est majestueux et imposant. Tant à pied qu'à
« cheval, sautant de pierre en pierre, nous arrivâmes à
« *Lago Nero*, situé le plus pittoresquement du monde,
« au milieu des montagnes, avec un vieux château
« posé sur une grosse roche, autour duquel coule le
« *Sorpignano*. Le bourg est beau et bien peuplé, avec
« une grande et belle place, que nous ne fîmes que tra-
« verser (*a*).

« De cette ville à *Casal Nuovo* il y a huit milles d'un
« mauvais chemin, et à travers de tristes montagnes.
« *Casal Nuovo* n'est pas plus intéressante; mais après la
« petite montagne sur laquelle elle est bâtie, le pays
« s'élargit, et on entre dans la vallée de *Diana*, qui a
« 24 milles de long sur trois de large, dans laquelle

(*a*) La route antique qui alloit de Capoue à Reggio, passoit par *Lago Nero*.

« coule doucement le petit fleuve de *Sele*, sur une plaine
« parfaitement unie et fertile, bordée de deux belles
« chaînes de montagnes, à mi-côte desquelles, de l'un
« et de l'autre côté, sont bâtis, de quatre milles en quatre
« milles, de magnifiques bourgs. Nous trouvâmes d'abord
« *Monte-Sano*, à quatre milles de *Casal Nuovo*, dépen-
« dant de *san Lorenzo della Paluda*, chartreuse à qua-
« tre milles de là, qui est comtesse et duchesse, &c. de
« quatre bourgs et d'une partie de la vallée. Nous allâ-
« mes à ce couvent, qui a l'apparence d'un palais, et
« nous fûmes reçus avec la magnificence la plus noble
« et la moins monacale : malgré les querelles qu'ils
« avoient à la cour, ils ne mirent aucune hypocrisie
« dans leur conduite à notre égard; ils ne nous cache-
« rent pas qu'ils étoient bien riches, et qu'ils mettoient
« encore plus d'opulence que de faste dans tous leurs
« établissements. Le monastere est une petite ville, où
« ils ont tous les métiers établis. On compte quatre-
« vingts religieux, et environ trois cents personnes dans
« la maison; on y voit de grands enclos, de beaux jar-
« dins, de jolis bosquets, et tout ce qu'il faut pour ren-
« dre un homme sage et heureux, lorsqu'il peut oublier
« l'esclavage du vœu d'obéissance. C'étoit une féerie pour
« nous, et non cependant une illusion, de trouver, au
« milieu des montagnes, un bon souper, servi avec
« élégance, des chambres superbes, des lits dont nous
« n'avions plus d'idée, et dans lesquels nous nous jettâ-
« mes avec cette confiance et le même appétit avec
« lequel nous nous étions mis à table, et nous nous
« endormîmes dans l'admiration des contrastes, en

« comparant à notre aise cette demeure à celle de
« *Tarsia*.

« Le lendemain on nous fit voir le trésor, qui répond
« bien au reste, et atteste la grande richesse de ce cou-
« vent. A travers les marcs d'argent couverts de pierre-
« ries, on voit un soleil d'or d'un bon goût et d'un beau
« travail ; un devant d'autel en argent, aussi magni-
« fique que riche ; et des vases de fleurs en argent, d'une
« vérité de nature extraordinaire, qui font regretter que
« la finesse de ce travail soit en pure perte et produise si
« peu d'effet.

« Dans la chapelle du chapitre, il y a un des jolis ta-
« bleaux du *Giordano*. Ce peintre facile, qui a eu un genre
« à lui, et qui a peint dans la maniere de tous les autres,
« a imité ici celle de *Pietre de Cortone*, y a mis toutes
« les graces de ce peintre, avec une légèreté et une
« liberté de pinceau qui lui étoient particulieres. Ce
« tableau est le sommeil de l'enfant Jésus. Rien n'est
« plus gracieux que la tête de la Vierge, rien n'est plus
« naturel et d'un plus beau faire que la figure de l'en-
« fant : c'est en tout un des tableaux d'église le plus
« desirable à avoir dans son cabinet. Il y a une biblio-
« theque que nous vîmes, et un *muséum* que nous
« eûmes à regretter, parceque le prieur, qui étoit à
« Naples, en avoit la clef.

« On y possede une inscription de *Sandrino*, ville an-
« tique, dont on voit encore quelques vestiges dans leur
« territoire, et tout près du bourg de la *Paluda*. Les
« moines nous assurerent qu'on n'en connoissoit l'en-
« ceinte qu'à quelques pierres des murailles, et qu'il

« n'en restoit rien debout. Le vent, qui avoit changé
« et nous avoit amené un temps déplorable, nous obli-
« gea de les en croire sur leur parole. Nous nous remîmes
« en route par une pluie abondante; ce qui fit tomber
« le charme à la porte du couvent, et nous fit retomber
« dans notre misere accoutumée. Nous continuâmes
« notre route dans la boue, passâmes devant la *Sala*,
« appuyée et répandue sur la côte, avec un vieux châ-
« teau qui la domine; car c'est toujours le même style.
« Toutes ces petites villes, bâties du dixieme au quin-
« zieme siecle, avec les mêmes besoins et les mêmes
« moyens, se ressemblent presque toutes. La *Diana*, qui
« donne le nom à la vallée, est mieux située : elle est assise
« sur la plate-forme d'une petite montagne détachée de
« la chaîne, un peu plus bas, qui a été portée de la
« plaine sur la montagne, et dont il ne reste sur l'em-
« placement antique que quelques morceaux épars de
« *mattoni*, sans forme. Vis-à-vis de cette ville, la *Sele*
« forme un lac, et se perd sous terre pour ne reparoître
« qu'à la *Pertoza*, à huit milles plus loin, après avoir
« passé sous la montagne sur laquelle est bâtie la *Polla*,
« qui ferme la vallée, et qui n'est fameuse que par les
« anguilles délicieuses que l'on y mange, et que l'on
« prend dans le lac dont je viens de parler. Nous cou-
« châmes à la *Polla*, dans l'auberge du *Procaccio*,
« après avoir fait seulement douze milles à cause de la
« pluie. Nous en partîmes de grand matin, et arrivâmes
« au jour à *Pertoza*, où la *Sele*, après avoir circulé sous
« terre l'espace de huit à dix milles, sort parmi de beaux
« rochers par deux ouvertures, l'une dans une grotte

« où elle tombe avec fracas, en formant des cascatelles
« jusqu'à un moulin, dans le jardin duquel il faut entrer
« pour aller voir la seconde embouchure. C'est de celle-
« là que sort le plus grand volume d'eau. Elle arrive
« d'abord horizontalement sur un rocher, qui, man-
« quant tout-à-coup, forme une chûte de vingt pieds.
« Elle est bien abondante, bien bruyante, enrichie de
« belles masses, de rochers, de verdure agréable, d'ar-
« bres heureusement placés, et de tout ce qui peut com-
« poser complètement un tableau de ce genre.

« Nous suivîmes le fleuve, qui fuit en murmurant en-
« core de la prison d'où il vient de s'échapper avec
« fracas. Tout le paysage d'alentour est agréable et frais ;
« la vallée est étroite, et devient plus seche en s'appro-
« chant de *Scigliano*. Nous allâmes rafraîchir à *Supino*.
« A quelques milles plus loin le pays s'ouvre ; on décou-
« vre la mer, la situation de *Paestum*, *Persano*, la
« pointe de Minerve, et Caprée, et, sur la côte, *Evoli*
« et la forêt noire. Nous sentîmes la différence de climat ;
« l'air étoit moins vif et plus chaud au pont d'*Evoli*.
« Nous trouvâmes la route neuve absolument faite jus-
« qu'à Naples, et nous arrivâmes à *Evoli*, autrefois
« *Eburi*, située alors aux confins de la Lucanie et des
« Picentins, et aujourd'hui dans la Principauté cité-
« rieure. On ne trouve rien de ses anciennes fabriques ;
« celles d'à présent sont assez bonnes. Sa situation est
« agréable, et sa population considérable. Elle fut éri-
« gée en comté par Jeanne Iere, en faveur de Robert
« Gabano, un de ses confidents, soupçonné d'avoir par-
« ticipé à la mort du roi André.

« De là nous ne fûmes pas long-temps à nous rendre
« à Naples; et, comme j'ai déja parlé de cette route
« dans mon voyage à *Paestum*, je ne répéterai pas ce
« que j'en ai dit ».

FIN.

TABLE
DES SECTIONS DES TOMES III ET IV.

TOME III.

I. Course à Caprée, page 1.
II. Autre à Procida, à Ischia et sur le mont Éponéo. 10.
III. Aux ruines de Literne. Restes du tombeau de Scipion. A Cumes. 19.
IV. Au lac Fusaro. Restes du tombeau de Marius. A Mare-morto. A la Piscine admirable. Au cap Misène. 27.
V. A Bauli. Restes du tombeau d'Agrippine. A Baies. Aux Bains de Néron. A Monte-nuovo. Au lac Lucrin. 33.
VI. Au lac Averne. A l'antre de la Sibylle. 43.
VII. A Pouzzole. A la Solfatare. A Astruni. Au lac d'Agnano. A la grotte du chien. 49.
VIII. A Nisida. Aux Écoles de Virgile. Au tombeau de Sannazar. Au Pausilype. 57.
IX. Ville de Naples. 75.
X. Suite. 86.
XI. Suite. 95.
XII. Environs de Naples. Caserte. 107.
XIII. Voyage à Pæstum. Détails sur Herculanum et Pompéia. 114.
XIV. Suite du voyage. Nota. 130.
XV. *Idem.* La Cava. Vietri. 138.
XVI. *Idem.* Salerne. 145.
XVII. Suite. 152.
XVIII. Description de Pæstum. 160.
XIX. Retour de Pæstum. 168.
XX. Suite. Amalfi. Pasitano. 177.
XXI. Suite. 187.
XXII. Madrague. Isle des Sirenes. 192.
XXIII. Description géographique du royaume de Sicile. 203.

TABLE.

XXIV. Abrégé de l'histoire de Sicile, page 209.
XXV. Voyage en Sicile. Isles de Lipari. 226.
XXVI. Séjour à Palerme. 231.
XXVII. *Idem.* 237.
XXVIII. *Idem.* 239.
XXIX. Course aux environs. Monte Pellegrino. Sainte-Rosalie. Bagaria et château de la Palagonia. 243.
XXX. Suite. Montréale. 253.
XXXI. Voyage de Palerme à Girgenti. Alcamo. 260.
XXXII. Calatafimi. Ségeste. Ruines du temple. 270.
XXXIII. Suite. Castel Vetrano. 277.
XXXIV. Suite. Ruines de Sélinonte. 282.
XXXV. Suite. Siacca. 289.
XXXVI. Suite. Triocola, maintenant Calata Bellota. 293.
XXXVII. Suite. 302.
XXXVIII. Passage du Platani. Siculiana. 308.
XXXIX. Girgenti. 316.
XL. Suite. 326.
XLI. Suite. 331.
XLII. Voyage de Girgenti à Syracuse. 338.
XLIII. Alicata. Terra-Nova. 345.
XLIV. Calata-Gerone. 356.
XLV. Lentini. Carlentini. Magnisi. 367.
XLVI. Syracuse. 374.
XLVII. Suite. 382.
XLVIII. Suite. 386.
XLIX. Suite. 394.
L. Voyage à Messine. 400.
LI. Catane. 407.
LII. Suite. 414.
LIII. Etna. 419.
LIV. Suite. 428.
LV. Route à Messine. Taormine. 435.
LVI. Messine. 442.
LVII. Suite. 457.

TOME IV.

LVIII. Retour de Sicile à Naples par Tropéa. Détails sur le tremblement du 5 février 1783, page 1.

LIX. Suite. 15.
LX. Tropéa. Monte-Leone. 21.
LXI. Suite. Nicastro. Sainte-Euphémie. 30.
LXII. Voyage à Cosence. 42.
LXIII. François de Paule. 52.
LXIV. Cosence, &c. 57.
LXV. Suite, et retour à Naples. 68.
LXVI. Voyage de Naples à Rome. 85.
LXVII. Suite. 94.
LXVIII. Suite, et arrivée à Rome. 104.
LXIX. Voyage de Rome à Avezzano. 112.
LXX. Lac Celano. Patrie de Cicéron. Lieu où étoit sa maison. Retour à Rome. 120.
Notes, page 135.

ERRATA des deux premiers volumes.

PREMIER VOLUME.

Page 10, *ligne* 11; parsemés, *lisez* dispersés.
Pag. 12, *lig.* 20; M. Koestlin, *lis.* M. Swinburne.
Pag. 19, *lig.* 9; Argentato, *lis.* Argentaro.
Pag. 22, *lig.* 8; Planesia, *lis.* Planasia.
Pag. 26, *lig.* 19; Pendataire, *lis.* Pandataria.
Même page, *lig.* 25; dix ans, *lis.* cinq ans.
Même page, *lig.* 26; Tibere, *lis.* Auguste.
Même page, *lig.* 27; où il, *lis.* où Tibere.
Pag. 55, *lig.* 10; Castellamare, *lis.* Castel-a-mare.
Pag. 67, *lig.* 2; indignement, *lis.* mal.
Pag. 78, section XI, *lig.* 3; *après* dans l'histoire est, *mettez* (17).
Même page, *lig.* 5; *après* Roger, *mettez* (18).
Pag. 105, *lig.* 23, *effacez* Fanæsium, *mettez* Canusium.
Pag. 111, *lig.* 20; Servaro, *mettez* Cervaro.
Pag. 114, *lig.* 6; poivriers, *mettez* poiriers.
Pag. 150, *lig.* 13; Solpi, *lis.* Salpi.
Pag. 192, *lig.* 10; Ostoni, *lis.* Ostuni.
Pag. 203, *lig.* 20, *effacez* (53), *mettez* (55).
Pag. 236, *lig.* 15; Pizzane, *lis.* Pizzone.
Même page, *lig.* 25; avoit été, *lis.* n'avoit été.
Pag. 244, *lig.* 1; au commerce des arts et des sciences, *lis.* au commerce, aux arts et aux sciences.
Pag. 257, effacez la note qui est au bas.
Pag. 264, *lig.* 10; dispersés, *lis.* disposés.
Pag. 279. *lig.* 7; Cocilo, *lis.* Cocile.

Pag. 297, *lig.* 22; abondance, *lis.* population.
Pag. 300, *lig.* 15; Crimissa, *lis.* Crimisa.
Pag. 301, *lig.* 9; Helius, *lis.* Alœus.
Pag. 312, *lig.* 11; après Catanzaro, *mettez* (69).
Pag. 378, *lig.* 13, *effacez* autres.
Pag. 403, *lig.* 21; 1590, *mettez* 590.

TOME SECOND.

Pag. 40, *lig.* 12; Limina, *lis.* Limma.
Pag. 47, *lig.* 7; 1182, *lis.* 1282.
Pag. 94, *lig.* 23; Sebato, *lis.* Sabatto.
Pag. 97, *lig.* 17; 1226, *lis.* 1266.
Pag. 98, *lig.* 28; in, *lis.* me.
Pag. 120, *lig.* 22; l'an 23, *lis.* l'an 83.
Pag. 141, *lig.* 9; 1598, *lis.* 1498.
Pag. 144, *lig.* 20; Silerus, *lis.* Silarus.
Pag. 169, *lig.* 14; ayant accompagné Pompée au siege de, *lis.* ayant assiégé Pompée dans.
Pag. 199, *lig.* 21; des oliviers délicieux, *lis.* des olives délicieuses.
Pag. 206, *lig.* 16; qu'aimable, *lis.* que peu aimable.
Pag. 219, *lig.* 24; Colipari, *lis.* Calipari.
Pag. 233, derniere ligne; Baltique, *lis.* Adriatique.
Pag. 256, *lig.* 20; Balezo, *lis.* Balezus.
Pag. 259, *lig.* 18; le 4, *lis.* le 5.
Pag. 261, *lig.* 14; 624, *lis.* 724.
Pag. 284, *lig.* 17; et ne pouvoit, *lis.* ou ne pouvoit.
Pag. 287, *lig.* 21; Candelare, *lis.* Candelaro.

L'approbation et le privilege se trouveront à la fin du cinquieme et dernier volume.

www.ingramcontent.com/pod-product-compliance
Lightning Source LLC
Chambersburg PA
CBHW050254230426
43664CB00012B/1944